왕이라는
유산

왕이라는 유산
영조와 조선의 성인군주론

2017년 11월 10일 제1판 1쇄 인쇄
2017년 11월 17일 제1판 1쇄 발행

지은이   김자현(JaHyun Kim Haboush)
옮긴이   김백철, 김기연
펴낸이   이재민, 김상미

편집   이상희
디자인   달뜸창작실, 정희정

종이   다올페이퍼
인쇄   천일문화사
제본   광신제책

펴낸곳   너머북스
주소   서울시 종로구 자하문로24길 32-12 2층
전화   02) 335-3366, 336-5131 팩스 02) 335-5848
홈페이지   www.nermerbooks.com
등록번호   제313-2007-232호

ISBN 978-89-94606-48-4 93900

너머북스와 너머학교는 좋은 서가와 학교를 꿈꾸는 출판사입니다.

왕이라는 유산

유산

영조와
조선의
성인군주론

김자현 JaHyun Kim Haboush 지음

김백철 · 김기연 옮김

차례

보급판 서문

　이 책은 놀랍게도 1988년 처음 출판되었을 당시 조선(1392~1910)의 군주상君主像에 관한 유일한 영문 책이었다. 이 책에는 영조(조선 제21대 왕, 재위 1724~1776)가 유교적 군주상을 이해하고 체현한 과정을 연구한 내용이 담겨 있다. 곧, 18세기 한국사에서 군주상과 국왕, 관료와 백성 사이의 복합성과 변화상을 보여주는 심성을 연구한 결과물이다. 조선에서는 성인 군주론이 지배적인 통치개념으로 나타나기 때문에 이념과 역사 그리고 백성 사이의 상호작용의 성격에 대한 검토 작업은 모두 여기에 초점을 맞추었다. 다른 연구들이 없을 때에는 한국 군주상의 역사가 성인군주聖人君主의 역사라는 점이 인상적이었을지도 모른다. 지난 몇 년 동안 이 주제를 놓고 학생들과 토론해왔으며, 개선책으로 얼마간 검토결과를 나누고자 한다. 하지만 한국 군주상의 발전과정에 관한 연구는 아직 다른 누군가의 관심이 필요하다.

　한국 군주상의 역사를 개념화할 때 유용하다고 믿는 세 가지 특성이 있다. 첫째, 10세기 고려(918~1392) 초기 카리스마적charismatic 통치자상을 대신하여 천명天命을 받은 통치자로 변화한 것이다. 혹자는 이를 카리스마적 권위에서 관료적 권위로 통치형태가 변화한다는 막스 베버Max Weber의 이론틀에 대입해보고자 할지도 모른다. 이미 베버의 이론을 알고 있다 하더라도 고려 초의 변화는 획기적인 의미가 있다. 한국에서 군주제는 4세기에 출현한 것으로 통용된다.[*1] 고려 태조가 천명을 적용함으로써 군주상의 지배적 이념은 지역적이고 민족적인 상상에서 만들어진 것에서 보편적인 개념에 기초한 것으로 변화하였고, 민족에 전승되는 신으로부터 신성함을 구현하는 유교로 변화한 듯하다. 일본과 중국까지 비교하는 동아시아적 시각에서 이러한 변화의 심각성을 살펴보면, 그들의 통치권 개념에 수반되는 하나 혹은 그 이상의 요소들이 더욱 명확해진다.

하지만 이 넓은 범위 안에는 몇 가지 경계할 점이 있다. 우리는 공통된 개념으로 '토착적' 군주상을 언급하는 데 주의해야 한다. 초기 군주제는 틀림없이 후대 자료에 따라 묘사하였으므로 카리스마적인 국왕과 다른 개념을 보여준다. 북방왕국 고구려의 전설적 시조 주몽朱蒙은 1193년 이규보李奎報가 쓴 서사시 『동명왕편東明王篇』에 영웅전사로 묘사되어 있다. 이는 베버의 카리스마적 영웅주의와 매우 흡사하다. 그러나 남방왕국 신라의 시조 박혁거세朴赫居世의 카리스마는 13세기 『삼국유사三國遺事』에서 신성한 통치자의 품성을 타고났다는 사실에 기초한다. 주몽의 권력은 자신이 증명한 경쟁적 기량에서 비롯한 반면에 박혁거세의 권력은 자신의 독특하고 초월적인 본성[卵生]에서 유래하였다.

숙고해야 할 또 다른 문제는 유교적 군주상의 구현이 토착적으로 전승되는 신을 대체하느냐 또는 이러한 두 가지가 계층구조를 이루면서 공존하느냐는 것이다. 유교적 군주상은 형태가 다소 바뀌었다 하더라도, 전승되는 신의 개념을 대체한 것이 아니라 변용한 것이다. 실제로 혹자는 군주상이 누군가의 공으로 돌리는 것과 누군가가 실제로 구현한 것 사이에서, 그리고 출생과 실력 사이에서 긴장감이 두드러졌으며, 이것이 한국사회의 나머지 많은 부분을 특징짓게 된다고 말할지 모른다. 또 카리스마적 영웅주의는 계속 존재했다. 14세기 조선 태조 이성계李成桂의 정통성은 15세기 왕실에서 편찬한 찬가인『용비어천가龍飛御天歌』에서 천명을 받은 사람으로 등장하며, 정사正史*2)에도 그러한 사실이 잘 드러나 있다. 이성계와 선조들*3)은 필수적인 덕목과 업적을 보여주었다고 묘사되었다. 서사시와 역사기록 모두 이성계의 초인적인 활쏘기 실력을 부각하려고 고심했다. 그러한 자료들에서 날아가는 새를 맞추거나 달려오는 호랑이의 미간을 맞추는 이성계의 놀라운 활솜씨를 반복해서 언급했다. 바로 이러한 특징은 문자 그대로 '활 잘 쏘는 사람'을 뜻하는 이름을 지닌 고구려 주몽의 카리스마적 영웅주의의 구조를 활용한 것이라는 지적을 누구도 피해갈 수 없을 것이다.

두 번째 구별되는 특징은 한 왕조에서 다음 왕조로 어떻게 정권이 교체되었는가 하는 점이다. 적어도 표면적이고 수사적일지라도 7세기 신라의 백제·고구려 정복은 노골적으로 다른 나라를 군사적으로 정복한 마지막 사례였다. 935년 고려가 신라를 병합하고 1392년 조선이 고려를 대신한 것은 명목상 새로운 국가가 이전 국가를 계승하는 형식[禪讓]으로 이루어졌다. 중국 왕조의 흥망성쇠와는 대조적으로, 다양한 도전자가 국가의 통제권을 갖기 위해 경쟁하는 동안 공공연한 군사적 충돌이나 시간적 단절성이 나타나지 않는다는 사실이 왕조 교체에서 뚜렷하게 나타난다. 물론 정통성의 계승은 중국 왕조의 연속성에 관한 역사서술상 논쟁에서는 무의미하다. 그러나 한국의 왕조계승 형태는 한국인의 역사관에서 심오하고도 뚜렷한 연속성을 느낄 수 있도록 기여해온 듯하다. 예컨대, 이성계에서 주몽으로 이어지는 일화에서, 좀 더 남방계에 가깝다고 여겨지는 조선의 태조 이성계에게 북방계 카리스마 개념이 적용되었다는 지적은 흥미롭다.[*4)]

종합해보면, 이러한 역사와 전통의 누적성이 군주상의 주도적·비주도적 구성요소에 대한 다양한 층위의 계층구조를 만들어온 것처럼 보인다. 곧장 드러나지 않는다 하더라도, 훨씬 덜 명백한 요소가 아직 다시 한번 적용되거나 이용되기를 기다리며 후미진 곳에 살아남아 있을 것 같다.

세 번째 특징은 군주상과 군주 사이의 역동적 관계이다. 분명히, 이 문제는 한국에만 한정된 것은 아니다. 에반스 프리차드Evans-Pritchard의 신성한 군주상에 관한 고전적 연구에서는 양자[군주와 군주상]를 구분하고 있다. 이를 반박할 수는 없으나, 그는 비록 군주상이 만고불변이지만 군주는 변할 수 있다는 사실을 시사하는 듯하다. 아니면 적어도 그는 이것이 실루크족Shilluk[*5)]이 인식하던 방식이라고 표현하는 듯하다. 한국의 경우에는 군주상과 군주가 서로 지속적으로 상호작용하고 영향을 미치는, 좀 더 상호작용적인 군주상이라는 개념을 제안하고자 한다. 왕은 단지 군주상을 구성하는 요소로서 헌신하는 것이 아니라 자신의 다양성을 구축하였다. 군주상 역시 왕좌를 차지한 사람에 따라 변화한다.

이미 10여 년 전에 출판된 책에 이 내용을 추가하고 싶은 욕심도 있었으나 참으려고 한다. 학생들에게서 들었던 책에 대한 호평 중 하나는 책이 가독성이 높았다는 점이다. 나는 보급판에서도 이것이 유지되기를 바란다. 한국에서 이 연구는 한국의 군주상·정치문화에 대한 연구를 자극했으며 그러한 분야의 역사학에 흥미를 유발했다. 만약 서양에서도 이와 비교할 만한 사례가 발견된다면 환상적일 것이다.

지난 수년간 나와 함께 책을 읽고 소감을 공유했던 많은 학생에게 감사하고 싶다. 또 이 책에 신뢰를 보여주고 재발간되는 데 도움을 준 컬럼비아대학교출판부 인문학 발행자 제니퍼 크루Jennifer Crewe에게도 감사의 말을 전한다.

인사말

이 연구를 완성하는 과정에서 논쟁, 의견, 비판, 논평 그리고 이곳과 해외의 많은 친구와 동료들의 지원 덕분에 대단히 큰 도움을 받았다. 첫 번째로 컬럼비아대학교 게리 레드야드Gari Ledyard 교수에게 감사드린다. 이 연구가 마무리될 때까지 레드야드 교수의 열렬한 격려와 높은 학식 덕분에 연구가 풍성해질 수 있었다. 또 나의 연구가 본질적으로 당신의 주된 관심 영역에서 벗어났는데도 연구를 지원해주신 컬럼비아대학교 시어도어 드 베리Wm. Theodore de Bary 교수에게 특별한 감사의 말씀을 전한다. 특히, 하버드대학교 에드워드 와그너Edward Wagner 교수에게 빚을 졌는데, 그는 항상 나의 갑작스러운 질문들에 대답해주었다. 컬럼비아대학교 아이린 블룸Irene Bloom 교수와 일리노이대학교 어바나-샴페인Urbana-Champaign 캠퍼스 페트리샤 이브리Patricia Ebrey 교수, 버나드 칼리지 존 메스킬John Meskill 교수, 워싱턴대학교 제임스 팔레James Palais 교수, 퀸스 칼리지 페이-이 우Pei-yi Wu 교수에게도 감사의 말을 표하고 싶다. 이들은 모두 다양한 관점으로 이 원고의 전체 또는 부분을 읽고 유용한 논평과 의견을 많이 주었다. 무엇보다 익명의 독자들에게도 빚을 졌다. 주로 수정 과정에서 그들의 의견에 귀를 기울였다. 서울대학교 고병익 전 교수, 이만갑 전 교수, 정병국 교수 모두 내가 서울에서 연구하는 동안 도움을 주

었다. 또 서울대학교 규장각 소속 이상근 씨와 하버드대학교 연경학사
燕京學舍의 백린Paik Lin 씨, 컬럼비아대학교 씨 브이 스타 동아시아 도서
관C. V. Starr East Asian Library의 유진 차이Eugene Chai, 에이미 리Amy Lee, 케
너스 할린Kenneth Harlin 씨에게 매우 가치 있는 도움을 받았다. 그들 모두
에게 감사를 표하고 싶다. 마지막으로, 사회과학연구위원회Social Science
Research Council는 연구를 완성하는 데 필수적인 연구재정을 지원해주었
고, 미국 국립인문재단National Endowment for the Humanities과 일리노이대
학교 연구위원회Illinois Research Board는 이 책을 출판하는 데 아낌없이 지
원해주었다. 이들 모두에게 감사한다.

범례

———

　나이에 관해서는 한국의 전통적 계산방식인 세歲를 고수해왔다. 즉, 한 살은 태어난 첫해를 말하고 1세는 음력 신년마다 추가된다. 그러므로 한 살은 그해 동안 적용되고 생일이라고 해서 나이를 더하지 않는다. 또 가독성이 좋게 하려고 누군가는 세보다 오히려 실제 나이가 더 많게 된다는 사실을 표준용법으로 남겨두었다. 하지만 독자는 서양의 나이 계산법과 동일하게 전환하려면 적어도 1년을 빼야 한다는 사실을 기억해야 한다. 날짜와 연도 때문에 음력도 서양 역법으로 바꾸었다. 그러므로 임오년 윤閏 5월 13일은 1762년[영조 38] 7월 4일이 된다.

　왕실의 중요 인물들은 조선시대에 가장 잘 알려진 이름으로 인용하였다. 왕실 구성원들은 관례대로 특정 시기 자신의 거처에 따라 호칭이 변하고 칭호가 지정되었다. 칭호는 새로운 지위를 상징하기 때문에 이전 칭호는 버려졌다. 이러한 절차는 사후에도 지속되었다. 이 책의 주인공인 영조英祖(재위 1724~1776)도 예외는 아니었다. 여느 상류층 남자처럼, 명名은 금衿, 자字는 광숙光叔, 호號는 양성헌養性軒 등이었다. 하지만 누구도 그를 이러한 칭호 중 하나로 부르지 않았다. 오히려 6세 때(1699, 숙종 25) 받은 칭호인 연잉군延礽君으로 불렸다. 1721년[경종 1] 형의 세제世弟로 책봉되었다. 그는 왕좌에 있는 동안 왕을 언급하는 데 사용하는 몇몇 존호를 제외하고는 별다른 칭호가 없었다. 1776년[영조 52] 그가 죽었을 때, 영종英宗이라는 묘호廟號를 받았다. 1889년[고종 26] 후손은 좀 더 격상된 이름인 영조英祖로 바꿈으로써 더욱더 예우를 표했다.*6) 그러므로 그를 영조로 언급하는 것은 분명히 시대착오적인 표현이다. 하지만 그는 영조로 알려져 있고 다른 명칭으로 인지하는 사람은 없다. 같은 이유로 영조의 아들을 사도세자思悼世子로 명명했다. 사도세자라는 칭호는 1762년[영조 38] 그가 죽자마자 영조가 부여했다. 나는 같은 원리를 여성을 포함한 다른 왕실 가족에게도 적용했다. 왕실 일원이 아닌 사람들에게는 그들의 공식 이름인 명名을 사용했다.

역자 범례

1. 번역 시 내용은 정확히 전달하되 문장구조는 우리말 어법에 맞추었다.
2. 역사 용어나 한자음은 현재 국내학계 기준을 따랐다.
3. 본문이나 미주에서 *로 표시된 것은 모두 역자의 주이다.
4. 단어나 어구 뒤의 '( )'는 저자 보충설명이고, '[ ]'은 역자 보충설명이다.
5. 저자 보충역은 '( )'로 표시하고, 역자 보충역은 문장 내에 포함시켰다.
6. 본문의 양력에는 음력을 부기하였고, 미주의 실록 면수에는 연월일을 대조하여 부기하였다.
7. 한문 자료의 경우, 직접 인용은 원문에 따라 재번역하였고, 간접 인용은 저자의 견해대로 번역하였다. 단, 착오가 확인되면 '[?]'로 표기하고 역자의 주를 달았다.
8. 한문 자료가 아닌 경우, 국내 최신 번역을 따랐다.
9. 서지사항은 원서의 표기법을 따르되, 참고문헌의 세부 분류는 역자가 재조정하였다.

서설

이 책은 조선 제21대 왕 영조가 이해하여 구현해낸 유교적 군주상을 연구한 결과물이다. 유교적 군주상은 이상적인 성인군주로 인도되고 형성되었기 때문에 극도의 수신修身이 필요하다. 통치자도 영원히 살 수 없는 보통 사람으로 신적인 존재가 아니었지만, 그의 덕성에는 천명이 전제되어야만 했다. 영조는 스스로 완벽해지고 싶어 했을 뿐만 아니라 자신의 왕국에서 완벽한 질서를 실현해야 한다는 부담감을 갖고 있었다. 이것의 실현 여부가 덕성의 지표로 보였다. 하지만 성인군주상의 실현은 또 다른 문제였다. 그것은 다른 정치이념처럼 제도적·정치적·사회적 현실의 맥락에서 사용되었다. 중국 황제는 거의 신화적 영역에 봉인되어 있었으나, 조너선 스펜스Jonathan Spence 교수의 '강희제 연구'와 해럴드 칸Harold Kahn 교수의 '건륭제 연구'로 비로소 중국 통치자상은 상당히 명확해졌다. 중국 황제는 천자天子로서 신과 문명화[中華]된 세계 사이의 중개자였다. 또 군주제는 황제의 막대한 권력을 강화하는 형태로 발전하였다. 송대(960~1279)의 관료제는 거대하게 성장했는데, 귀족보다는 과거로 선발된 전문가로 구성되었다. 명대(1368~1644) 이후 옥좌玉座(皇帝)는 거의 도전할 수 없을 정도의 권력을 얻었다. 이러한 맥락에서 황제는 아무런 제재 없이 스스로 성인군주라는 수사修辭를 자신의 이미지image에 이용할 수 있었다.

조선왕조는 성인군주의 개념과 수사를 중국과 공유했지만, 매우 다른 상황에서 활용하였다. 한국의 국왕은 중국의 황제처럼 천자도 아니었고, 세상의 중심왕국[中國]으로 알려지거나 인식된 거대국가를 통치한 것도 아니었다. 그들이 처한 정치구도는 행동의 자유를 심각하게 침해했다. 관료집단은 중국보다 다소 작았으며, 권력을 두고 왕위를 경쟁하는 귀족관료가 지배하였다. 관료들은 스스로 유가의 실천가라고 자임하는 데 능숙했다. 그들은 덕치德治에서 이러한 수사를 사용함으로써 왕좌[國王]와 경쟁할 수 있었다. 그러므로 조선의 국왕은 성인군주의 이상을 사용하여 군주의 권위와 권력을 세우기를 희망하였기에, 마치 영조가 그랬던 것처럼 이러한 이상에 부합하려면 엄격해야만 했다.

영조가 추구한 성인군주상은 성인군주의 수사와 이념이 조정과 사회의 요구를 해결하는 효과적인 수단이 될 거라는 믿음에 근거를 두었다. 무엇보다도 그가 추구하는 것이 효과를 발휘하느냐는 국왕의 진지한 의도를 관료들과 신하들에게 설득할 수 있는지에 달려 있었다. 이러한 면에서 영조는 성공한 것처럼 보인다. 그는 일편단심으로 자신의 이상을 추구했다. 조선에서 가장 길었던 치세 52년 동안 끈질기게 성인군주의 이미지를 구축함으로써 마침내 국왕의 도덕적 우월성에 대해 관료의 굴복을 받아냈다. 백성에게 지속적으로 관심을 표출한 행위가 감사와 감탄을 얻어낸 것으로 보인다. 그의 만년에 거리 행차는 자발적인 산호山呼[千歲]로 환대를 받았는데, 이는 조선왕조에서 드문 일이었다.[*7)]

좀 더 중요한 것은 영조가 추구한 바가 당대 세세한 사회·정치적 현안을 다루는 데 성인군주의 수사와 개념을 얼마나 효과적으로 사용할 수 있었느냐로 평가될지도 모른다는 점이다. 그가 주도했던 18세기 조선은 일반적으로 평화와 번영의 시대로 간주된다. 조선 사회는 많은 갈등을 신유학의 사회·정치 제도를 채택함으로써 해결했다. 하지만 뒤이은 변화는 상대적인 경제 번영과 결부되면서 확실한 개혁을 절실히 요구하는 결과를 초래했다. 정부는 만주족의 중국 정복에 따른 트라우마trauma를 성공적으로 극복했다. 이는 조선의 시각에서 볼 때 야만족이 중화문명을 강탈한 사건이었다. 조선에서는 진정한 중화문명의 유일한 관리자로서 새로운 의무감이 생겨났다. 이것은 불안감으로 이어졌고, 17세기 정통성에 대한 극심한 우려로 표출되었다. 영조대까지 이것은 지적 풍토를 더 자유롭고 다양하게 만드는 길이었다. 하지만 영조 연간 조정의 정치적 기풍은 결코 관대하지 않았다. 붕당 간 대립은 변화된 국제질서 속에서 조선왕정의 역할과 중화의 정의 같은 문제를 놓고 한 차례 다투었으며[인조반정], 갈수록 더욱 극심해졌다[기해예송, 갑인예송, 경신환국, 기사환국, 갑술환국]. 두 선왕[숙종, 경종]은 붕당정치를 이용해 각 붕당이 국왕의 권력 아래서 경쟁하도록 만들었다. 50년간 폭력적인 당습黨習으로 관료와 학자 수백 또는 수천 명이 처형당하거나 숙청되었고, 사대부士大夫 공동체는 서로 분열되어 관계가 험악해졌다. 선왕이자 황형皇兄인 경종의 치세에서 이러한 유혈 사태와 극심한 정쟁을 벌인 기억은 영조에게 그러한 일이 다시 발생하는 상황을 피하고자 하는 강한 열망을 심어주었다. 1728년[영조 4] 일어난 무신란戊申亂은 그에게 백성의 생활여건을 완화하고 당습을 방지하려면 확실한 개혁안을 제정해야 한다는 확신을 갖게 했다. 그는 반란이 일어난 직접적 원인이 당습이라고 인식했다.

영조는 자신이 필수라고 여겼던 정책을 실현하려는 시도의 하나로 유교 규범에서 적절한 수사와 주제를 빈틈없이 궁구하여 활용했다. 예를 들어, 그는 양역변통良役變通[균역법]을 성사시키는 데 군부君父라는 수사를 사용했다. 반면에, 당습을 억제하기 위한 노력의 하나로 대탕평大蕩平이라는 주제를 환기시켰다. 균역법 채택과 같은 방법은, 어떤 분야에서는 단지 결정 자체만으로 효과적이었으나,*8) 또 다른 분야에서는 그렇지 못했다.*9) 그의 당습 억제 정책은 조정에서 유혈 사태를 완전히 중단시켰다. 하지만 붕당 간 적개심은 여러 세대 동안 정치적·사회적 관계 속에서 축적되고 사람의 감정에 뿌리내려 국왕이 탕평이라는 이상세계의 이상적 화합을 호소하였는데도 수그러들지 않았다. 게다가 영조는 경종 시해 혐의와 싸워야 했다. 이 같은 구호 아래 1728년[영조 4] 무신란이 일어났다. 아마도 영조 즉위로 권력을 잃은 자들이 주도했을 것이다. 심지어 1728년 이후에도 이러한 혐의로 합리화된 반란 암시는 반복적으로 나타났다. 그래서 조정의 관료들이 피 흘리지 않았다면, 많은 역도逆徒가 그랬을 것이다. 마치 영조는 어디선가 그 대가를 치러야 했던 것 같다. 영조는 유일한 아들이자 후계자인 사도세자思悼世子와 관계 그리고 개인적인 삶에서 가장 혹독한 대가를 치렀다. 도덕군자로서 복잡한 현실에서 성인군주의 이상실현을 추구하였는데, 그의 갈등과 어려움은 아들과 뒤틀린 관계 속에서 더욱 확고해지는 것 같았다.

1장에서는 주로 조선 군주제의 구조와 정치문화를 다룬다. 이것은 영조의 성학聖學*10) 추구가 만들어진 배경을 보여주기 위해 의도한 것이다. 2장에서는 영조의 이미지 구축방식을 설명한다. 영조는 도덕적 권위와 어느 정도 권력을 지닌 왕좌를 물려받았다. 그러나 그것은 두 선왕의 무분별한 특권남용[換局]으로 상당히 약화되어 있었다. 하지만 이 왕좌 역시 그에게 왕가의 임무를 짊어진 사람, 대사제, 문명으로 이끄는 사람 등과 같은 유교적 군주의 다양한 역할을 부여했다. 이 왕좌의 의례와 수사는 영조로 하여금 이 같은 역할을 수행하는 왕좌의 소유자가 되도록 요구했고, 동시에 자신의 이미지를 구축하는 수단이 되기도 했다. 그는 유교적 군주에게 부여된 도덕적 요구를 감수함으로써 군주의 권위를 되찾으려고 노력했다. 결국 영조는 성인군주를 추구하는 데 자기 생애를 바쳤는데, 이는 자신의 권위를 세우기 위한 것이었다. 하지만 어떻게 이러한 추구가 유교적 통치에 대한 그의 헌신을 반영하는가? 영조가 유교적 군주로서 역할을 실행하려 노력하고 성취해낸 것은 한 인간으로서 사회를 어떻게 평가하고 인지했는지에 따라 좌우되었다. 이러한 의미에서 영조가 성학을 추구한 것은 그의 사고방식과 시대정신을 보여준다.

3장에서는 영조가 사회정책을 시행하는 데 유교적 통치의 수사를 사용한 예를 다루었다. 그는 1728년[영조 4] 무신란으로 상당히 타격을 받았기 때문에 이를테면 백성의 마음을 얻기 위해 노력했다. 이것이 곧 군부일체론君父一體論이다. 이 덕분에 그는 일정한 개혁을 성공적으로 시행할 수 있었고, 가장 유명한 양역변통[균역법]은 일반 백성에게 혜택을 줄 수 있었다. 상류층[사족]이 면제받았던 양역 문제는 오랫동안 조선 정부에서 성가신 문제였다. 그것은 관료들이 개혁을 반대했기 때문에 해결되지 못한 채 남아 있었다. 영조가 어떻게 반대를 극복했는지는 수사[군부일체론]를 실질적인 정책으로 바꾸는 방법에서 드러난다.

영조가 조정 내 정치집단과 상호작용하면서 사용한 탕평이라는 이상적 수사가 4장의 주제이다. 그는 비위에 거슬리고 괴팍한 조정 분위기에서도 탕평책을 실행하는 데는 자신의 이미지를 완전무결한 도덕적 통치자로 타협해내는 것이 필요했다. 이러한 이미지가 탕평책과 상충되었을 때, 그는 통치 방법에 따라 역할을 조정해야 했다. 이 같은 변화─영조가 어떻게 그것들에 영향을 미쳤고, 한 인간이자 군주로서 어떻게 그것들을 바꾸어나갔는지 ─ 에 이 장의 초점이 맞추어져 있다.

영조의 공적인 역할이 사적인 삶에 미친 영향은 5장에 설명되어 있다. 공적 인물과 사적 인간으로서 유교적 군주의 이중적 성격을 좀 더 일반적으로 강조하려고 시도한 것이다. 영조의 이중성은 아들과 겪은 갈등관계에서 통렬히 표현되었다. 그가 지닌 모순은 오히려 자신에게 절대적 정통성과 완벽한 도덕적 이미지를 만들어내려고 노력하게 만들었다. 이러한 현상은 사도세자에 대한 상충되는 기대에서도 유사하게 나타났다. 영조는 사도세자가 단번에 자신의 굴욕을 되갚아주는 사적인 아들이자, 공적인 왕위계승자인 동시에 미래의 성인군주가 되기를 원했다. 지위에 얽매인 영조는 효라는 수사를 동원해 이 같은 요구를 했다. 이렇듯 불가능한 요구에 직면한 사도세자는 그러한 역할에서 도피하려는 다양한 시도로 반응했다. 결국 영조는 비극적이고 잔인한 행동에 기대야 했고, 인본주의 원칙을 심각하게 훼손해야 했다. 이 사건은 영조가 개인적인 삶과 통치 사이에서 직면했던 모순 그리고 사회적 요구를 충족하려고 매우 노력했던 긴장감을 가장 잘 보여주었다고 할 수 있다.

이 연구는 네 가지 부록으로 끝을 맺는데, 이는 당대를 가장 잘 드러내는 자료가 될 것이다. 마지막 부분에서는 몇몇 중요한 자료에 대한 역사

학의 논쟁에 주목했다. 이 자료 중에는 실록, 『승정원일기承政院日記』, 『장
헌세자동궁일기莊獻世子東宮日記』, 「이광현일기李光鉉日記」, 혜경궁 홍씨의
『한중록閑中錄』등이 포함된다.

1

조선왕조의

유교적 군주상과

왕권

황천皇天이 진노하사

나의 돌아가신 아버님 문왕文王에게 명하시어

하늘의 위엄을 삼가 행하도록 하시었으나

생전에 큰 공훈을 이루지는 못하셨다.

......

여予 소자小子는 아침부터 밤까지 공경하며

돌아가신 아버님 문왕의 명을 받았다.

─『서경書經』*1) 중에서

성인군주의 이상理想

유가의 세계관을 이해하는 핵심 방법 중 하나는 하늘[天]은 이성적이고 그 우주는 도덕적이며, 인간의 이성은 신을 헤아리기에 충분하고 인간은 우주의 도덕적 질서를 이 땅 위에 재생해낼 수 있다는 인식이다. 유교적 군주상은 이 같은 틀 안에서 고안되었다. 그것은 신성한 헌장憲章을 추구했지만, 그 헌장은 유동적이었고 완전하지 않았으며 인간의 판단에 종속되었다.

천명天命은 이 같은 도덕적 질서를 만들고자 하는 '사람들 사이에서 진실하고 지적이며 통찰력이 깃들어 있는'[2] 의미가 부여되었다. 고대 성인군주 요순堯舜은 자신의 덕으로 특별히 선택된 인물이므로 이러한 군주상을 체현하였다.

성인군주는 덕성만 아니라면 보통 사람에 불과했지만 이 같은 덕성이 그를 전지전능하게 만들었다. 군주는 도덕적 매력이라는 순수한 힘으로 인간의 선의에 다가갈 수 있었다. 한결같은 안목으로 통치에 도움이 되는 덕망 있는 사람을 선택할 수 있었다. 또 걱정과 연민으로 백성의 생활을 돌볼 수도 있었다. 공익에 온전히 헌신함으로써 각각의 백성과 모든 백성을 공평하고 정당하게 대하는 공정한 통치자가 되어야 했다. 군주의 빛나는 모범 사례는 백성 자신들과 도덕적 세계를 조화시켜 살아갈 수 있는 완

벽한 질서의 세계로 이끌 수 있었다.[3]

요순은 전설 속 성인聖人[道統]일 뿐 아니라 자신의 태생보다는 덕망으로 왕위를 계승한 역사상 통치자[治統]이기도 하다는 군주상[聖學]의 기본 개념은 바뀌지 않았다. 그 천명은 왕가에 주어졌고, 적법한 계승자는 이 천명을 물려받으면서 자신이 그런 임무를 수행할 가치가 있다는 사실을 증명하는 한 천명을 보존할 수 있었다. 만약 군주가 실패한다면, '백성을 행복하게'[4] 할 수 없거나 임금이 '자애롭지 않게 된다'[5]면 왕위가 다른 사람에게 넘어가는 것을 막을 수 없을 것이다. 하늘이 백성을 통해서 말하기를, "하늘은 백성이 보는 대로 보고, 백성이 듣는 대로 듣는다"[6]라고 했다. 대중적인 통치권의 유형에는 유가의 천명사상이 내재되어 있는데, 사실 정복자들과 왕조의 개창자들이 통치를 정당화하려고 사용한 것이다. 그러나 이 같은 통치권을 사용했음에도 군주는 신성한 질서를 유지하고 백성이 번영하도록 그 책임을 받아들여야만 했다.[7]

요순을 모범으로 하는 성인군주론[聖學]은 신유학의 정치론을 중요하게 받아들였다. 11~12세기 송대宋代 신유학은 인간의 정신이 우주의 도덕적 질서와 직접 연결되어 있다는 도덕적 세계관을 분명히 표현했다. 모든 뜻 있는 사람은 성학聖學을 추구하고 도덕적 질서를 지킴으로써 자신을 도덕적으로 완성하기 위해 분투할 책임이 있었다. 그것은 지속적으로 요구되는 과제였다. 주지하다시피, 이 과정은 『대학大學』에서 8단계[8]로 분명하게 설정되어 있다. 처음 다섯 단계는 지적·정신적·도덕적 성장과 자아구축에 초점이 맞추어져 있는 반면에, 마지막 세 단계는 가족·국가·천하에 대한 자신의 의무를 염두에 두었다. 이것은 분명히 개인이자 사회적 존재로서 인간을 바라보는 신유학의 관점을 반영한 듯하다. 신유학은 결국 국시國是로 채택되었으나 송 조정에서 그 역할은 제임스 류James T. C. Liu 교수의 말을 빌리면 '정치적 손짓에 지나지 않았던' 것 같다.[9] 신유학은 잠재적 사대부와 실제 사대부가 구상했고, 주로 그들을 위해서 만든 것이다. 송대(960~1279) 관료는 능력을 중시하는 과거시험으로 선발된 사람으로 충당했는데 이는 오랫동안 영향을 미쳤다. 관료는 교육받은 백성에서 나왔다. 사대부는 관료체계 안에서 전문가로 일하면서, 자신들이 단지 국가에 필요한 역役을 제공하는 하인에 불과하다는 상황에 직면했다. 관료체계의 광대함과 불가피한 업무의 관례화는 사대부로 하여금 개인능력의 한계를 절실히 깨닫게 했다. 신유학에서 인간의 도덕적 완벽함을 추구하는 탁월한 방식은 구체적으로『대학』에서 도덕적 세계관의 총체적 틀에서 인간이 맡은 필수 역할*[10]뿐 아니라 도덕적 존재로서 인간의 가치*[11]를 재확인하는 것이다. 도덕적 질서에서 반복되는 혼돈은 명백히 인간의 오류를 상징한다고 보았다. 신유학은 절망과 무력감보다 개인의 노력이 좀 더 시급하다고 강조했다. 인간은 오류를 범하기 때문에 필요하다면 끊임없이 더욱 성학을 위해 열심히 노력해야 했다. 도덕적인 상태가 된다는 것은 결과를 쟁취하는 문제가 아니라 오히려 그런 정신과 태도를 유지하느냐가 관건이었다. 이것이 어려운 과제였을지라도 불가능한 것은 아니었다. 마침내 인간은 완전해질 수 있었고 이성적으로 되었다. 심지어 그가 조정의 사무에서 눈에 띄는 업적을 낼 만한 기회를 얻지 못하거나 할 수 없었다 할지라도, 이러한 방법으로 심성수양心性修養을 해서 도덕적 질서를 유지하는 데 최소한 자기 몫을 다할 수 있었다.

통치자는 자연히 기대가 더 높았다. 군주의 영향력이 가장 컸기 때문에 임금의 심성수양은 훨씬 더 중요했다. 왕국에서 우주의 도덕질서와 윤리적·사회적 질서 사이의 조화뿐 아니라 국익의 궁극적 원천으로서 국가적으로 정신을 재편하는 데 중심부[皇極]의 중요성이 인식되었다. 그러므로 11세기 송대 학자 범조우范祖禹는 "세계의 질서와 무질서 모두 통치자의 마음에 달려 있으며, 만약 그의 마음이 옳다면 조정의 무수한 사건도 틀리지 않을 것이다"라고 말했다.[12] 따라서 국가 정신의 재편은 모든 관료뿐 아니라 통치자의 결연한 노력이 필요한 과제였다.[13] 황제의 상대적 노력에 대한 평가는 차치하고라도 성인군주상을 획득하려는 최대한의 노력에 대해서는 명확히 규정하지 못하고 있다. 성인군주는 자신의 덕을 기르는 부담뿐만 아니라 도덕질서를 회복해야 하는 부담도 있었기 때문이다. 그리고 본질적으로 불완전한 인간 사회의 본성은 항상 이상적인 군주상에 영향을 미쳤다. 따라서 이러한 정치적 질서의 정점에서 인간의 오류는 끊임없이 샘솟는 열정으로 맞서야 했다. 1188년[淳熙 15] 주희朱熹는 송宋 효종孝宗에게 올린 무신戊申 봉사封事에서 "이 육조六條*14)는 어느 것도 소홀히 할 수 없고, 모두 폐하의 마음에서 근원합니다. …… 그러므로 이러한 나라의 근본은 또한 모든 시급한 요구 중에서도 가장 시급한 것이며, 잠시라도 지체할 수 없는 것입니다"라고 하였다.[15]

하지만 인간의 오류에 맞설 한 가지 이상의 방법이 있었다. 성인군주의 이상은 당대 군주제의 현실 속에서 추구되었다. 각 왕대의 정치가 얼마나 상호작용했는지는 그 연령대의 정신상태, 군주제와 관료제 그리고 제도적·사회적 구조 사이의 힘의 균형 같은 요인과 밀접히 관련된 복잡한 문제였다. 성학의 성취 정도를 측정하는 좀 더 직접적인 방법은 군주가 이 정도 지위에 이르렀다고 직접 선언하는 것이 효과적이었던 듯하다.

국왕이 성인군주였느냐보다는 자신을 성인군주로 규정하는 수사修辭와 의례儀禮를 적절히 사용할 수 있느냐가 관건이었다. 만약 이것이 성공적으로 사용되었더라면, 사회의 불완전함과 불균형에 대한 모든 비난은 유교 왕정에서 통치자의 의도를 전달하고 그것에 영향을 미치는 일에 책임이 있는 대신大臣이 감당했을 것이다. 하지만 이것은 성인군주가 자연히 오직 능력 있고 도덕적인 관리를 임명해야만 했기 때문에 모순이었다. 마침내 성인군주로 정의되는 군왕은 완벽한 질서를 제공해야 했다. 자칭 성인군주가 할 수 있었던 것은 자기 치세기간의 문제를 마치 별거 아닌 듯 대충 둘러대고 넘어가거나 공자를 모범으로 하는 대신에 자기 자신을 드러내면서, 마치 개인적 덕성을 갖춘 성인聖人만으로는 그 시대의 한계 때문에 공공의 성취를 얻지 못했다고 변명하는 일이다. 하지만 그러면 그가 성인이자 통치자인데도 성인군주가 되어서는 안 되었을까? 만약 그렇게 했다면 군주의 도덕적 힘이 관료들을 완전히 바꾸어야만 하지 않을까? 어떻게 인정받지 못한 성인의 개념이 왕국에서 가장 강력한 사람에게 적용될 수 있었을까?

이의를 제기할 수 없는 왕정의 권력은 이러한 논리적 불일치성을 피해가도록 먼 길을 돌아가게 했다. 중국에서는 명백히 그러한 권력이 명대(1368~1644)[16]부터 뿌리를 내렸고, 청대(1644~1912) 옹정제雍正帝(재위 1722~1736)와 건륭제乾隆帝(재위 1736~1795), 동시대 조선의 영조英祖(재위 1724~1776) 연간에 매우 단단히 자리를 잡아서 황제의 도덕적 또는 지적

수완에 대한 질문은 용인되지 않았다.[17] 그러므로 군주제는 치통治統과 도통道統을 겸비한 완전무결한 모습을 유지할 수 있었다.[18]

조선왕조의 권위

유교적 군주상

조선 국왕의 권위는 다른 무엇보다도 더 이상적인 유교적 군주상의 수사에 기초했다. 이것은 1392년[태조 1] 태조의 즉위교서에 명백하게 언급되었는데, 다음과 같이 선포하였다. 하늘[天]이 선조의 덕으로 이성계 가문에 천명天命을 부여했으며, 관료에게는 하늘이 명하신 막대한 통치 의무를 이행할 수 있도록 도와줄 것을 호소했고, 백성에게는 비록 자신의 덕이 부족할지라도 군주는 혜택을 베풀려 힘쓰고 백성과 희로애락喜怒哀樂을 공유할 것이라고 약속했다.[19]

만약 태조 이성계(재위 1392~1398)의 즉위교서에 있는 유교적 수사법이 친숙하게 들린다면, 그것은 후대 조선 국왕의 교서에서도 계속 반복되었기 때문이다. 그럼에도 그것은 조선의 새로운 출발을 상징했다. 왕조 개창의 주요 이론적 지도자 정도전鄭道傳이 쓴 교서에는 신왕조가 탄생하였음을 전제로, 새로운 유교적 도덕질서가 만들어지게 되었다는 전망을 명백히 서술하였다. 명나라가 건국된 직후 조선왕조가 개창되었다. 구 고려 체제(918~1392)는 장기간 원나라(1279~1368)에 복속되어 타협해왔기 때문에 조선의 건국은 확실히 중국의 정권교체에 힘입은 것이다. 그러나 조선 왕조의 개창은 명의 건국과 몇 가지 주요한 점이 다르다. 내전을 거쳐 건국된 명나라와 달리, 조선왕조는 무혈 쿠데타의 결과물이다.[20] 명의 유교적 지식인은 부상하는 주원장朱元璋의 배후에 자리하였고, 송왕조의 실패를 뒤돌아보면서 유교적 관료제의 성공적인 통치 능력에 상당한 의심을 품었다.[21] 이들과 달리 과거에 경쟁에서 실패한 경험이 없었던,[*22] 조선을 개창한 신유학자들은 낡은 불교적 고려 사회에서 벗어나 새로운 유교적 사회질서를 구축하는 데 전념했다. 그들은 이러한 사명감을 가지고 변화를 계획하고 현실화했다. 그러므로 조선왕조의 개창은 유교 혁명 이상의 것이었다.[23]

   건국세력의 첫 번째 과제는 세습군주제 안에서 능력주의를 어떻게 증진하느냐는 것이었다. 왕조 초기 도출된 정치적 구조는 재상宰相[*24] 중심 관료제였다. 이것은 왕실의 권위가 국왕은 거의 온전히 상징적 지위에 지나지 않는 반면에 재상은 대부분 결정권한과 행정권력을 위임받은 데에서 비롯되었다. 이것은 정도전이 기획한 것으로 유교정치에 대한 그의 이상과 일치했으며, 이러한 이상을 실현하는 데는 상징적 권위와 실질적 권위의 분리가 필수 요소였다. 곧, 왕정의 정통성은 조선 왕실의 천명에 기초했지만, 그러한 제도의 효율성과 지속성은 영의정이 이끄는 의정부의 행정권력으로 유지되었다.[25] 정도전은 공로와 경험으로 선택되었을 재상들의 손에 권력을 둠으로써 두 가지 분명한 문제점, 즉 세습적으로 왕좌를 물려받음으로써 일어날 왕실의 독재와 개별 왕들의 변덕에 대항하는 제도적 효용성을 보장받기를 희망하였다.

동시에 정도전은 그것이 붕괴되지 않도록 관료제의 위계구조를 강조했다. 하급관료는 상급관료에게 공적인 이의제기가 허락되지 않았다. 그는 국왕과 동료 관료들에게 비판의 목소리를 내도록 간쟁諫爭 권한은 용인했으나, 과도한 간쟁 권한이 조정을 마비시키는 결과를 초래할까 봐 염려하였다.[26] 능력주의를 기초로 한 관료제를 만들려면 유교적 이상을 구현하도록 교육받은 폭넓은 인재군人才群이 관직에 필요했다. 공립학교 제도는 향상되었으며, 과거는 신분이 좀 더 다양한 후보자들에게 개방되었다.[27]

통치집단의 끈질긴 사회 설계를 바탕으로 조선 사회의 유교화가 시작되었다.[28] 유교적 가치의 폭넓은 보급, 교육과 의례 그리고 그에 상응하는 제도적 발전이 그 과정을 가속화하였다. 가족구조는 완전히 재구성되었다. 고려시대 모계 중심 데릴사위제[婿屋]는 조선에서 부계제로 바뀌었다. 부계의 중요성이 부각되는 현상은 최소한 상류층[사족]이 『주자가례朱子家禮』의 구체적 의례를 일상의 요소로 받아들였기 때문에 일어난 듯하다. 이러한 의례들 중에서 특히 상례와 제례는 부계 중심의 오복五服을 상정했다.[29] 정부는 또한 모든 양인良人, 특히 양반의 경우, 호적에 부계는 4대, 모계는 단지 2대만 각각 이름과 지위를 기입하도록 요구함으로써 부계제를 인정하였다. 이것은 모계가 동일한 영향력을 지녔던 고려의 관습에서 벗어나는 것이었다.[30] 이러한 광의의 맥락에서 관련된 수많은 변화가 일어났다. 예를 들면, 동성혼이 족외혼으로 대체되었다.

하지만 이러한 변화는 몇 세기 만에 완료되지는 못했다. 데릴사위제는 16세기까지도 일반적이었던 듯하다.[31] 딸들은 계속 재산을 상속받았고 의례 행사에서 상속자로 행동하였다. 그러나 17세기 언젠가 동종同宗에서 양자養子를 들이는 관행이 급격히 늘면서[32] 딸의 상속액도 눈에 띄게 감소하는 경향이 나타났다.[33] 부계제는 대략 이때쯤 뿌리내린 듯하다. 향안鄕案뿐 아니라[34] 족보族譜도 급격히 확산되었다.[35] 마찬가지로 오륜五倫에 기초한 유교적 사회윤리가 널리 전파되었고, 가족관계와 사회관계에서 이상적 기준이 되었다. 상류층이 받아들인 유교적 풍습과 윤리는 향약鄕約과 같은 관습을 통해 하위계층까지 확산되었다.[36]

조선 조정의 유교화는 각 시대의 정치적·사회적 상황의 맥락 속에서 진행되었다. 조선왕조의 처음 1세기는 잇따른 투쟁의 연속이었다. 태종太宗(재위 1400~1418)은 여러 형제를 제거한 후 왕좌에 올랐다. 1398년[태조 7] 태종은 태조의 어린 아들[李芳碩]을 지지했던 정도전을 죽였다. 세조世祖(재위 1455~1468)는 어린 조카 단종端宗(재위 1452~1455)에게서 왕좌를 빼앗았다. 유교적 통치라는 이념적 통제와 왕실 권력에 대한 시기심에 흔쾌히 종속되고 싶지 않았기 때문에 이러한 강력한 의지를 지닌 왕들은 정사政事에서 좀 더 직접적인 통치권 행사를 주장했다. 이것은 재상 중심 관료제[議政府署事制]와 군주 1인 중심체제[六曹直啓制]가 계속 서로 번갈아가며 바뀌는 결과를 초래하였다.[37] 이러한 연속되는 투쟁과 조선 초기의 불안정한 정치상황은 여러 왕을 권좌에 오르도록 도운 수많은 공신을 만들어냈다. 거의 모든 왕대마다 수십 명 또는 그 이상의 공신이 탄생한 듯하다. 그들은 특별히 세습되는 지위[爵位]와 막대한 재정적 보수를 세습되는 토지와 노비 형태로 받았다.[38] 그들은 또한 고위 문반과 무반을 장악했다.[39]

반면에 1세기 동안 유교 교육은 그것을 공유하는 열성적 지지자를 만들어냈다. 일단 그들이 관료제 안에 들어가기만 하면, 그들 시각에 부합하는 유교적 정부를 만들려고 정부구조와 정책에 대한 개혁을 부르짖었다.*40) 16세기 전반 조선 조정은 중요 이념 논쟁과 정변에 휩싸였다. 훈신과 좀 더 이념적인 집단[士林]은 반복적으로 충돌했으며, 여러 왕들*41)이 정쟁에 적극적으로 관여했다.42) 국왕의 무게 추는 이리저리 크게 흔들렸으며, 양측의 많은 사람이 죽었다. 예를 들어, 연산군燕山君(재위 1494~1506)은 1506년[중종 1] 폐위되기 전까지, 자신이 보기에 이념적으로 관료제의 견고한 지지기반이 되는 기관인 성균관, 경연, 대간을 대부분 없애버리는 지경에까지 이르렀다.43) 하지만 이 유교의 물결은 당해낼 수 없는 것처럼 보였고, 16세기 중반까지 사림士林은 큰 승리를 거두었다. 그들의 출현은 조정 기풍에 지울 수 없는 충격을 주었다. 한번 구현된 통치원리는 국왕 자신을 포함하여 통치집단 전체가 복종해야 하는 가치관으로 자리매김하였다.

16세기 중반까지 조정의 유교화와 더불어 군주제와 관료제 사이에 일정한 균형이 이루어진 듯하다. 재상 중심 관료제와 군주 중심 관료제 사이의 양자택일은 궁극적으로 의정부가 상당한 결정 권한을 가지되, 왕의 재가裁可를 받는 체제로 진화했다. 왕과 고위대신은 정책 내용에 신중을 기했다. 그러므로 조선 조정은 일정한 타협에 도달하여 왕의 주도권과 영향력에 여지를 남겨두었다. 이러한 방법의 활용도는 국왕의 성향에 따라 좌우되었다.

단지 국왕의 덕망을 전제로, 군주제와 관료제 사이에서 좀 더 균형 잡힌 권력 분배가 선호되었는데, 이것은 16세기 학자들의 정치이론*44)에서 확인된다. 예를 들면, 조선의 매우 저명한 신유학자 두 사람[*45] 중 하나인 율곡栗谷 이이李珥는 국왕이 실천가적 면모를 지니는 데 찬성했다. 이이는 재상의 역할을 과소평가하지 않았으나 훌륭한 정부를 만들기 위해서 기본적으로 최종 책임과 의무를 지닌 왕을 보좌하는 데 그 역할이 있다고 보았다. 실제로 대신 때문에 왕의 권세가 불안정해진 적이 때때로 있었는데,[*46] 그는 이것이 통치의 효율성에 유해하다고 생각했다.[47] 동시에 그는 국왕이 진심으로 왕도王道를 추구해야 한다고 강력히 주장했다. 이이의 이상적 군주상은 고대 성인군주를 모범으로 삼음으로써 국가 번영의 기초가 되는 군주의 수신修身에 관한 많은 신유학 이론을 포함하였다.[48]

관료의 왕에 대한 이념적 견제[*49]는 정치구조를 발전시키는 필수 요소였으나 관료군의 통합된 권력이 전제되지 않고는 쉽게 이루어질 수 없었다. 진실로 조선 군주들은 강도 높은 유교 교육의 대상이 되었고, 어쩌면 그들은 유교의 가치체계를 내면화했을지도 모른다. 하지만 그들이 규범에 적응했을 때, 오히려 관료의 압박 없이 더 손쉽게 그 규범에서 벗어났는지도 모른다. 이러한 보강은 소수 지배층이 권력을 독점하며 최소한 부분적으로 가능해졌다. 정도전이 지지했던 능력주의—관료 선발에는 과거를 시행하되 공립학교 제도를 활용해 교육에 접근할 수 있는 모든 양인에게 개방하는 것—에서 다소 벗어나 엄격한 신분 간 구분을 강조하는 토착적인 사회구조는 바뀌지 않고 유지되었다.[50] 주로 양반兩班으로 언급되는 세습 지배층[51]은 법적·사회적 특권을 누렸다. 그리고 핵심지배층이 양반 상층부를 구성했다. 심지어 16세기 초 정변에서조차 이 소수 집단의 권력은 무너뜨리지 못한 것처럼 보였다.[52] 과거는 진실로 실력 본위의 유교적 이상을 충실히 고수했는데, 특히 문과文科의 마지막 시험은 관료 집단으로 가는 통로로 부각되었다. 양인의 과거 응시에 법적 제한은 없었다. 하지만 실제 과거 응시자 상당수가 양반이었으며 문과에 합격하여 관료제로 들어서는 사람들은 주로 소수 집단 출신이었다.

그래서 중국의 과거가 권력을 더 넓은 집단으로 분산하는 효과적 수단으로 진화한 반면에 조선의 과거는 상대적으로 소수 집단에 정통성을 부여하는 수단으로 작용했다. 에드워드 와그너Edward Wagner의 분석에 따르면, 조선왕조 문과 급제자 14,600명 가운데 주도적인 성씨姓氏[家門] 21개에서 왕조를 통틀어 전체 문과 급제자의 40%를 배출했으며, 36개 가문에서 53%를 배출했다고 한다.[53] 훨씬 더 소수의 급제자를 낸 가문이나 심지어 잘 알려지지 않은 가문[54]에서도 다소 유동성이 있었지만, 고위관직을 차지한 사람들은 거의 항상 같은 저명한 조상을 두었다는 점은 눈여겨볼 만하다. 이러한 이미지는 『국조인물지國祖人物志』나 족보의 대략적 설명으로도 확인된다.[55] 권력이 명백하게 여러 차례 집단에서 집단으로 이동하고 가문 또한 세분되었는데도 소수 가문에 권력의 집중과 영속화가 뚜렷했던 것으로 보인다.

관료계층의 독점성은 부계마저 초월하였다. 조선 초인 1414년[태종 14] 서얼庶孽을 차대差待하는 법이 제정되었는데 양반을 아버지로 둔 경우, 그가 아무리 지위가 높은 권력자라 할지라도 여기에 포함되었다. 그들은 정부의 고위직 시험에 응시하는 것이 금지되었으며, 하위직 중인中人 기술직을 제외하고는 모든 직책에 오를 자격을 박탈당했다.[56] 핵심지배층 사이에 일반적으로 사회적 지위가 동등한 가문 사이의 결합을 선호한 혼인 관행을 고려하면, 관료들은 저명한 부계·모계 가족의 배경을 지녔을 것으로 보인다. 어쨌든 왕좌에 대한 세습권 주장은 관료의 공직에 대한 유사한 요구와 평행선을 달렸지만 훨씬 더 소리 없이, 간접적으로 나타났다.

이것은 관료가 권력을 두고 왕과 효과적으로 경쟁할 수 있었음을 의미한다.[57] 이는 한국 역사에서 새로운 것이 아니었다. 왕과 관료 사이의 치열한 경쟁은 적어도 668년 신라 통일부터 한국의 정치형태로 특징지어졌다.[58] 하지만 16세기 조정의 유교화와 더불어 최소한 수사적으로는 도덕적 우월성을 차지하기 위한 경쟁이었다. 양측은 유교적 기준 아래에서 존재 이유를 찾아야 했다. 통치자에 대한 관료의 충성은 여전히 강조된 반면에 왕의 도덕적 조언자로서 그들의 조언은 강력한 힘을 발휘했다. 통치자는 종종 자신이 현세 성군聖君의 권위를 얻어야 한다는 사실을 깨달았다. 그러므로 개별 군주는 자기 권력을 키우는 동시에 관료 기준에 적합한 도덕적 왕이 되어야 하는 근본적 난제에 직면했다.

관료들은 국가로부터 이념적 독립성을 상당히 지켜온 것처럼 보이는데, 이것은 사립 교육기관의 부상과 연관되어 있을지 모른다. 조선 초기에 공립학교 제도가 갖추어졌다. 경사京師[都城]에는 사학四學이, 외방에는 향교鄕校가 각각 설립되었다. 학생 200명 정원의 왕립대학[成均館]이 고등대학 역할을 했다.[59] 16세기 초부터 사립학교인 서원書院이 생겨났다. 잠시 정부는 서원을 공인하고 토지를 하사하며 면세권을 부여하는 등 활발하게 지원했다.*[60] 서원 숫자는 급격히 불어났다. 서원은 1600년까지 88개가 세워졌고, 1700년[숙종 26]에는 600개를 넘어서[61] 중국의 서원보다 많았다.[62] 서원은 배움과 학문의 중심으로서 떠올랐고, 명망마저 질적으로 떨어져버린 공립학교를 대신했다. 최소한 17세기 중반까지 양반은 대부분 서원에서 교육받은 것으로 보인다.[63] 이것은 아마도 관료들은 국가중심의 유교이념에 세뇌되기보다 훨씬 독립적인 유교사상을 교육받았다는 사실을 의미할 것이다.[64] 어쨌든 관료제에 진입할 때까지 그들은 도덕적으로 유교적 통치의 수사에 참여하는 데 만반의 준비를 갖추었다.

게다가 조선왕조의 상대적으로 빈약한 관료제 아래에서 군주와 관료들이 서로 어떻게든 연관되어 영향을 미쳤음이 틀림없다. 중앙집권적 관료제에서 문반관료가 대략 500명 있었다.[65] 게다가 무반관료뿐 아니라 지방관원이 약 1,000명 있었다.[66] 하지만 개별 무신은 대개 정책결정 과정에서 배제되었다. 왕은 자신이 자주 접촉했던 50명 이내 관료들과 정책을 심의했다. 그들 중에는 의정부의 고위대신, 육조의 판서, 군주의 훈도를 맡은 특진관特進官, 경연經筵에 참여하는 대간臺諫, 승정원, 사관 등이 포함되었다. 이들 중 의정부의 몇몇 정승은 거의 매일 왕과 의논했다. 왕은 관료 이름을 전부는 아닐지라도 대부분 알았을 것이다. 그리고 군주는 종종 함께 일했던 관료들과 가까운 관계를 형성했던 것 같다. 몇몇은 왕이 즉위하기 전 그의 사부로 있었는데, 이는 종종 특별한 관계의 토대가 되었다. 더욱이 핵심지배층과 소수 관료들의 특권을 고려한다면, 왕은 관료들의 부친이나 조부 또는 다른 가까운 친족을 대개 알았을 것이다. 역으로 연로한 관료들은 종종 선왕대에도 출사한 경우가 많아서 권위를 더하였다. 이러한 상황은 권력이 거의 무적에 가깝고 거대한 관료조직을 거느린 황제皇帝가 있는 중국 조정과 눈에 띄게 대조적이다. 조선과 달리 중국 관료들은 출신 지역이 매우 다양했고, 힘 있는 가족을 둔 경우가 훨씬 적었다. 조선 정부에서 소수 독재정치 성향은 아마도 조선 국왕이 관료의 압박에 저항하는 일을 훨씬 더 어렵게 했을 것이다.

조선의 군주제는 또한 국왕의 취약성을 드러냈다. 조선 국왕은 명[67]이나 청의 황제[68]가 관료제를 유명무실하게 했던 것처럼 '이념적으로 지지하지 않는 집단'을 두는 정책을 취하지 않았다. 환관은 기껏해야 영향력 있는 자들의 대리인이었을 뿐 결코 독자적 세력으로 출현하지는 않았다. 종친宗親은 부왕父王으로부터 4대가 지날 때까지[親盡] 실질적 권력을 동반한 어떠한 공직도 갖는 것이 금지되었다.[69] 친진親盡으로 자유로워지면 종친인 전주 이씨의 많은 구성원이 과거를 치러 공직 이력을 성공적으로 쌓았다.[70] 하지만 그들은 아마도 종친이라기보다는 관료로서 더 일했을 것이다. 가문의 결속력은 의지가 되었지만 전주 이씨는 거의 중도세력으로 기능할 수 있었다.

관료제 밖에서 영향력 있는 권력 연합이 없었으므로 외척外戚이 종종 영향력을 행사하였다. 하지만 이런 집단조차 군주와 인척姻戚관계보다는 사대부로서 자격을 토대로 자신들의 권력과 위신을 내세우는 경향이 있었다. 더욱이 외척의 권력이 강했던 시기에 권력은 보통 왕좌의 희생을 초래했다.

16세기 조정의 유교화는 또한 관료제 내에 변화를 불러왔다. 행정부[議政府−六曹]는 최상의 권력과 특권을 지녔는데, 이러한 관료제 내의 엄격한 위계질서 또한 개정되었다. 성종成宗(재위 1469~1494) 초반 하위관료[*71]는 공개적으로 상층관료[*72]와 다른 관점을 표명할 권리가 인정되었다.[73] 더욱 결정적으로, 불안한 출발을 보였던[74] 간언諫言은 힘을 얻었다. 16세기 전반 정변은 대부분 관료제 운영—선발법, 작동 형태, 행정부 대 언관言官 [臺諫]의 권력 등—과 관련되었다.[75] 좀 더 젊고 이념지향적인 집단[士林]의 승리는 공론公論인 간언諫言에 대한 불가침권을 얻었다. 대간은 동료 관원과 군주를 감찰[사헌부]하거나 간쟁[사간원]하는 역할을 맡았는데, 국왕 그리고 의정부가 이끄는 행정부[육조]와 함께 3자 권력을 구성하면서 강력하고 독립적인 아문으로 부상했다.

간언은 처벌을 면제받았으므로 대간은 면책특권을 행사했다. 이것은 왕의 행동 자유에 대한 좀 더 명확한 제한 중 하나로, 정부 운영에 다양한 변화를 가져왔다. 왕의 아주 작은 행동도 이제는 철저한 조사 대상이 되었다. 공정한 군주라는 유교적 개념이 새롭게 고조되었다. 왕은 공정한 통치자로서 필연적으로 완전히 열린 조정을 유지해야 했다. 곧, 그는 어떠한 일도 은밀히 처리하는 것이 허용되지 않았다. 왕은 공식행사에 항상 승지 및 사관과 동행했다. 왕의 모든 언동言動이 기록되었고, 이에 대한 공적인 의견 개진이 허용되었다. 왕의 모든 공식 기록과 대화는 승정원을 거쳐 이루어졌고, 비답批答도 마찬가지였으며, 이에 대한 의견 개진도 허용되었다. 국왕이 한 명 또는 그 이상의 관료들과 은밀하게 접견하는 것은 엄격히 금지되었다. 이것은 조선왕조의 개창 이후에 비로소 시행되었으나 이제 금석 같은 규정으로 자리하였다. 17세기 이후 조선 역사에서 이 규정에 단지 두 차례 일탈만 있었다. 하나는 일반에 잘 알려진 1659년 효종孝宗(재위 1649~1659)이 송시열宋時烈[76]과 독대獨對한 것이다.[77] 다른하나는 1717년 숙종肅宗(재위 1674~1720)이 이이명李頤命[78]과 독대한 것이다.[79] 특히 숙종은 대화 내용이 알려지는 것을 거부하였기 때문에 극심한 비판을 받았다. 이 제도는 여성[妃嬪]과 하인[內官]을 제외하면 왕의 사적 이익에 독점적으로 헌신하는 충실한 지지자 집단을 만드는 것을 불가능하게 만들었다. 조선 국왕은 제도에 제한받고 관습에 구속받으며 이념에 얽매임으로써 종종 자신이 관료의 수사修辭라는 손아귀에 있는 장기의 말과 같은 신세임을 발견했다.

조선중기 이후 붕당론은 조선 정치의 일정한 요소로 자리하였다. 동인과 서인 등 붕당이 처음으로 확인된 때는 1575년[선조 8]이다. 붕당의 역사는 1590년대[1592~1598, 선조 25~31] 도요토미 히데요시豐臣秀吉의 조선 침략, 1644년[인조 22] 명나라 멸망, 여러 왕의 왕위계승 논쟁*[80] 같은 사건으로 진화했다. 각 기간에 정치에서 붕당론이 맡았던 역할은 무엇이었는지, 어떻게 연대했는지 그리고 그 구조들이 얼마나 단단했는지 등과 같은 질문들은 아직 더 조사해야 할 것이다. 하지만 소수 핵심지배층과 그들의 집단 내 권력의 영속성을 고려하면, 붕당 간 대립하는 쟁점은 조정을 격앙시키는 경향이 있었으며, 붕당은 이윽고 점점 더 굳건해지는 듯했다. 이는 17세기 후반이나 18세기 초반에 일어났던 것으로 보인다. 왕들은 각각 다르게 반응했다. 유명한 숙종의 사례처럼 일부는 분할—정복 정책을 펼쳐 왕실의 권력을 기르려고 노력했다. 반면에 영조는 붕당정치를 피하고 억제하는 정책을 시도했다. 비록 이것은 필수적이기는 했지만, 어떤 집단이 좀 더 많이 소외되는 것은 정부의 안정성을 위협할 수 있었다. 그렇기에 붕당의 적대감은 쉽게 없어지기에는 너무 깊었다.[81] 영조는 오랫동안 권력기반을 굳혀온 관료들과 대면하고 왕으로서 대응할 수 없었던 당습에 직면하였다. 이에 국왕 스스로 정쟁을 초월하여 자리매김할 수 있는 이미지를 추구하는 것 외에는 다른 대안을 찾을 수 없었다. 그리하여 영조는 성인군주의 이미지를 갖추는 작업을 추진했다.

도덕정치 개념은 영조의 조정[82]에 스며들어 있어 왕이 따르려고 노력했다. 이는 기본적으로 16세기 율곡 이이가 반복해서 상기시켰던 개념이다.

무릇 도학道學이란 격치致知로써 선善을 밝히고 성정誠情으로써 몸을 닦아[修身] 그 학문이 몸에 쌓이면 천덕天德이 되고, 정사에 시행하면[治國] 왕도王道가 됩니다.[83]

문명화와 국가

중국 황제가 천자天子로서 하늘과 문명[中華]세계의 명백한 중재자로 특별한 지위를 누렸던 것과 달리, 조선 국왕은 상대적으로 평범한 권력을 가지고 있었다. 그는 아마 조선을 통치할 천명을 정말로 받았을지도 모른다. 하지만 천명으로 정당화되는 유교적 세계관은 또한 중국을 세계 질서의 중심에 둔다.[84] 조선왕조의 유교 수용은 조선이 더욱더 중국에 대해 주변적이고 종속적인 위치를 갖는 유교적 세계질서를 받아들이도록 유도했다. 그러므로 천자의 조선 통치자에 대한 고명誥命은 상징적·실질적 중요성을 모두 갖게 되었다.

그것은 조선의 중국에 대한 사대관계事大關係를 상징했다. 중국 황제의 특별한 권위를 인정함으로써 조선 국왕은 중국 황제와 의사소통 시 자신을 신하가 통치자에게 사용하는 용어인 '신臣'으로 지칭했다. 또한 고명은 두 나라 사이의 평화와 친선 그리고 해외 침략에 대한 상호 방위를 상징했다. 가장 중요한 것은 그것이 질서정연한 세계의 위계질서 안에서 조선왕정의 확실하고 안전한 지위를 상징했다는 점이다. 이것이 조선의 주권에 틀림없이 부정적 영향을 주었으나, 또한 유교문명 안에서 조선 왕실을 그 일원으로 확인하는 것이기도 했다. 황제의 고명에서 명백해진 조선의 정치적·문화적 정체성 사이의 갈등은 더 커진 문화적 맥락에서 조선의 국체國體에 대한 정치적 의문을 남겼는데, 이는 왕실의 자각으로 부분적으로 해결되었다. 조선 건국은 유교적 이상에 대한 헌신을 기초로 했고, 개창자들은 고전의 전범에서 조선의 정치체제에 대한 영감을 얻었다. 분명 완벽하지는 않지만 실존했던 중국의 전범은 존중받을 만했다. 명왕조는 유교 전통의 직접적 계승자로서 유교 세계에서 절대적 위치를 차지했다. 그러므로 명의 지도력은 이러한 위계질서 속에서 명을 자국의 위치를 찾는 데 필요한 안내자로 인식한 조선인에게 흔쾌히 받아들여졌다. 조선 초기 중국 문물의 모방은 예컨대 명의 역법曆法 사용, 『대명률大明律』 및 명의 관복官服 채택 등의 형태로 이루어졌다. 뒤의 두 가지는 자발적으로 이루어졌는데, 이것은 문명화의 표준에 일치되고자 하는 조선인의 열망을 가리킨다.

　조선의 국체는 계속해서 문화적 정체성으로 규정되었다. 유교적 세계관에서는 오직 중국만이 문명화되었고, 다른 모든 국가는 다양한 층위의 야만으로 격하되었다. 이것을 초월하기 위한 방법으로 조선인은 유교적 규범을 보편적 기준으로 간주했는데, 이 기준에 따라 그 사회가 문명인지 또는 야만인지 판단하였다. 그리고 조선은 이러한 기준에 따라 탁월한 성과를 냄으로써 심지어 중국보다 훨씬 더 훌륭하게 문명세계의 일원이 되어야만 했다. 이러한 태도는 15세기 한글이 만들어진 후 집현전集賢殿에서 작곡한 조선 왕실의 자찬가自讚歌『용비어천가』에서 분명히 확인된다. 이 유명한 노래는 조선 왕실의 선조의 덕을 찬양하고 천명을 받아 왕조를 개창하였음을 정당화했다. 여기서 분명한 점은 조선 왕실의 선조가 중국의 경쟁자보다 훨씬 미덕이 있었고 더욱 용맹했으며, 좀 더 겸손했고 더욱 관대하였으며, 훨씬 신뢰할 만했다는 것이다.[85] 엄격한 유교적 덕성의 관점에서 왕실 선조의 추숭은 보편적 기준에 대한 헌신을 함축하고 있다. 반면에 조선왕조의 선조 추숭과 대조적으로 중국 황제에게 아첨하지 않았다는 것은 조선인의 포부가 이러한 기준을 초월했음을 가리킨다.

이것은 조선인이 자신의 토착적 전통을 무시했음을 의미하지 않는다. 반대로 조선왕정은 스스로를 조선 전통의 후계자이자 관리자로 보았다. 심지어 조선의 유교 채택은 고대 성인 기자箕子가 시행했다가 이후 상실한 고유 전통의 재발견으로 계획되었다.[86]『용비어천가』는 한글이 발달한 결과였고, 그것이 한글로 쓰인 것은 분리되었던 문화적 정체성에 대한 열망을 나타낸다. 특히 유교적 의례를 수용하는 과정에서, 조선인은 한국의 관습과 유교적 보편 규범의 특징 사이에 존재하는 차이점과 갈등의 개연성을 자각하고 있었다. 비록 시간과 장소에 따른 불가피한 결과로 토착적 요소가 좀 더 많이 양해되었다고 할지라도 그 추세는 분명히 보편적인 가치와 규범을 향했다.[87]

15세기 중국과 문화적으로 경쟁해 조선인의 정서를 묘사할 수 있는지,

곧 그들이 중국보다도 훨씬 더 근접하게 유교 정신의 기본 교리를 고수하는 것[88]은 조선인이 유교적 전통의 진정한 수호자가 된 그다음 세기에 좀 더 이념적인 변화를 맞는다. 이것은 조선인이 주자학朱子學 정통에 헌신한 결과였다. 조선의 학자들은 명대 양명학이 각광받는 현상을 진리로부터 심각하게 일탈하였다고 간주하였다. 예를 들어, 1584년[선조 17] 왕양명王陽明의 문묘文廟 배향은 주자학도인 조선인 지지자에게서 커다란 탄식과 울부짖음을 자아냈다.[89]

그럼에도 여전히 명왕조는 위안이 되는 존재였다. 조선은 세계의 질서가 온전하다는 것을 인지함으로써 안정감을 얻었을 뿐만 아니라 문자 그대로 군사적 안전도 보장받았다. 일본이 1590년대에 조선을 침공했을 때, 명나라는 매우 절실히 필요했던 군대를 파병하였고 조선왕조를 파멸 직전에서 구해냈다. 이것은 명왕조를 향한 어떠한 의구심조차 효과적으로 무색하게 만들어버릴 정도로 조선인 사이에서 커다란 감사의 마음을 품게 했다. 조선의 관점에서 볼 때, 중국은 공통의 유산을 큰 비용을 들여 실행에 옮긴 것이었다. 두 유교 국가 사이에 존재해온 정신적 유대감은 이제 피로 맺어졌다.

따라서 1644년[인조 22] 명왕조 멸망은 진실로 조선에 대단히 충격적인 사건이었다. 중국에서 통치왕조가 오랑캐 만주족으로 바뀌는 것은 유교적 세계 질서에 대한 조선인의 감성을 거슬렀다. 이것은 문명의 붕괴에 버금가는 일로 조선 문화의 정체성을 위협했다. 또 조선왕정의 존립에 관한 우려를 동반했는데, 친청파가 부상함으로써 그 위상이 도전받을 개연성이 있었기 때문이다. 비록 이러한 일은 일어나지 않더라도 이 사건[명청

교체]을 다룬 정치적·학문적 파급효과는 거의 한 세기 동안 지속되었다.

　광해군光海君(재위 1608~1623)은 명나라와 만주족 사이에 적대감이 형성되기 시작하는 과정을 목격하였으므로 양국에 균등한 정책을 채택했다. 그는 반복적으로 명에 대한 조선의 충성을 맹세하는 동시에 만주족을 달래려고 노력했다. 하지만 광해군은 명에 온전한 충성을 바치지 않고 두 마음을 품었다 하여 몰락하고 말았다.[90] 그는 천조天朝를 배신한 죄로 고발되어 폐위되었다.[91] 곧 황은皇恩을 잊고 국가의 정도와 예의를 오랑캐로 격하시킨 죄목이다.[92] 열렬한 친명파의 지지로 왕위에 오른 인조仁祖(재위 1623~1649)가 이끈 다음 정권은 평화를 정착하기 위한 만주족의 모든 교섭을 무시했다. 이것은 1627년[인조 5]과 1636년[인조 14]에 군사적 침입[정묘호란·병자호란]을 촉발했다. 2차 침입은 홍타이지愛新覺羅 皇太極(후일 청태종)가 이끌었는데, 이는 조선의 항복이라는 결과를 가져왔다.[93] 효종은 왕자로서 봉천奉天[瀋陽]에서 인질로 여러 해를 보냈는데, 재위 10년 동안 가급적 명의 충신들과 힘을 합쳐 만주족을 공격하고 정통성 있는 중국 왕조를 중흥中興시키기를 열망하였다. 하지만 중국에서 복명復明 운동은 약해지는 듯했고, 효종은 계속해서 청의 존재라는 매우 현실적인 가능성에 직면해야 했다. 그의 후계자인 숙종의 통치기간에도 정치적 영향에 따라 격렬한 논쟁이 지속되었다.[94] 조선인은 1673년[현종 14] 오삼계吳三桂의 반란으로 잠시나마 북벌론이 다시 불붙기를 희망했지만, 1683년[숙종 9][95] 청왕조의 대만臺灣 점령[鄭成功 토벌]은 중흥의 꿈을 끝장내고 말았다.

　영구적이고 일시적이지 않은 현실이 된 청에 대해서 조선인의 인식에서 드러난 점은 조선이 현재 유교문명의 유일한 보루라는 자각이었고, 중국에서 잃어버린 문명[中華] 전통의 유일한 전달자로서 조선왕정을 훨씬 더 위대한 열망으로 이끌어야만 한다는 것이었다. 온전히 정치적이고 지적인 지배층이 공유한 이러한 새로운 의무감은 친청파 부상 가능성을 효과적으로 제거했다. 하지만 왕과 관료가 맡아야만 했던 이 임무와 각자 역할을 얼마나 잘 수행했느냐에 대한 물음에는 다양한 견해가 있었다.

어떤 집단은 본질적으로 문명을 인류 경험의 전체 기간–최소한 성왕聖王[堯舜] 이후–으로 간주하였다. 문명을 지속적으로 진화하는 것으로 보게 됨으로써 이러한 관점을 지닌 사람들은 문명의 전수자로서 조선의 역할에 여지를 충분히 주었다. 예를 들어, 이 학파의 대표자인 윤휴尹鑴는 공자나 주자 같은 과거 성인의 정신을 유지해야 하나 그들의 교훈과 교리에 얽매여서는 안 된다고 주장했다.[96] 하지만 다른 학파의 강력한 대변자인 송시열은 좀 더 엄격한 태도를 유지했다. 주자의 사상을 인류가 성취한 최고봉으로 간주하고 주자학을 문명의 본질로 여긴 그는 문명을 영속시키는 가장 좋은 방법은 가급적 주자학에 가깝도록 고수하는 것이라는 견해를 지니고 있었다.[97] 그는 윤휴를 조선의 유교문화를 위협하는 이단이라고 비난했다. 전체 학문적 기득권층이 무엇이 정통 학설이 되어야 하느냐는 논제에 휘말린 것처럼 보였다.[98] 이 두 집단은 또한 군주의 권위에 대해서도 서로 의견이 달랐다. 송시열은 사대부를 주자사상의 정통 계승자로 생각했을 뿐 아니라 왕의 자격까지 평가해야 하는 전통의 수호자로 보았다. 반면에 윤휴는 존왕주의尊王主義를 견지하였다. 곧, 왕의 권위에는 의문이 제기되어서는 안 되며, 어떠한 도덕적 자문이나 조언이라도 관료가 임금에게 제공할 때는 반드시 이러한 맥락이 고려되어야 한다고 보았다. 서인과 남인의 대결은 극심한 붕당 간 충돌로 비화되었다. 이 같은 정치적 혼란은 조선인이 문명의 유일한 관리자로서 조선왕정의 새로운 역할을 믿었던 것에 대한 적응과정으로 묘사할 수 있다. 이러한 관점에서 조선은 이제 문명[中華]과 동일시되었다. 이에 상응하여 조선 국왕은 국가 뿐만 아니라 유교문명을 대표했다. 이것이 정당한 천자[明皇帝]의 고명이 사라진 것을 어느 정도 보상하였다.[99]

하지만 조선 국왕은 정통이 아닌 천자인 청 황제에게서 계속 고명을 받았다.[100] 조선에서 청왕조를 오랑캐 찬탈자라는 경멸적인 시각으로 보았더라도 청은 여전히 강력하고 실질적인 중국의 통치자였으며, 조선왕조는 그에 종속된 국가였다. 1637년[인조 15] 항복 때문에 조선 조정은 한동안 명왕조에 행했던 모든 의례를 청왕조로 옮겨야만 했다.[101] 이것이 모순인 것은 명백했다. 곧 조선왕정이 존립하기 위해 청의 고명이 필요했으나, 역설적으로 조선왕정의 생존은 만주족과 정반대의 가치에 있는 문명[中華]의 보존으로 인식되었다.

청은 단지 물질적으로 번영하였을 뿐만 아니라 강희제(1661~1722), 옹정제, 건륭제 같은 능력 있는 통치자 아래에서 유교적 기준으로도 납득할 수 있을 만큼 문화적으로 만개하였다.[*102] 이 때문에 모순은 더욱 극심해져갔다. 사신으로 중국에 갔던 사람들은 청나라의 성취에 꽤 감명을 받았다.[103] 비록 만주족을 불법 강탈자로 여기는 조선인의 생각이 바뀌지 않았고, 조선 조정의 문명화에 대한 수사나 그 속에서 조선의 역할이 윤휴와 송시열이 표현한 범주의 사이[*104]에 위치했다 할지라도, 더 이상 만주족을 완전히 가치 없는 오랑캐로 서술하는 것은 불가능했다.[105] 이러한 충돌은 결코 성공적으로 해소되지 않았다. 18세기의 군주, 영조가 계속 과거와 현재의 중국으로부터 권위의 상징을 만들어내는 것은 훨씬 복잡한 일이었다.

역사와 전통

유교식 통치는 역사적 사례를 모범으로 삼아 다스렸다. 성왕聖王의 신화시대로부터 고대국가의 통치 특징을 거쳐 훨씬 더 현재의 왕정, 위정자, 사상가에 가까워졌다. 짐작건대 역사적 인물들은 군주가 덕치를 규정해야 하고 도덕적 원칙 이외의 다른 어떤 대안도 없다는 사례들 때문에 꼼짝달싹 못하였다. 보편적이고 지속적이며 만물에 내재된 원칙은 역사적 사건과 인물에서 명백히 드러났다. 역사적 사례는 두 가지 형태로 나뉜다. 곧 도덕적이어서 모방할 가치가 있는 것과 비도덕적이어서 단지 회피하기에 적합한 것이다. 한 가지 주제의 변화상을 구체화시키면 쉽고 유익한 교훈을 얻을 수 있었다.

역사적 사례 중 으뜸은 지식과 행동 사이, 내부적 상태와 외부적 행동 사이의 친밀한 관계에 대해 유교적 신념으로 설명하는 것일지도 모른다. 지식은 행동과 연결되어 있기 때문에 역사적 지식은 누군가가 더 나은 결정을 하고 현재 일에서 옳은 정책을 시행하도록 돕는다. 더욱이 학습 과정은 단지 내부 영역에서 외부 영역에 이르는 단일 과정이 아니었다. 또 사람은 옳은 행동을 모방함으로써 올바른 마음 상태에 도달할 수 있었다.[106] 예컨대, 원칙을 구현하는 어떤 행동에 대한 모방은 사람이 원칙을 즉시 파악하지 못할지라도 원리를 이해할 수 있도록 돕는다고 생각된다.

또 역사적 전범은 불행히도 너무 자주 과오를 범했던, 왕좌를 차지한 사람들의 광기와 결함을 확인하는 데 유용했다. 실제로 조선 관료는 왕과 권력 다툼 속에서 면책을 누린 역사에 의지했다. 같은 이유에서, 왕은 적절한 사례를 선택하고 해석을 제시하고 과거의 성인과 군주의 권위에 호소함으로써 역사를 자신에게 유리하게 사용할 수 있었다. 실제로 군주와 관료의 상호교류는 학문을 연마하거나[經筵] 정책을 입안하는 과정에서 친근해지거나 대립적일 수 있었다. 이것은 역사적 비유, 암시, 토론으로 뒤덮여 종종 역사 세미나를 떠올릴 정도였다.

조선의 유학자는 역사정신을 갖고 있었지만 우리가 현재 역사의식이라고 일컫는 것을 갖고 있지는 않았다. 실제로 보편적인 유교의 관점은 유기적이고도 자주적인 역사관을 갖지 못하게 가로막았다. 진실로 유학자는 자신들이 중요하다고 생각했던 모든 사건을 매우 상세하게 기록하는 데 어려움을 겪었다. 하지만 그들에게 기록된 사건의 주요한 가치는 어떠한 원리로 작동했는지에 대한 설명을 제공했다는 데 있으며, 내재된 독립적 가치 때문에 특별히 가치있게 평가되지는 않았다. 당대 문제들을 다룰 때, 특별한 사건도 보편적인 도덕적 스키마schema의 맥락 속에서 다루어야 했다. 그러므로 이러한 적용방식은 해석문제를 초래하였다. 통치기구는 특정한 시간과 공간에 다른 문제를 처리해야만 했고, 해결책에는 수용 가능한 범위로 잘 구분되지 않는 집행 과정이 필요할지도 몰랐다. 그럼에도 역사는 그것에서 교훈을 얻을 수 있도록 평가되고 판단되어야만 했다.[107]

전통은 그와 같이 언급될 수 없다. 유교적 관점에서, 유교전통은 야만에 대항한 과거 인류 투쟁의 축적으로 간주되며, 도덕적으로 중립적인 내용으로 인지되지 않았다. 문명화는 정의의 전파 또는 합법적 전통으로 간주된다. 이러한 관점은 본질적으로 변화를 방해했다. 훨씬 더 많은 분야와 관습에서 변화를 수반하는 새로운 사고체계는 정의의 중흥이나 복원 또는 합법적 전통이라고 불릴 수 있었다. 신유학은 중국에서 이 같은 수사 아래 선전되었다. 또 이러한 사례에서는 조선의 개창자들이 신유학을 국시國是로 채택함으로써 기자箕子[108]를 시점으로 문명화된 전통의 회복으로 서술하였다. 각각의 개혁가들도 종종 불완전한 현재를 추월하려고 고전시대의 권위나 그러한 경전에 호소했다.[109] 전통은 무언가 고정되기보다는 지속적으로 진화한다고 여겨졌다. 그러므로 항상 갱신되어야만 했던 것도 사실이다. 하지만 대부분 변화와 갱신은 올바른 전통정신의 한계 내에서 추구되었다.

유교문화에서 조상의 도덕성과 자식의 효심이 맡은 중심적 역할의 중요성은 올바른 전통의식의 영향으로 선조의 전통에 중대한 존경심을 부여했다. 이것은 보통의 가족에 해당되었으나 특별히 왕실 선조의 전통에도 해당되었다. 통치 가문의 천명은 도덕적 우월성을 지녔음을 전제로 한다. 이에 그 천명은 후왕이 자신의 덕성을 새롭게 하는 동안은 지속된다고 믿었으므로, 왕실 선조가 세운 전통은 도덕적으로 우월하다고 정당화되어야 했다. 그렇지 않으면 왕정의 존재이유 자체가 약화될 수 있었다. 따라서 유교 왕정에서 선조의 전통은 거의 도전할 수 없는 권위를 지녔다. 정통성은 이러한 전통의 신성성과 직접 연결되었고, 왕좌를 차지한 자도 그 권위에 거의 도전할 수 없었다. 이것이 효제孝悌의 정치라는 결과를 가져와 전임자의 정책을 거스르는 것은 극도로 주의를 받았다. 하지만 선조의 전통은 항상 통치자에게 순수한 축복만은 아니었다. 때로는 자신의 정통성을 세우려는 욕구가 효제에서 요구하는 것과 충돌할 수 있었다. 영조는 수십 년간 지속된 극단적인 붕당정치와 선왕 시해 혐의에 시달린 뒤 즉위하였으므로 이 같은 문제가 특히 충돌할 수 있었다. 영조는 섬겨야 하는 선조先祖가 20명이나 되었으므로, 그에게 선조의 전통은 권위의 원천인 동시에 곤경의 원천이었다.

2

영조의 치세:

성군상聖君像

오, 밤나무여, 거대한 뿌리로 꽃피우는 자여,

너는 잎이냐, 꽃이냐, 아니면 줄기냐?

오, 음악에 맞추어 흔들리는 육체여,

오, 빛나는 눈빛이여,

우리는 어떻게 춤과 춤추는 사람을 구별할 수 있는가?

– 윌리엄 버틀러 예이츠(William Butler Yeats)[*1]

유교 왕정에서 즉위식은 좀처럼 기뻐할 만한 일이 아니었다. 후왕은 훙거薨去한 선왕[靈柩]이 안치된 궁궐 내에서 효제 의식을 치러야만 했으므로*2) 기뻐할 수 없었다. 오히려 침통함이 강조되었다. 새로운 통치자는 왕국에 질서와 평화를 주고 백성을 편안하게 하고자 천명에 따라 다스릴 책임이 있는 왕가의 천명을 물려받았다. 그러므로 1724년[영조 즉위년] 10월 6일[8월 30일] 영조가 즉위하였을 때, 그 의식의 엄숙함은 무언가 잘못되었다는 암시를 거의 주지 못했다. 모든 사람이 극도로 예의바르게 행동했다. 관료들은 겸손하게 부복俯伏하여 왕세제王世弟에게 즉위를 간청했다. 왕세제는 그런 엄청난 책임감을 받아들이기에 자신이 부족하다는 점을 들어 오전 내내 사양했다. 오직 의정부 대신들이 여러 차례 간청하고, 영조가 효제로 섬겨야 하는 두 대비大妃[숙종비 仁元王后 · 경종비 宣懿王后]가 재차 청請한 연후에야 비로소 그 의식을 치르겠다고 동의했다.

정오에 조복朝服을 입은 모든 관료가 창덕궁 인정전仁政殿 앞 전정殿庭 아래쪽에 자신의 품계에 맞추어 줄을 섰다. 옥좌는 전정의 위쪽 월대月臺 중앙에 놓였다. 왕세제는 최복衰服[喪服]에서 면복冕服[大禮服]으로 갈아입고 국장國葬 중 머물렀던 여차廬次에서 모습을 드러냈다. 영조는 의례를 진행하는 관료들에게 이끌려 선왕의 영구靈柩가 모셔져 있는 빈전殯殿에 처음 들어가 자신이 왕실의 법통을 이어받았음을 고告하고 향을 올렸다. 그리고 나서 그는 인정전의 동쪽 협문을 거쳐 인정전으로 인도되어 왕좌에 도달했다. 영조가 왕좌에 앉자마자 관료들이 일제히 네 번 절하며四拜禮 "만수무강萬壽無疆하소서"라고 소리쳤다. 그 후 신왕은 왕좌에서 일어나 인정전 정로正路*3)를 거쳐 동쪽 협문으로 걸어가 막차幕次[廬次]로 발걸음을 되짚어갔다. 그리고 그곳에서 다시 최복으로 갈아입었다.

얼마 지나지 않아 인정문仁政門에서 즉위교서가 반포되었다. 친숙한 유교적 수사로 황형皇兄 경종의 갑작스러운 훙서薨逝에 대한 신왕의 슬픔이 언급되었다. 곧 선왕이 재위 4년 만에 훙거함으로써 고대 성인군주처럼 거의 완벽하게 통치할 기회를 무참히 잃고 말았다고 탄식하였다. 그리하여 신왕은 백성을 다스려야 하는 선왕의 임무를 물려받은 책임감에 극도의 우려를 표명하였고, 자신의 덕과 능력이 부족하지만 의무를 실천하는데 최선을 다하겠다고 천명하였다. 그는 백성과 휴척休戚(기쁨과 슬픔)을 나눌 수 있도록 열심히 하겠다고 맹세했고, 정부는 부패한 관행의 개혁은 추구해야 하지만 무엇보다도 관용을 보여야 한다고 강조했다. 그는 잡범이나 사죄 이하는 두루 사면하고, 관직이 있는 사람은 품계를 1등급 더해주고, 품계가 자궁資窮[정3품 당하관]에 이른 사람은 다른 사람이 대신 품계를 받을 수 있도록 은전을 베풀면서*4) 자신의 통치가 시작되었음을 공표하였다. 이 즉위교서는 앞으로 수년간 모두 협력하기를 호소하며 끝을 맺었다.5)

하지만 이러한 의례의 진지함은 영조가 앞으로 주재하는 조정의 긴장감을 착각하게 만들었다. 소론관료는 무거운 마음으로 참석했음이 틀림없었다. 경종 연간 소론관료는 영조를 왕세제로 책봉하는 것을 반대했다. 장차 1721~1722년[경종 1~2] 신임사화辛壬士禍*6)로 알려진 환국에서 소론

관료가 영조를 지지하는 경쟁 붕당인 노론을 상당수 추방하고 처형하였
다. 일부 소론강경파^{*7)}는 심지어 즉위 전에 새로이 왕좌에 오를 왕의 목
숨을 노렸다. 1721년[경종 1] 야밤에 영조는 동궁東宮에서 달아나 법통상
모후母后^{*8)} 인원왕후仁元王后 거처에서 보호받는 것이 필요하다고 자각하
였을 정도였다.⁹⁾ 하지만 참석한 관료들이 이 의식이 너무 이상해졌다고
확실히 느꼈다는 것은 심각한 걱정거리가 아니었다. 이 의식에서 가장 이
상한 것과 관료공동체 내의 격렬한 붕당 간 경쟁을 가장 잘 표현한 것은
노론관료가 한 명도 참석하지 않았다는 점이다. 이것은 지난 몇몇 왕대,
특히 영조의 부왕 숙종과 황형 경종 연간까지 조선 조정에 휘몰아쳤던 투
쟁의 산물이었다.

진실로 숙종 초(1674)부터 경종 말(1724)까지 50년은 조선 역사상 최악
의 정치적 갈등의 시기로 여겨졌다. 숙종은 약화된 왕실의 권위와 권력을
회복하는 데 집중하면서 사대부 공동체에 대해 분할-정복 정책을 채택
했고, 이미 가공할 만한 적대감이 깊었던 붕당을 움직여 다른 붕당에 대
항했다. 1721~1722년[경종 1~2]¹⁰⁾ 신임옥사는 비록 그 결과가 영조의 치
세를 난처하게 만들었으나 오히려 수십 년 전 발생한 심각한 당습의 연속
선상에 있었다.

만약 영조의 즉위교서가 단지 유교적 수사법의 중언부언처럼 보였더
라도, 이것은 그가 앞으로 어떠한 방식으로 통치할지를 가리켰다. 그는
성스러운 군주상의 수사를 통해서 통치하고자 했다. 31세에 왕좌에 오르
기까지, 그는 부왕과 황형의 조정에서 변덕스러운 정치를 목격해왔고 희
생자이기도 했다. 사대부 공동체의 균열과 원한의 규모가 극단적으로 치

달았고, 그는 선왕대에 환국정치를 채택함으로써 심지어 조선 정치체제 자체까지 위험에 빠뜨렸을지 모른다는 것을 깨달았다. 사대부계층의 권력 기반은 오랫동안 굳게 자리 잡혔다. 관료공동체에 대한 숙종의 공세가 맹렬했다고 할지라도, 그것은 주로 개인에 대한 것이었을 뿐 체제에 대한 것은 아니었다. 경종은 부왕의 방법[환국]으로 자신의 주장을 관철하려고 시도했지만 부왕과 같은 정치적 소질을 지니지 못하여, 부왕이 왕권을 강화하고자 이룩한 진보를 무위로 돌리고 말았다. 그들의 정치적 유산은 이 왕좌의 계승자가 스스로 논쟁적인 조정을 통합하고 왕좌의 권위와 권력을 회복할 수 있는 새로운 접근방식을 찾도록 하였다. 그 대안은 곧 도덕적 군주상의 수사였다.

또한 영조는 도덕적 권위를 추구하는 데 개인적 이유가 있었다. 그는 자격이 다소 미약하였는데, 이는 통치자에게 너무도 가혹한 부담이 되었다. 자신의 어머니가 신분이 미천한 후궁이었기 때문에 그로써 반감을 받는 것이 사실이었다. 그는 일련의 사건을 거쳐 자신의 위치에 이르렀다. 경종은 후사를 남기지 않았고 영조는 숙종의 유일한 아들이었다.[11] 정확히, 조선 왕실의 후계는 엄격한 장자長子 승계 원칙을 따르지 않았고 대부분 왕들도 장자가 아니었다. 하지만 서자庶子는 다른 문제였다. 비록 서얼庶孼을 심하게 차별하는 조선왕조의 관습이 왕실 자손에게는 다소 관대했다고 할지라도, 그들이 왕위를 계승하는 일은 그때까지 가급적 피했다. 후궁 소생인 몇몇 왕은 즉위는 했으나 평탄하지 못했다. 바로 경종이 하나의 사례이다. 광해군이 또 다른 사례인데 그는 폐위되었다. 하지만 사친私親[淑嬪 崔氏]의 부족한 자격은 영조의 황형*[12] 시해 혐의와 비교할 때

상대적으로 그 중요도가 덜했다. 경종이 훙서한 직후, 영조가 황형의 죽음과 관련되었음을 암시하는 소문이 유포되었다. 곧 경종이 영조가 독을 넣어 보낸 게장을 먹고 죽었다는 얘기이다. 이러한 혐의는 영조를 제거하려고 했던 소론강경파가 유포했기 때문에 그대로 믿기는 어렵다. 경종은 오랜 시간 정신적·신체적으로 허약한 상태로 있었다. 경종의 왕세자 시절 스승인 이재李縡는 경종이 점차 정신적 황폐화를 겪었다고 언급했으며, 즉위 10년 전인 1710년[숙종 36]에는 아주 좋지 않은 상태였다고 했다.[13] 민진원閔鎭遠은 이재의 발언을 상기시키면서 경종의 허약함을 언급했다.[14] 비록 이 두 사람이 모두 노론이어서 과장했을 수도 있지만 소론은 경종의 허약함에 전혀 이의를 제기하지 않았다.

어쨌든 한 가지 혐의만으로도 충분히 심각했다. 만약 이러한 혐의가 진실이라면 왕위찬탈에 해당하기 때문에 왕의 정통성을 약화시킬 뿐만 아니라, 조정에 대해 악의를 품거나 분노를 유발하는 분위기를 연출할 것이다. 분개심과 적의를 깊게 품은 사람이 많았다. 이는 조정의 범위를 훨씬 넘어 확장되었는데, 1728년[영조 4] 무신란이 일어나면서 곧 뚜렷하게 감지되었다. 이 반란의 명분은 왕좌에 합법적인 통치자를 복귀시키는 것이었다. 영조는 황형 시해라는 혐의 때문에 정통성이 없다고 본 듯하다. 이 사건은 영조의 재위기간 내내 결정적인 영향력을 미쳤다. 그가 치세를 시작했어도 여전히 도덕적인 자격을 증명해야 한다는 것을 깨달았다.

따라서 영조는 즉위 초부터 성공적인 통치의 목표를 왕좌의 도덕적 권위 회복에 두었다. 이것은 단지 개인적인 자격에 대한 의심을 없애는 문제가 아니었다. 더 중요하게는 군주의 위상을 회복하는 문제였다. 그가 생각하기에 정상적인 군주로서 정치적 안정과 생존 모두를 얻으려면 왕좌의 권위를 강화할 필요가 있었으며, 이는 도덕적 권위를 얻음으로써 실현될 수 있었다. 그는 조선 건국 333년이 되는 해[1724]에 왕위에 오르면서, 굳건히 자리 잡은 관료의 권력기반에 대해 제도적 변화 또는 도전이라는 최소한의 희망만 품을 수 있었다. 관료조직이 도전할 수 없었던 몇 가지 교리 중 하나는 조선왕정이 전제했던 성군의 이상이었다. 영조는 성군으로 인정받는 일을 추구할 수 있었다. 그리고 그는 도덕적 권위와 권력은 불가분의 관계이므로 도덕적 권위를 얻는 유일한 방법은 왕권을 회복하는 것이라는 믿음을 바탕으로, 단지 성군으로 인정받고자 했다.

중흥

영조는 자신의 통치에 적합한 주제를 찾는 데 어려움이 없었다. '중흥中興'은 역사적 사례가 있었다. 곧 기울어가는 왕조의 부흥은 황금기의 활력을 되찾고 순환사관에서 필연으로 간주하는 불가피한 쇠퇴를 일시적으로라도 붙잡는 것이었다. 하지만 중국 역사의 '중흥'은 항상 주요한 반란 이후 도래하였다.[15] 영조의 왕위계승은 표면적으로는 반란으로 방해를 받지 않고 약 80년간 평화가 지속된 이후 이루어진 평범한 일이었다. 이러한 상황에서 영조가 자신의 통치를 '중흥'이라고 선언하면 선왕, 특히 부왕과 황형의 치세가 부족했다고 공적으로 표명하는 것과 다를 바 없었을 것이다. 유교적 왕정에서 이 같은 불효 선언은 용인될 수 없었으며, 황형에 대한 충성을 의심받는 영조에게는 더욱 그러했다.

그러므로 영조는 자신의 시대에 적합한 자극을 추구하면서도 오직 중흥 정신만 언급했다.[16] 300년 종사宗社의 자손으로서 이러한 과거의 찬란한 순간을 뛰어넘을지도 모르는 미래를 제시한다는 것이 주제넘어 보일 수도 있었다. 사실 조선은 거대한 공포, 질서에 대한 갈망, 혹은 왕조의 멸망 예언에도 크게 동요되지 않았다. 하지만 과거의 질서와 안정에 대한 명백한 불안과 뚜렷한 갈망이 존재했다. 그렇기에 중흥이다. 이 속에서 영조는 자기 역할을 찾을 수 있었다. 전통의 전달자, 중흥주中興主 등의 이미지는 통치에 도움이 되었을 것이다.

영조는 자기 역할을 왕조 권력을 영속시키는 사람으로 정의하지 않았을 뿐 아니라, 스스로 왕조 권위의 정신적 기반인 전통의 전수자로 자리매김했다. 이것은 도덕적 통치에 대한 유교적 헌신과 함께 시작되었고, 후세에 성군으로 존경받는 세종世宗(재위 1418~1450)의 찬란한 시대로 자랑스러워하는 왕조의 전통이었다. 또한 중국의 명나라가 멸망한 후 유교 문명의 마지막 보루로서 사명감을 갖게 하는 전통이었다. 군주제의 다른 부분들은 타협되고 심지어 손상되었으나 이 전통만큼은 감히 도전할 수 없었고, 그 권위는 반론의 여지없이 눈부시게 빛났다. 영조는 중흥 정신을 부르짖으면서 이 같은 덕치에 전념할 것을 확인하였고, 이러한 전통 내에서 자신의 독립적 위치를 만들려 한다고 선언하였다.

영조가 추구한 도덕적 권위는 자신이 왕좌를 물려받은 유교적 왕정에서 수사와 의례의 활용 사이에 거의 혼재되어 나타났다. 그에게 이것은 선택의 문제가 아니라 필수였다. 역사적 중압감은 영조로 하여금 중흥의 주제를 부르짖도록 압박하였고, 또한 그가 그것을 어떻게 실현해야 하는 지도 보여주었다. 조선왕조 제21대 군주에게 혁신은 명백히 이념이나 제도를 바꾸는 것이 아니라 그것들을 어떻게 다루느냐에 달려 있었다.

이러한 이념과 제도의 핵심은 군주상에 대한 유교적 개념이었다. 그러므로 그 체계는 성인군주에 대한 무수한 요구에 힘을 실어주었다. 이 유교적 통치자는 한번은 백성의 고위 사제가 되어야 했으며 선왕에게는 왕조의 매개체, 백성에게는 문명의 선도자, 고전의 옹호자, 모범, 어버이 등이 되어야 했다. 이것은 과도한 부담감을 준다 하더라도 또한 가공할 무기였다. 이러한 기호와 상징 속에 정확하게 권위가 배어 있었다. 그리고 군주는 통치하는 데 그것들을 적절하게 사용했다.

하지만 영조가 도덕적 통치자상을 성공적으로 유행하도록 하는 수단으로 수사와 의례를 활용하는 것은 간단한 문제가 아니었다. 관료는 스스로 권력 기반과 유교적 유산에 대한 고유의 주장을 지녔으므로, 군주가 성스러운 수사를 독점적으로 사용하는 것을 용인하지 않았다. 따라서 영조는 단지 성학을 추구하는 신유학의 문자와 정신 그리고 끊임없는 노력과 진정한 헌신을 강조하는 수사를 주도면밀하게 고수하는 것만으로 성스러움을 주장할 수 있었다. 이러한 추구에서 자신의 확신이나 만족과 상관없이, 그는 관료들이 자신의 노력과 헌신을 확신하고 받아들일 수 있는 방법으로 실천해야만 했다. 그러므로 그는 마치 자신이 이러한 임무에 절대적으로 신실한 듯이 행동해야만 했고, 또 평생 그렇게 해야만 했다. 이러한 면에서 영조의 연기는 절묘했다. 선왕들은 사후에서야 칭송을 받은 반면에, 영조는 도덕적 군주상을 끊임없이 구축함으로써 생전에 인정을 받았다. 하지만 이러한 신화창조 과정에서 영조는 스스로 창조물의 포로가 되고 말았다.

최고위 사제

의례 준수는 영조를 하늘과 백성 사이의 중재자이자[17] 왕조의 통치권을 전수하는 사람으로 상징화함으로써 그에게 유교적 군주의 위상을 부여하였다. 이는 아마도 국왕의 위신에 대한 가장 완전무결한 증거일 것이다. 인정하건대, 조선 국왕은 중국의 황제처럼 천자天子가 아니었으며, 천지天地에 희생을 바치는 봉선封禪을 행할 자격도 없었다.[18]

그럼에도 조선 국왕은 조선 사람에게 하늘, 자연, 문명세계를 대표했다. 그는 조선왕조의 지속성을 알리는 살아 있는 상징으로서 이러한 역할에 맞는 의례를 행하고 독특한 희생을 바쳤다. 유교적 정신에 걸맞게, 조선 국왕은 의례를 매우 상세하게 규정된 의주儀註에 따라 별도 범주로 체계화하는 데 온 힘을 기울였다. 의례는 대략 길례吉禮(또는 祭禮), 흉례凶禮, 빈례賓禮, 군례軍禮, 가례嘉禮 다섯 개 범주로 구분된다.[19]

이들 중에서 가장 중요하고 정기적으로 시행된 의례는 제례였다. 제례는 대상에 따라 대사大祀, 중사中祀, 소사小祀 세 등급으로 나뉘었다. 대사는 종묘宗廟에서 1년에 5회 정기적으로 올리는 제례, 조선 태조의 네 선조^{*20)}와 짧게 통치한 왕, 몇몇 왕자의 신위를 모신 사당인 영녕전永寧殿에서 올리는 춘추제향春秋祭享 그리고 사직社稷에서 1년에 3회 올리는 제례가 포함되었다. 중사는 풍風·운雲·뇌雷·우雨·악嶽·해海·독瀆과 같은 다양한 자연의 신에 대한 제례, 신농씨神農氏와 선잠씨先蠶氏에 대한 제례, 문묘文廟(공자사당)에 모신 공자·직계 제자들·한국과 중국을 아우르는 명현名賢에 대한 제례, 이전 왕조의 창업주^{*21)}에 대한 제례였다. 소사는 말이나 승마와 관련된 다양한 신,^{*22)} 영성靈星(농사의 별)과 수성壽星(老人星, 장수의 별), 명산名山과 대천大川, 사한司寒(겨울의 신), 둑纛(전쟁신에 대한 제례), 여厲(전염병으로 죽었거나 제사를 받지 못하는 영혼을 달래는 제례) 등에 대한 제례였다. 이들은 모두 지정된 때에 행해졌다.²³⁾

이 같은 의례 등급은 의식을 수행하거나 참여하기로 예정된 사람의 지위에 좌우되며, 아울러 제물을 준비하고 바치는 데 정성스러움—실제 의주儀註뿐 아니라 예복禮服, 희생 제물, 제기祭器, 음악과 춤—도 비례한다. 예를 들어 대사는 군주가 직접 의식을 주관하는 최고 제관祭官이 되어야 한다. 제물은 주로 소·염소·돼지 세 동물의 조리되지 않은 머리, 다양한 과일, 곡물, 술, 떡으로 구성된다.²⁴⁾ 중사와 소사에는 정성이 비례하여 줄어든다.

이러한 정기적인 제례 이외에 다른 제사도 있었다. 가까운 조상에게 훨씬 자주 제사를 지냈으며 민간 영웅에 대한 제사,^{*25)} 가뭄이 지속될 때 기우제祈雨祭 등이 있었다. 이들이 반드시 부담이 덜하지는 않았다. 특히 왕의 직계 조상과 연결되어 있어서 극도로 정성스러웠다. 그럼에도 전혀 다르게 범주화되었고 각각 의주가 있었다.

이 모든 의례에서 국왕 개인의 참석을 요구하지는 않았다. 의례의 방대함을 감안해보면, 이것은 그저 비현실적이었다. 심지어 군주가 참석해야 하는 대사일지라도, 임금은 가끔 고위관료로 하여금 자신을 대신해 섭행攝行하게 했다. 이러한 관행은 큰 동요 없이 받아들여졌고, 의주에서 제물을 바치는 필수 절차를 규정하였다. 국왕의 친제親祭는 준비 과정이 좀 더 복잡했다.[26]

그러나 누가 의식을 집전執典하든 그들은 왕의 대리인으로서 임금을 대신해 제물을 바쳤다. 이론적으로나 정신적으로 이러한 의례를 주재하는 사람은 군주 한 사람이었다. 그러므로 이러한 의례는 최고 운영자인 군주를 위한 특별한 기회였다. 군주는 왕좌의 위신을 높이고 왕실의 권위를 확장하며 군주의 이미지를 고무하고 싶어서 경외敬畏의 상징, 정치적 휘장徽章, 문화적 전범典範 등을 차용하거나 조종했을 뿐 아니라 심지어 여기에 투자하였다.[27]

하지만 영조 연간에는 역사와 관례가 많은 의례 활동으로 확립되었다. 선조에 대한 추숭 의식이나 상징적인 봄의 친경親耕 같은 상서로운 축제 의식은 관례화되어 참석자가 화려했음에도 의미가 많이 퇴색되었고, 자연재해와 관련된 영제禜祭[祈請祭·祈雨祭]는 여전히 군주에게 큰 부담이었다. 예를 들어, 통치자가 기도를 했는데도 가뭄이 지속된다면 전적으로 비난을 감내해야 했다. 게다가 기근까지 이어진다면 군주에게 온전히 책임이 있었다.

영조는 의례의 미묘한 측면인 잠재적 손익損益을 확실히 파악했던 것 같다. 그는 의례를 최대한 활용하려면 따분함과 단조로움을 억제해야 한다는 것을 알았다. 그는 꾸준하고 뚜렷한 개인적 관심으로 이것을 실천했다. 군주의 활동은 제도화되고 관례화된 상태로 포위되어 있어서, 통치자 개인의 행동은 왕에게 거의 변화의 여지가 없었고 깊은 호기심 속에서 주목받을 뿐이었다.

영조는 단순히 상서롭거나 기념하는 의례를 강화하는 것이 아니라 그 속에 의미를 부여하기를 희망했다. 그는 또한 자신의 신실함(誠)을 보임으로써 자연신에게 기도하는 의례[祭祭]의 비중을 줄이기를 바랐다. 동기와 의도가 결과만큼 중요한 사회에서 이것은 효과적인 전략이었다. 행동은 아마도 자기 목적을 달성할 수 있었을 것이다. 그렇지만 그의 후회나 찬양의 표현도 그에게 인간미(仁)와 덕성(德)이라는 평판을 얻게 할 수 있었다. 그러므로 영조의 성공에 활용된 의례에서는 자신에게 부과된 요구를 만족시킬 필요가 있었다. 영조가 냉정한 계산에 따라 이러한 의례에 참석했든 또는 그의 행동이 의도한 대로 그것들이 관련됐든 상관없이, 성공 기준이 자신의 '진실성'에 대한 대중의 반응인 동안에는 적어도 그 자질을 가장하는 데서 벗어날 수 없었다. 결국, 진정성이 없었다면 이러한 의례에서 그는 무엇을 기대했단 말인가?

영조가 의지했던 자책自責보다 더욱 확실하게 왕의 기대에 대한 진실성을 볼 수 있는 곳은 없었다. 그는 다른 어떤 조선 국왕보다 자주 자책했다. 이것은 아마도 재난의 시기에 적합한 행동이었거나 불길한 전조에 대한 반응이었을 것이다. 천변재이天變災異로 은연중에 나타나는 하늘의 분노를 군주가 달랠 체계화된 방법이 마련되어 있었다. 그는 죄수를 석방할 수 있었고,[28] 직접 제례[祈雨·祈穀]에 참석할 수 있었으며,[29] 모든 관련된 사람에게 스스로를 책망하고 구언求言하는 교서를 반포할 수 있었다. 영조는 이러한 모든 것을 실천했다.[30] 예를 들어 1753년[영조 29]의 가뭄에 그는 친히 기우제를 세 번이나 지냈다. 하지만 이것이 전부가 아니었다. 6월 30일[5월 29일]에 그는 밤에 잠자리에 들기를 거부했다. 그는 면복冕服을 입고 향을 피우며 새벽까지 기도했다.[31] 만약 그가 자연을 거스르거나 멈출 수 없다면, 적어도 자책하는 모습이라도 보여줄 수 있었다. 영조는 지속적으로 천둥, 일식 또는 여타 자연 현상과 같은 불길한 징조가 있을 때 감선減膳을 명했다.[32]

예상했을지도 모르지만 이러한 행동은 항상 바라던 결과를 가져오지는 못했다. 가뭄은 계속될 수 있었고 기근이 퍼질 수 있었다. 자책하는 것은 괜찮았다. 하지만 그는 백성을 달랠 방법을 찾아야 했다. 영조는 구휼救恤 계획과 더불어 항상 고통받는 사람에게 연민을 표했다. 상황의 심각성에 따라 그는 평소 음식에 대한 감선을 선언하거나[33] 좀 더 효과적으로는 백성 앞에서 감정적인 표현도 드러냈다. 예컨대 1761년[영조 37] 6월 14일[5월 22일] 특별히 심했던 기근 도중에 영조는 기근으로 고통받는 사람들을 만나려고 궐 밖으로 나왔다. 그는 감정에 사무치는 목소리로 울부짖었다. "이 고통은 감내하기에 너무도 크다. 나는 음식을 삼킬 수조차도 없다!" 그 자리에서 그는 경기와 삼남[충청·경상·전라]의 세금[春秋年還]을 삭감하고 즉시 환곡을 지급하도록 했다.[34]

영조는 하늘과 자연의 징후에 민감했으나 역사와 전통의 상징을 이용하는 일을 소홀히 하지 않았다. 세계 질서 속에서 조선의 위치가 애매했기 때문에 의례의 상관관계에도 주목하였다. 조선인은 중국에서 명나라

가 대표하던 문명화된 전통에 대한 상속자로서 자신들의 새로운 사명감
을 일치시켰고, 이러한 위상을 의례화하는 방법까지 찾아냈다.

　명 황실에 제례를 올리는 일에 대한 1차 토론은 1644년[인조 22] 명 멸망
이후 일주갑—周甲[60년]이 되는 1704년[숙종 30]에 일어났다. 놀라울 것도
없이, 조선의 명 유산 참용僭用은 군주제와 관료주의 상호 간 경쟁 요소를
내포하였다. 관료들은 이 유산에 대해 그들 고유의 주장을 관철하고자 했
다. 반면에 숙종은 명 황실과 조선 왕실 사이에 의식적 연결고리를 만들
고 싶어 했다.[35] 양측은 각자 주장을 일정 범위 내에서 서로 용인했다. 만
력제萬曆帝[神宗]와 숭정제崇禎帝[懿宗][*36]에 대한 사당이 노론의 개조開祖 송
시열의 고향인 충청도 화양華陽에 세워졌다. 만동묘萬東廟로 불린 이 사당
은 명나라 전통과 연결된 사대부의 상징으로 자리하였다.

　조선 왕실의 의례로 보면 문제가 조금 더 복잡했다. 조선 왕실에서 거
행되는 이전 왕조에 대한 제례는 그 지위가 후속 왕조라는 뜻을 내포했
다. 그런데 명 황실은 조선의 헌신에도 불구하고 외국에 해당했기 때문에
그 문제를 처리하는 것이 극도로 복잡했다. 숭정제 붕어崩御 일주갑 제례
는 일회성 추념식으로 받아들여져 문제가 되지 않았다. 대사大祀의 절차
에 따라 웅장하게 거행되었고, 숙종이 친히 제례를 지냈다. 그 제문祭文에
는 중국 문명의 몰락에 대한 애통함이 배어 있었고 조선이 그 전통을 이어
가겠다는 결의로 가득 차 있었다.[37] 하지만 숙종의 바람대로 만력제에 대
한 영구적 제단을 축조하는 문제가 대두했을 때, 중국 황제가 우리의 선
조에 해당하는가 하는 문제는 어떤 식으로든 피해야만 했다. 대보단大報壇
(큰 은혜를 갚는다는 뜻)[皇壇]을 축조하는 목적은 만력제가 임진왜란 때 원병

을 보낸 사실에 대한 조선인의 감사를 의례화하는 것이었다. 그럼에도 선조에 해당하는가 하는 함축적인 고민은 제단 설계와 제례 의주儀註 모두에 있었다. 대보단의 높이는 명 종묘의 비율에 따라 조선 종묘보다 한 척尺 높았다. 반면에 넓이는 조선 종묘와 같았다. 대보단에서 봄과 가을에 행해지는 제례는 대사로 분류되었다.[38]

그러나 영조는 조선 왕실의 역할을 명의 상징적 후계자로 설정하는 일을 단호히 밀고 나가고자 했다. 제후국인 조선의 영조가 명 멸망 이래 정신적 선조로서 천자국인 명의 황제에 대해 의례를 참람되게 행하는 것[僭用]은 조선 왕실의 통치권을 보장하는 것이 아니라, 차라리 사대부에게 명의 역할을 물려받았다는 것을 상기시킴으로써 조선 왕실의 위신을 세울 수 있다고 믿었기 때문이다.

영조는 이러한 지위를 얻으려고 꽤 일찍부터 움직이기 시작했다. 예컨대, 1727년[영조 3] 그는 명나라 황제의 피휘避諱를 확대하고자 했다.[39] 하지만 1749년[영조 25] 영조는 대보단 제례에 명나라의 처음과 마지막 통치자인 홍무제洪武帝[太祖]*40)와 숭정제崇禎帝[毅宗]를 포함시키려고 하였으나 관료들의 상당한 저항을 받았다. 관료공동체는 조정 정치에서 위신과 권력의 잠재적 손익을 항상 경계해왔으므로 왕의 진의를 파악하는 데 실패하지 않았고, 왕의 제안에 상당한 주의를 기울여 반응했다. 그러므로 영조가 그것을 얻어내는 데는 상당한 책략이 필요했다.

따라서 그 쟁점에 한꺼번에 반발하기보다는 숭정제에 대한 제례를 첫 번째 안건으로 상정해서 상대적으로 채택되기 쉽게 만들었다. 하지만 숭정제를 병향竝享하게 된 근거는 여전히 만력제를 포함하는 이유와 같았다. 곧, 비록 조선이 만주족에 항복함으로써 실현되지는 않았지만, 병자호란 당시 숭정제가 조선에 군대를 보내려고 했다는 것이다. 이러한 논리는 부왕 숙종이 만약 숭정제의 의도를 알았다면 확실히 숭정제까지 포함시켰을 것이라는 영조의 주장과 결합되어 관료들로 하여금 이 정책을 반대하기 어렵게 했다.[41]

하지만 숭정제 병향 이후 일주일 이내에 명의 태조 홍무제를 제례에 포함시킬지가 논란이 되었다. 영조가 제시한 이유는 홍무제가 조선 왕실을 기자箕子조선의 후계자로 인정해 조선이라는 국호를 부여했다는 것이다. 기자조선은 한국에서 전설적인 유교문명의 지도자 기자가 세웠다고 전해지는 고대국가이다. 곧 조선인은 이러한 관대한 인정과 수여에 대해 홍무제에게 빚을 졌다는 것이다. 이것은 아주 새로운 사고방식의 소개였다. 영조는 문명의 전수자로서 조선의 역할을 언급하면서 자기주장을 뒷받침했다. "중원中原은 오랑캐의 악취가 진동하는데 예禮가 우리 청구青丘[조선]에만 남아 있다."[42] 하지만 이것으로 관료들을 설득하지는 못했다. 관료들은 그를 선조로 볼 수 있는가 하는 함축적인 문제의 핵심으로 들어갔다.

그들은 대보단 제례는 군사 원조에 대한 것이고, 왕이 주장한 홍무제의 관대함에 보답하는 방식은 부모나 선조를 대하는 행동으로는 적절하지만, 제왕帝王을 대하는 행동으로는 적절하지 않다고 지적했다.[*43] 이 시점에서 영조는 이러한 함축적 의미를 인정하고, 이를 토대로 자신의 제안을 지키려고 노력했다. 그는 다음과 같이 말했다.

황조皇朝에 향화香火가 이미 끊어졌기 때문에 세 황제를 제단에 향사하려는 것이

다. 혹시라도 중원에서 중흥中興할 것 같으면 우리나라에서 어찌 다시 제사지낼 필
요가 있겠는가? 향화가 끊어지지 않았는데, 세 황제를 향사한다면 과연 이것은 욕
되게 하는 일이 될 것이다.[44]

하지만 이 주장은 관리들의 의구심만 키웠다. 이를 깨달은 영조는 다른
방식을 모색했다. 다음 내용은 그가 어떻게 자신의 길을 찾았는지에 대한
실록의 기록이다.

그날 밤 아홉 시[2更] 즈음, 정침正寢의 문 앞에 앉아서 왕은 고위관료들을 소환했
다. 그들이 도착했을 때 영조는 말했다. "나는 잠자리에 들기에 너무도 혼란스러워
서 여기로 나왔다. 그리고 선조의 영혼이 오르내리시며 내게로 다가왔다." 그리고
그는 승지로 하여금 숙종이 쓴 것으로 추정되는 시를 네 편 읽게 했다. 세 번째 시에
는 이렇게 쓰여 있었다.

고황제高皇帝[명 태조]가 우리에게 조선이라는 이름을 하사했다. 임진년 참화[임진왜
란]에서 누가 재조再造해주었는가?[*45] 삼백 년 동안 우리는 그의 빚 안에 있었다. 어
떻게 우리가 그의 하늘과 같은 성덕聖德에 보답할 수 있을 것인가?

네 번째 시에는 이렇게 쓰여 있었다.

외로운 성이 달에 뒤덮인[*46] 해를 어찌 차마 말하랴?[*47]
이로부터 다시 천자天子께 조회朝會드리지 못하였네.[*48]

아! 슬프다. 갑신년(명조 개창 1368년)의 육주갑六周甲[360년]이 벌써 돌아오니, 아직 고국에 변두籩豆(祭器)를 올릴 사람이 전혀 없구나.*[49]

곧 왕은 땅바닥에 몸을 던져 엎드리고 손을 가슴에 얹은 채 오랜 시간 울었다. 그리고 영조가 말하기를, "나는 불충하고 불효하다. 너희 대신*[50]들도 또한 틀렸다. 선조先祖의 어제시에 '보답[報]'은 대보大報를 의미하고, 동시에 '변두籩豆(祭器)'는 향사享祀(제례)를 가리킨다. 나는 이 어제시를 듣기 전까지 선왕께서 이러한 소망을 간직하고 있다는 것을 깨닫지 못하였다. 나는 얼마나 불효한가! 그리고 우리는 오늘 일찍 홍무제와 숭정제의 장점과 미덕을 비교하고 평가했으며 우리가 그들에게 얼마나 빚을 졌는지에 대해 토론했다. 나는 내가 한 일을 생각하며 공포에 떨었다. 이것은 실로 불충이다. 홍무제가 대보단의 제사에 포함되어야 하는지의 문제를 토론하면서 너희 모두는 깊은 의구심을 표현했다. 이것은 명 황조皇朝 삼백 년의 자애를 잊어버리고 거부하는 것이다. 너희는 이것이 틀리지 않았다고 말할 수 있는가? 내 마음은 이미 정해졌다. 그대들의 의견을 진달하라."

영의정 김재로金在魯가 대답하기를, "선조先朝 어제시御製詩에 '보답'이라는 표현이 이미 선왕의 희망을 피력했으므로, 이를 계술繼述하는 것은 전하의 의무입니다. 그 문제는 이에 부합하여 결정되어야 합니다." 좌의정 조현명趙顯命이 말하기를, "전하께서 네 글자[不忠不孝]를 말했을 때, 전하의 보잘것없는 신하들은 천 번을 죽어 마땅합니다. 전하의 결단이 이미 확고한데, 어찌 전하의 미천한 신하들이 그것을 더 논할 수 있겠습니까?"[51]

일단 관리들의 저항이 극복되자 남은 것은 통상적인 일이었다. 대보단
은 명조의 처음과 마지막 황제를 병향하기 위해 다른 필수적인 변화와 준
비가 따르는 확장 작업이 이루어졌다. 영조는 봄 제사에 맞추어 모든 것
이 준비될 수 있도록 단계별로 많은 주의를 기울였다. 그 행사를 맞이하
여 영조는 자신에게 부여된 의례의 의무를 문자 그대로 수행했다. 그는
제사의 희생과 제기를 직접 살피고, 대제大祭 전날에 습의習儀(예행연습)를
행한 후 막차幕次에서 밤을 보냈다. 1749년[영조 25] 5월 26일[4월 11일] 영
조가 최고 제관祭官으로서 친히 명의 세 황제에 대한 첫 번째 제사를 올렸
다.[52] 조선 왕실의 명 황실에 대한 후계자 역할은 이제 의례상으로 확고해
졌다. 이것은 조선 왕실의 위신을 높이는 일로 간주되었다.

　왕은 관료들의 저항에도 불구하고 조선 왕실에 이 같은 위상을 부여했
다. 선대의 황형이나 부왕과 달리, 영조는 이것을 위협이나 노골적인 강
압 없이 성사시켰다. 관료들을 다루기 위해서 사용했던 감정적인 긴장이
나 극적 연출에 대해 누가 어떻게 생각하든지간에, 그는 부왕의 어제시를
발굴하고 자신이 주장했던 홍무제의 위상을 어제시의 표현으로 형상화
함으로써 조심스럽게 유교적 수사의 엄격한 요구에도 엄밀히 부합하는
사건을 만들어냈다. 그러한 연출과 적시성은 관료들로 하여금 방어가 불
가능하게 했다.

　영조는 재위기간 내내 명나라의 상징을 지속적으로 사용했다. 그 행사
[大報壇祭禮]가 허용될 때마다 자신과 명의 특별한 관계를 재확인하려고 했
다. 숭정제 붕어 이주갑二周甲[120년] 때 왕의 행동은 자신의 이미지를 확
장하기 위해 통상적인 공식 행사를 어떻게 활용했는지 잘 보여준다. 그

의식은 1764년[영조 40] 4월 20일[3월 19일]로 예정되어 있었다.

예정일 3주 전 영조는 준비 사항을 점검하기 위해 그 장소에 도착했다. 4월 15일[3월 14일]에 그는 습의를 하고 명 황제를 기리려 그 의식이 끝날 때까지 탕제湯劑를 삼가겠다고 하교했다. 다음 며칠 동안, 그는 명에 대한 조선 왕실의 부채에 대해 왕세자를 포함한 모두와 이야기를 나눴다. 17일 [3월 16일]에 그는 황단皇壇에 인접한 막차로 거처를 옮겼다. 19일[3월 18일] 에는 제례를 준비하는 절을 올렸다. 오후에 왕은 어선御膳을 거부했다. 내 의원 관원들의 압박을 받았으나 그는 흐느끼며 만세산萬歲山*53)에서 숭정 제崇禎帝가 비극적인 결말(자결)을 맞은 일을 생각하면 그저 음식을 먹을 수 없다고 대답했다. 그는 명의 특성에 대해 두 차례나 언어유희를 부리 며 "황조皇朝의 일월日月은 우리 동국東國의 대명大明이다[皇朝日月我東大明]" 라고 적었고, 그것을 찍어서 나라 전체에 배포하라고 명했다.54) 20일[3월 19일]에 제례 의식이 아주 엄숙하고 성대하게 수행되었다.55)

하지만 영조는 이러한 공적인 활동에 만족하지 않았다. 그는 명 황제 에 대해 사적으로 애착을 표현할 다른 방법을 찾았다. 즉위 이후 머지않 아 왕은 홍무제의 어필御筆 간행을 허가했고 작품을 수집했다.56) 만력제 와 숭정제의 어필도 비슷한 대우를 받았다.57) 명나라에 대한 작품이나 명 나라 작가들이 직접 쓴 작품이 수없이 출판되었다.58) 그는 또한 조선에 거주하는 명나라 피난민의 후손[皇明人]을 접견하고 아낌없이 선물을 주 었다.59)

영조는 이러한 활동을 하면서 명조와 조선왕조를 직접적으로 연결하 는 임무를 행하려고 가능한 한 모든 행동을 취했다. 그는 그것이 상징하는 문명화된 전통의 전달자로서 인정을 잘 받을 수 있기를 바랐다. 이런 이유로 명에 대한 찬양은 영조에게 자신과 문명의 원천 사이에 어떤 사람도 끼어들 수 없는 독특한 지위를 부여하였다.

명백히 영조의 명에 대한 참람僭濫된 존숭은 과도한 찬양의 대상이 역사에 종속된다는 사실에 좌우될 수밖에 없었다. 과거 중국에서 황제는 조선이 명을 섬기는 것과 같은 함축적 의미 없이도 신격화할 수 있었다. 하지만 조선인의 명에 대한 독실함은 청에 대한 증오와 일치했기 때문에 이러한 과거의 중국을 칭송하는 행동은 종종 현재의 중국과 갈등을 빚었다. 조선의 책력冊曆 선택은 그 좋은 예였다.

책력은 중국 황제의 연호가 표시되어 있어 중국 황실의 천하天下에 대한 역할을 인정하는 상징이었다. 조선인은 청의 지위를 받아들이지 않았기 때문에, 특히 청 조정에 보내는 일부 문서에 청의 연호를 사용한 것을 제외하면, 명의 마지막 통치자인 숭정제의 연호를 계속해서 사용했다. 청 조정은 이런 관행을 계속 눈여겨보았다. 1730년[영조 6]에 청 정부는 조선인이 사용하는 마패馬牌에서 문제가 되는 명의 연호[天啓]를 발견했다.[60] 청은 조선 조정에 더 자세한 설명을 요구하는 자문咨文을 보냈다. 영조는 청 정부에 공식적으로 사과하도록 강요받았고, 그다음 날 청의 연호를 마패에 사용하도록 명했다.[61]

영조는 청의 존재가 조선 왕실에 미치는 모든 영향을 잘 알고 있었다. 청의 권력은 조선의 왕좌에 도덕적 위신을 부여해주지는 못했지만, 청에 대처하는 영조의 행동에서 알 수 있듯이 조선 왕실의 안전을 지켜주었다. 예를 들어, 청과 관련된 필수 의례를 엄수할 때 영조는 경건하고 정확했지만 아무런 감정도 내비치지 않았다. 1735년[영조 11] 옹정제 붕어崩御,[62] 1736년[영조 12] 건륭제 즉위[63] 그리고 모후의 황후 승격을 알린[64] 경우에도 이런 식의 축하로 답했다. 영조는 적절한 복장을 갖추고 옹정제를 애도했으며, 건륭제 즉위를 기념하여 사면赦免을 단행하고, 황후가 된 것을 축하했다. 그는 또한 청의 사신을 적절한 예의로 환영하고 방문하며 배웅했다. 다른 조선 왕들도 거의 같은 행위를 했겠지만 영조는 훨씬 치밀하게 했다. 그러나 매번 이 같은 사신이 떠나자마자 그는 명에 대한 깊은 존경을 표현하는 몇몇 행동을 했다.[65]

심지어 공식적인 문제가 덜 영향을 미치는 곳에서도 영조는 여전히 관료들에게 명과 청에 관한 위신과 권력의 상징 사용은 왕좌의 특권이라는 점을 확고히 하고 싶어 했다. 예를 들어, 그는 명의 연호로 이 점을 명확히 했다. 1730년[영조 6]에 그는 중국에서 온 민간 영웅의 제례*[66]에 명의 연호를 사용하도록 명했다.[67] 하지만 관리들이 1746년[영조 22]과 1747년[영조 23]에 비슷한 성격의 제안을 했을 때 영조는 거부하였다.[68] 이러한 종류의 사건이 수없이 많았다.[69] 그 의도는 명확했다. 그는 명 역할의 계승자이며 그 상징을 쓰는 권리는 자신에게 있었다. 영조는 관리들과 명의 상징을 공유하는 것을 꺼려했을 뿐만 아니라, 마찬가지로 관리들이 청의 '야만성'을 지나치게 폄하하는 것도 바람하지 않다고 여겼다.

1748년[영조 24] 영조에게 방금 돌아온 동지사冬至使가 청의 조정이 심각한 규율과 질서의 부재에 시달리고 있다고 복명復命하였다. 영조는 그 상황을 개탄하였으나 승지 중 한 사람이 비슷한 감상을 내뱉었을 때 그것을 받아들이고 싶어 하지 않았다. 다음은 그들의 대화이다.

이형만李衡萬: 법과 규율이 이미 무너졌는데도 나라가 여전히 유지되기를 바랍니까? 오랑캐는 예의범절과 정의가 없기 때문에 오직 의지할 규율과 질서만 가지고 있습니다. 오랑캐 원元의 사례로 평가해볼 때, 일단 규율과 질서가 사라지면 그 나라는 그저 무너질 것입니다.

왕: 승지는 다른 나라 상황을 말하는 것일지 모르겠으나, 우리나라의 규율과 질서의 부족 역시 그만큼 한탄스럽다.[70]

조선왕정과 중국 정권 사이의 이상한 관계, 즉 영조로 하여금 과거 왕조[明]에서 권위를 찾게 강요했지만, 오히려 실질적 지원은 오직 현재 왕조[淸]에서만 나오게 되는 것은 왕실 권위의 토대를 다지는 데 확실한 기반이 못 되었다. 영조는 중국에서 제공한 모든 기회를 향유했지만, 중국의 계보에서 벗어나 있는 토착 왕조의 태곳적 시조에서 조선의 독립적이고 내적인 정통성의 상징을 찾는 데 여전히 상당히 큰 관심을 기울였다. 이 유산을 확정하는 데 필요한 의례 행사가 갖추어졌다. 이전 왕조의 창업주에 대한 제사가 가장 명백한 것이다. 이러한 제례는 중사中祀로 분류되었는데, 이들은 조선인의 신화적 조상인 단군의 사당 삼성사三聖祠, 단군과 고구려 시조 동명왕의 사당 숭령전崇靈殿, 조선을 문명화한 인물로 알려진 기자의 사당 숭인전崇仁殿, 신라 시조의 사당 숭덕전崇德殿,[*71] 백제 시조 온조왕의 사당 숭렬전崇烈殿, 고려 태조와 다른 몇몇 고려의 왕을 모신 사당 숭의전崇義殿에서 행해졌다.[72]

조선의 역사와 문명의 상징은 풍부하고 타협할 수 없는 것이었으므로, 왕실의 권위를 주장하는 데 비옥한 자원이었다. 하지만 그것들은 전혀 다른 장점과 의미가 있었고, 어떻게 원하는 방향으로 사용할지가 관건이었다. 영조가 조선의 고귀한 기원을 만들고자 한 활동은 조선의 야만성을 지적한 가벼운 주장에 대한 거부에서 시작되었다. 예를 들어 1740년[영조 16]에 그는 우리나라를 오랑캐의 나라로 언급한 『대학연의보大學衍義補』의 구절에 너무도 화가 나서 즉시 그 문제 구절에 대한 세초洗草를 명했다.[73] 그리고 영조는 고대의 상징을 찾기 시작했다. 예를 들어 단군檀君과 기자의 묘墓와 사당[廟]은 큰 주의를 기울여 보수하고 유지했다.[74] 하지만 그의 주된 관심은 우리나라 전통에서 합법적 계승자로서 조선 군주의 역할을 확정하는 데 있었다. 그래서 그는 정통을 이은 신라와 고려 왕조에 특별한 관심을 기울였다. 왕의 신라에 대한 관심은 신라의 처음과 마지막 통치자로 한정되었다. 1732년[영조 8]에 그는 대신을 보내 신라 시조에게 제사를 지내도록 했고,[75] 1748년[영조 24]에는 신라의 마지막 통치자인 경순왕敬順王의 묘墓를 관리하려고 수총군守冢軍 5명을 임명하였다.[76] 이는 경순왕을 고려의 왕과 같은 반열에 올려놓은 것이다. 1757년[영조 33]에 영조는 더 나아가 사적인 사신으로서 승지를 보내 치제하였다.[77]

영조는 조선의 전 왕조인 고려에 훨씬 더 큰 관심을 기울였다. 1727년[영조 3] 초 그는 조선 왕에 피휘避諱하는 관행을 고려 왕에게도 확대 적용하였다. 관리들은 반대했지만 피휘가 왕조의 개창자 고려 태조에게도 적용될 수 있다는 사실에 타협이 이루어졌다.[78] 영조는 왕릉에 대한 명목상의 유지·관리와 정기적인 제향을 넘어[79] 1728년[영조 4]에는 고려 수도 개성開城을 방문했고,[80] 고려 태조의 제문祭文을 친히 작성했다.[81] 그는 고려 왕실의 후손을 찾아 명예를 높여주는 데는 성공하지 못했다.[82] 이를 대신하여 김주金澍나 정몽주鄭夢周 같은 고려 충신의 후손을 찾아서 그 같은 위상을 부여했다. [83] 아마도 이 정책에서 가장 중요한 행동은 경연 기간에 『여사제강麗史提綱』을 포함한 일이었을 것이다. [84] 영조가 그 책을 고른 것이 전례를 따른 행동은 아니지만, 고려 태조의 찬란한 업적에 대한 존경심에서 그렇게 하기를 바란다고 표명한 것과 마찬가지라는 점을 알고 있었다. [85]

동시에 영조는 다른 상징도 사용했다. 그중에서 가장 중요한 것은 문묘 제례였다. 하지만 영조가 유용하다고 여겼던 다른 역사적 인물들 또한 찬양받았다. 그는 군주에 대한 충심을 기리기 위해 촉한의 제갈량諸葛亮과 송의 문천상文天祥, 임진왜란 당시 참전한 중국 장수, [86] 그리고 관우關羽에게 치제致祭하도록 명했다. 관우는 『삼국지연의三國志演義』에서 전쟁 무용담이 잘 알려진 촉한의 장군이다. 관우에 대한 민간신앙은 중국에서 기원했다. 관우는 임진왜란 당시 전쟁의 수호신으로 받아들여졌으며, 그를 향한 고도의 국가적 숭배가 생겨났다. 영조는 자주 관왕묘關王廟[*87]를 방문해 용맹한 수호자에게 치제하였다. [88]

조선왕정에서 가장 중요한 제례는 물론 조선 왕실의 선조에 대한 것이었다. 이것은 왕조 의례의 핵심이자 본질이었다. 유교적 왕정에서 그 기능은 자세히 설명할 필요가 없었다. 현재 군주, 즉 천명을 지닌 왕실의 직계 통치권의 상징적 표현이라고 말하면 충분했다. 이러한 의례는 두 가지로 나뉜다. 첫 번째는 왕가의 임무를 확실히 하는 것이고, 두 번째는 가족적인 의무에서 해야 하는 것인데 이것이 더 많았다. 첫 번째 의례는 그 성격이 좀 더 공식적이고 대사로 분류되는 사직社稷, [89] 종묘, 영녕전 제례,[90] 종묘의 중요 행사에 대한 의례적 보고를 포함했다. 두 번째 의례는 왕릉과 사당 방문과 제사 형태로 나타나는 각각의 왕들에 대한 추모 행동이다. 특히 왕조가 지속되면서, 군주에게 많은 시간과 주의를 요구했다. 영조와 같은 후대 왕들은 모셔야 할 선조가 20명 이상이었다. 그러나 영조는 전혀 부담스러운 일로 여기지 않았고, 오히려 이러한 의례를 자신의 헌신을 표현하는 기회로 반기는 것처럼 보였다. 황형 경종이 의례 의무를 종종 다른 사람들에게 맡긴 것과 달리 영조는 이를 열심히 수행했으며, 자신에게 기대된 것보다 더 많은 것을 행하고자 방법을 찾았다. 영조가 직접 희생犧牲과 제기祭器를 자주 살핀 것은 이 범주에 들어간다.[91] 또한 그는 재위기간에 폐위된 연산군과 광해군을 제외하고 모든 선왕의 능을 방문했다.[92]

왕조의 창업주는 항상 종묘에서 특별한 지위를 차지하였는데, 영조는 태조에게 특별한 존숭을 표했다. 다음 사건은 그의 행동을 전형적으로 보여준다. 1768년(영조 44) 초 태조의 홍거 육주갑에 추모의 뜻으로 영조는 한 해 동안 조정에서 음악 연주를 금하도록 하교하였다[藏樂]. 그때 그는 이 금령이 전국적으로 오용되는 것을 막으려고 "장악藏樂를 명하였으나 유생儒生과 서민庶民[良人]은 이에 저촉되지 않는다. 특히 집에서 부모를 위해 음악을 연주하는 것은 전혀 금하지 않는다"라고 교서를 내렸다. 그럼에도 몇몇 관리는 분명히 이 조치가 다소 과하다고 생각했다. 대간[獻納] 강지환姜趾煥은 예경禮經에 이에 대한 규정이 있는 것도 아니고 전례가 있는 것도 아니라면서 왕에게 이런 사실을 알렸다. 그러자 격분한 영조는 강지환에게 거만하다고 비난하면서 벌을 내렸다.[93]

아울러 영조에게는 또 다른 유용한 선조가 있었다. 영조는 선조들 중 일부를 골라 특별히 예우하였는데, 분명히 자기 위신을 특별한 선조들과 동일시하여 높이려고 한 것이다. 그가 선택한 왕은 선조, 인조, 효종이다. 그들은 조선의 역사적 상상력에서 특별한 위치를 차지했다. 선조는 임진 왜란 당시 통치했으며, 인조는 중국의 명청 교체를 목격했고, 효종은 왕자일 때 만주[심양]에 인질로 잡혀갔다 온 반청주의자였다. 하지만 영조는 다른 이유로 그들을 선택했다. 그들은 자신과 같이 모두 성인이 되어 전혀 예기치 못한 상황에서 왕좌에 올랐으며, 자신도 그러한 의례의 전통에서 시작했다는 사실을 강조하기 위해서였다. 그는 왕이 되지 못한 선조와 인조의 부친[德興大院君·元宗]을 추숭했고,[94] 본궁本宮에 인조와 효종의 왕자 시절 호적戶籍을 보관했으며,[95] 선조와 인조의 왕자 시절 처소를 특별히 방문했다.[96]

영조는 누구보다 효종이 가장 훌륭한 자격을 갖추었다고 보고 효종을 자신의 전범으로까지 지목하였다. 다음 몇 해 동안 영조는 간접적으로 자신이 효종을 닮았다고 주장하려 노력했다. 1737년[영조 13]에 그는 효종의 대군 시절 거처에 하마비下馬碑를 세웠다.[97] 1740년[영조 16]에는 이미 길었던 효종의 칭호에 명의정덕明義正德이라는 존호를 가상加上했고,[98] 1746년[영조 22]에는 효종의 덕망 있는 사위(당시 94세)에게 후한 선물을 내렸다. 결국 1751년[영조 27] 영조는 그 닮음이 간과되지 않게 하려고 떨리는 목소리로 하교했다.

선왕 효종과 나는 모두 우연한 기회로 대통大統을 계승하게 되었다. 효종은 세 형제

중 한 사람이었으나 (그의 형인) 소현세자昭顯世子는 일찍 세상을 떠나셨고, 인평대군麟坪大君 역시 그러셨다. 나도 형제가 셋 있었다. 하지만 황형皇兄은 승하昇遐하셨고, (내 동생) 연령군延齡君 또한 일찍 세상을 떠났다. 참으로 나는 효종과 부합하는 점이 많다.[99]

먼 선조는 은유적 중요성으로 만족스럽다. 하지만 더 가까운 선조는 인간적 자질인 효성스러움을 보여줄 기회를 제공한다. 바로 직전 선왕에 대한 의례가 상징적 내용이 부족했던 것은 아니지만, 이렇게 가까운 친척들은 비탄한 심정을 잘 이끌어내리라 기대를 받았다. 여기서 영조는 너무도 훌륭했다. 그의 통치는 선대의 통치와 마찬가지로 선왕에 대한 애도로 시작했다. 영조는 애도자로서 아주 인상적이었다. 그는 대마로 된 옷을 입고 머리를 헝클어뜨린 채 선왕[경종]을 부왕처럼 애도하기를 요구하는 왕실의 관습을 따랐다.[100]

이것은 또한 영조가 경종의 아들처럼 황형의 배우자에게 봉사해야 한다는 것을 의미했다. 아울러 영조는 숙종의 아들로서 자식의 의무도 지고 있었다. 그러므로 그는 이 예절에 따라 총 8명을 모셔야 했다. 숙종, 숙종비 故 인경왕후仁敬王后·故 인현왕후仁顯王后·인원왕후仁元王后, 경종, 경종비 故 단의왕후端懿王后·선의왕후宣懿王后, 故 숙빈淑嬪 최씨가 그들이다. 이는 영조에게도 상당히 많았음이 틀림없다. 그럼에도 영조는 그들을 아무리 존숭해도 부족하다고 여겼다. 영조가 그들의 능묘陵墓와 사당을 수없이 방문하고 제사를 올린 일은 대부분 아무 말도 필요하지 않지만, 몇몇 행동은 그래도 독특했다. 1729년[영조 5]과 1772년[영조 48]에 각각 영조는 종묘의 세실世室[不遷位]에 부친[숙종]과 조부[현종]의 신위를 놓았다.[101] 이러한 위대한 왕들[102]을 존중하는 데 영조의 특별한 노력이 뒷받침되어야 했다.

1761년[영조 37] 인현왕후가 승하한 지 일주갑[60년]이 되는 해에 그는 깊은 엄숙함 속에서 기념되었고 여성의 미덕의 귀감으로 간주되었다. 영조는 어린 시절 인현왕후에게서 특별한 애정을 받았다고 말했다. 영조의 행장行狀에는 그가 다섯 살 때 대궐 금원禁苑의 꽃을 따서 술을 만들어 인현왕후가 아플 때[?]*[103] 바쳤다고 쓰여 있다. 왕후는 아마 이것에 깊이 감동했을 것이다.[104] 1761년[영조 37] 인현왕후 훙서 일주갑 행사에서 영조는 헌가軒架와 고취鼓吹의 설치*[105]를 금지하였다.[106] 1730년[영조 6] 경종비 선의왕후가 훙거했을 때 상례喪禮는 모범적으로 준수되었다. 그는 관료들이 섭행해야 한다고 간청했는데도 쏟아지는 빗속에서 직접 제례를 올렸고,[107] 날씨에 상관없이 국상이 끝날 때까지 한 차례도 제향을 놓치지 않았다.

하지만 영조의 유교 왕국에서 효도가 한 장의 규범으로 추가된 것은 살아 있는 계모 인원왕후에 대한 그의 보살핌 덕분이었다. 영조는 매일 문안인사를 올렸을 뿐 아니라 인원왕후에게 수많은 존호를 올렸다. 예를 들어 영조는 총 9차례나 2자 존호를 올렸다. 곧 헌열憲烈, 광선光宣, 현익顯翼, 강성康聖, 정덕貞德, 수창壽昌, 영복永福, 융화隆化, 휘정徽靖이다. 이 중 여덟 개는 그녀가 살아 있을 때 받았다.[108] 그녀는 숙종으로부터 혜순惠順, 경종으로부터 자경慈敬*[109]을 이미 받았고 영조로부터 받은 나머지 여덟 번이 그녀를 단연 존호가 가장 긴 왕후로 만들었다. 영조는 또한 어제시로 거창하게 꾸미는 방식으로 그녀의 생일과 개인적 기념일을 축하했다. 다음은 영조가 인원왕후의 회갑에 올린 시이다.

> 보령寶齡이 장구하시니,
> 일주갑이 도래하였습니다.
> 지금 새해 아침을 맞이하니
> 경사스럽고 복된 일이 더욱 새롭습니다.
> 생각건대 아! 일국의 모위母位[大妃]에 임어하시어
> 장락궁長樂宮에서 장수하시고,
> 자애로운 교화가 흡족하게 퍼졌습니다.
> 차례대로 봄을 함께 지내며
> 40년을 받들어 섬기매
> 다행히 큰 경사를 만나서
> 기쁨은 종묘의 제례에 넘쳐나고
> 조야朝野에도 즐거움이 같습니다.
> 신臣과 군신群臣 등은 더욱 날을 아끼는 정성을 다하여서,
> 삼가 산과 같은 드높은 하례賀禮를 올립니다.[110]

인원왕후는 영조가 친자식 같았다고 말했다고 한다.[111] 그들은 정말 가까운 관계였다. 경종 연간 1721년[경종 1]에 그가 목숨의 위협을 느꼈을 때 도망친 곳이 그녀의 처소였고, 그녀는 숙종을 언급하며 소론관료로 하여금 영조를 지켜 종사宗社를 보존하라고 촉구했다.[112] 1757년[영조 33] 인원

왕후가 죽었을 때 영조는 며칠 동안 통곡하고 단식했다.[113] 그리고 특이하게도, 홍서 직후에 영조는 애틋하고도 비통함으로 가득한 인원왕후의 행록行錄을 지었을 뿐 아니라,[114] 오랜 세월 동안 그녀를 추모하는 어제를 지었다.[115]

육상궁毓祥宮의 제례관

영조의 효제는 밝게 빛났지만 때로는 또한 활활 불타오르기도 했다고 알려져 있다. 영조의 의례상 직무는 조정에서 제약했으나, 사친 추숭은 그러한 한계를 부과하지 않았다. 숙빈 최씨는 왕비도 아니었고 조선왕조의 관습은 심지어 후궁 소생이 왕위에 올랐다 할지라도 정비正妃와 후궁 사이에 엄격한 구분을 고수했다. 원칙적으로, 두 번째 배우자는 왕실 신령들에게 영원히 인정받지 못하는 후궁이었다.[116] 반면에 왕이 자신의 효심을 확고하게 입증하지 못하면 성군의 지위를 효과적으로 주장할 수 없었다. 그는 예절에 대한 요구를 충족하려면 의례에서 어머니에 대해 전적으로 사적인 방법으로 대접해야 했다. 그럼에도 설령 영조에게 어머니에게 극진한 의례를 올리지 못한 허물이 있다 해도, 과도하게 분수를 지켜서 생긴 허물은 오히려 자신의 성학이 최고가 되게 하는 데 기여했을 것이다. 어머니의 위상을 높일 경우, 덕성이 위태로웠을 뿐 아니라 비록 간접적이라 할지라도 자신의 정통성 부분도 위태로웠다. 그러므로 영조는 권위를 갖추는 방법을 모색했고, 아마도 관리들이 이러한 어머니의 미천한 출신을 놓고 의기양양해하는 것을 잠시 흘겨보면서 어머니를 추숭할 방법을 찾으려 했을 것이다. 하지만 이 같은 문제의 세부 사항에 대해 전문지식을 폭넓게 보유한 관리들은 전통을 깨지 않고는 '사친'을 추숭할 수 없도록 계속 감시했다.

이윽고 영조는 자기 어머니의 지위를 어떻게 생각하는지 보이려고 했지만 처음에는 신중을 기했다. 비록 이것으로 억눌린 비통함이 궁극적으로 엄청난 파장을 불러일으키는 것을 미연에 방지하지는 못했다 할지라도,[117] 그는 숙빈 최씨에게 더 높은 칭호를 부여하자는 주장을 거부했고, 더 큰 비석을 세우자는 의견도 거절했으며, 사당을 확장하자는 것도 미루었다.[118] 하지만 영조는 사친의 사당[淑嬪廟, 훗날 毓祥廟, 毓祥宮]을 다른 어떤 곳보다 더 자주 방문했다. 그의 추모는 사적이었지만 겸손했다. 그는 유일한 추모행동으로 외조부를 추증追贈한 것에 만족하는 듯했다.[119]

하지만 1739년[영조 15] 15년간 통치에서 자신감을 얻은 영조는 비탄한 심정을 드러냈다. 이 일은 사친의 묘[昭寧墓, 훗날 昭寧園]를 방문했을 때 일어났다. 예정된 방문일 하루 전, 예조가 작성한 의주儀註를 불만스럽게 여긴 영조는 직접적으로 책임이 있는 두 관리를 질책했다. 실록은 그 조치를 다음과 같이 설명했다. "왕은 사친을 공경하며 섬겼으나 관리들이 자신의 바람에 따르려 하지 않는다고 의심했다. 그래서 행사마다 갑작스러운 충돌이 발생했고, 이어지는 왕의 고통스러운 열변을 피할 수 없었다."[120] 하지만 명백하게 실록에서 언급한 '왕의 고통스러운 열변', 즉 예조禮曹의 관원이 예禮를 알지 못한다고 했으나 그들에 대한 왕의 처벌 역시 모두 바라

던 변화를 이끌어내지 못했고, 훨씬 강도 높은 충돌을 겪어야 했다. 이것
은 그 장소에서 의식이 끝난 뒤 일어난 일이다.

왕은 궁궐로 돌아가려고 사친의 묘를 떠나고 있었다. 그는 교자轎子에 막 타려다 말
고 병조판서 김성응金聖應을 소환했다. 그는 흐느껴 울며 말하기를, "신해년(1731)
[영조 기] 이래 오늘 내가 (어머니에게) 공경을 표하려고 처음 왔다. 이 10년 동안 내 가
슴은 슬픔으로 가득 차 있었다. 아이들이 넘어지면 자연히 어머니를 찾는다. 이것은
사람의 본성이다. 묏자리를 잡을 때에도 땅을 제공하는 사람이 없었다면, 어떻게 이
곳을 잡았겠는가?*121) 나는 명을 내렸으나 담당 관리가 무시했다. 진실로, 군주는
사적인 (걱정을) 해서는 안 되지만, (군주에게) 신뢰를 잃는 것은 잘못된 일이다. 오늘
날의 명류名流는 너무도 냉정하다. 이 '명류'도 또한 부모가 있을 터인데, 그들은 하
늘에서 떨어지거나 땅에서 솟았을 수 없다."|122)

그리고 영조는 예조판서를 근신에 처했다. 왕은 송익휘宋翼輝가 호위에
책임이 있다는 것을 알고서 그를 처벌하고 그 직에서 해면하였다. 하지만
송익휘는 의주가 문제된 사건과 아무 관련이 없었다.

그는 사실 우의정 송인명宋寅明의 종질從姪*123)이었을 뿐이다. 송인명이
의주에 육상궁을 '극항極行'*124)으로 표기해야 한다는 세규가 없는 상태로
승인하였고, 이것이 영조가 감정을 폭발한 실제 이유이다. 송인명은 영
조와 아주 특별한 관계를 누렸고, 왕의 가까운 지지자이자 대신 중 하나
였다. 조정에서는 군주가 송인명이 의주를 승인한 것을 두고 종질을 대신
처벌한 것이 분명하다고 보았다. 송인명은 궐문 밖에 엎드려 종질을 위해

간청함으로써 그 풍문을 인정했다. 실록은 그 주장을 "이 경우에는 충분히 사실로 보인다"라고 건조하게 언급하기까지 했다.[125]

이 사건은 완전한 대립 국면으로 번졌다. 송익휘에 대한 처벌이 통치자와 관리들 사이의 관계를 지배하는 예절을 위반했다는 대간의 항의를 유발했다. 영조는 관리들과 거리를 두었다. 그는 내의원의 관리가 매일 입진入診하는 것을 거부했고, 승전색承傳色을 통해 하교했다.*[126] 하교 중 하나는 그 이전 것보다 더 분개하고 쓰라린 어조였다. 관리들은 왕의 행동이 예절과 관련되어 있다고 주장했다. 그러나 영조는 그들이 관심 있는 것은 그들에 대한 예절뿐이고, 특히 자신의 어머니에 대한 예절은 아니라고 한탄했다. 하지만 '요순의 도道는 효제孝悌에 있었고' 관료들이 왕의 성스러움의 가장 중요한 교리인 효심을 적절하게 표현하는 것을 가로막았으므로 영조의 과도한 조치가 취해진 것이다. "어떻게 그들이 임금을 이 지경으로 몰고 가놓고도 남면南面하고서 스스로 신하라고 자칭하는 만용을 부리는가?*[127] 이 방자한 사람들의 머리가 고가藁街에 걸리기 전까지 나는 다른 관리들을 보지 않을 것이다."[128]

하지만 그는 며칠 지나지 않아 관리들을 보았다. 영조는 왕의 불쾌감 때문에 자신들도 매우 고통스럽다고 고백한 가까운 친구 조현명을 포함한 고위관료들에게 회유되어 자기 짐을 내려놓았다. 첫째로 영조는 한 문제漢文帝가 후궁[孝文太后 薄氏]의 자식임을 언급하면서 중국과 달리 조선의 가족법은 매우 엄격하다고 인정했다. 그는 이것이 어머니에게 명예보다는 불명예를 가져오기에 확실히 이 법을 어길 의도는 없었다. 하지만 그에게 사친의 묘소[昭寧墓]에서 적절한 의식을 행하는 것은 완전히 조선 관습의 한계 내에서 허용된 것이었다. 그는 이러한 작은 소망을 관료들이 못마땅해하는 것에 깊이 상처를 받았고, 이 작은 문제에 대한 그들의 무례한 주장에 분노했다.[129]

만약 영조가 좌절했다면 그것에는 이유가 없지 않았다. 그는 조선 법률의 매우 엄격한 금령 중 하나와 마주쳤다. 영조가 언급했듯이, 그것은 중국의 관행과 확연하게 달랐다. 진정으로 중국도 조선과 같은 의례 논쟁을 공유했다. 송 영종英宗과 명 가정제嘉靖帝의 부친은 제위에 오르지 못했다. 그들의 아들은 전임 황제의 의례적 아들이 되었기 때문에 그 황제의 생부生父를 어떻게 추숭할지가 뜨거운 논쟁의 주제가 되었다. 하지만 어머니에 대해서는 아무 문제도 없었다. 황위에 오른 아들은 어머니에게 그녀의 이전 지위와 상관없이 황후 자리를 줄 수 있었다. 실제로, 영조는 관리들에게 한 문제의 역사적인 예를 인용했다. 하지만 역사는 마멸될 수 있다고 하더라도, 자신과 동시대인 건륭제는 어떠한가? 그는 자신의 어머니를 숙빈 최씨[130]보다도 열등한 위치에서 황후로 승격시켰고, 영조는 바로 3년 전 이를 축하하였다.

그럼에도 영조의 간청은 무시되었다. 관리들은 자신들의 깊은 고통과 괴로움을 고백하고, 잘못을 빌며 사임을 청했다. 여전히 전통으로 뒷받침되었으므로, 관리들은 왕의 행동을 제한할 권리를 아주 조금도 포기하지 않았다. 관료들과 대립한 지 일주일 후 영조는 적자와 서자의 차별에 대한 관료의 언급에 여전히 화를 냈다.[131] 15년간 신중했던 영조의 행보는 앞으로도 지속되어야 할 것 같았다.

하지만 송인명과의 충돌은 영조가 죽을 때까지 계속해서 경험했던 사건들 중 첫 공격일 뿐이었다. 영조를 그런 상황으로 몰고 간 것은 좌절 이상이었고, 중국이 성가시게 굴던 사례들보다 더한 것이었다. 틀림없이 그를 그런 상황으로 몰고 간 것은 그 자신이 유교 의례의 신실한 사제로서 삼가 준수할 의무가 있었으므로 어머니의 지위를 단지 후궁으로 두고 의례를 지내야 했기 때문이다. 이것이 그가 관리들의 훈계를 그저 조롱으로 간주할 수밖에 없었던 이유이다.

영조는 이러한 조롱에 익숙했을 것이다. 관리들은 모두 정실正室(嫡)에서 태어났으므로, 그들이 보기에 혈통이 관료집단의 자격에 어울리지 않는 왕자를 대할 때 다소 업신여기는 시각을 가졌을 수 있다. 영조의 어린 시절, 숙종이 그를 아주 후하게 대했을 때 관리들은 재빨리 검약과 겸손에 대해 숙종에게 간언했다. 숙종은 실제로 두 어린 아들 영조와 연령군이 관료들에게 '무시를 당하고 있다'고 매도했다.[132] 하지만 다른 왕들도 후궁에게서 태어났다. 만약 영조가 특별히 민감했다면, 그것은 적어도 어떤 부분에서는 어머니에 대한 다른 소문에서 기인했을 것이다.

실제로 그 소문은 그녀가 인현왕후 처소의 최하층 노비인 무수리였다는 것이다. 이것은 명백히 구전口傳에 불과한 문제였다.[133] 하지만 어떻게 그녀가 숙종의 관심을 끌었는지는 비공식적인 일화로 확인해볼 수 있다. 그녀는 왕비가 떠난 후 대궐에서 인현왕후를 위해 몰래 생일상을 준비하다가 숙종에게 들켰다.[134] 1689년[숙종 15] 폐위된 인현왕후는 1694년[숙종 20] 복위할 때까지 사저에서 살아야 했는데 대부분 상궁이 동행했고 여타 궁녀만 대궐에 남았다. 하지만 영조가 어머니와 관련된 '노奴'나 '복僕'과 같은 단어의 언급에 극도로 민감하게 반응했다고 암시되어 있다.*[135] 앞서 논의했던 그 일화에서 영조는 극도로 분노하면서 관료의 '노비' 언급은 자신을 향한 직접적 모욕으로 해석될 수 있다며 책임을 물었다.[136]

어쨌든 숙빈 최씨는 숙종이 그녀를 종4품[淑媛]에 봉작한 1693년[숙종 19] 처음 실록에 등장한다.[137] 그녀는 세 아들(그중 둘은 어릴 때 죽었다)을 낳은 직후 정1품[淑嬪]에 올랐다.[138]

만약 그녀가 정말로 무수리였다면, 그녀는 확실히 자신을 위해 꽤 많이 노력했을 것이다. 그녀는 정1품 숙빈에 올라 왕의 어머니가 되었을 뿐만 아니라 높은 덕을 갖춘 여성이 되는 길로 나아갔다. 그녀는 숙종에게 1701년[숙종 27] 인현왕후의 죽음에 아마도 영향을 미쳤을지 모르는 희빈禧嬪 장씨의 저주 사건을 알림으로써 이러한 평판을 얻었다. 희빈 장씨는 1689년[숙종 15] 인현왕후가 폐위되는 원인을 제공했다. 하지만 5년 후 그녀는 왕의 마음을 잃었고 왕비 신분 또한 잃었다. 인현왕후는 1694년[숙종 20] 복위되었고 남편의 애정도 되찾았다. 희빈 장씨는 경쟁자인 인현왕후에게 앙심을 품고 그녀를 저주한 혐의를 받았다. 실록[139]과 인현왕후의 오빠인 민진원[140] 모두 숙빈 최씨가 숙종에게 희빈 장씨의 행동을 직접 알리는 역할을 맡았다고 증명하고 있다. 하지만 대체로 그녀는 숙종의 조정에 온전히 받아들여지지 않았음이 틀림없다. 숙종은 영조를 공식적으로 대하는 데 매우 민감해했고, 영조가 숙빈 최씨를 존숭하는 데 주의를 기울인 점이 그것을 암시한다.

숙빈 최씨는 가장 큰 영광을 누릴 수 있을 때까지 살지 못했다. 그녀는 후궁이 궐내에서 사망하는 것을 금하는 조선의 관습에 따라 사저에서 49세 때인 1718년[숙종 44]에 죽었다. 이때는 그녀의 살아 있는 유일한 아들이 왕세제가 되기 전이었다.[141] 영조는 효심에 대한 첫 시험에서 실패했다. 상례喪禮 중 성적 금욕이 엄격하였음에도, 1719년[숙종 45]에 그의 아들이 태어났다. 심지어 금욕을 잘하지 못한 숙종마저도 이를 못마땅해했다.[142]

하지만 왕좌에 오른 영조는 바뀌었다. 오히려 그는 어머니의 지위에 사로잡혀 있었다. 영조는 자신의 권위가 높아질수록, 그것을 어머니를 추숭하는 데 사용하고 싶어 했다. 재위 15년이 흘렀을 때 점진적으로 그녀를 사적인 부모[私親]에서 공적인 부모, 즉 자신이 되고 싶었던 왕에 더 적합한 부모로 바꾸고자 하였다.

영조는 교착상태로 끝난 1739년[영조 15]의 대립이 있고 얼마 지나지 않아 어머니의 지위를 천천히 올렸다. 처음에는 조심스러웠으나 나중에는 점점 더 세게 몰아붙였다. 1744년[영조 20] 2월에 그는 숙빈 최씨의 3대조까지 사후 증직贈職했고, 숙종의 다른 배우자들에게도 그리함으로써 그 영향을 희석했다.[143] 그리고 왕은 그 일을 본격적으로 시작했다. 4월[3월 7일]에 그는 어머니 사당을 육상毓祥으로 명명했고, 좀 더 격상된 의주儀註를 요구하여 받아냈다.[144] 1753년[영조 29]에 영조는 어머니가 1693년[숙종 19] 숙원淑媛이 된 지 일주갑이 되는 것을 기념하여 존호를 올려야 한다고 요구했다. "나는 이미 16자의 존호를 받았지만, 그동안 어머니에게 한 글자도 올릴 수 없었다"라고 간곡히 당부했다. 영조는 실제로 인상적으로 연결되는 4자 존호를 네 개나 갖고 있었다. 곧 지행순덕至行純德, 영모의열英謨毅烈, 장의홍륜章義弘倫, 광인돈희光仁敦禧가 그것이다. 같은 날 숙빈 최씨는 화경和敬 두 글자 존호를 받았고, 사당과 묘소도 한 단계 승격되었다.[145] 격상된 지위에 상응하는 첫 의식을 어머니 사당[毓祥宮]에서 행한 후 영조는 행복해하며 하교했다.[146] "이제, 나는 한恨이 없노라!"[147] 같은 해의 마지막 무렵, 그는 어머니를 지칭할 때 교묘하게 '사적'이라는 표현을 없애버렸다. 문제가 되는 '사적인 부모'보다는 왕후 신분의 어머니만 쓸 수 있고 그녀는 절대로 그렇게 불릴 수 없었던 '자전慈殿'과 비슷한 '자친慈親'으로 언급되었다.[148] 그리고 1754년[영조 30] 이후 그는 원단元旦에 공식적인 의례 의무를 마치고 나서 어머니 사당을 방문했다.[149] 그녀는 이제 모두가 그렇게 인식할 수 있는 공적인 인물이 되었다.

숙빈 최씨의 승격은 영조의 권위 상승과 부합한다. 관리들은 여전히 못마땅했지만 왕을 더 크게 두려워하였다. 수단을 가리지 않고 승리에 환호했던 숙종이라면 이 정도에 만족했겠지만 영조는 그렇지 않았다. 영조는 필사적으로 권위를 원했다. 하지만 그는 권위주의적이고 독단적이라는 어떠한 주장도 혐오했다. 그가 원한 권위는 도덕적인 완전성으로만 얻을 수 있었다. 공포에 따르는 항복보다는 성공이 더 필요했다. 여기에는 관리들의 존경과 인정이 필요했다. 결과적으로, 숙빈 최씨의 승격 하나만 그를 만족시키지 못했다. 그는 이 효성스러운 행동에 관리들이 존경을 표하기를 헛되이 기다렸다.

관리들도 무시할 수만 없었다. 영조는 자신의 열망을 꽤 분명하게 전달했다. 1746년[영조 22] 관리들은 영조가 자신을 아주 많이 닮았다고 말한 송 영종英宗에서 따온 묘호인 영종에 호감을 표현했을 때 분명히 알았을 것이다.[150] 하지만 영종의 아버지는 황제였던 적이 없으며, 영종의 짧은 4년간 치세는 주로 아버지의 추숭을 금하는 것으로 끝난 큰 의례 논쟁으로 주로 잘 알려져 있다.

　하지만 영조의 관리들은 냉담한 침묵으로 반응했다. 영조는 숙빈 최씨에 대한 모욕이 연상될 경우, 자주 관리들을 해면하거나 다른 처벌수단을 사용함으로써 더 큰 독단으로 보복했다. 한 가지 예를 들면, 1767년[영조 43] 좌의정 한익모韓翼謨가 추운 날씨와 왕의 노쇠한 건강을 언급하면서, 어머니에 대한 의식을 행한 뒤 궁으로 빨리 돌아와야 한다고 주장했을 때, 영조는 화를 내며 반박했다. "너희 관료들도 부모가 있을 것이다. 어떻게 너희가 (어머니를 위한) 나의 추모하는 마음을 이해하지 못한단 말이냐?" 그리고 비록 이틀 후 복직시키기는 했지만, 한익모를 좌상에서 면직시켰다.[151]

　그러나 영조의 고압적인 방식은 어머니 문제에 국한되지 않았다. 70대인 그는 40년 이상 왕좌에 있었다. 그는 긴 시간 좌절된 노력에 대한 상처를 명백하게 드러냈다. 왕은 자신이 무척 열심히 추구했던 도덕적 통치자의 지위가 사라질 수도 있다는 사실에 실망하여, 그것을 즉시 얻으려고 압박하였다. 영조는 이제 더 이상 자신의 완벽함에 도전하는 것을 참을 수 없을 만큼 집착했다. 관리들이 반발하거나 비판하면 그는 문제를 일으킨 관리를 심하게 벌한 후 즉시 대궐을 떠나 잠저潛邸인 창의궁彰義宮에 자신을 가두었다. 그러고는 그가 돌아오기를 바라는 관리들의 간청에 스스로 만족할 때까지 관리들이 들어오는 것을 거부하였다.

　이러한 잠저 귀환을 통해서, 현재에 불만스러웠던 영조는 관료들의 간청에 따라 대궐로 돌아가는 데서 마음의 안정을 찾았다. 그는 만기萬機를 친람親覽하는 성군으로서 관료들이 존경하고 완벽한 조화를 이룬 상상의 세계를 구축했다. 그는 만약 현실이 자신의 입장을 지지하지 않으면, 다른 사람들로 하여금 그것을 입증하도록 강요하는 행동을 했다. 그러나 때때로 영조의 행동은 오히려 상황을 악화시키기 일쑤였다. 그는 충성심에 대한 터무니없는 시험으로 관리들을 괴롭혔다. 예를 들어 1770년[영조 46]에 그는 관리에게 고故 인원왕후의 생일을 기억하는지 물었다. 관리가 대답하지 못하자 왕은 너무나도 화가 나서 관리를 그 자리에서 즉시 서민으로 만들어버렸다. 영의정이 걱정스럽게 반대의 목소리를 내자, 영조는 그를 해면하고 잠저로 떠나버렸다.[152]

하지만 영조는 소용없는 행동에 사로잡혀 있었다. 재위 마지막 해까지 관리들은 왕의 세계에 자발적이었지만 두려워하면서 참여했다. 그들은 반발하지 않았으며 적절한 존경을 표했다. 그들은 영조의 통치를 요순과 같은 성군의 통치로 묘사했을 것이다. 이제 과거에 사로잡혀 있는 이는 영조였다. 1773년[영조 49]에 관리가 『사기史記』「노중연魯仲連 열전」을 읽을 때,[153] 영조가 "그의 어머니는 노비였다[而母婢也]"라는 구절을 들었다고 생각한 순간 갑자기 침대에서 일어나 팔로 바닥을 내리치고 소리를 지르며 역정을 냈다.*[154] 하지만 그 책을 읽은 사람은 그 구절을 생략했다. 실제로, 그는 문제의 구절이 먹물에 덮여 지워진 책을 읽고 있었다. 왕이 그 주제에 민감하다는 것을 알고 있는 관리는 모험을 하고 싶지 않았다.[155] 하지만 명백히 영조는 그 구절이 거기에 있다는 사실을 알고 있었다. 그는 막대한 권위에도 불구하고 자신의 과거를 받아들이는 데 실패했다. 여기서 그를 안심시키기 위해 할 수 있는 것은 없었다.

하지만 1775년[영조 51] 그는 거의 평화를 찾았다. 자신의 81세 생일을 축하하기 위한 성대한 축제가 열렸다. 영조는 이 행사를 어머니와도 성대하게 하고 싶어 했다. 그는 숙빈 최씨의 사당에서 첫 번째 축하를 받을 것이라고 하교했다. 착오로 성균관 유생의 하전문賀箋文이 생략되자 영조는 격노하여 학생들이 육상궁에서 하례를 받는 것에 대한 반감으로 이런 일을 벌였다고 비난했다. 평소의 폭풍과 같은 행동들—창의궁으로 물러남, 관료들의 해명과 사죄—이후에 그것은 숙빈 최씨에 대한 상당한 존숭이 행해지면서 만족스러운 상태로 끝났다.[156] 재위 52년의 시작을 알리는 다음 축하행사[新元賀禮]는 훨씬 수월하게 진행되었다. 숙빈 최씨는 아무런 사고 없이 추숭을 받았다.[157]

그 과정은 영조의 후계자와 함께 정점에 달했다. 1776년 1월[영조 51 12월] 영조는 왕세손에게 대리청정을 명했다. 그해[영조 52] 3월 14일[1월 7일]까지 영조는 두 가지 4자 존호를 더 받았다. 그는 그동안 두 차례 존호를 받았다. 곧 1756년[영조 32] 체천건극體天建極[*158] 성공신화聖功神化,[*159] 1772년[영조 48] 대성광운大成廣運 개태기영開泰基永이다.[160] 영조의 존호는 이제 40자가 되었다. 하지만 이번에 선택된 요명순철堯明舜哲 건건곤녕乾健坤寧은 특별했다. 이것은 조선 왕이 처음으로 요순의 글자가 포함된 존호를 받은 것으로,[161] 영조조차 놀라움을 표했다. 하지만 관리들은 영조에게 새로운 존호가 정확하게 자신의 통치를 반영하고 있다고 확언했다.[162] 같은 날 왕세손(훗날 정조)의 대리청정으로 최씨 사당[毓祥宮]에 추가로 올린 존호가 새겨진 옥인玉印과 금보金寶를 놓았다. 숙빈 최씨는 이로써 화경和敬, 휘덕徽德, 안순安純 세 개의 2자 존호를 갖게 되었다. 의례는 모두 같은 날 이루어졌는데, 태조와 영조 정비正妃 고故 정성왕후貞聖王后

에 대한 제례가 나란히 거행되었다.[163] 숙빈은 이러한 분들[태조와 정성왕후]과 함께 축하를 받음으로써, 이제 '공적인' 인물이 되었고 매우 존경을 받았다. 하지만 여기에는 한계가 있었다. 그녀는 절대로 자전慈殿—왕후 신분의 어머니—이 될 수 없었다.[164] 그해 3월 20일[2월 1일] 영조가 마지막으로 창의궁으로 물러났을 때,*[165] 아무도 영조가 그것을 생각하지 않는다고 말할 수 없었다.

위대한 도학자

유가儒家의 고전은 국가의 정신과 도덕성을 이끌 성스러운 경전으로서 최상의 권위를 점했다.[166] 그러므로 유교적인 군주는 도덕적 영향력으로 자신의 신하들을 탈바꿈시키려 했고, 고전에서 표현되는 이상과 가치를 예로 들어야만 했다. 학자들이 왕에게 강의했던 경연經筵은 통치자가 이러한 목표를 달성할 수 있게 돕도록 고안되었다. 이러한 제도의 상승세는 선정善政의 기초로 왕의 수신을 강조하는 신유학의 발흥과 나란히 나타났다. 그리고 고전에 대한 지식과 통치자에 대한 충언 의무를 지닌 신유학자들은 왕의 스승으로 추앙받았다.[167]

한국 역사에서 경연은 1116년[고려 예종 11]에 처음 도입되었지만, 1146년[고려 인종 24]에 중단되었다가 신유학의 영향력 아래 있던 14세기 중반에야 비로소 부활하였다. 그것은 조선왕조 초기부터 군주제의 필수적인 부분이었다. 하지만 몇몇 왕조 초기 강력한 의지를 가졌던 왕들은 그것을 관료주의적 세뇌라고 여겨서 거의 참석하지 않았다.[168] 경연은 연산군이 잠시 폐지하였다가 중종中宗(재위 1506~1544)이 곧 복설하였다. 경연은 왕조를 거쳐 의심할 여지없이 받아들여졌다.[169] 물론, 몇몇 왕은 경연을 무시했지만 그들도 스스로 대가를 치르고 익혀야 했다.

경연에서 왕의 역할은 잠정적으로 이중적이었다. 왕은 학생이었지만, 스승도 고전에 관한 한 학생이었다. 그러므로 왕은 학문적으로 스승과 경쟁할 수 있었다. 이것은 왕이 근면성실한 학생이 될 것을 요구했다. 하지만 만약 왕이 스승을 능가할 수 있다면, 그는 군사君師[*170]의 역할을 주장할 수 있었다.[171] 왕위를 계승했을 때 영조는 매우 뛰어난 학생이었다. 통치 기간이 길어질수록, 그는 점점 더 군사가 되어갔다. 영조는 자신의 권위와 권력을 강화했고, 재위 만년에는 교훈과 고해에 대한 두꺼운 책을 반복하여 쓰면서 관료들에게 강의했다.

경연에서 영조의 역할은 기나긴 전체 재위기간에 극적으로 변화하였지만, 그러한 변화는 실제로 점진적이고 지속적이었다. 영조는 그러한 변화를 자각한 것처럼 보이지만, 그것을 강제로 부과하지는 않았다. 오히려 그는 각 변화가 공들여 얻어져야만 한다는 사실을 깨달았기 때문에 애쓰지 않았다.

조선의 경연은 법강法講[*172]과 소대召對 두 가지 유형이 있었다. 그중 법강은 실제로 훨씬 더 공식적이었다. 이상적으로 가능한 한 하루 세 번 조강朝講, 주강晝講, 석강夕講에 걸쳐 열렸다. 명왕조 말기부터[173] 한 달에 세 차례로 진화한 중국 관행과 비교하면, 이는 무거운 부담이었다. 조강은 가장 중요하다고 여겨졌고, 특정한 고위관료들은 꼭 참석해야 했다. 의정부의 대신이 겸임하는 경연청慶筵廳의 영사領事 3명 중 1명이나 또는 동시에 육조의 장관을 맡은 지사知事 3명 중 1명이 그 직무를 수행했다. 경연청의 하급관료들도 경연을 도와야 했다. 주강과 석강은 복습시간이었으므로 소규모로 하급관료들이 참석했다.[174] 이론적으로 국왕은 중요한 국가 행사를 수행할 때를 제외하고는 경연에 반드시 참석해야 했다. 이러한 경우, 승정원은 왕에게 국가 행사에 대한 의무를 알렸을 것이다. 아니면 승정원은 그다음 날의 경연에 대한 임금의 계획을 알아본 후 매일 그에게 문서를 보냈을 것이다. 그러면 왕은 어떤 강의가 열리는지 알려달라고 대답했을 것이다. 임금은 경연 정지를 결정하는 권리를 행사했다. 영조가 경연을 중지했을 때 사유를 명시하기를 바랐지만 항상 그렇게 하지는 않았다.

그에 반해서 소대는 오히려 비공식적이었다. 소대는 국왕이 명백하게 요청할 때에만 열렸고, 참석할 의무가 있는 최고위관료들은 3품 이상[당상관]이었다. 또 매달 회강會講이 열렸는데, 경연 관련자가 모두 참석하였다.

모든 자료를 취합해보면 영조의 참석률은 매우 높았다. 경연 빈도는 경종 4년간 3회(법강 1회와 소대 2회)만 열렸던 사실과 비할 것이 못 될 만큼 잦았다. 비록 임금이 양심적이었다고 할지라도, 영조의 광범위한 의례 절차와 행정 의무는 매일 경연을 여는 일을 불가능하게 만들었을 것이다. 한 달에 5회 이상 경연은 본받을 만한 업적으로 간주되었다. 무작위로 예를 들면, 영조는 1725년[영조 1] 3월[4월]*[175]에만 소대 1회와 법강 7회로 총 8회 경연을 열었다. 다음 달[5월]에는 법강이 7회 열렸다.

영조가 강의 하나를 취소했을 때 그 이유는 다양했지만, 거의 예외 없이 경연과 충돌하는 공적인 의무와 관련이 있었다. 예를 들면, 1725년[영조 1] 3월[4월] 중 22일은 경연이 없었고, 열흘은 사망한 왕후를 추념하거나 명 황제에 대한 제례 같은 의례 행사에 전념했으며, 나흘은 효장세자孝章世子를 책봉하는 의식에 참석하는 데 소요되었다. 사흘은 청 사신을 환영하고 대접하며 배웅하는 데 소비했으며, 하루는 범죄 사건을 심리하였다. 나머지 4개 취소 건은 여러 가지 행정적·개인적 이유 때문이었다. 다음 달[5월]에는 영조가 법강을 열지 않은 23일 중 16건은 행정적 의무나 건강 악화가 원인이었고, 7건은 의례 의무를 이행하기에 여념이 없었기 때문이다.[176]

영조는 매일 열리는 이상적인 경연을 유지할 수 없다는 사실을 알았기 때문에 적절히 경연 시기를 조정함으로써 배움에 대한 진정한 헌신을 표현했다. 예를 들면, 그는 1725년[영조 1] 4월[3월] 사망한 장경왕후章敬王后를 기리는 날[忌晨]에 그랬던 것처럼, 예상치 못한 날에 소대가 필요했을지 모른다.[177] 아니면 그는 하루에 한 차례 이상 경연을 열었고 아마도 두 차례, 심지어 세 차례 열었을지도 모른다.[178] 그것은 법에 명시된 이상적인 사례였음에도 불구하고, 다른 왕대에는 찾아보기 힘든 관행이었다. 영조는 비록 가능할 때마다 책과 의논을 나누는 곳으로 돌아가고자 하는 것이 지나친 열정이나 심지어 성급함으로 여겨진다고 할지라도 그렇게 되기를 희망했음이 틀림없다. 확실히 그것은 엄밀한 의미에서 매우 효과적이었다. 영조는 1728년[영조 4] 무신란을 막 토벌하고 그 주모자를 재판하는 사이에도 경연을 열었던 기록이 있는데, 왕에 대해 반드시 너그럽지만은 않았던 실록에서조차 다음과 같이 평하였다. "왕은 배움에서 근면성실하다. 왕위에 오른 그는 죽을 때까지 세 가지 법강 중 단 하나라도 놓치는 일이 없었다. 그는 이제 반란이 평정되자마자 경연을 열었다. 이것은 진실로 후대 왕들에게 모범이 될 만한 행동이다."[179]

경연 과정에서 가장 인상 깊은 점은 아마도 영조가 읽은 도서 목록과 할애한 수많은 시간일 것이다. 경연의 교육과정은 주자의 학설에 기초한 이래 왕조 500년 동안 거의 변화가 없었으나, 시간이 충분히 흐르면서 가감加減이 있었다. 법강은 주로 유교 경전—특히 사서오경四書五經—을 연구하기 위해 마련되었다. 반면에 소대는 한국과 중국의 최근 철학서와 역사서에 대한 논의에 전념하였다.[180] 교육과정이 상당히 고정적이었기 때문에 영조는 읽을 것을 선택할 여지가 많지 않았지만, 종종 시간을 넘기더라도 자신이 읽고자 하는 것들은 모두 읽었다. 누군가는 이것이 영조의 재위기간이 길었기 때문이라고 여길지도 모르지만, 그의 독서에 관해서는 재위기간이 6년 더 짧았던 부왕 숙종과 비교해보면 부지런함의 문제이지 시간의 문제가 아니라는 사실이 명확하다. 이것이 영조를 조선에서 독서를 아주 잘한 왕 중 한 사람으로 만든 것이다. 영조와 숙종 각각의 업적에 대한 비교를 덧붙이면 다음과 같다.[181]

숙종이 공부한 것이 적고 그의 업적이 평균 이하는 아니었지만,[182] 그는 같은 책을 한 번 이상 다시 읽지 않았다. 이와 반대로, 영조는 매우 많은 책을 읽었을 뿐만 아니라 여러 번 다시 읽었다. 예를 들어, 그는 『중용中庸』과 『대학大學』을 여덟 번 정도 읽었다. 이것은 조선왕조의 다른 왕들과 비교해도 독특한 기록이다. 심지어 조선 국왕 중에서 가장 현명한 왕으로

여겨지는 세종조차 이러한 기초적인 경서에 몰두하지 않았다.[183]

경연에서 왕의 행동은 적어도 두 가지 연관된 뚜렷한 요소로 구성되었다. 무엇보다도 군주는 외부 경쟁자인 관료들과 맞서고 있었다. 경연 중 특히 법강은 참가자들끼리 대치 상황을 피할 수 있도록 고려되는 경우는 거의 없었다. 국왕의 '스승'은 바로 임금과 국정을 함께 운영하는 신하들이었다. 물론, 경연 시간은 당시 정치적 논쟁까지 확장하는 경향이 있었다. 시사視事에 관해 토론하는 데에는 어떤 정해진 규칙이 없었기 때문이다. 보통 경연청經筵廳의 신하들은 정해진 글을 차례로 읽었다. 하지만 토론은 오히려 정해진 방식 없이 진행되곤 했다. 왕의 지혜와 자비심을 기르기 위해 고전이나 역사를 공부할 때, 왕이나 신하들은 그들이 관련 있다고 생각하는 어떤 것이든 이야기할 수 있었다. 그러한 이야기들은 이론적·도덕적 원칙이었을 수도 있고, 그들이 바로 몇 분 전 논쟁했던 실용적인 문제였을지도 모른다. 그것은 그 내용에 대한 미묘한 비유였을 수도 있고, 혹은 꽤나 직설적으로 소개될 수도 있었다.

국왕이 조정에서는 신하들의 경쟁자였지만, 경연에서는 신하들의 학생이었다. 통치자가 도덕적 가치관을 갖도록 돕는 대신의 최고 의무는 철저하게 경연에서 표현되었다. 이러한 환경에서 재상은 명백히 왕의 조언자였다. 그들은 배움과 지혜를 학생인 왕에게 전해주었다. 근엄한 스승인 관료들은 선정善政의 근본을 굴하지 않고 신봉했다. 그들은 국가 안녕의 원천인 왕의 마음을 바로잡을 필요성을 계속해서 자세히 설명했다. 요약하면, 이 강의는 함축적으로나, 암시적으로, 또는 비유적으로, 군주의 부족한 덕망을 끊임없이 책망하고 훈계하는 것이었다.

처음에 영조는 권위에 대한 관심 때문에 거의 이상에 가까운 학생이었다. 그는 스승들이 언급하고자 한 모든 깨우침을 갈망하며 열심히 귀를 기울이고 집중하는 겸손한 학생이었다. 그는 절대 자신의 덕망이 부족하다는 비판을 막으려 하지 않았다. 스승인 관료들은 군주를 존중하는 뜻에서 단순히 어떤 부족함을 암시하면, 영조는 자신의 결점을 자주 또 길게 설명했다. 영조는 그것을 인정하고 한탄했으며, 도움과 가르침을 요청하곤 했다. 정제두鄭齊斗와 같이 저명한 학자와 대화할 때 영조의 겸양謙讓은 거의 끝이 없을 정도였다.[184]

하지만 영조는 현저하게 존중을 표하는 데 주저하지 않았다. 반대로 이것은 도덕적 카리스마를 갖추기 위한 모색이었다. 경연은 누가 더 성인을 잘 이해했는지를 두고 경쟁하는 것이었기 때문에 참여자 중 아무도 스스로 성인인 체할 수 없었다. 이러한 상황에서, 영조의 겸양은 스승들[經筵官]이 훨씬 더 자기 확신의 목소리를 내기보다는 오히려 이상적인 경쟁상대[聖君]에 더욱 가까워지게 했다. 관료들이 이것을 알아챌 때까지, 영조는 이미 그 경기에서 앞서 나가고 있었다. 그의 다른 역할과 마찬가지로 학생의 역할에서도 왕은 관료들이 단지 자기 노력 안에서만 통제하라고 조언할 정도로 그 역할의 엄격함과 요구사항을 수용함으로써 종국에는 승리자가 되었다.

영조는 경연 경력을 오래 쌓는 과정에서 겸손히 스승에게 다가가야 하는 필요성에 대해서 점차 초연해졌을지도 모른다. 하지만 그는 뛰어난 지혜와 덕목에 대한 탐구를 멈추지 않으면서 과거 대성인과 비교하여 매우 부족한 구도자求道者의 자세를 견지하는 것 또한 결코 삼가지 않았다. 영조가 학생에서 군사로 탈바꿈했기 때문에 점차 자신이 기꺼이 존경을 표하고자 하는 사람들은 더욱 줄어들었으며, 과거 이상적인 인물 이외에는 어느 누구도 포함하지 않게 되었다. 영조는 완곡하게 자신과 자신이 했던 방식을 역사적 인물과 비교함으로써 이제 변화할 시기임을 알렸다.

1728년[영조 4] 법강에서, 영조는 깊이 자제하면서 자신의 통치가 여전히 한당漢唐에 견줄 수 없어서 부끄럽다고 고백했다.[185] 1736년[영조 12]까지 그는 당 태종과 후주後周 세종世宗을 매우 존경하여 그들의 우월성을 표현했다. 8월 1일[6월 24일] 소대에서 그는 승지와 다음과 같은 대화를 나누었다.

> 영조: 폭염 속에서 풀로 이은 가난한 집을 생각하면,[*186] 나는 편히 쉴 수가 없다. (만약) 내가 어느 날 경연을 멈춘다면, 나는 깜짝 놀라 스스로에게 이렇게 말해야만 한다. "내가 어떻게 하루의 노력을 저버리겠는가?" 당 태종은 매우 똑똑했지만 성실함으로 시작하여 나태함으로 끝났다. 나는 항상 이것을 마음에 새기고자 노력한다.
>
> 김상성金尙星: 임금께서는 너무 많이, 너무 빠르게 원하는 경향이 있고, 여기에서 자유롭지 못합니다. 이것은 반대로 일상생활의 먹고 자는 도리[*187]에 해를 끼칠 것입니다. 꾸준하고 끊임없는 노력을 걱정하는 것이 더 낫습니다.
>
> 영조: 무릇 사람이 스스로 편해지고자 마음먹으면 해이해지기 쉽다. 비유컨대 마음은 원숭이[猿]와 같지만 뜻은 말[馬]과 같다.[*188] 느슨해지면 해이해지고, 해이해지면 방탕하게 된다.[189]

8월 7일[7월 2일] 소대에서

영조: 후주 세종의 친정親征에 대해 말하면, 결단은 결단이었다.[190] 그러나 이것은 그의 자기만족에서 기인했으니 이러한 예는 경계해야만 한다.

김상성: 성교聖敎가 진실로 옳습니다. 후주 세종은 단지 오대五代에 훌륭한 군주에 불과합니다.[191] 옛날의 성왕聖王들도 반드시 자만自滿을 경계로 삼았습니다. 자만심이 한번 싹트면 덕업德業이 향상되지 않고 언로言路는 막혀버립니다. 요순의 사업도 성인聖人이면서 스스로 성인이라고 여기지 않은 데 불과할 따름입니다. 바라건대, 전하께서는 면려하소서.

영조: 스스로 만족하면 곧 퇴보退步한다. 성인도 늘 자신이 부족하다는 마음을 지니고 있었는데, 더구나 중인中人(보통 사람)이겠는가? 봉조하奉朝賀 이광좌는 또한 나에게 자만에 대해 진계陳戒하였는데, 내가 스스로 기약하는 것은 이와 같지 않다. 인군人君은 혼자 하는 일이 없으니, 요순과 같은 성인도 선량한 사람 여덟 명과 화합和合한 사람 여덟 명을 거용하였다.[192] 군신은 서로 돕는 의리가 있는 것인데, 한 사람이 어떻게 자기 마음대로 혼자서 운용할 수 있겠는가?[193]

영조가 마지막에 언급한 내용이 함축하는 뜻은 깜짝 놀랄 만하다. 그는 관료들에게 더 이상 존경을 표하지 않았다. 그들은 부족한 군주를 이끄는 현명한 스승이 아니라 이제는 그로 하여금 요순의 현명함을 얻는 일을 방해하는 부족한 관리였다. 1742년[영조 18]에 영조는 이러한 감정을 솔직하게 드러냈는데, 이번에는 공자와 맹자의 비유를 사용했다. 왕은 관료들 사이에서 붕당 간 실랑이가 계속되자 분노하여 그들에게 사직하라고 위협했다.

예전에 공자와 맹자는 (통치자의 지위를 얻어서) 도道를 전파하고자 하였으나 실패하였다. 그래서 그들의 생각을 글로 지어 후세에 남겼다. 나는 그들이 희망한 대로 군사君師의 지위를 얻었지만, 도道를 실현할 방법이 막막하다.[194]

    1742년[영조 18]까지 분명히 영조는 자신에게 유리하도록 경전을 활용하는 능력이 뛰어났을 뿐 아니라 경전에 대한 전문지식 또한 매우 해박해서 왕과 달리 상당히 자주 바뀌던 경연관들은 그의 적수가 되지 못했다. 그해 10월 강의에서 영조는 관리의 조언에 매우 주의를 기울였는데, 왕이 이를 어떻게 다루었는지는 좋은 실례가 된다. 송 인종仁宗에 관한 『심경心經』의 한 구절을 논하면서, 한 시독관侍讀官[金尙迪]은 영조가 따라야 할 본보기로서 송 황제가 재상 두연杜衍의 말을 경청함으로써 실수를 피할 수 있었던 사례를 제시하였다. 그러나 송 인종에 대한 영조의 평가는 호의적이지 않았다. 송 인종은 우선 자제력이 부족하여 재상의 가르침이 필요했기 때문이다. 하지만 영조도 자신의 자제력이 부족한 사실을 부끄러워하면서 인정했으며, 실제로 영조의 자제력은 인종보다 더 나빴다. 또 다른 검토관檢討官[鄭翬良]은 임금이 부끄러워할 이유가 없는데도 지나치게 자신을 하찮게 여기고 있으나, 신하들은 군주의 성명聖明이 요순에 다다를 것이라는 희망을 품고 있다고 서둘러서 확신시켜주었다. 이것은 오히려 영조로 하여금 '자제력 부족'을 고백하도록 유도했다.

하지만 나는 이러한 병이 있다. 비와 햇살, 추위와 더위는 천시天時의 상도常道이다. 그러나 여전히 그것들은 나를 아침부터 저녁까지 불안하게 만든다. 지금 당장,

가을 공기는 여전히 상쾌하고 분명히 아직 춥지는 않지만, 나는 이미 백성이 춥지는 않은지 걱정이다. 나는 비가 (한 방울만) 내려도 홍수를 걱정하고, 해가 (한순간만) 쨍쨍해도 가뭄을 두려워한다. 나는 한 걸음 걸을 때나 음식을 한 숟갈만 먹을 때도 백성만 생각한다. 그리하여 내 마음은 항상 심란하다. 이것은 말달리기나 사냥을 좋아하는 것과는 다르다 할지라도,*195) 자제력에서 기인한 병이다.

참석한 관료들은 스스로 엎드렸고, 그들 중 한 명이 말했다. "백성에 대한 전하의 걱정은 매우 심오합니다. 신은 감탄할 따름입니다."196)

경연에서 영조가 관료들보다 우위를 점한 것은 조정에서 종종 상식이었던 것 같다. 1738년[영조 14] 어느 실록에서는 "(경전에 대한) 왕의 이해력은 뛰어나다. 그는 스승들에게서 더 많은 지식을 얻기를 갈망하지만 스승들은 더 많은 지식을 제공할 능력이 없다"라고 언급했다.197) 4년 후 실록에서 관료들의 비판은 더욱 날카로워졌다. 그들은 '진부한 이야기'만 했고, 왕의 공부에 조금도 도움이 되지 않는 '아첨'만 건넨다고 하였다.198) 그 변화의 시간은 왕이 학생으로서 할 수 있었던 모든 것을 성취했을 때 다가왔지만 계속해서 큰 의미는 없었다.

그러나 심지어 영조는 잠시 강의를 중지할 때조차 독특한 역작을 성취해냈다. 1746년[영조 22] 4월[3월경]에 그는 9일 동안 하루 두 번의 진강進講을 포함하여 소대 1회, 법강 19회에 참석했다.199) 하지만 다음 달에는 진강이 단지 여섯 차례만 있었고,200) 이후 거의 나타나지 않는다. 1747년[영조 23]에 법강이 있었지만201) 그때까지만 해도 그것은 일반적인 경우가 아니었다. 1749년[영조 25] 사도세자의 대리청정代理聽政 하교는 영조에게 경

연을 완전히 중지하는 합법적인 변명거리가 되었다. 이제 동궁의 서연書
筵으로 압박을 받았다.[202] 사도세자에게 대리청정을 명한 지 두 달 후, 영
조는 승정원에서 경연에 관해 묻는 문서를 보내는 일을 중단하라고 명했
다. 만약 전갈을 받지 못한다면, 경연이 열리지 않는 것이 당연했다.[203]

1749년[영조 25]부터 1756년[영조 32] 중반까지 경연이 열리지 않았다.
하지만 영조는 나태해지지 않았다. 그는 무언가를 준비했다. 이 시기에
간헐적으로 열린 소대를 위해 영조가 고른 책은 자신이 1746년[영조 22]
에 저술한 『어제자성편御製自省編』이었다. 그것은 두 부분으로 구성되었
다. 첫 번째는 성인군주의 원리와 모습에 전념했고, 두 번째는 역대 군주
의 도덕적 행동에 대한 개요였다.[204] 요컨대 그것은 이론적으로나 실질적
으로 선정善政을 베풀고자 한 영조의 이상에 따른 선택이었다. 성인의 글
을 읽는 경연에서 자신이 쓴 책을 진강進講함으로써 그는 실제로 군사의
지위로 승격되었음을 대내외에 공표했다. 영조의 의견과 관점은 이제 과
거 위대한 학자들에 비견되었다. 그는 이제 더 이상 단순히 지혜를 받아
들이는 사람이 아니었다. 왕은 현실을 깨우치고 미래를 풍족하게 할 축적
된 지혜를 나누는 사람이었다. 그는 1750년[영조 26]에 처음으로 소대에서
『어제자성편』을 조심스레 소개했다.[205] 5년간 공백이 있은 이후 이 책은
1755년[영조 31] 후반부터 1756년[영조 32] 초반까지 열린 모든 소대에서 진
강되었다. 분명히 어떤 기운이 감돌고 있었다.

7년간 중단한 이후 1756년[영조 32] 6월 3일 영조가 법강을 다시 열었을
때 그는 이제 스승이었다. 왕의 교재는 『중용』이었으며, 그는 이 경서를
주시하기 시작했다.

주자*206)가 『중용』의 서문을 썼을 때는 60세였고, 나는 현재 60이 넘었다[63세]. 그
리고 아직 나는 그것을 통달하지 못했다. 얼마나 부끄러운 일인가?

진강하는 동안 영조는 그 글을 스스로 해석하고 완전히 꿰뚫었다. 스승
인 관료들이 오히려 뒤처졌다. 그들도 의견을 냈지만 영조가 간단히 평가
하고 판단하였다.207)

다음 8년 또는 9년 동안 영조는 '부끄럽다'고 기술한 상황을 바꾸는 데
전념했다. 영조의 목표는 명백했다. 그는 학자의 자격을 갖추고 또 주희
와 동일한 권위를 세우고 싶어 했다. 이전에 그는 학생으로서 필요한 학
식을 습득했다. 이제는 연구하고 분석해야 할 때였다. 그는 과거에는 광
범위하게 읽었다면, 이제는 핵심적인 신유학 경서 중 특히 『대학』과 『중
용』에 더 면밀히 집중했다. 1756년[영조 32] 6월부터 28개월 동안 영조는
『대학』을 8번, 『중용』을 7번 읽었다. 그가 다룬 여타 경서에는 『시경』과 『서
경』뿐 아니라 사서四書 중 남은 두 책인 『논어』와 『맹자』가 포함되었다. 또
한 깊은 신유학적 경향은 이 시기 소대에서 진강한 철학·역사학 책자에
서도 드러났다.

이러한 모든 경서經書는 도덕적인 사람이 되고 성인聖人의 통치를 이끌
어내는 방법으로써 심성 수양과 수신修身을 지지했다. 분명히 영조는 단
지 그 책자들을 자주 살펴봄으로써, 성인의 통치에 관한 근본정신을 통찰
하는 것뿐 아니라 실제로 그것을 얻기를 원했다. 이 시기 이상을 위한 영
조의 열정적인 활동은 1762년[영조 38] 사도세자의 홍서로 인한 모든 곤경
때문에 자극받았을지도 모른다.208) 어쨌든 1765년[영조 41]까지 그는 정기

적인 경전 공부가 더 이상 제공해줄 것이 없다고 느꼈던 것처럼 보인다. 왕은 그해 1월 6일[?] 마지막 정기 법강에 참석했다.[209]

이제 영조는 성인으로서 행동했으며, 자신이 성인으로 인정받기를 원했다. 그는 자신의 성명聖明을 알리고자 글을 썼다. 어제御製는 확실히 그의 행동에 중요성을 더하는 데 효과적인 수단이었다. 기념일을 추모하는 시는 애도하는 사람의 슬픔을 입증하는 경향이 있었지만, 친제교서親製教書에는 엄청난 무게감이 실려 있었다. 영조는 이러한 매체의 서두부터 호소로 시작하였으며, 자주 붓을 들었다. 그는 1757년[영조 33]에 『어제고금연대귀감御製古今年代龜鑑』을 집필했다. 1746년[영조 22]에 쓴 『어제자성편』처럼 이것은 역사적 사례를 활용한 교육용 책자이다.

1760년대 영조의 어제는 모두 유사한 주제로 쓰였다. 『어제경세문답御製經世問答』(1762)[영조 38], 『어제경세문답속록御製經世問答續錄』·『어제경세편御製警世編』(1764)[영조 40], 『어제백행원御製百行源』(1765)[영조 41][210] 등은 모두 어진 통치에 대한 충고를 담았다. 영조가 초창기 어제서에서 역사적 사례를 들어 자기주장을 입증한 것과 달리, 이러한 글들은 자신의 시각을 단도직입적으로 표현하였다. 더 일반적이고 철학적인 원리를 담았다. 영조는 이미 전문지식을 충분히 얻었으므로 더 이상 다른 문헌에 의지할 필요성을 느끼지 못했던 것처럼 보인다. 그는 권위자였으므로 다른 도움은 필요하지 않았다.

영조의 어제가 실제로 자신이 성인으로 발전하는 과정을 기록하는 연대기가 될 때까지, 역사적 사건에서 비롯된 주제나 유교적 이상에 대한 왕의 개인적 시각에서 나온 교훈을 통한 점진적인 변화는 지속되었다. 영조는 스스로 극한의 고통과 시련을 거쳐 성학을 모색하기 위한 최종적인 가르침을 얻었다. *211) 조선 왕실 도서관인 장서각藏書閣에는 최소 2,000여 점 이상의 영조 어제가 보존되어 있다. 어제 중 대부분은 영조의 인생 중 마지막 10년 동안(1767~1776)[영조 43~영조 52]에 쓴 것이며, 특히 1770년 대에 엄청난 집중력을 쏟아부었다.212) 이것으로 영조가 자신의 생애 마지막 5, 6년간은 거의 매일 무언가를 썼다는 사실을 확인할 수 있다.

장서각 소장 어제는 대부분 짧은 시나 글이었으므로 2~3장 이상은 거의 없었다. 어제 다수는 제목이 같거나 거의 비슷했다. 동일한 주제라도 다른 형태로 전개되었다. 다음에 예로 든 제목은 영조의 모든 어제에 걸쳐 상당히 정확한 인상을 주는데, 『어제강개御製慷慨』, 『어제고수심御製固守心』, 『어제고여심御製固予心』, 『어제근견백세구십세수직지인추모기억御製近見百歲九十歲壽職之人追慕記懷』, 『어제모대순御製慕大舜』, 『어제칭제요御製稱帝堯』, 『어제문여심御製問予心』, 『어제민야장御製悶夜長』, 『어제소일세御製笑一世』, 『어제자소御製自笑』, 『어제숙야심회재민御製夙夜心惟在民』, 『어제심민御製心悶』, 『어제일민御製日悶』, 『어제일강개御製日慷慨』, 『어제자성御製自醒』, 『어제자문자답御製自問自答』 등이 그것이다.

영조의 섬세한 감정이 담긴 이러한 연대기에는 왕이 성학을 유지하기 위해 인간의 노쇠함과 계속 싸워나가는 영웅전기를 표현했다. 영조의 어제는 자신의 결함을 곱씹었지만, 이는 오히려 격렬하게 투쟁한 증거였다. 성학을 향한 영조의 여정 속 모든 징검다리는 기념물이 되었다. 그의 성학은 제도로 반영되었고, 공적 기록물로 만들어졌다.

이 같은 영조의 쏟아지는 덕은 관료와 대립하는 과정에서 비롯되었으나, 이제 그 자체의 추진력으로 나아가게 되었다. 관료들은 시작할 때에는 우세했으나 이제는 단지 구경꾼으로 조연을 맡았다. 그들은 영조의 성취를 받아들이고 칭찬하는 것 이외에는 아무것도 할 수 없었다. 하지만 관료들이 납득한 까닭은 왕이 분노할까 두려워 길들여진 것이지 도덕적 권위 때문이 아니었다. 1775년[영조 51] 12월 28일[7월 9일] 실록에는 다음과 같은 후기가 있다.

> 이때 대관大官 이하 백집사百執事가 모두 맡은 바 제 구실을 못하고 구차스럽게 자리만 채우며 ……*213) 대신들은 종일 등대하여서 오직 건공建功*214)을 칭송하고 성덕聖德을 찬양하기만 했을 뿐이다. …… 비국 당상들은 …… 앉아 사사로이 한담이나 하다가 퇴근할 때쯤 되면 서로 돌아보며 웃기만 했다.215)

이것이 당시 마무리 방식이었다. 영조는 달성하기 힘든 성학을 추구함으로써 군림하게 되었다. 이제 권세[治統]가 성학[道統]을 장악했다.

위대한 전범典範

유교윤리의 근본 원칙은 자신이 받아들이지 않는 것을 타인에게 요구하지 않는다는 것이다. 그렇다면 통치자의 근본 원칙은 무엇일까? 군주는 온 나라의 죄악에 책임이 있었고, 백성의 병폐病弊와 방탕放蕩을 바로

잡아야 하는 사람도 바로 그였다.[216] 죄악, 병폐, 방탕은 무엇인가? 만약 영조가 현명하게 잘 통치하기를 바랐다면, 각각의 처방과 명령은 자신에게 그만큼 무거운 부담이 되었을 것이다.

물론 도덕적인 설득만이 유일한 통치 수단은 아니었다. 청나라에서 황제의 권력은 일정 정도 전제권을 획득했다. 그리고 고집 센 숙종은 온화한 전술이 결론을 내지 못했을 때 왕의 특권을 사용했다. 하지만 영조는 왕의 권력은 도덕적 권위에서 비롯한다고 믿었다. 영조는 자신의 불확실한 권력과 앞으로도 영원히 얻기 어려운 완전한 정통성 때문에 우주론의 뒷받침을 받거나 적어도 숭고함을 강조하는 데 효과적인 이미지를 추구했다.

참으로, 동시대인들은 영조의 이러한 점을 이해했다. 행장行狀에는 뒤늦게 대궐호위[홍人]가 왕이 창덕궁에서 탄생한 날 밤에 백룡이 대궐의 보경당寶慶堂 위에 앉아 있는 꿈을 꾸었다고 회상했다.[217] 이는 분명 갓난아기가 미래에 위대해질 것을 예언하는 상서로운 조짐이었다. 하지만 일반적으로 받아들여지는 상징대로 용꿈은 미래의 왕, 특히 정상적인 후계자로 태어난 것이 아닌 경우, 단순히 관습적으로 필요한 장식이 되었을 뿐이다. 그렇기 때문에 이러한 꿈은 안심할 만한 어떤 장치가 되지 못했다. 어쨌든 영조에게는 그렇지 못했다. 영조는 더 나아가 행동을 완벽하게 하고 처신에서도 초인적인 강인함을 보여주려고 고군분투하면서 우주적인 권력을 추구했다. 그러므로 영조는 스스로 규범이 되었고, 행동 자체의 윤곽이 읽히는 위대한 본보기가 되었다.

영조는 왕좌에 올랐을 때, 자신이 인도하는 규범으로 복귀하라고 호소했다. 이것은 왕실에서 가장 비천한 노비에 이르기까지 사회가 타락하여 유교 규범에서 일탈해 있었음을 암시한다. 관습과 풍습은 바로잡아야만 했다. 모든 백성의 물질적인 생활을 통제하는 사치금령奢侈禁令은 강화되어야만 했다.

사치금령은 마치 우주의 질서를 차례대로 거울처럼 비추고 있다고 믿던 조선 사회의 계층에 재차 확언했다. 사회적 지위에 따라 주택[第宅], 의복, 관모冠帽, 가마[轎子] 등을 규제했다. 비록 그것들이 사회적 신분을 구별하려는 효과적인 도구였다고 할지라도, 사람이 제약과 특권 내에서 살면서 초과할 수 없도록 문명화된 사회의 표시로 합리화하였다. 경제적 배려 또한 중요한 역할을 했다. 농업 사회의 시각을 바탕으로 한 유교경제적 관점에서 천연 자원과 생산물은 확실히 상한이 정해져 있었다. 그래서 특히 한도를 정하는 사치금령은 필연적으로 고려되었다. 또 도덕적 함축성도 매우 강했다. 한 사람에게 할당된 것 이상을 소모하지 않으면 다른 사람들의 수요를 인정하여 고려하는 것이었고, 이러한 관점에서 검소한 생활은 일종의 도덕적 의무였다.

많은 의주儀註와 법규로 이루어진 사치금령은 세종연간에 만들어졌다. 예를 들어 택지宅地의 경우, 대군이나 공주는 1,170평[30負],[218] 군군이나 옹주는 975평[25負], 1~2품 관료는 585평[15負], 3~4품 관료는 390평[10負], 5~6품 관료는 312평[8負], 7품 이하와 유음자손有蔭子孫[*219)]은 156평[4負], 서인庶人은 78평[2負]으로 지정되었다.[220] 제택第宅의 경우, 대군은 누각樓閣 10칸을 포함하여 60칸,[221] 형제·친자親子·공주[*222)]는 누각 8칸을 포함하여 50칸, 2품 이상 관료는 누각 6칸을 포함하여 40칸, 3품 이하는 누각

5칸을 포함하여 30칸, 서인은 누각 3칸을 포함하여 10칸으로 제한되었다. 또 다른 건축양식과 장식의 세부 사항도 구체적으로 명시되었다.[223] 이러한 15세기 규정은 주기적으로 수정되었다. 후대의 관료는 집을 99칸까지 지을 수 있었다.[224]

조정의 관복에 관한 사치금령은 더욱 지속되었다. 명왕조 의복을 모범으로 삼음으로써[225] 중국에서 명이 멸망한 이후에도 조선이 중화中華를 여전히 보존하는 역할을 상징하게 되었다. 이는 18세기 조선에서도 계속 적용되었다.[226]

만약 조선 사회가 물질적인 생활, 특히 의복문제에서 큰 변화가 없었던 것처럼 보인다면, 시대별로 유행이 달랐기 때문이다. 일탈은 필연적으로 발생했고, 법의 강제는 항상 성공적이지 못했다. 영조는 그러한 문제를 가볍게 다루는 사람이 아니었다. 그는 실질적이고 상징적인 의미, 성공적인 규제 가능성 그리고 특히 도덕적 의문까지 포함해서 각각의 문제를 평가했다. 영조는 정신적인 측면에서 일탈의 상징성을 질책했지만, 오히려 물질적 측면에서 가시적인 소비로 분수를 넘어서는 행태도 엄하게 꾸짖었다. 그는 이것이 이기적이고 비도덕적일 뿐 아니라 국가를 물질적으로 빈곤하게 하고 정신적으로도 퇴보하게 만든다고 여겼다.

의복과 관련한 일탈 중 하나는 색깔이었다. 조선 국왕은 황색을 천자와 공유할 수 없기 때문에 의복을 홍색으로 만들어야 했다.[227] 따라서 홍색이 비록 왕의 독점적 색깔이 되어야 했음에도 영조는 조정 관료들과 공유해야 했다. 왕은 이것을 바꾸려고 시도했다. 그러나 강제하기가 어렵다고 판단되자 때때로 신중하지 못한 관료들의 홍색 사용을 비판하는 것 외에는 별다른 행동을 취하지 않았다.[228] 그는 백성의 색채 왜곡—비록 동방을 나타내는 색인 청색이 해동海東에서 사용되었어야만 했으나 백색을 고집스럽게 선호함—에도 가볍게 책망하는 태도를 보였을 뿐이다.[229]

하지만 영조는 과시하는 경우에는 별로 관대하지 않았다. 국경의 사무역私貿易으로 중국에서 수입된 화려한 문양의 비단[紋緞]은 상류층에게 인기가 있었다. 반복적인 경고가 효과가 없자 1746년[영조 22] 영조는 범법자를 엄하게 처벌함으로써 불법적인 직물 수입을 금지했다.[230] 그러나 곧 중국에서 들어온 무늬 없는 비단이 유행했다. 1748년[영조 24] 영조는 무늬 없는 비단을 수입하거나 사용하는 것마저 금지하였으며, 이를 어기는 관료는 처벌했다.[231]

영조의 관점에서 보면, 훨씬 더 타락한 것은 화려한 머리장식이었다. 때때로 당시 관습상 필요했던 장신구와 보석을 포함해 높이가 무려 1피트[30.48㎝] 정도나 되었다.[232] 머리장식은 순수한 과시 이외에도 가체加髢[髢髻]를 사용함으로써 유교 규범을 범하면서 자기 머리를 자른 사람에게 금전적 보답을 하게 되었다. 1763년[영조 39] 영조는 수많은 논의를 거쳐 가체[髢髻]를 사용하지 않는 대신에 쪽[後髻]을 허용하기로 결정했다.[233]

영조는 관습이나 풍습을 바로잡으려는 노력의 하나로 유사하면서도 실용적인 형태를 선보였다. 그는 유가의 도학자로서 확실히 공공도덕을 강화하거나 부패했다고 생각하는 불교의 관습을 막는 일을 소홀히 하지 않았다. 그는 윤리서를 보급하여 승려[比丘]의 장례 주관을 금하였고, 여승[比丘尼]의 도성 출입도 막았다.[234] 그럼에도 그는 모든 기운을 금주령禁酒令에 쏟아부었다.

영조는 술을 귀중한 곡물 자원을 막대히 소모할 뿐 아니라, 느슨한 도 덕적 행동의 원인으로 보아 신념과 끈기를 가지고 금주령을 추진했다. 영 조는 술을 빚고 마실 때 낭비하는 것과 해로운 결과를 자세히 설명한 교서 를 여러 차례 반포했다.[235] 영조는 도덕적 권고만으로 만족스러운 결과를 얻지 못하자 법적이고 징벌적인 수단에 기댔다. 1755년[영조 31] 11월[9월] 에 주조酒造 금지령이 반포되었다. 이후 1757년 1월[영조 32 10월]에는 범법 자에게 무거운 형량을 부과했다. 관료는 사판仕版에서 삭제되었고, 양인 은 일평생 노비가 되어야만 했다. 조선 사회는 마치 목마른 영혼을 함께 나누고 있는 것처럼 보였고, 범법자가 1년에 700명 체포됨으로써 처벌이 효과적인 억제제로 작용하기를 희망했던 영조를 경악하게 했다. 영조는 법대로 처벌할 의지가 없었기에 그들을 풀어주고 형량을 낮추었다.[236]

영조는 범죄자를 풀어준 것이 관대함으로 해석되지 않도록 신법 아래 에서 최초 위반자를 처형하겠다고 하교했다.[237] 몇 주 지나서 범법자가 한 명 붙잡혔고, 영조는 이제 자신의 결정에 얽매이게 되었다. 그는 법을 지키려고 다소 즉흥적이었지만 처형하기 전에 공개 재판을 열었다. 이 재 판을 실록은 다음과 같이 묘사했다.

왕은 홍화문弘化門으로 갔다. 범주죄인犯酒罪人 유세교柳世僑가 끌려왔다. 군중이 많이 모였다. 죄인의 머리는 경고하는 의미로 창끝에 꿰어져 전시될 것이라고 예상 되었다. 왕은 형관刑官에게 술단지를 조사하라고 명했다. 그들은 모두 그것이 술이 라고 말했다. 다음으로 그가 그것을 부로父老에게 보여주라고 하자, 그들도 모두 그 것이 술이라고 말했다. 그러자 영조는 대신에게 말하기를, "저자는 이것이 초酢라고 말하고 다른 자들은 이것이 술이라고 말한다. 그대들은 이를 면밀히 조사하라." 좌의정 김상로가 말하기를, "처음에는 술로 보였습니다만 종이 한 장을 담갔다가 맛 보았을 때는 초 같았습니다." 왕은 안으로 들어간 후 내관에게 술단지를 가져오라고 명했다. 잠시 후 영조가 되돌아와 말하기를, "사람의 생명은 가장 중요하기 때문에 그것을 직접 맛보았다. 그것은 진실로 초였다." 그는 죄인을 풀어주라고 명했고, 잡 아온 사람들은 파직했다.[238]

영조와 관료들이 술과 식초의 관련성을 알았는지 또는 그들이 술에 꽤 나 평범하지 않은 미각을 가지고 있었는지는 추측으로 남아 있음이 틀림 없다.

만약 이러한 경우에 영조의 판결에 자비가 가미되어 있었다면, 아마도 죄인이 불운한 서민庶民이었기 때문일 것이다. 왕은 그가 잡혀왔다는 사 실 자체가 불법적인 행동을 덮었거나 수습할 수 있는 어떤 권력이나 경제 적 수단도 갖고 있지 못하다는 증거라는 것을 뒤늦게라도 깨달았을 것이 다. 영조는 종종 법을 적용하는 데 부유하고 힘 있는 자와 가난하고 힘없 는 자 사이의 불공평을 개탄했다.[239] 그는 분명히 힘없는 소농[小民]을 법 의 희생자로 만들기를 원하지 않았다. 사실 영조의 절용節用정책은 대체 로 일반 서민[良人]뿐 아니라 사치를 누릴 수 있는 경제력을 갖춘 사대부를 겨냥했다. 그러므로 그가 금주령에 해당하는 관료들에게 엄격했다는 것 은 전혀 놀라운 일이 아니다. 실록은 영조가 관료들의 은밀한 사치가 발 견되었을 때 그들의 지위를 박탈한 사례를 기록했다.[240] 1767년[영조 43] 그는 백성의 압박으로 제례에서 술의 사용을 허용했지만,[241] 금주에 대한 열정은 조금도 수그러들지 않았다. 1770년[영조 46] 그는 대량으로 주조하는 것에 대한 처벌에 장형杖刑을 추가했다.[242]

이러한 절용대책은 열성적인 환영을 받지는 못했을 것이다. 하지만 영조는 조선 왕실을 절용정책의 첫 번째 참여자, 가장 열성적인 참여자로 만들어 저항을 극복하려고 노력했다. 영조는 언제나 왕의 도덕적 신뢰에 대한 열성적인 수호자로서, 왕실은 검소한 규율 속에서 산다는 이미지를 용의주도하게 구축해나갔다. 정확히 즉위 후 첫 수교受敎도 아들의 경비 감축이었다. 1724년[영조 즉위년] 효장세자가 경의군敬義君으로 봉작되었을 때, 영조는 경의군의 연간 경비를 규정보다 절반으로 줄여서 은자銀子 2천 냥, 쌀 100석으로 하라고 명했다.[243] 그 후 1729년[영조 5] 그는 법으로 규정된 액수의 면세 토지 이외에는 모든 궁방전宮房田의 세금 납부를 명했다.[244]

자연히 왕실은 때때로 특권의 경계를 넘는 경향이 있었지만 영조는 이러한 사태가 발생하지 않도록 주의를 기울였다. 그가 양인 중에서 궁녀를 선발하는 것을 금한 엄한 하교[245]가 하나의 예이다.[246] 그리고 1746년[영조 23] 영의정 김재로金在魯가 왕실의 지출이 과도한 것 같다고 지적했을 때, 왕은 대신의 책망을 '가납嘉納'하였을 뿐 아니라[247] 1749년[영조 25]『탁지정례度支定例』를 공포함으로써 왕실의 재정지출 기준을 법으로 명시해나갔다. 호조판서 박문수朴文秀와 당상이 12권으로 마련한 이 정례定例에서는 혼례, 상례, 관련 의례의 일정에 관한 규정뿐만 아니라 음식, 의복, 공물 그리고 왕실에서 일상적으로 소용되는 모든 품목의 양과 종류를 매우 상세하게 규정하였다.[248]

그러므로 영조는 자신이 도입한 절용정책에서 왕실의 일원을 본보기로 삼았다. 1747년[영조 23] 왕이 무늬가 있는 비단을 금지했을 때, 심지어 왕실 사람들은 태묘太廟[宗廟]*249) 제례에서도 이를 입는 것이 허용되지 않았다.250) 1761년[영조 37] 영조가 과하거나 사치스러운 물건의 사용을 금지했을 때, 손자의 혼례에서부터 이를 시행하기로 결정했다. 예컨대 왕세손은 여러 불편한 것들 중에서도 우선 금으로 만든 물건을 금박으로 바꿔야만 했다.251)

영조가 특권을 쥔 권력과 위엄을 갖춘 권위를 동일시했기 때문에, 이러한 사례는 숙종의 접근 방식과 비교가 필요하다. 숙종은 자신의 아들인 연잉군의 혼례를 호화롭게 치르려고 대신들과 싸우면서까지 인상적인 왕실 의례를 보여주려고 했다.252) 하지만 영조에게 왕명은 단지 도덕적 힘의 산물이었다. 그러므로 그가 엄격함 속에서 진정으로 추구했던 것은 통치 자체, 즉 관료와 국가에 대한 하늘과 같은 초월적인 권력이었다.

이런 까닭에 영조의 사적 절용이라고 하는 것이다. 영조는 자기 정책에서 살아 있는 본보기가 되기를 원했다. 그는 꼭 필요할 때조차 자기 처소에 정교한 장식을 하거나 대규모로 보수하는 것을 거부했다.253) 영조는 자신이 거친 식사를 하고 있다고 알리고자 애썼다.254) 그는 습관적으로 추위를 감당하기 어려운 얇은 옷만 입었다.

이 때문에 승지들이 염려할 때면, 영조는 결코 사치를 누리지 않기 때문에*255) 항상 얇은 옷을 입는다고 응수하려고 했다.256) 이러한 발언은 다소 전형적이다.

내가 일생토록 얇은 옷을 입고 거친 음식을 먹었기 때문에 인원왕후께서 항상 염려 하셨다. 그리고 영빈 이씨도 내게 경계하기를 "스스로 돌보는 것이 너무 박하니, 전 하께서는 늙으면 병환이 있을 겁니다"라고 하였다. 하지만 내가 지금까지 병환이 없 는 것은 거친 음식과 얇은 옷 덕분이다. 보통 사람들은 모든 힘을 무거운 옷과 많은 음식에 소모한다. 내가 듣기로, 사대부가 사람들은 초피貂皮 이불을 덮고,*[257] 내가 이름도 알지 못하는 맛있는 음식을 먹는다고 한다. 이것이 방탕과 사치의 극한이 아 니겠는가?[258]

상황이 이렇다보니, 관료들은 왕이 장식하지 않은 침전에서 목면木棉으 로 된 침의寢衣를 입고 글을 읽고 있는 모습을 보고서 부끄러움을 느꼈다 고 고백했다.[259]

그러나 영조는 검약하는 습관 덕분에 자신의 원칙을 넘어서는 과오를 저지르지 않았다. 그럼에도 그는 술의 유혹에 굴복한 인물로도 알려져 있 다. 1754년[영조 30]에는 술 마시는 것을 시사하거나 과도하게 여색女色을 가까이한 경우도 나타났다.[260] 그리고 1755년[영조 31] 어느 날은 만취해 서 백성들 앞에서 소란을 피웠다.[261] 그가 붕당 간 적대감이 계속되고 황 형 시해 소문이 끊임없이 나타나는 것을 견뎌내야 하는 곤경을 당하던 시 기였다. 한때 영조는 "사람은 목석木石이 아니다"[262]라고 말했다. 그리고 그는 너무 흔들릴 것만 같았지만 이내 자신의 과오를 만회했다.

영조는 감선減膳으로 갚았다. 그는 자연재해가 일어난 경우, 속죄하기 위해 감선했다. 순전히 자신을 견책하기 위해서 감선하였다. 영조는 때때 로 자신의 부덕不德으로 사람들에게 좀 더 순수한 도덕성을 고취하지 못했다거나,[263] 자신의 과오로 자연재해가 일어났다거나, 백성의 고통을 생각하면 식욕이 없다거나, 자신이 그렇게 해야 한다고 생각하면 어떤 이유에서든 감선했다. 결과적으로 그가 감선한 것은 권위를 위해서였다. 그리고 시간이 흐를수록 더욱 강박적으로 이루기 어려워 보이는 완벽한 수준으로 인정받기를 원했다.

하지만 추위와 굶주림은 최후의 신호를 보냈다. 1764년 1월[영조 39 12월] , 영조는 기꺼이 관료들에게 자신의 오른팔을 보여주었다. 거기에는 확실한 징표가 있었다. 대신들은 구룡九龍을 보았고,[264] 임금의 피부에 하늘의 흔적마저 생겨났다. 마침내 영조는 자신의 통치에 대한 하늘의 징표를 발견하였다.

3

영조의 통치:

군부일체 君父一體

하늘은 우리 백성이 보는 것처럼 보고

하늘은 우리 백성이 듣는 것처럼 듣는다.

−『서경』^{※1)} 중에서

영조의 지칠 줄 모르는 도덕적 이미지 구축은 권력이 도덕적 권위에서 나온다는 믿음에 근거를 두었다. 그가 성명聖明으로 칭송받는 것을 좋아했더라도, 통치에 유용하다고 생각되지 않았다면 그렇게 한결같이 추구하지는 않았을 것이다. 최고위사제, 학자, 전범典範과 같은 다양한 역할의 주된 목표는 현실적인 정책 시행에서 이점을 얻는 데 이용하고자 관료들에게 도덕적 우월성을 세우려는 듯하였다. 그에게는 통치해야 할 나라가 있었고 걱정해야 할 백성의 삶이 있었다.

이것은 관료제가 왕의 책임감을 해소해주는 방법이었다고 말하는 것이 아니다. 실제로 관료제는 수사적으로나 실질적으로 군주의 정책이 전달되고 효력을 갖게 만드는 수단이었다. 사대부는 핵심지배층으로 사회에서 특권층을 차지하고 있었고, 국왕만큼이나 평화와 질서를 지키는 것이 중요했다. 그들 중 다수는 유교 정부의 사상과 교양을 교육받은 유교적 정치가로 헌신하였고, 자신의 삶을 민생 안정에 바쳤다.

하지만 전체적으로, 관료들의 사회적 신분구조의 합리성에 대한 믿음과 자신의 지위를 유지하기 위한 기득권을 생각하면, 그들의 특권을 위협하는 이러한 사회적 개혁의 요구에 쉽게 반응할 수는 없었다. 이 지점에서 관료들의 관점과 관심은 군주와 구분될 수 있었다. 영조의 주된 관심은 국가를 부강하게 하는 데 있었으며, 때때로 이것은 개혁을 실시하고 정책을 도입하는 데 관료지배층의 분담을 요구했다.

그가 판단하기에 양역변통보다 시급한 것은 없었다. 양반은 양역良役에서 면제되었는데, 이것이 국가의 재정을 고갈시키고 백성에게 부담을 지우는 결과를 가져왔다. 이는 군주의 이해관계와 관료의 이해관계가 정면으로 충돌하는 명백한 사례였다. 국왕에게 세제개혁이 중요했던 만큼 관료공동체에도 세제를 종전대로 유지하는 것이 중요했는데, 관료들이 개혁에 저항한 것이 이를 반영한다. 이것이 숙종이 심지어 권위주의적 접근으로 몇 차례나 시도했는데도 개혁에 실패했던 이유이다.

군주와 관료들이 양역문제를 어떻게 정의하고, 각자 위치를 어떠한 방식으로 변호했는지는 유교적 수사를 사회적 문제에 접근하는 데 어떻게 활용했는지에 나타나 있다. 양역문제는 양반이 단순히 면세되었을 뿐 아니라 면세층의 절대적인 숫자와 인구 중 비율이 모두 증가하고 있었기 때문이다. 이 집단의 정확한 구성과 이러한 비율 증가가 어떻게 일어났는지는 잘 이해되지 않는다. 하지만 양반 인구의 증가와 다양한 세금을 피하는 사례는 면세 인구 증가의 주된 이유로 언급된다. 양반 인구 증가에는 불확실성과 의문점이 많지만,*2) 이는 유교적 생활방식과 교육 그리고 의례의 실천 증가와 밀접하게 연관되어 나타났다. 핵심지배층의 권력은 이 현상에 크게 도전받지는 않은 듯하다. 핵심지배층이 자신들과 지위나 특권에서 다소 거리가 있는 양반에게 친밀감을 느꼈는지는 분명하지 않다. 그러나 그들 고유의 이해관계가 이 양반과 합치될 때, 그들은 양반 계층의 이익을 지켰다.

하지만 이러한 이해관계는 유교적 수사의 맥락 속에서 수호되어야 했다. 핵심지배층은 유교적 관습과 의례의 관리인이자 백성의 모범으로 자신들의 역할을 비정함으로써 이익이 침해당하는 것을 방어하고자 했다. 의정대신議政大臣 이종성李宗城은 상소를 올려 개혁에 반대하는 견해를 밝혔다. 관료와 양반은 백성의 지도자로서 유교적 삶의 방식을 수행하는 짐을 안고 있었다. 그들은 학문을 연마했으며 가족과 선조의 의례를 수행했는데, 여기에 많은 비용이 들었다. 게다가 양반은 농農, 상商, 공工과 같은 다른 직업에 종사하는 것이 금지되어 많은 사람이 상대적 빈곤에 빠지게 되었다. 이 계층을 보호하는 것은 유교 국가의 의무였다.[3] 이러한 논쟁은 유가의 위계질서적 측면을 드러낸 것이었다.

반면에, 유가의 좀 더 평등주의적인 면을 이끌어내는 것은 왕좌의 관심 여부에 달려 있었다. 비록 국가에 양반 계층이 필요하고 국가가 그 특권을 인정했다고 할지라도, 이해관계가 국가와 상충될 때 국왕은 전체 백성의 안녕에 호의적인 수사를 찾아서 계층을 뛰어넘어야 했다. 그러므로 유가의 두 줄기인 위계질서적 부분과 평등적 부분이 갈등을 빚게 되었다.

이러한 갈등은 조선 사회에 꽤 만연했던 것 같다. 더 큰 맥락에서, 엄격한 조선 사회의 구조에 송대 신유학의 능력지상주의를 도입하였을 뿐 아니라 신유학적 방식이 토착 제도에 동화되어 상호작용하였기 때문인지도 모른다. 이것은 분명히 대단히 복잡한 현상이었다. 하지만 사회적 문제에서 누군가의 견해는 그 누군가의 영향력, 책임감, 이해관계의 영역과 관련되었다. 왕좌는 전체 백성에게 책임을 져야 했다. 또 관료들은 국가의 핵심지배층 위치에 서면 종종 평등주의적 접근을 지지했다.[*4] 그러나 자신들의 이해관계와 직접 갈등을 겪는 분야인 경우, 그들은 위계질서적 해결책을 선택했다.[*5] 양역변통은 왕의 평등주의적 접근과 관료의 위계질서적 접근이 충돌한 명백한 사례였다. 하지만 조선의 정치적 구조와 의사결정 과정을 살펴보면, 왕좌에서 관료의 동의나 최소한의 묵인 없이 개혁조치를 실현하는 것은 불가능했다. 그러므로 영조가 양역변통을 성공시키느냐는 단순히 해법을 고안하거나 수사를 찾는 문제가 아니라, 관료들이 반대하지 못하게 하는 방법에 달려 있었다.

영조는 백성의 지지를 이끌어냄으로써 이 반대를 적어도 부분적으로나마 극복했다. 물론 비슷한 상황에 직면했던 동서양 통치자들은 종종 권력층을 무시하려고 비특권층과 동맹을 맺었을 뿐 아니라 이를 성취하려고 다양한 전략에 의지해야 했다. 영조는 자기 목적을 군부君父라는 유교적 수사를 기발하게 사용함으로써 이루어냈다.

군주를 백성의 아버지로 보는 것은 친숙한 개념이었다. 민심을 끄는 왕실의 천명天命 개념은 유교 군주의 정통성을 인정하는 이론적 기초로 오랫동안 받아들여졌다. 군주는 아버지가 자식을 대하는 것처럼 백성의 생활을 보장하고, 만족하게 하며, 스스로 기뻐할 수 있을 만큼 기뻐하도록 수고해야 했다.[6] 비록 이러한 생각이 도전받지 않고 유지되었다고 할지라도, 조선 관료제 구조 내의 왕좌에서 백성과 직접 소통할 수 있는 통로는 거의 확보되어 있지 않았다. 따라서 백성과 소통하는 일은 왕실의 대표자인 관료들이 행하였고, 왕은 궁궐 안에 남아 있었다. 조선 국왕은 당대 현안 보고를 관료들에게 의존했는데, 이는 명백히 관료들에게 상당한 권력을 부여하는 효과를 냈다. 영조는 이러한 상황을 좌시하지 않았다. 그는 군부의 수사를 군부일체론君父一體論으로 전환했다.[*7] 왕은 백성에게 그들을 걱정하는 '군부'로 보이기 위한 방법을 찾았고, 양역변통을 시작하는 데 관료들의 반대를 깨려고 백성의 지지를 활용했다. 이것으로 영조의 수사가 현실 정치의 영역에 완전히 적용됨으로써 권력은 도덕적 권위에서 나온다는 그의 믿음도 실현된 것처럼 보였다.

정부 정책과 18세기 조선 사회

영조는 군부일체론의 필요성을 깊이 느껴 이를 추구했다. 영조의 조정이 통치했던 사회는 엄청난 혼란의 시기였다. 이러한 농업사회의 유교적 이상에 기반을 둔 사회 질서 속에는 인구 중 상대적으로 소수의 통치계층인 관료들과 대부분을 차지하는 소농과 노비로 나뉘어 있었다. 18세기에 이르러 이 같은 모형은 더 이상 현실을 반영하지 못했고, 작용되던 사회적·경제적 영향력과 괴리되었다.

조선 초기 사회 신분의 정확한 구분은 기록이 없어 알려진 바가 없다.[8] 현전하는 가장 빠른 기록은 1630년[인조 8]의 것이다. 다양한 지역의 호적에 기초한 연구에서는 세습적 상위층인 양반의 비율을 17세기 후반에 9~16%쯤으로 상정한다. 1690년[숙종 16] 남서부의 경상도 대구大邱 지역 인구는 양반 9.2%, 양인 53%, 노비 37.8%로 구분되었다.[9] 1672년[현종 13] 중서부의 강원도 김화金化[*10] 지역은 양반 14.2%, 양인 75%, 노비 10.8%로 구성되었다.[11] 반면에 1663년[현종 4] 한성부 서부의 호구는 양반 16.6%, 양인 30%에 노비가 전체 인구의 절반 이상을 차지했음을 보여

준다.[12]

18세기를 거치면서 이 구성은 변화를 겪는다. 호적이 남아 있는 경상도의 양반은 인구에서 더욱 높은 비율을 차지했다. 대구 지방의 양반 비율은 60년마다 거의 두 배로 늘어나서 1727년[영조 3]에는 18.7%, 1789년[정조 13]에는 37.5%, 1858년[철종 9]에는 70.2%였다. 양인 인구는 1858년[철종 9]에 이르러 28.2%로 떨어졌으나 18세기 동안에는 꽤 일정하게 유지되어 1727년[영조 3] 54.6%, 1789년[정조 13] 57.8%였다. 반면에, 노비는 1727년[영조 3] 인구의 26.7%로 줄어들었고, 1789년[정조 13] 4.7%, 1858년[철종 9] 1.6%로 실제로 사라진 것과 다름없었다.[13] 비슷한 추세가 경상도의 다른 지역에서도 뚜렷하게 나타났다. 울산蔚山 지역,[14] 상주尙州 지역,[15] 단성丹城 지역[16]에 대한 추가 연구에서도 모두 18세기 중반까지 인구에서 양반은 약 30%, 양인은 약 50%, 노비는 약 20%를 각각 차지하는 것이 확인되었다.

이러한 연구들은 경상도 일부 지역에만 국한되었기 때문에 일반화하기에는 주의가 필요하다. 경상도는 여러 방면에서 이례적이었다. 이 지역은 상대적으로 경제적 번영을 누렸으며,[17] 대개 한성漢城에서 핵심지배층을 이룬 기호학파畿湖學派의 학문적 경쟁자인 영남학파嶺南學派의 근거지였다.[18] 경상도의 독립적 세계관은 일도一道에서 단연코 가장 많은 수인 약 240개 서원이 밀집되어 있는 데에서도 볼 수 있다.[19]

그럼에도 이러한 상위계층을 향한 사회적 이동은 꽤 널리 퍼져온 것으로 보인다. 18세기에는 양반 인구가 현저하게 증가했다는 강한 인상을 준다. 심지어 인구 증가의 상당 부분이 계층 내 인구가 성장한 결과라는 것을 인정하더라도,[20] 이 같은 방식으로 전체 증가를 설명할 수는 없다. 정확히 기록상 증거는 부족하지만 새로운 양반의 증가에 대한 수많은 일화나 언급한 기록을 접할 수 있다.[21] 이러한 현상은 경제, 정부 정책, 보편적 열망 그리고 이것들이 연결되는 방식, 교육 기회, 가문의 개념, 지역 관습, 지위를 높이는 방법과 기록을 보존하는 것 등과 같은 다양한 요소가 상호작용한 결과로 명백히 복잡한 과정을 보였다. 조선인은 의심할 여지 없이 강력한 신분의식을 지녔음에도 적극적으로 사회의 사다리를 올라가는 방법을 찾았던 것 같다. 부계의 중요성이 더욱 커지자 사람들은 상위계층의 이러한 특성, 특히 더 높은 사회적 지위와 관련된 예절과 생활방식을 모방했던 듯하다. 조선 사회가 비록 계층화되었다 해도 향약과 같은 관습을 통해 계층 간 유대를 허용한 것이 사실이고, 이는 아마도 상류층의 예절과 관습이 더 낮은 계층으로 흘러갈 수 있도록 했을 것이다. 예컨대, 주희의『가례家禮』와 같은 관습은 양반의 특권이었지만, 더 낮은 계층 사람들 또한 다소 약식의 형태로 이 의례를 받아들인 것 같다. 또 제례의 종교적 요소는 이러한 부분에서 역할을 했음이 틀림없다. 어쨌든 1709년[숙종 35] 정부는 양인의 장례 관습도 제한할 필요가 있다고 여겼다.

대부분 사례에서 경제적 부는 이 같은 사회적 유동성에 결정적 요인이었던 듯하다. 비록 분명히 더 많은 사람이 올라가기는 했지만, 사람들의 사회적 지위가 올라간 동시에 또한 내려갔다. 일반적으로 사회적 지위로 보면, 훨씬 높은 비율의 양반이 그들보다 아래에 있는 사람들과 비교해서 더 많은 토지를 소유했지만 그럼에도 그들 중 상당수는 빈곤했다.[22] 이것이 종국에는 특권의 상실로 이어진 것 같다.[23] 동시에 상당수 양인이 토지를 축적하는 데 성공했다. 농업 기술의 진보와 상업적 농업의 대두가 부농富農 등장에 기여했다.[24] 정부는 양인이 사회적 위상을 높일 수 있는 법적 경로, 즉 양반의 특권인 공명첩空名帖을 구매할 수 있도록 했다. 이러한 관행은 1593년[선조 26] 임진왜란 중 국가 재정을 보충하는 수단으로 시작되었다가 지속되었다.[25] 예컨대, 1690년[숙종 16]에 정부는 공명첩을 20,000명에게 팔았다. 분명히 많은 부농이 이 같은 기회에 이점을 챙겼다. 예컨대, 경상도 상주 지역에서 양반의 특권을 획득한 사람들 중 상당수가 이 범주에 들어간다.[26] 또 일부는 족보를 위조했고 향리鄕吏에게 뇌물을 주고 가짜양반의 신분[冒錄]을 얻었다는 조짐이 보인다.[27]

또 양반 수 증가는 글을 읽고 쓸 수 있는 능력의 확산과 연관되어 있는 듯하다. 지식인 인구가 증가하자 국가는 더 많은 시험을 시행하고 더 많은 사람을 합격시키는 방식으로 대했다. 조선 정부의 시험은 문과文科와 무과武科 두 가지로 구성되었다. 문반 관료가 모든 권력을 장악하게 되자 경쟁은 문과에 집중되었다. 문과의 시험 체계는 꽤 복잡했다. 예비 단계[小科]인 생원시生員試(經傳 시험)와 진사시進士試(文章 시험)가 있었다. 다음 단계[大科]는 삼장三場으로 구성된 문과 시험이었다. 그리고 마지막 전시殿試로 끝났다. 시험은 3년마다 시행되었다[式年試]. 생원시와 진사시 급제자 정원은 생원 100명, 진사 100명이었고, 소과를 통과한 사람은 이후 각각 생원과 진사로 불렸다. 소과 급제자는 33명만 선발하는 문과에 응시할 기회를 얻었다. 이 문과 급제자 33명은 관직을 받았다.[28]

이것이 기본구조였지만 시험 체계에는 일정한 변칙성과 허점도 있었다. 식년시式年試 이외에 왕이 경사스러운 행사를 축하하기를 원할 때 증광시增廣試도 열렸다.[29] 실제로, 증광 문과는 식년 문과보다 응시자 자격이나 급제자 숫자를 고려하는 데 좀 더 유동적이었다.[30] 게다가 유학幼學으로 불리는 소과를 건너뛸 수 있는 계층도 있었다. 어떤 사람이 스스로 유학으로 부를 자격을 갖는지는 명확하지 않지만,[*31] 그들은 양반이었다. 어쨌든 점점 수가 증가한 유학은 문과에 적합한 주요 응시자 집단으로 생원과 진사를 점진적으로 대체했다. 그들은 1495년[연산군 1]부터 1591년[선조 24]까지 응시자의 24.4%를, 1592년[선조 25]부터 1724년[경종 4]까지 33.8%를, 1725년[영조 1]부터 1800년[정조 24]까지 68.0%, 그리고 1801년[순조 1]부터 1894년[고종 31]까지 82.1%를 각각 차지했다. 그 결과, 생원시와 진사시 급제자는 위에 언급한 기간에 75.6%에서 66.2%로, 32.0%에서 17.9%로 각각 줄어들면서 점차 문과를 통과할 기회가 훨씬 줄어들었다.

그럼에도 증광시가 증설되면서 오히려 생원과 진사의 총 숫자는 늘어났다. 이 숫자를 연평균으로 환산하면 1392년[태조 1]부터 1494년[성종 25]까지 56.6명, 1495년[연산군 1]부터 1591년까지 80.4명, 1592년[선조 25]부터 1724년[경종 4]까지 102.2명, 1725년[영조 1]부터 1800년[정조 24]까지 95.5명, 1801년[순조 1]부터 1894년[고종 31]까지 141명이었다. 생원과 진사의 지역적 분포는 점차 수도권 집중에서 벗어났다. 서울 출신 생원과 진사는 1725년[영조 1]까지 거의 전체 숫자의 절반을 차지했지만, 18세기에는 약 38%까지 줄어들었다.[32]

문과 급제자 수 또한 증광 문과를 자주 시행하면서 증가하였다. 매년 평균 문과 급제자 수는 조선전기에는 15명이었고, 17세기에는 약 30명 또는 그 이상이었으며, 19세기 중반에는 60명 이상에 이르렀다.[33] 문과 급제가 가장 명망이 있었기 때문에 그만큼 외부인은 합격하기 어려웠다. 에드워드 와그너Edward Wagner의 연구에 따르면, 급제자는 750개 성씨姓氏[家門]를 헤아렸으나, 21개 성씨가 급제자의 40%를 배출한 반면에, 560개 가문은 10%에 그쳤다.[34] 그러므로 권세 있는 소수 가문이 급제자 배출을 주도했으나 한미한 성씨도 완전히 배제되지는 않았다. 급제자의 지리적 배분은 꽤 공정했던 듯하다. 일반적으로 권좌에서 멀리 떨어져 있다고 간주되던 북부[西北][*35] 출신 응시자는 조선시대를 통틀어 총 수의 10%를 차지했지만, 18세기 후반 초엽[1755][*36]에 이르면 거의 20%를 차지했다.[37]

사회적 지위를 높이는 수단을 제공하고 소과와 대과에서 더 많은 응시자를 통과시키는 것은 경제적·사회적 변화에 대한 정부의 대응책이었던 듯하다.

명백히 급제는 원래 목적대로 관료를 엄격히 충당하는 데 쓰이기보다는 단지 명예를 부여하는 수단으로 활용되는 위험을 안고 있었다. 급제자 수가 증가했는데도 정부에서 활용할 수 있는 관직은 거의 고정되어 있었다. 따라서 국가가 관료제에서 흡수할 수 있는 숫자보다 훨씬 더 많은 급제자를 배출함으로써 그 기대감이 좌절된 채 남아 있는 불평분자를 많이 양산해냈다고 주장할 수 있다. 이 의문은 권력이 소수집단에 영속된 조선 사회와 꽤 밀접하게 연관된 듯하다. 조선 정부는 이러한 위험을 의식하지 못했다. 적어도 명예를 얻게 해주는 편이 잠재적 위험보다 낫다고 판단하였음이 틀림없다. 그리고 이러한 시각은 다양한 방법으로 정당화되었다. 급제가 정부의 관직을 보장하지 못했기에, 응시자는 과장된 기대를 품지 못했을 것이다. 한 번 혹은 그 이상 급제하면 향촌사회에서 지위를 높일 수 있었다. 이것은 추구할 만한 가치가 있는 영예였다. 정부 덕분에 명망을 얻은 급제자는 정부와 향촌사회 사이에서 중재적 역할을 하였고, 유교 관습의 수호자로 행동했다.

종종 전통적 위계질서를 따르는 사회를 관장하는 정부의 중요 관심사는 사회적 변화에 대응하는 것과 위계질서를 수호하는 것 사이에서 균형을 유지하는 일이었다. 변화는 어떻게든 체계 내에 흡수되고 조화되어야 했다. 만약 누군가가 장기지속을 성공 척도로 보았다면, 조선 정부는 성공했던 것 같다. 조선왕조는 놀랄 만한 수준의 내부 안정성을 보이면서 500년 이상 지속되었다. 조선 정부가 이것을 성취한 방법은 전반적인 상향화의 사회적 움직임—특히 신분이 더 낮은 양반층의 확대를 허용하고 동시에 권세 있는 소수 가문의 권력을 수호하는 것—을 허용했던 것 같다. 실제로 양반의 증가는 이 계층의 기저에서 늘어나는 숫자로도 확인되는 듯하다.[38]

영조의 정부는 이러한 일반적 유형에서 벗어나지 않았다. 그가 재위하는 동안 양반 숫자는 적어도 나라의 일부 지방에서 늘었고 생원과 진사 급제는 더 많은 신참자에게 주어졌던 반면에, 권력은 소수 집단 안에 보존되었다. 실제로, 관료집단 상층부에서 수준이 비슷한 저명한 조상을 두지 않은 사람을 만나기는 상당히 어렵다. 이러한 넓은 그림을 접해보면, 이같은 변화를 만드는 데 개인이 어떤 역할을 했는지를 찾기는 어렵거나 심지어 무의미하다.

하지만 영조가 눈에 보이게 차별받거나 극도로 불만을 표출한 집단에 대해 그들의 분노가 폭발하지 않도록 다소 타협할 필요성을 절감했다는 것은 명백하다. 때때로 그는 소수집단 안에 권력과 지위가 지속적으로 집중되는 것이 왕의 행동의 자유를 분명히 제약한다고 확실하게 불만을 표했다. 명예를 널리 드높이게 하고 권력에 희망을 품게 하면 새로이 호감을 가진 집단의 지지를 얻게 되고, 이로써 왕좌를 강화하게 될 것이다. 동시에 영조는 핵심지배층을 권력에서 멀어지게 만들 수도 없고, 다른 상당한 방법으로도 이들에게 도전할 수 없음을 알고 있었다. 그는 이렇게 상호모순되는 요구를 주로 비특권층을 위해 제정한 다소 산발적이고 상징적인 법에 기대어 풀어냈다. 그러나 권력구조는 온전하게 남겨두었다.

예컨대, 영조 23년에 해당하는 1747년에 그는 소과에서 시관試官의 장원 선발 시 부정을 적발했다. 장원 후보자 두 명은 고명한 대신의 후손이었다. 그는 순위를 재조정하여 개성에서 온 잘 알려지지 않는 인물을 장원으로 선발하였고, 마찬가지로 가문의 연관성이 두드러지지 않는 몇몇 다른 사람을 선택했다. 그는 부패한 족벌주의에 구애되어 지방에서 온 응시자 가운데 일정한 수를 급제시키는 규칙을 위반한 시관들을 질책하고 그들의 관직을 박탈하였다. 그러나 며칠 뒤 영조는 그가 매우 존중했던 조현명을 포함한 관료들에게 책망을 들었다. 조현명은 왕에게 현재 조선 사회 구조는 고관과 서민 자제의 위치를 바꾸는 것을 허용하지 않는다는 사실을 상기시켰다. 전체 구조를 허물어뜨리기에 부족했기 때문에 제도적으로 부과되는 규제를 고수해야 했다. 그는 관행을 받아들여 부당하게 변경하면 원하지 않는 혼란을 초래할 것이라고 경고했다. 영조는 깊이 실망했다. 단지 관료들의 의견이 자신과 달라서가 아니라 실제로 그러한 의견을 표명한 사람들 중에는 그가 종종 도움을 받으려고 의지했던 사람이 있었기 때문이다. 그들이 도움을 주지 않아서 영조가 이러한 분야에서 활약하는 데 제약을 받았다는 것이 분명해졌다.[39] 영조 측의 이러한 태도가 아마도 유명하지 않은 지방 출신 생원과 진사의 숫자를 증가시키는 데 기여했을 것이다. 하지만 이 일로 영조가 우연히 관료를 만났을 때, 그의 시도는 좋은 정책의 출발이라기보다는 더욱 절망적인 분노만 유발하게 되었다고 한다.

시험에는 단지 두드러진 배경이 없는 사람들만 지원하지는 않았다. 영조 후반 종친의 일원인 전주 이씨의 문과 급제자는 미증유의 정점에 도달했다. 비록 전주 이씨가 조선시대 문과 급제자 중 가장 많은 숫자를 배출했다고 할지라도, 영조 후반 매년 평균 5명으로, 문과 급제자 숫자가 거의 두 배가 되는 고종 연간의 연평균을 초월했다.[40] 이것은 결코 우연이 아닌 듯하다. 이때쯤 권력을 강화한 영조가 종친을 끌어들인 것이다. 이 기간에 영조는 당습을 억누르고 싶어 했고, 그들이 다른 강력한 관료들을 상쇄하는 데 지원하기를 기대했다. 영조가 그러한 보답을 받았는지 분명하지 않다고 하더라도, 전주 이씨 관료들은 아마도 중재 역할을 한 듯하다.[*41] 어쨌든 영조의 권위와 권력은 만년에 거의 도전받지 않았다.

영조는 서얼문제에 훨씬 심사숙고하고 신중하게 접근했다. 조선전기 서얼금고법庶孽禁錮法[*42]이 제정된 이후, 특히 양반의 첩자妾子가 골치 아픈 사회적 문제 중 하나로 대두했다. 양반의 첩자는 위상이 아주 애매했다. 그들은 가계家系를 이어받을 수 없었고, 문과에 응시할 수도 없었다. 그래서 그들은 단지 잡직雜職[*43]처럼 한미한 자리만 바랄 수 있었다. 첩을 두는 관행이 상당했으므로, 특히 부유한 집안에서 양반이 이러한 자식의 아버지가 되는 일은 꽤 일반적이었다. 따라서 이러한 개인적 역경에 대해 다소나마 그들을 동정하게 했다. 동시에 모두 정실부인의 자식이었던 관료들은 자신들의 특권을 불운한 이복형제와 기꺼이 나누려고 하지 않았다. 주기적으로 하나 혹은 그 이상의 사대부가 이러한 헛된 관행을 비판했고, 정부도 간헐적으로 그 규정을 완화했으나 큰 변화를 이루어내지는 못했다. 그러나 양반 인구가 증가함에 따라 이런 면에서 애매한 사람[庶孼]의 숫자도 많아졌다. 그들은 자신들에게 부과된 금고법을 혁파하려고 상당한 목소리를 내게 되었다. *44)

그들은 영조 즉위 초에 이를 호소했다. 경종의 국장 다음 날, 재우제再虞祭를 지내려고 가는 왕에게 연명상소를 올리고자 많은 서얼이 어가御駕를 가로막았다. 그 상소에는 진사 정진교鄭震僑를 비롯하여 연명한 사람이 260명에 달했다. *45) 상소는 이러한 불공평한 관행의 역사적 기원을 분석하고, 서얼금고의 결과에 따른 사회적 낭비와 개인적 고통을 논함으로써 웅변으로 호소하는 내용이었다. 46)

오랫동안 영조는 거의 반응하지 않았다. 심지어 그가 오랜 침묵 뒤에 했던 조치도 꽤 미약했다. 1740년[영조 16] 영조는 소수집단에 대해 사적인 염려를 표했다. 47) 그리고 1742년[영조 18] 이러한 집단을 위해 정부 내에 일부 기술직 자리를 만들었다. 48) 심지어 1745년[영조 21]에 이조판서 이주진李周鎭이 서얼 소통疏通을 주장했을 때, 그는 단지 논의에 부쳤을 뿐이다. *49) 하지만 영의정 김재로가 이의를 제기하자 영조는 그 사안을 철회했다. 50) 그런데 1772년[영조 48] 어느 날 갑자기, 그가 왕위에 오른 지 50여년이 흘러 핵심 권력을 얻었을 때, 서얼을 청관淸官[淸職] 자리에 허봉시켰다. 같은 날, 서얼 3명이 대간에 임명되었다.[51] 이것은 대단한 성과였다. 대간 자리는 항상 고위직에 올라가는 데 평판에 흠결이 없는 젊은 관료를 위해 따로 할당되었다. 대간은 서얼과 같은 자질이 의심스러운 사람에게는 용납되지 않는 자리였다. 이것이 서얼을 처음으로 대간에 임명한 일이었다. 하지만 이것이 주기적으로 반복되었다는 어떠한 증거도 발견할 수 없었다. 영조는 근본적인 방법으로 금고법과 씨름하지 않았다. 그것이 너무나 어려웠기 때문이다. 이 법은 1894년[고종 31, 갑오개혁] 사회신분제도에 따른 다른 모든 제약과 함께 철폐되었다. 이러한 임명은 여전히 많은 집단에 희망을 품게 하는 상징적 조치였고, 잠정적으로 정부정책에 좀 더 부응하게 하는 출발점이 되었다.

영조가 형전刑典[刑法]에 접근한 방식도 그가 사회적 요구를 어떻게 다루었는지를 보여주는 다른 예이다. 그가 자주 불평한 것 중 하나는 형법刑法이 한편으로 권세 있고 부유한 자에게 적용되는 것과, 다른 한편으로 힘없고 가난한 자에게 집행되는 것이 공정하지 않다는 점이었다.[52] 형사사건을 다루는 데 신중한 것 이외에, 그가 할 수 있는 일은 많지 않았다. 그러나 그는 별다른 반대 없이 악형惡刑을 폐지할 수 있었다. 결국 이것은 아무도 위협하지 않았기 때문이다. 그래서 1725년[영조 1] 압슬형壓膝刑을 폐지했고,[53] 이미 중죄로 처형당한 사람에게 사후에 추가범죄로 죄를 더하는 관행을 종식시켰다[?].[54] 그는 1732년[영조 8] 전도주뢰剪刀周牢를,[55] 1733년[영조 9] 낙형烙刑을,[56] 1740년[영조 16] 자자형刺字刑을[57] 각각 폐지했다. 1744년[영조 20] 전가사변全家徙邊을 상당히 개정했으며,[58] 1770년[영조 46] 난장형亂杖刑을 금지했다.[59]

양역 良役*60)

상징적 정치는 비록 영조가 양역변통을 채택하는 데 중요한 역할을 했다고 할지라도 그 자체가 문제를 해결하는 데 충분하지는 않았다. 실직적인 변화가 필요했다. 양역제도의 부적절함은 오랫동안 인식되어왔다. 조선 정부는 일찍이 효종 연간부터 가능한 개혁수단을 논의했으나 어떠한 합의점에도 도달하지 못했다. 개혁을 막고 있던 가장 큰 부분은 군주와 관료의 권력 논쟁이었다. 전자는 양반계층을 포함한 세수稅收 기반 확충을 선호했다. 반면에 후자는 그 대신에 군사력의 축소를 주장했다.61) 그러나 문제는 세금 제도를 어떻게 발전시키고, 어떠한 영향을 미칠지가 훨씬 복잡하게 관련되어 있었다.

조선전기에는 부병제府兵制(국가에서 징집하는 체제)였다. 늙은 부모를 봉양해야 하는 경우62)와 노비 범주에 속하는 경우를 제외하고, 16~60세 남자는 모두 군역 의무를 졌다.63) 군사조직은 변동을 거쳤다. 1457년[세조 3] 군사조직은 기본적으로 오위五衛에 맞춰졌다. 각 위衛에는 주로 종친의 일원과 관료의 자제로 구성된 특별 부대가 있었고, 양인과 노비로 이루어진 대규모 부대가 있었다.64) 비록 예외가 있었다 할지라도65) 급여를 받는 특별 부대의 지위는 관직 중 임시 지위로 관료들에게 활용되었다. 나머지 군대에는 모두 급여가 없었다. 그 대신에 양인 2명[保人]이 입역한 사람 1명을 재정적으로 책임지게 하였다.66) 보인保人은 매달 포 1필을 정병正兵에게 제공함으로써 이 의무를 충당했다.67) 그 제도를 유지하는 데는 언제라도 주어진 시간에 입역 가능한 사람이 소금이라도 필요했다. 입역자 선발뿐 아니라 역의 기간도 그 부대에 좌우되었다. 그리고 그 처우도 얼마간 역에 징집되는 것을 기꺼이 받아들일 정도였다.[68]

언제나 그렇듯이 군역 의무를 좋아하는 사람은 아주 드물었다. 실제로 농토를 돌봐야 하는 농민에게는 대단히 불편한 문제였다. 결과적으로, 다소 높은 값을 치르고라도 사람을 대신 세우는 관행[代立]이 나타났다.[69] 이것은 특별 부대까지 퍼져서 부유한 관료 지망생도 다른 사람에게 대가를 치르고 훈련이나 입역 시 사람을 대신 세웠다. 시간이 경과할수록 군대는 대부분 군사훈련보다는 재정적 보수에 관심이 있는 사람들로 채워졌다. 조정의 유학자는 이러한 발전을 단지 통탄할 따름이었다.[70]

이 제도의 부적절함은 애통하게도 임진왜란에서 드러났고, 정부는 대안을 찾아야만 했다. 1593년[선조 26] 선조는 전문적인 군대[訓鍊都監]를 만들기 위한 비상수단으로 급여를 지급하는 방식으로 군사를 모병했다. 추정컨대, 명나라 장수[參將] 낙상지駱尙志와 조선 대신 유성룡柳成龍이 제안한 것이다. 이는 훈련도감訓鍊都監으로 불렸는데 다음 해에 영구적인 부대가 되었으며,[71] 1882년[고종 19, 임오군란]까지 핵심적인 정예군대로 유지되었다.[72]

훈련도감의 도입으로 군사제도가 근본적으로 변화하였다. 군사 징집은 대부분 없어졌고, 한 달에 군포軍布[73]를 2필 내는 형태로 대체되었다.[74] 또 징병제도와 병행됨으로써 군역은 모든 신분에 동등하다고 인식하도록 만들었다. 단지 예전에 오위의 일반 부대에 속했던 사람들만 군포를 내게 되었다[軍籍收布]. 양인과 노비의 일정한 범주에 있던 사람[束伍軍]은 군역 의무자로 규정되었는데 그들은 관료나 양반과 구분되었다. 이러한 정황은 비공식적으로 발전하였고, 1595년[선조 28] 법적 변화가 이미 이루어지고 있던 현상을 합법화하였다고 기술되었다. 이러한 재구조화가 묵은 혼란을 다소 제거했다 할지라도 얼마 지나지 않아 다른 문제로 시달리게 되었다.

1624년[인조 2]에서 1626년[인조 4] 사이에 훈련도감 이외에 네 개 군영이 서로 다른 이유로 창설되어 각각의 방식으로 군역을 충당했다. 그중 두 개 군영인 경기도에 기반을 둔 총융청摠戎廳,[75] 주로 성곽을 제작하고 건설하는 부대인 수어청守禦廳[76]은 명백히 훨씬 더 민병대 같았다. 다른 두 개 군영인 어영청御營廳과 금위영禁衛營은 대체로 훨씬 더 실전부대 같았다. 하지만 구성은 혼재되어서 직업군인과 포를 내기보다 입역을 선택한 병사[番上兵]를 포함하였다.[77] 이처럼 부분적 징집제도 회귀는 재정적 고려에서 촉발되었다. 정부는 대규모 직업군대를 유지하는 비용을 감당할 수 없었다. 하지만 호란胡亂 경험과 강한 반청정서, 특히 효종 연간 왕이 군대를 대규모로 유지하고자 고집한 결과였다.

오군영五軍營은 조선전기 오위五衛와 구분되었는데,[78] 최소한 재정 운영은 완전히 국가적 차원에서 통제하지 못했다. 다양한 군대에 대해 군포를 징수하고 분배하는 일을 감독하는 아문이 전혀 없었다. 각 도의 적합한 양정良丁 숫자에 대한 부실한 통계와 결부지어 생각해보면, 이것은 종종 매우 불공평하게 1인당 추가 세금을 부과하게 했다. 다시 말해, 각 도는 실제 납세자 숫자를 조사하기보다는 중앙의 필요에 맞추어 차례로 추가 징수하는 방식에 기초하여 서로 다른 오군영의 요구를 맞추어야만 했다.[79] 외빙의 군현은 군포를 징수하는 책임이 있었으나 일반적으로 그들의 능률이나 정직함의 정도가 전혀 고려되지 않았으므로 상황은 곧 악화되었다.

사회적 신분의 변화와 다양한 세금의 누수 현상은 상황을 악화시켰다. 일반적인 사회의 상향 이동으로 받은 인상—농민이 경제적 지위를 향상한 경험—이 잘못 인도한 듯하다. 진실로, 분명 일정한 상향 움직임은 농업기술의 발달 덕분이다. 더 나은 관개시설과 육종방식으로 수확물을 늘렸다. 벼농사에서 이앙법移秧法을 새롭게 실시하면서 하나의 전지田地에서 쌀과 보리의 이모작二毛作이 가능해졌다. 고구마 같은 새로운 농작물의 도입, 목화의 광범위한 재배, 채소나 담배의 전례 없는 상업적 경작 보급은 일부 농민에게 더 높은 수입을 가져다주었다.[80] 그들 중 일정 수는 경제적 자유를 누릴 수단을 확보하였고, 가급적 사회적 지위도 향상시켰던 듯하다. 그러나 그들 중 서민 신분을 유지했던 사람들의 경제적 지위는 조금이라도 향상되기보다 오히려 악화되었다.

남부 지방의 토지 소유에 관한 연구에 따르면, 1720년[숙종 46] 서민 다수는 그 기간에 최저생활수준을 고려한 25무畝보다 훨씬 적게 갖고 있었고,[81] 평균 소유 토지는 시간이 지날수록 더 감소했다.[82] 등록된 전체 경작 가능 토지는 16세기 후반 이후 크게 늘어나지 않은 반면에 인구는 늘어났다는 것이 명백한 지수이다.[83] 그러나 상황을 훨씬 더 악화시킨 것은 면세지[84]인 관둔전官屯田·궁방전宮房田 증가와 소유권 집중화 경향이다. 왕실 구성원이 개별적으로 소유한 궁방전은 17세기 이후 토지 소유가 거대하게 팽창했으며, 종종 거대 토지의 등장 사례로 들곤 한다.[85] 하지만 집중화 경향은 이보다 훨씬 심해졌다. 많은 거대 가문과 여타 양반은 비록 모두는 아니라 할지라도, 자신의 소유를 늘려나갔다. 1720년[숙종 46] 경자 양안量案에 관한 연구에서 '대토지 소유—소토지 소유' 유형이 드러났다. 곧 대토지 소유지는 점점 늘어나는 데 반해, 소토지 소유지는 심지어 더 쪼개졌고, 토지 분배상태는 매우 고르지 못했다. 소수 집단의 사람들이 가장 비옥한 토지를 소유했고, 나머지 농민은 매우 적은 토지를 가졌는데, 이는 종종 최저생활에 필요한 것보다 훨씬 적었다.[86]

세금의 누수는 부분적으로 이 현상에 책임이 있었다. 무거운 군포軍布[軍役]를 피하는 수단으로 많은 서민이 권력 있는 지주에게 투탁했다. 그들 중 일부는 군포를 면제받은 양반 지주에게 갔다. 다른 이들은 자기 토지에서 수지를 맞출 수 있도록 소유 토지 전체에 면세 지위를 부여받은 외방의 군현이나 중앙정부의 각사로 숨어들었다. 가장 많이 인용되는 누락[隱結]은 서민이 갖고 있는 토지를 장부상으로 사적 지주나 공적 지주[국가기관]의 소유 토지에 합치되, 실제로는 여전히 자신이 관리하는 것이다. 그들은 이 같은 보호를 받는 대가로 지주에게 일정한 금액을 바쳐야 했지만, 추정컨대 그것은 그들이 군포로 내야 하는 것보다 훨씬 적었을 것이다. 비록 불법이라 할지라도, 이러한 관행은 널리 퍼졌다. 지방 관료를 비롯한 다른 관료들도 태만, 욕심 또는 권력의 두려움 때문에 법적인 세부사항을 간과했다.[87] 피역자避役者의 정확한 숫자는 쉽게 밝혀낼 수 없다. 하지만 1699년[숙종 25] 정부는 중앙정부 각사의 비호를 받는 사람들의 숫자를 10,358명으로 집계했다.[88]

이것은 달갑지 않게도 국가 수입 감소를 유발하였고, 부유한 자를 더 부유하게 만들었으며, 그만큼 나머지 사람들의 부담을 증대시켰다. 후속 정부에서는 문제의 심각성을 깨달았기 때문에, 후속 정부는 문제의 심각성을 깨닫고 해결책을 강구했으나 효과가 별로 없었다. 효종은 대규모 상비군常備軍 유지를 고집했으나, 현종(재위 1659~1674)은 기꺼이 점진적으로 상비군을 번상병番上兵 제도로 옮기고자 하였다.[89] 그러나 그 결과, 재정을 절약한 것이 아니라 상비군을 대규모로 줄이지 못한 채 번상병만 늘었다.[90]

　1674년[숙종 즉위년] 숙종이 즉위할 때 재정 수입 부족 비율이 매우 높았고, 1676년[숙종 2] 비변사備邊司는 그 문제에 대해 젊은 왕에게 관심을 기울이도록 했다. 비변사 당상堂上은 대안을 찾을 수 없는 한, 징집과 납세가 가능한 연령을 11세까지 낮추어야 한다고 제안했다. 이는 즉각 매우 비현실적이라는 이유로 묵살되었다.[91] 그 대신 호포戶布와 같은 변통방안이 가능한 해결책이 진지하게 논의되었다. 호포는 가호家戶를 기초로 하여 세금을 부과하는 제도를 가리킨다. 사회 신분을 고려하지 않고 대호大戶, 중호中戶, 소호小戶로 나누어 각각 3필에서 1필까지 징수하는 방안이다. 이 개혁은 세금 기반을 확대하고 명백한 세금 누수를 봉인함으로써 세수를 증대할 수 있었다. 이는 정확히 효종이 시행하려다가 실패했던 정책이다.

　숙종의 왕성한 흥미와 강인한 성품에 힘입어, 그리고 남인 중 개혁을 지향하는 사대부 윤휴의 촉진으로 호포를 채택할 전망은 희망적이었다. 하지만 1677년[숙종 3] 12월[11월] 하순부터 1678년 1월 말[숙종 3 12월]까지 지속된 집중 토론에서 관료들이 승리했다. 윤휴는 홀로 숨이 막힐 지경이었고, 왕은 개혁이 양반층의 사기에 해롭다고 맹렬히 비난하는 압도적 다수를 좇아야 했다.[92] 곧 숙종의 조정은 1680년[숙종 6] 남인을 실각시키고 서인이 집권하도록 이끈 선동적 당론으로 완전히 둘러싸여버렸다. 양역 변통 문제는 환국으로 1681년[숙종 7]에 다시 수면 위로 떠올랐다.

숙종이 강력하게 이끌어나가고 오랫동안 고집했기 때문에 이때 논쟁은 더욱 지연되고 험악해졌다. 그 결과 타협책으로 잠정적 합의에 이르렀다. 비록 호포가 오랫동안 용인되지 않았다 할지라도, 시범적으로 북도에서 시행되었다.[93] 1682년[숙종 8] 초반 숙종의 조정은 전장戰場으로 변했다. 관료들이 반복해서 비난했지만 숙종은 서민에게 이득이 더 많이 돌아가는 '양법良法(좋은 법)'으로 부분적인 채택을 옹호했다. 병조판서 이사명李師命이 호포를 강력히 지지함으로써 관료사회는 더욱더 분열되었다. 영의정 김수항金壽恒은 개혁을 지지했으나 좌의정과 우의정은 반대했다. 의정부는 마비되었고, 숙종은 개혁에 필요한 관료의 지지를 얻는 데 실패했다. 왕은 모든 논의를 철회해야 했다.[94]

숙종의 나머지 재위 기간에 이와 동일한 일이 간헐적으로 반복되었다. 관료들이 상황의 급박함을 인지하지 못한 것은 아니었으나 호포라는 개념에 저항하는 태도를 견지하였다. 아주 새로운 대안은 없었고, 개선해보고자 하였으나 거의 성사되지 못했다. 1682년[숙종 8] 상비군을 줄이고[95] 1699년[숙종 25] 피역자를 색출하려는[96] 시도는 실패했다. 외방 관료들은 피역자를 색출하려는 중앙정부의 노력에 협력하기를 거부했으며, 심지어 방해하기까지 했다.[97] 숙종이 만든 이정청釐整廳은 그 상황을 종합적으로 분석해 신기원을 이루는 데 실패했다. 단지 이정청이 만든 절목節目에 따라 군포를 낼 때 사용하는 면포의 길이를 표준화하는 정도에 머물

렀다.[98]

숙종이 마지막으로 호포를 채택하려 한 시도가 1711년[숙종 36]에 좌절되었을 때,[99] 다시 대안을 찾기 시작했다. 첫 단계로 다양한 누수를 체계적으로 조사하고 강력한 대응책을 만들어야 한다고 결정했다. 조사를 완료하는 데는 2년이 걸렸다.[100] 1714년[숙종 39] 세금을 내는 나이[16~69세]에 해당하는 전체 인구에 공평하게 1필을 부과하는 방식으로 변형된 호포제戶布制가 고려되었으나 후속 조치가 없었다.[101]

군포문제는 성품이 강인했던 숙종도 풀지 못했고, 경종 연간에 더욱 심해졌다. 1721년[경종 1] 이건명李健命은 군포를 1필로 줄이고 다른 세수에서 나오는 차액으로 보충하는 것을 실현 가능하고 수용 가능한 방안으로 지지했다.[102] 하지만 1722년[경종 2] 그가 노론을 숙청한 신축옥사에서 처형되면서 그 실험은 종지부를 찍었다.

양역변통과 영조의 군부일체론

1724년 영조가 즉위했을 때 이미 절망적인 상황에 도달해 있었다. 1723년[경종 3] 충청도 관찰사의 장계狀啓에서는 도내에 법적으로 납부할 의무가 있는 사람의 4배에 달하는 세금을 서민들이 각각 부담해야 한다고 주장했다.[103] 영조는 즉위하자마자 군포문제를 최우선으로 놓고 해결하겠다는 결심을 공포하였고 활발한 토론이 이어졌다. 언제나 그렇듯이, 그 제안에는 호포론戶布論, 구포론口布論, 오위체제 복귀, 양영兩營 폐지, 감필론減正論, 결포론結布論이 포함되었다.[104]

　1728년[영조 4] 무신란은 영조로 하여금 더욱더 해결책을 강구하게 하였다. 반란에는 경종 시해 혐의를 구호로 내건 소론강경파가 주로 가담한 것으로 보이는데, 대중적 지지 없이는 일을 벌이기 어려웠기 때문이다. 이 봉기蜂起는 영조의 통치권과 정통성을 위협했고, 영조에게 정신적 외상을 초래할 정도로 심각한 경험이었다.[105] 그것은 붕당정치에 대한 강박적 혐오감을 초래하였고, 백성에 대한 자신의 염려를 확인시키는 일을 눈을 떼지 못할 정도로 필요하게 만들었다. 양역변통은 영조가 완수해야 하는 매우 긴급한 과제 중 하나였다.

　그러나 영조는 해결책이 빨리 또는 쉽게 마련될 것이라는 환상은 갖지 않았다. 그는 첫 단계로 납세가 가능한 인구[양정]에서 누수와 피역에 이르기까지 그 상황에 대한 조사와 분석에 나섰다. 1734년[영조 10] 고위관료 8명을 팔도구관당상八道句管堂上에 임명하여 각기 8도에 보낸 뒤 도신道臣[觀察使]과 협력해 그 사업을 감독하게 하였다.[106] 영조는 1742년[영조 18] 이러한 조사에 힘을 쏟기 위해서 1703년[숙종 29] 숙종이 설립한 양역사정청良役査正廳을 공식적으로 복구하였다. 그때 그는 신뢰할 만한 관료 중 하나인 조현명을 임명해 조사내용을 종합하고, 이에 근거해서 분석한 보고서를 작성하도록 하였다.[107] 왕은 외방 관원의 수상한 방해를 최소화하려고 1745년[영조 21] 8도에 암행어사를 파견했다.[108] 이 같은 노력의 결과로 1748년[영조 24]에 10권에 이르는 보고서인 『양역실총良役實摠』이 완성되었다.

조사 결과 상황이 의심해왔던 것보다 훨씬 나쁘다는 사실이 드러났다. 세금 부담의 불공평한 지역적 분배, 세금을 부과한 금액과 실제 납세하는 금액의 놀라운 차이를 바로잡을 수단이 필요하다는 것이 명백해졌다.[109] 왕은 이 같은 사실을 근거로 관료 설득을 시도할 수 있었다. 영조가 이러한 준비를 하면서 얻은 또 다른 이점은 바로 개혁의 필요성을 확신하게 된 사람들 중에서 지지자들을 확보했다는 것이다. 그들은 바로 조현명, 박문수, 송인명, 홍계희洪啓禧 그리고 소수의 다른 사람들이었다. 그들은 한 줌밖에 안 될 정도로 숫자는 적었지만 많은 존경을 받고 영향력 있는 관료들이었다.

그러나 영조는 통계가 충격적이지 않거나 지지하는 관료가 없더라도 관료들을 설득하기에 충분하다는 사실을 알고 있었다. 그는 선왕들이 직면했던 문제를 자각하고서 대항 수단으로 백성의 지지를 기대하였다. 그는 유가儒家의 군부君父라는 개념에 의지하여 그것을 정당화하는 데 사용하였고, 실제로도 오랫동안 백성과 직접대면 방식[詢問]을 축적해나가고 있었다.

영조 연간에는 다른 왕대와 구분되는 군부일체론이 적용되었다고 평하고자 한다. 그는 적어도 백성과 대면함으로써 통용되던 규범을 초월했다. 군부의 수사에도 불구하고, 유교 왕정의 계층구조상 통치자와 피통치자 사이에 직접대면은 거의 없었다. 조선 국왕은 중국 황제와 달리 심지어 순수巡狩[巡幸]조차 포기했다. 중국에서 황제의 순수는 통치자가 백성에게 자신의 염려를 쉽게 표현할 수 있도록 제도화한 수단 중 하나였다. 이러한 순행이 가장 먼저 나타난 것은 『서경』에서 순임금이 왕국의 변방 네 곳을 순수한 일이다.[110] 이것은 청대까지 지속되면서 황제의 전통이 되었다. 이러한 순행은 강희제가 최종 고별 시 자신이 행한 많고도 방대한 순수에서 경비를 절약했음을 뽐냈듯이[111] 군주에게 자부심의 근거가 되거나, 건륭제가 화려함을 추구하는 성향을 합리화하려고 파렴치하게도 동반한 모후에 대한 효제를 핑계댔듯이[112] 이미지를 과장하는 기술이 되었다. 이러한 순수는 이상적인 모습의 '염려하는 군주'—직접 백성의 생활환경을 순문詢問하거나 문제나 불만을 청취함으로써 배려를 보여주는 사람—에 의해서 촉진되었다.

어떤 이유든지 조선 국왕은 이러한 관행을 따르지 않았다. 실제로, 그들이 상대한 중국과 비교하면 조선 국왕은 주로 앉아서 생활하는 삶을 누렸다. 그들은 1년 내내 궁전 한 공간에서만 살았다. 사냥 여행이나 군사 원정도 하지 않았다. 단조로움을 깰 수 있는 것은 오직 선조의 왕릉에 행차한 일뿐이다. 심지어 숙종과 영조도 모두 활발하고 오랫동안 통치했으나 능행을 제외하면, 각기 단 한 차례 온양溫陽 행차밖에 하지 않았다. 온양은 도성에서 남쪽으로 64km 떨어진 가장 유명한 온천 휴양지이다. 왕의 고립된 상황은 왕좌와 궁궐 밖의 세상을 연결하는 관료의 역할을 강화하게 만들었다.

하지만 영조는 세상 밖으로 나서는 데 완전히 낯선 사람이 아니었다. 그는 왕세자로 태어나지 않았다. 왕자는 세자 이외에는 18세가 되면 별도 처소를 얻어서 출궁하는 것이 조선의 관습이다. 따라서 영조는 왕세제로 책봉될 때까지 1712년[숙종 38]에서 1721년[경종 1]까지 9년 동안 한성 중앙에 있는 왕자 처소인 창의궁에서 살았다.[113] 8~12세 청소년기를 궁 밖에서 보냈고 백성에 대한 일정한 친밀감, 다시 말해 그들의 마음을 어떻게 얻을 수 있을지에 부합하는 통찰력을 계발해나갔다.

영조가 가장 우선시한 일은 왕실이 권력을 남용하지 못하게 함으로써 왕좌에 대한 백성의 충성심을 얻으려고 한 것이다. 그는 선의善意를 갖고 서민을 이해했으며, 왕실이 약자를 강탈하는 관행을 삼가지 않는다면 자신과 백성 사이의 유대는 불가능할지도 모른다는 의구심을 품고 있었다. 그러므로 영조는 왕실 때문에 백성이 어떠한 손실을 입으면 공들여 보상해주었다. 예컨대 그의 잦은 능행은 경작지와 작물에 피해를 주고 행차에 따른 무거운 비용을 부담시킬 수 있었다. 조선 국왕이 전통적으로 이러한 면에 주의를 기울였다 할지라도, 영조는 두드러지게 행차로 입은 손해는 완전히 상쇄되도록 꼼꼼히 보상해주었다.[114]

영조는 마찬가지로 왕실 일가가 백성에 대한 어떠한 형태의 명시적 힘의 사용도 삼가도록 천명했다. 1746년[영조 23] 왕실에서 육상궁의 사당과 묘를 유지하는 비용을 마련하려고 백성에게서 땅을 사들였다. 하지만 땅이 전 소유자의 바람과 달리 거래되었다는 사실을 알아챈 영조는 땅을 지체 없이 원소유주에게 돌려주라고 명하였다.[115] 이러한 정책에는 자신의 아들이나 손자도 예외가 아니었다. 1762년[영조 38] 사도세자가 죽기 직전, 세자가 시인市人(시전상인)에게서 많은 물건을 징발한 사실이 적발되었다. 영조는 세자가 초래한 빚을 온전히 갚아주었다.[116] 1771년[영조 47]에도 손자[세손]에게서 비슷한 사건이 일어났다. 이때 그 양이 다소 적었고 시인도 이용당했다는 사실을 부인했다. 영조는 그들이 사실대로 대답하지 않으면 처벌하겠다고 위협했다.[117] 그는 그들이 침묵 속에 억울함을 숨기기를 원치 않았다.

　더욱 중요한 것은, 영조가 백성에게 자신이 직접 백성의 안녕을 염려하고 있다고 설득하고, 그래서 그들의 지지를 얻기를 원했다는 점이다. 이 때문에 그는 직접 대면할 기회가 필요했다. 그러나 능행과 같은 경우를 제외하면 그럴 만한 기회가 거의 없었다. 영조가 처음으로 백성을 직접 대면한 기록은 1725년[영조 1]에 보인다. 왕릉에서 환궁하는 길에 그는 갑자기 행차를 멈춘 뒤 행인들에게 말했다. 왕은 그들에게 목민관牧民官, 농형農形, 민막民瘼에 대해 물었다.[118] 그는 도道 내 고을[邑]에서도 동일하게 했다. 그는 높은 세금에 대한 불평을 들으면 그 자리에서 상당한 양의 삭감을 명했다.[119]

　그러한 보상에도 불구하고 영조는 이 같은 형태의 대면이 너무 제한되어 있음을 깨달았다. 특히 그가 양역변통을 제도화하는 데 예상되는 관료들의 반대를 상쇄할 힘으로 백성의 의견을 활용하고자 한다면, 그는 여기에 의지할 필요가 있다고 확신했으므로, 훨씬 더 공식적인 경로를 찾아내야 했다. 1749년[영조 25] 9월 어느 날 갑자기, 왕은 양역변통에 대해 본격적으로 다루기 전인 약 9개월 동안 『휼민의恤民儀』로 불리는 의례규정을 한 벌 썼다고 관료들에게 발표했다. 그것은 표면적으로는 명대 저명한 학자 초횡焦竑의 『양정도해養正圖解』에 기초했다.[120] 영조는 『양정도해』의 주周문왕文王을 다룬 부분에서 영감을 얻었다면서 이 의례를 만들고자 한 동기를 설명했다.*[121]

　　내가 즉위한 이래로 많은 세월이 지났다. 하지만 내가 부덕하여서, 나의 백성에게까

지 이를 수가 없었다. 이제 문왕文王의 법에 따라서 나는 대궐로 백성을 불러들이고 자 하니, 세자와 함께 문으로 가서 그들을 격려하고 우리의 염려를 보여줄 것이다.

영조가 만든 의주儀註에는 참가자가 서 있는 배열(朝官은 궐문 안쪽에 서서 백성을 마주보고, 한성부의 당상과 낭청은 문밖에 서서 인도한다), 사배례四拜禮(관료들은 배례하지만 백성은 하지 않는다), 상징적인 상으로 쌀(五部의 관원이 백성을 대표해서 받는다) 등이 포함되었다. 의례 뒤에는 가난한 사람들에게 일정한 양의 쌀을 주었다. 의주를 살펴본 관료들은 그것에 대해 질의했으나 적절한 반대거리를 찾지 못했다.[122]

약 열흘이 지난 뒤 영조는 세자를 데리고 한성의 방민坊民이 크게 운집하기 전에 홍화문에 나와 예정대로 첫 번째 휼민의를 열었다. 이때 전교는 다음과 같다.

아! 창창蒼蒼한 하늘이 나에게 부탁한 것도 백성이고, 척강陟降하는 신령[祖宗]께서 나에게 부탁한 것도 백성이다. 아! 평상시 궁궐과 여항閭巷 사이는 하늘과 땅만큼 차이가 난다. 오늘 그 군주와 그 백성은 부모가 되고 자식이 되는 것을 알겠다. 아! 성인이 어찌 우리를 속이시겠는가? 문왕께서 먼저 사민四民에게 마음을 베푸셨으니 볼 수 있다. 그러나 이 또한 문文이니, 성실한 마음을 다한 연후에야 신실한 정사를 행할 수 있다. 문왕시대에는 태공망太公望[呂尙][*123]에게 조언을 구했고, 곧 날로 정사를 베풀매 사민이 모여들었다. 군주는 백성을 의심하지 않았고, 백성은 감히 군주를 속이려고 하지 않았다. 크도다! 성대하도다! 진실로 밝게 빛나도다! …… 그러나 백성의 부모라 할지라도 오늘에야 처음으로 만났으니 어찌 백성의 부모 된 도리라고 하겠는가? 내 몸이 아픈 것과 같다. 성훈聖訓이 지극하도다! 아! 창창한 하늘이 나를 군주로 삼은 것은 군주를 위해서가 아니라 백성을 위해서이다. 그러므로 천명의 거취去就와 민심의 향배向背는 모든 것이 백성을 구제할 수 있는지에 달려 있다. 그래서 맹자께서는 백성을 보호하여 왕 노릇을 하면*124) 아무도 막을 수 없다고 말씀하신 것이다. 아! 어찌 성인께서 우리를 속이시겠는가? 아! 저 사민이 곧 불과 한 사람도 고告할 방법이 없다면, 그 군주는 더욱 위태로울 것이다. 백성을 사랑하지 않고 구제하지 않으면, 민심은 원망하고 천명은 떠나간다. 이는 비록 군주 자리에 있더라도 곧 독부獨夫이다. 이러한 생각에 미치면 두렵지 않겠는가. …… 오늘 특별히 세자를 시좌侍坐하게 하는 뜻은 항상 생각이 여기에 있고 명언名言이 여기에 있었으니, 내 부덕을 본받지 말고 문왕께서 사민에게 베푸신 뜻을 좇아서 중앙과 외방의 곤궁한 내 백성으로 하여금 모두 마치 문왕께서 춘당春臺에 동산을 만들어서 백성이 모두 들어와 놀 수 있게 하였듯이 해동海東[조선]의 백성도 거의 그렇게 될 것이다. 이에 대소 관원은 또한 일시적 의례로 여기지 말고 원량元良[세자]을 보도하고,…… 우리 백성을 구제하라! 우리 백성을 보호하라! …… 양도兩都 유수留守와 팔도 방백方伯[觀察使]은 나의 오늘 뜻을 본받아서 양도와 팔도의 백성을 초기抄記하여*125) 진휼을 시행한 뒤 계문하라. 또 금일 하교를 본받아 수령守令을 신칙申飭하여 백성을 구제하고 보호하는 것을 급선무로 삼도록 하라!126)

이 의례는 지루하고 형식적인 듯했지만, 여전히 백성을 직접 대면하는 법적 경로였다. 그리고 그것은 약간의 변화만으로도 백성의 지지를 구하는 토론회로 바뀔 수 있었다. 이것은 영조가 마음에 품었던 것을 분명히 보여준다. 영조는 개혁을 준비하려고 할 수 있었던 매 단계를 밟아나가면서 적당한 때가 오기를 기다렸다.

그 순간은 영조 재위 26년인 1750년에 왔다. 끔찍한 역질疫疾이 온 나라
를 휩쓸었는데, 실록에 따르면 대략 300,000명이 살아남았다고 한다.[127]
특히 1728년[영조 4] 무신란 이후 조정에서는 대규모 기근이나 역질에 따
른 동요를 몹시 두려워했다. 6월 21일[영조 26 5월 17일] 공황 상태에서 왕
은 고위대신과 어전회의를 했다. 영조는 위기상황임을 공표했으며, 정부
가 장기간 지속되어온 양역변통 논의를 제도화하여 상황을 개선할 만한
중요한 행동을 취하지 않는다면, 새로운 위기가 누적되어온 분노에 막 불
을 붙이고 말 것이라고 극언했다. 당시 영의정으로 국왕의 지지자였던 조
현명도 동의했다. 어전회의는 수용해야 하는 개혁 방식을 놓고 논쟁하는
토론회로 변모하였다. 조현명은 결포제를 제안한 반면에 국왕은 호포제
를 더 선호한다고 밝혔다. 이 두 세제稅制를 실시할 경우 장점과 단점에 대
한 상당한 실무적 논의가 뒤따랐다. 저항하는 투덜거림이 명백하게 있었
다 할지라도 관료들은 마치 양역변통 수용에 이미 동의한 것처럼 의견을
밝혀야 했다. 어전회의는 영조가 계획한 대로 원칙에는 합의했지만 구체
적인 실행 시 의문점에 대해서는 결정하지 못한 채 끝났다.[128]

그러나 영조는 고위대신이 참석한 회의에서 받아낸 양보는 깨지기 쉽
다는 사실을 알고 있었다. 관료공동체가 저항력을 키우기 전에 왕은 백성
에게 의지했다. 그리고 한 해 전에 자신이 직접 제도화한 의례가 도움이
되었다. 이틀 후인 6월 23일[5월 19일]에 그는 홍화문으로 갔다. 서민과 병
사 약 50명이 소환되어 기다리고 있었다. 그는 승지 홍익삼洪益三으로 하
여금 백성에게 교서[綸音]를 읽어주게 했다.

지금의 민폐民弊는 양역良役만 한 것이 없다. 지금에 이르러 고치지 않는다면 앞으로 어느 지경에 이르러 장래를 기약할 수 없을지 모른다. 나라는 백성에게 의지하고 군주는 배와 같다. 백성 없이 나라를 다스리고 물 없이 배를 움직인다는 말은 내가 아직 듣지 못했다. 아! 성고聖考[숙종]께서 깊이 이 폐단을 진념하여 여러 차례 사륜絲綸을 내리셨다. …… 경장更張이 잘못되면 옛것만 같지 못할 것이다. 나이가 육순에 이르러 임어한 지 20여 년이 되었으나 아직도 머뭇거리니 뜻이 비록 있다 하더라도 이 역시 척강하는 신령을 저버리고 내 백성을 저버리는 것이다. 생각이 여기에 미치면 두렵고 또 두렵기만 하다. 먼저 묘당의 제신에게 물어서 구제하는 방책을 강구하게 하였으나, 일은 아직 실마리를 찾지 못하여 침묵을 지키고 있다. 다시 생각해 보니, 부모가 그 자제子弟를 위하여 일하면서 자제에게 하유下諭하지 않으면, 이 어찌 부모의 도리라고 하겠는가? …… 더위를 정양靜養하는 가운데 있으면서 병을 무릅쓰고 궐문에 임하여 사서士庶를 불러 물어보는 것이다.*129)

모인 사람에게 개혁안들을 소개하고 그중 가장 열정적으로 지지받는 안이 호포론이라는 사실을 알렸다.130) 실록은 호포론의 강력한 지지자인 박문수가 왕이 거동擧動하기 전에 백성들과 준비했다는 혐의를 제기했다.131) 백성에게 호포론을 선호하도록 자극했든지 여부에 상관없이, 백성의 지지는 영조에게 백성의 신임과 같은 의미를 부여했다.

이러한 역할은 유교 이념의 근본주의에 근거하여 연출한 것이다. 예전에 군주와 신민 사이에 유일한 연결고리 역할을 했던 관료들을 초월한 것이다. 묵은 정책에 중요한 변화를 강제하는 데 활용한 것은 상징이었고, 수사는 행동으로 바뀌었다. 만약 관료들이 이 지점에서 반대했다면, 자신들이 일생 동안 고취해온 성스러운 수사에 반대해야만 했을 것이고, '백성의 배신자'로 악당이 되는 위험을 감수해야만 했을 것이다.

영조는 여전히 불안하였기에, 개혁을 공식적으로 공포하도록 서둘렀다. 그는 홍화문에서 돌아온 뒤, 관료들과 인견引見하는 자리에서 나라의 미래가 개혁에 달렸다는 자신의 신념을 되풀이해서 말했다. 이 회의에서 마무리를 향한 놀랄 만한 진전이 있었다. 먼저 동전으로 가호당 세금을 부과하는 금액에는 잠정적으로 합의했다. 반면에 이 금액은 관료나 양반 계층의 양보를 의미했으므로 영조는 왕실의 권리를 일정 부분 내줌으로써 그것에 맞추었다. 부족한 자금은 예전에 궁방宮房에서 가져갔던 어염세漁鹽稅를 국유화해서 충당하게 했다. 그러고서 왕은 왕실도 호포에서 예외가 아니라고 하교했다. 자신의 잠저(창의궁)에서 제일 먼저 호포를 내겠다고 하였다.

그때 왕은 관료들에 대해 붕당을 초월한 협력은 나라에 안녕을 가져다준 훈신勳臣으로 삼을 만하다고 칭찬하였다. 그는 개혁의 미덕과 필요성을 세자에게 가르치는 임무도 그들에게 맡김으로써 영광을 더하였다. 『승정원일기』에는 다음 날 대신이 개혁의 장점을 세자에게 극찬한 내용이 실려 있다.[132]

영조의 술책은 관료 자원을 허비하지 않는 것이었다. 하지만 열흘이 되기 전에 저항이 시작되었다. 첫 번째 불화의 신호는 약방 제조提調 조재호趙載浩, 영부사 김재로에게서 나타났는데, 그들은 호포론 운영의 어려움에 초점을 맞추어 우려를 표하였다. 이것이 공공연하게 드러나자 반대론은 점점 탄력을 얻었다. 7월 25일[6월 22일]에 지돈녕 이종성의 상소가 나왔다. 이것은 양반의 적합한 역할에 대해 유교 의례와 학문의 관리자나 여타 백성의 모범으로서 특별히 취급할지를 논의한 상소이다. 여기에서는 국가가 양반을 보호하고 명예롭게 하기를 청하고, 호포론은 근시안적이고 차별적이며 역효과를 낳는다고 비판하였다.[133]

이제 전선은 양분되었다. 한쪽은 영조와 지지자인 조현명, 박문수, 홍계희였다. 다른 쪽은 관료들 다수를 점하였다.[134] 마침 이때 왕명으로 병조에서 초안을 잡은 세부 개혁안이 도착했다. 하지만 실망스럽게도 영조는 그 초안이 호포론에 기초하지 않고, 비양반 납세자의 세금을 절반으로 경감시키며, 어염세를 포함하여 다른 재원에서 거두어들여 차액을 보충하는 일련의 다양한 방식으로 구성된 타협안이라는 것을 알아챘다.[135] 그 개혁에는 여전히 양반에 대한 어떠한 형태의 납세도 포함되어 있지 않았다.

반대론이 급속히 늘어나자 영조는 대책이 필요했다. 백성의 의견에서 대안을 찾고자 하는 희망으로 다시 홍화문으로 갔다. 그러나 이번에는 이 전략이 역효과를 낳았다. 이러한 움직임을 예상한 양반 공동체 중 다수가 왕이 도착하기를 기다렸다. 그래서 영조가 진정한 균역을 호소한 후 그 현장을 점한 사람들 다수는 다름 아닌 바로 특권적 지위를 누리던 이들이었다. 그들은 차례로 호포론을 규탄했다. 영조가 마침내 서민에게 발언 기회를 주고자 그들을 조용히 시키는 데 성공했고, 서민들은 호포론을 지지했다. 그러나 서민들이 찬성을 표하자마자 양반들은 분노하여 일반 백성은 극도로 부정직하고 모든 것에 불평하면서도 임금이 있는 데에서만 찬성한다고 비난했다. 심지어 그들은 이러한 백성은 처단해야 마땅하다고 주장했다.[136]

　양반 계층이 호포론을 맹렬히 반대하자 영조는 기다리는 것이 낫겠다고 확신했다. 박문수가 호포론을 채택하도록 열렬한 상소를 올렸으나 아무런 소용이 없었다. 영조는 타협안으로 개혁을 시작하는 데 동의했다.[137] 1750년[영조 6] 8월 10일[7월 9일] 첫 단계로 영조는 서민의 세금 부담을 전국적으로 절반으로 경감하도록 명했다[減正]. 8월 12일[7월 11일]에 부분적 개혁을 수행할 균역청을 세웠다.[138] 이때 관료들과 양반이 승리했다. 그들은 어떠한 군역도 치를 필요가 없었다.[139]

　영조는 타협안에 꽤나 조심스러웠다. 그는 이것이 부족한 세수를 충분히 메꿀 수 없을 것이고, 다른 세수를 찾게 될 것이라는 사실을 알고 있었다. 그러나 가장 큰 공포는 관료들이 부족한 세수를 핑계 삼아서 모든 개혁을 취소하자고 압박하는 것이었다. 이러한 위험을 예상해서 여러 단계로 방비를 했다. 왕은 박문수처럼 믿을 수 있는 관료들을 균세사均稅使에 임명하여 개혁 상황을 보고하도록 각 도에 파견하였다.[140] 또 백성의 반응을 기록해올 암행어사[141]도 파견하였다. 10월[9월]에 영조는 표면상 건강을 이유로 들어 자신이 직접 온양온천으로 행차하였다. 역질이 휩쓴 중부 지역으로 출발한 실제 동기는 스스로 그 상황을 확인하려고 했던 것 같다. 이 행차에서 온천욕을 위한 행사는 보기 드물었고 영조는 평소대로 걱정하는 군부君父로서 역할을 다하고, 한 차례 더 숙고하고 염려하는 익숙한 행동을 보여주었다.[142] 그리고 그는 기다렸다.

　곧 부분적인 개혁에 대한 반대가 시작되었다. 예상대로 새로운 제도는 세수를 충분히 확보하지 못했고, 이것은 부분적 개혁을 철회하자는 근거로 인용되었다. 문제는 이전 제도로 되돌아갈지, 부족한 세수를 채울 급대給代 재원을 발굴할지 여부였다. 결포론을 수정하여 시행하는 방안이 차액을 메꿀 수 있는 가장 타당한 수단으로 대두했다.[143] 이것은 관료들과 양반층에 심각한 영향을 미쳤는데, 그들이 서민들보다 훨씬 더 많은 땅을 가졌기 때문이다. 다시 이 계층은 이런 해결책에 반대했고, 모든 개혁의 철회를 촉구했다. 이때 영의정 김재로는 관료들의 반대론을 주도했다.[144]

그러나 이 시기에 이르러 영조는 암행어사가 복명復命한 서계書啓로 무장하고 있었다. 1751년[영조 27] 6월 29일[윤 5월 7일]에 경기도 암행어사 정홍순鄭弘淳이 돌아와 백성은 부담이 줄어들어 개혁을 기뻐하지만, 철회될까 봐 많이 걱정한다고 복명하였다.[145] 약 2주가 지난 뒤 다른 어사가 주기적 불안을 야기하는 중심지인 전라도에서 귀환했다. 그는 백성이 군역 감소를 매우 기뻐하며, 왕의 덕을 칭송한다고 복명했다.[146] 이 결과를 수중에 넣은 영조는 관료들에게 구체적인 사례를 내놓았다. 영조는 개혁을 폐지하면 결국 백성으로 하여금 극도의 실망과 분노를 초래하여 진실로 위험한 상황으로 치달을 수 있기 때문에 개혁 폐지는 불가하다는 사실에 만족했다. 관료들의 반대론은 탄력을 잃었다. 그들은 양인에 대한 감필이 기정사실임을 깨달았다. 왕실은 이미 어염세 권리를 포기했다. 더욱이 왕실은 기꺼이 결포까지 내겠다고 하였다. 이제 양반이 낼 차례였다. 곧 영조는 김재로의 반대를 조용하게 만들었다.[147] 8월 8일[6월 17일] 영조는 더욱 확실하게 하고자 백성에게서 정당성을 얻으려고 명정문明政門으로 갔다. 유생, 관료, 병사 등이 모였지만 그들은 결포론을 대체할 방안이 없다는 왕의 주장에 설득되었다.[148] 8월 10일[6월 19일]에 영조는 마지막으로 어전회의에서 관료들의 양보를 받아냈다. 1751년[영조 27] 8월 12일[6월 21일]에 부분 개혁이 제도화된 지 정확히 1년 후 그리고 많은 논쟁과 수많은 차질을 겪은 후 마침내 개혁을 완성하는 결포가 공포되었다.[149]

이 개혁을 인정하여 비록 균역법으로 부른다 할지라도 진정한 의미에서 균등한 것은 아니었다.[150] 끝내 개혁은 영조의 본래 의도를 충분히 수용하는 데는 미치지 못하였다. 하지만 성취한 것은 상당했다. 무엇보다도 국가의 세수가 상당히 증가했다. 이 개혁을 채택한 이후 얻은 전체 세수는 은 약 630,000냥인데, 1704년[숙종 30] 숙종대 거둬들인 232,000냥의 두 배를 넘는다.[151] 또 서민의 부담을 상당히 줄여주었다. 균역청을 설립해 군역의 모든 분야와 연관된 세금을 모두 감독하게 하였고, 잘 준비된 숫자와 통계가 가까운 곳에 갖추어져 이전의 많은 혼란과 기만적 관행을 없앴다.[152] 하지만 가장 중요한 것은 개혁 수용이 왕실, 관료, 양반 공동체가 전체 백성에게 양보했음을 나타낸다는 점이다.*[153]

영조는 훨씬 전제적이었던 부왕[숙종]도 실패했던 관료들의 반발을 타파했으므로, 상당한 개가凱歌를 올린 것이었다. 그의 성공은 비록 수정안이라 할지라도, 백성을 위한 정부라는 개념의 실용성과 현실성에 기초하였고, 유교적 수사의 기운은 묻어버렸다. 영조는 군부일체론이라는 개념을 활용하여 자신을 노련한 협상가이자 영악한 정치가로 규정했고, 이러한 수사가 자신의 결심과 염려를 표현하는 매개체가 되었기 때문에 전략이 통했다. 최종적으로 아무도 왕이 말한 의미를 의심할 수 없었다.

심지어 양역변통을 수용한 이후에도 영조는 군부 역할을 포기하지 않았다. 실제로, 이것은 마치 왕이 최근 10년간 터득해 다다른 역할 같았다.

그는 일상적으로 성문에 가서 백성의 어려움을 물었다. 그는 한성부 방민, 시인, 향촌에서 올라온 차사원差使員, 군병, 유생을 만났다.[154] 또한 왕은 도시의 거리에서 멈추거나 왕자로 살던 때의 이웃에 가서 백성과 대화하였다. 그들이 빈번하게 고충을 토로해도 그는 세금을 경감하거나 쌀을 나누어주었다.[155] 또 그는 혼례와 장례처럼 비용이 많은 드는 경우, 가난한 사람을 재정적으로 지원하게 했다.[156]

물론 여항閻巷 행차는 왕이 권력자들을 확인할 수단을 제공하기도 했다. 궐 밖 행차와 순문 과정에서 영조는 관료들이 서민의 이익을 불공평하게 빼앗은 수많은 사례를 발견했고, 곧이어 바로잡았다.[157] 그는 상당히 누적된 혜택에 대해 완전히 자각하고 있었음이 확실하다. 백성들은 분명히 그 원인이 주변의 누군가 때문이라고 왕이 인지하도록 도와주었고, 왕은 권력자에게서 백성을 보호하려고 한다고 인식하게 했다. 이러한 방식으로 백성들은 정부의 결함은 관료 탓으로 보았고, 좋은 정책은 임금 덕분이라고 보았다. 그럼에도 영조가 순문을 고집하고 몰두한 이유가 모두 이념과 정치 때문이었는지, 아니면 여기에 다소 개인적 요인 때문이었는지 궁금증을 자아낸다. 아마도 조정의 정치에 대한 환멸이 그로 하여금 거리에서 위안을 찾도록 했을지도 모른다. 왕의 정서는 대체로 조정의 관료들보다는 거리의 백성에게서 더 친밀감을 느꼈다. 생모 숙빈 최씨의 출신이 비루했던 것이 어떤 영향을 미쳤을까?

진정으로, 영조는 단지 밖에 나가서 백성을 만나는 것에 만족하지 않았다. 왜 백성을 대궐 안으로 데려오면 안 되는가? 어째서 백성과 '동락同樂' 하기 위해 궁궐 잔치에 그들을 초대하면 안 되는가? 영조 19년인 1743년,

왕은 처음으로 그 주제를 꺼냈다. 다가오는 50세 생일을 명분으로, 그는 연회를 다소 개선하기를 원했다. 그는 평상시처럼 비빈妃嬪을 위한 연회는 유지하기를 바랐다. 왜냐하면 모후[인원왕후]가 그것을 주재했기 때문이다. 하지만 남성을 위한 연회는 변화를 주어서 서민 중 노인까지 초대하기를 희망했다.

관료들의 정서에는 궁궐의 성역에 백성의 시선이 다가오는 것이 명백히 역겨운 일이었다. 한 사람은 "전하, 왕의 탄신 잔치는 성대한 연회입니다. 적절하게 축하할 필요가 있습니다"라고 주의를 주었다. 다른 사람은 "양로연養老宴은 대비大妃 전하[인원왕후]를 곤란하게 할 것이고," "전하께서도 모후께 불효가 될 것입니다"라고 했다. 추정컨대, 불효라고 한 것은 영조가 모후를 보기 흉한 장면[백성이 연회에 참석한 광경]에서 보호하려고 하지 않았기 때문이다. 왕은 "하지만 대비 전하께서도 나의 방안에 찬성해주셨다"라고 그들에게 알렸다. 관료들은 "그것은 대비의 진정한 뜻이 아닙니다"라고 주장했다. 어쨌든 그들은 어떠한 일이 있어도 이러한 사태가 발생하도록 둘 수 없었다. 그들은 각각 "심지어 소신이 이 자리에서 죽는다 할지라도, 전하의 바람대로 따를 수 없습니다"라고 극언했다.[158]

이때 영조는 완전히 패배했고, 수십 년 동안 별도 공간에서 백성과 즐거움을 나누는 것[同樂]으로 만족해야 했다. 그 대신에 백성에게 선물을 하사했다.[159] 예컨대 1765년[영조 41] 영조는 한성부의 노인 명단을 조사해서 1,700명 모두에게 각각 고기와 쌀을 선물로 내렸다.[160] 그는 특히 자기만큼 연로하거나 더 나이 많은 사람을 선택했다.[161]

1773년[영조 49]에 같은 장소에서 영조는 처음으로 백성과 '동락'할 수

있었다. 하지만 이러한 60세 이상 양로연은 궁궐 밖에서 열렸다.[162] 이후
비록 한 번이었으나 영조는 그들을 자신의 손님으로 궁궐에 초대했다. 재
위 51년째를 마친 것을 기념하는 연회라는 명분하에 83세의 영조는 사회
신분에 상관없이 자신과 나이가 같은 모든 사람을 초대할 수 있었다. 80
대 손님이 음악 연주에 맞추어 춤을 추며 '천세千歲'를 외쳤다. 그들이 진
정으로 만족해하는 이유가 있었다. 그들은 선물을 한 아름 안고 집으로
돌아갔다.[163]

영조는 훙서할 때까지 도성의 거리를 돌아다니면서 백성들의 어려움
을 묻는 모습을 보였다.[164] 이러한 증거는 백성들이 왕의 처지를 받아들
였고, 왕의 걱정에 감동받았다는 것을 시사한다. 백성들이 거리에서 왕
을 환호하고 영조 만년에[165] '천세'를 외쳤을 때, 백성들의 반응은 자발적
이고 진심인 것처럼 보였다. 1776년[영조 52], 영조가 훙서하기 한 달 전 진
정한 감흥이 밀려왔다. 그는 성문에서 시인에게 어려움을 물었다[貢市詢
問]. 병들고 쇠락한 왕의 시선은 백성을 깊이 감동시켰다. 백성들은 자신
들의 문제를 부인하지 않았다.[166] 왕을 두려워하여 머리 숙이는 관료들과
달리, 백성들의 절제된 행동은 존경심에서 우러나왔다. 이것은 자신의 통
치가 백성에게 조금이라도 평안을 가져다주기를 열렬히 바랐던 왕에 대
한 마지막 찬사였다. 누군가는 영조가 존경과 지지를 이끌어낸 집단이 바
로 이론적으로는 가장 중요한 집단이지만 실제 군주제가 작동되는 데에
서 가장 멀리 떨어져 있고 힘이 없는 집단인 백성이라며 비꼴지도 모른
다. 하지만 이것은 아마도 영조가 추구한 성학을 궁극적으로 입증하는 것
일지 모른다.

4

영조의 조정:

장엄한 조화[蕩平]

그러면 그들은 즐거운 마음으로 기꺼이 우리한테 복종할 것이오. 양심은 그들의 가장 고통스러운 비밀이어서 우리들한테 모두, 모두 위임할 테니 우리들은 모든 것을 허용할 것이고, 그들도 즐거운 마음으로 우리들 결정에 신뢰를 보낼 것이오. 왜냐하면 그들은 개인의 자유의사 결정이라는 그들의 큰 두통거리나 현재 당면한 무서운 고통에서 해방될 수 있기 때문이오. 그러면 그들을 통치하는 수십만 명을 제외하고, 남은 수많은 사람이 모두 행복해질 것이오. 왜냐하면 우리, 비밀을 간직하고 있는 우리만 불행해질 것이기 때문이오.[*1]

ー도스토옙스키의『까라마조프 씨네 형제들』중에서

왜 탕평인가

영조는 자신의 모든 시간을 길 위에서 허비할 수 없었다. 그는 국가를 통치하려면 항상 관료를 대해야만 했다. 결국 관료 구성, 왕과 관료의 관계는 대체로 정부의 성격을 결정했다. 영조가 물려받은 관료공동체는 붕당 간 적대감으로 갈기갈기 찢겨 있었다. 실제로 영조 재위 기간 대부분 붕당의 쟁점이 조정에서 우세했으므로, 다른 문제들이 충분히 관심을 받을 수 있을지 의문이 들 정도였다. 왕은 조정이 안정을 찾기 위해 붕당정치가 반드시 자신의 통제하에 놓여야 한다고 분명히 느꼈다. 영조는 자신의 통치 중 다른 부분에서 그랬던 것처럼, 그 문제[붕당정치]에 대처하려고 흠잡을 데 없는 수사에 기댔다. 영조는 그것을 '탕평蕩平(장엄한 조화)'이라고 불렀다. 『서경』의 왕도王道를 넌지시 말하면서[2] 탕평은 문자 그대로 불편부당不偏不黨한 규범으로 성취되는 거대한 조화를 의미했다.

유교의 이상적 수사에서 채택한 탕평책은 영조 치세 중 가장 유명한 주제이자 영조의 정치와 거의 동의어가 되었다. 하지만 정확히 무엇이 그의 탕평책인가? 현대 역사학자들은 탕평을 순전히 붕당을 균등하게 만들거나 무력하게 하려는 시도로 간주하였다. 또 숭고한 실패로 평가하면서 영조는 붕당 간 갈등의 가장 잔인한 측면을 피해가는 데 성공했으나, 그것을 근절할 수 없었다고 했다. 이러한 평가는 특히 현대 한국학자들 사이에 만연한, 조선 정치에서 붕당론의 역할과 효과에 대한 가정을 반영한다. 곧 붕당론이 조정 정치의 중심이었고, 그것이 권력을 약화시켰으며, 종국에는 왕조를 멸망으로 이끈 타성과 혼란에 대한 책임이 있다는 가정이다.[3] 탕평책은 끊임없이 유해하기만 한 붕당론에 대항하여 쓰였고 양심적인 군주는 아주 자연스럽게 노력해야 했다. 그래서 영조는 단순히 탕평책을 추구하는 것만으로도 칭찬받았다. 하지만 그가 붕당을 근절할 수 없었기 때문에 정책 결과에 대한 평가는 훨씬 호의적이지 않았다. 근래에 영조의 탕평책을 좀 더 정치적·이념적 시각에서 재평가한 논문이 몇 편 나왔지만 전체적 안목에서 탕평책의 위치를 비정하기에는 부족했다.[4]

영조는 관료사회 내 붕당의 갈등을 다루기 위해 탕평책을 도입하였으므로 붕당론의 영향력을 인정하고 있었다. 직접적인 질문은 왜 관료사회의 붕당적 측면이 갑자기 문제가 되었느냐이다. 붕당론은 수십 년 동안 조선 정치의 일부분이었다. 상식적으로 접근해보면, 이만큼 세월을 거쳐 붕당론이 조정을 해치고 나라에 심각한 손상을 입히는 동안, 영조가 이런 모든 시대의 악에 맞서 뒤늦게 싸우려고 노력할 때까지 어떤 왕도 이것을 막고자 아무것도 하지 않을 수 있었을까?

매우 믿기 어렵다. 왕들은 붕당론에서 해로운 점을 거의 보지 못했기 때문에 아무것도 하지 않았다고 추측하는 것이 더 논리적이다. 그렇지 않다면 그들이나 그들 중 몇몇이라도 붕당론을 축소하려고 어떻게든 노력했을 것이다. 예컨대, 정치의 대가 숙종은 붕당이 자신에게 유용할 때는 붕당을 권장했고, 그렇지 않을 때는 그것을 막았다. 실제로, 1698년[숙종 24]에 왕이 얼마간 성장하여 붕당이 더 이상 필요하지 않게 되자, 그는 처음으로 탕평책을 언급했다. [5] 마찬가지로, 영악한 정치가였던 영조는 붕당론이 자기 목적에 어긋난다고 인지했음이 틀림없다.

그렇다면 탕평책을 주장한 영조의 목적은 무엇이었을까? 우리는 그 목적을 영조가 항상 언급했던 이상적인 중흥中興 때문이라고 볼 수 있을까? 영조가 탕평책을 뒷받침하려고 중흥이라는 수사를 사용한 것은 사실이다. 그렇게 하는 것이 매우 유용했다. 사실, 또한 영조는 확실히 조정에서 일종의 조화를 원했다. 진정으로 누가 그렇지 않겠는가? 하지만 만약 조화가 그가 원하는 모든 것이었다면, 탕평책으로 그것을 얻기는 어려웠을 것이다. 탕평책은 처음부터 관료공동체의 맹렬한 비난을 받았고, 불화와 비통함을 유발하였으며 끝까지 저항을 받았다. 실제로, 영조가 예전처럼 한 붕당을 지원했다면, 훨씬 덜 고통스럽고 더 빠르게 조화로운 외형을 갖출 수 있었을 것이다.

영조가 정말로 붕당의 균등화를 의도했다고 말할 수 있는 사람은 없을 것이다. 비록 그가 수년 동안 쌍거호대雙擧互對를 주장했을지라도, 균형은 항상 위태로웠다. 게다가 그것은 노론과 소론의 쌍거호대였고, 남인처럼 실세失勢한 다른 붕당은 배제되었다. 그래서 영조는 문자 그대로의 의미로 붕당 사이에 균등화를 원하지 않았던 것 같다. 더욱이 영조가 붕당정치를 포기한 것처럼 보일지라도, 그 최종 결과는 평소 모습과 매우 달랐다. 영조 즉위 시에는 소론이 집권했다. 영조 말년에는 노론이 관료사회를 장악했다. 왕의 기록 속의 의심스러운 제안이 완전히 그의 의지에 반해 나온 것이 아니라면, 아무도 그가 붕당을 완전히 파괴하고 싶어 했다고 말할 수 없다.

탕평책에 대해 엄격하고 간결하게 정의내리기를 추구하기보다는 차라리 영조가 붕당정치의 대안을 모색했다고 보는 것이 훨씬 유용할 것이다. 그렇다면 영조 평생에 붕당론의 어떤 점이 그로 하여금 여러 시각에서 보아도 문제만 가득하고 특별히 결실이 있거나 보상을 바랄 수도 없는 일련의 행동을 선택하도록 했을까?

붕당은 모든 정치 집단처럼 권력을 추구하는 협력체였다. 하지만 유교 이념은 붕당 종사자가 이러한 개념을 침착하게 수용하는 것을 어렵게 하였다. 무엇보다 조화에 대한 갈망은 달갑지 않은 의견 차이를 만들어냈다. 이것으로 유학자들이 논쟁의 가치를 이해하지 못했다고 말하는 것은 아니다. 실제로 논쟁은 조선의 지적·정치적 생활의 일부였다. 그러나 의견 충돌은 아직 진리를 얻지 못한 사람들이 있는 세상의 불완전한 상태를 표현하였다. 만약 그들이 진리를 얻었다면, 성인군주[영조]의 시대에 마치 진리를 얻은 것처럼 완전한 조화가 뒤따랐을 것이다. 유학자들은 실현 불가능할 듯한 이러한 시각을 버리지 않도록 교육받았으므로 불완전한 현실에 편안하게 정착하고 싶어 하지 않았다. 만약 사람이 발전과 완벽함을 위해 지속적으로 노력하지 않는다면 그의 가치는 무엇인가? 그리고 만약 그가 더 나은 사회, 조화롭고 평화로운 사회를 실현하려고 일하지 않는다면 사대부의 유용성은 무엇인가? 그래서 붕당을 극도로 수치스러워하고 잘해야 일시적이라고 여기는 수준 이상의 다른 무언가로 보려는 시각은 용인되지 않았다. 이것은 아마도 서양의 정당이 획득한 법적 위상을 붕당이 얻지 못한 이유 중 하나일 것이다.

여전히 더욱 중요한 것은 권력 추구가 유학자 공동체의 깊은 의심을 샀다는 점이다. 그들은 사람의 행동이 공公을 위한 근심 또는 사私를 위한 열망에 지배받는지에 따라 평가하도록 교육받았다. 전자는 군자君子였고 후자는 소인小人이었다. 동일한 구분이 관직을 얻는 데에도 확장되었다. 관직의 권력은 사적인 이익을 증진하기 위해서가 아니라 공적인 선을 촉진하기 위해서 사용해야 했다. 더욱이 정말 양심적인 학자는 관직을 받아들이기 전에 먼저 정부가 도덕적·실질적으로 종사할 가치가 있는지 평가해야 했다. 만약 그렇지 않다면, 자신이 해야 하는 의무를 버리지 않는 한 관직에 나아가서는 안 되었다.[6] 특히 조선 후기 학자 공동체에는 정부가 상당히 부패하고 관직에 있는 사람 중에는 권력을 남용하는 이들이 많다는 믿음이 널리 퍼진 듯했다. 권력이 소수 권세가에 집중되어 있다는 사실과 별개로, 특히 경상도에 사는 일부 학자들은 의도적으로 개인적인 삶을 학문에 바치는 길을 선택한 것 같았다.[7] 물론 관직 후보는 부족함이 없었고, 관직을 얻은 사람이 어떤 범위까지 공적 의무로서 유교적 이상에 대한 헌신에서 그렇게 했는지 의심할 이유도 없었다. 그럼에도 많은 관리의 관직 이력에서 불편해하고 동요하는 모호한 기운이 감지되었다.[8] 공직을 피했던 학자들[山林]을 위한 특별한 존경은 이러한 풍조를 증명한다. 예컨대, 윤증尹拯의 활동은 결과적으로 소론이 형성되는 계기가 되었으며, 그는 계속된 고위직 제수에도 결코 출사하지 않았다.[9] 1714년[숙종 40] 그가 졸卒했을 때 숙종은 애도하며 시를 지었다.

유림儒林[윤증]은 도道와 덕德을 존중했고
소자小子[숙종]는 일찍이 그를 존경했으나

평생토록 얼굴을 보지 못했으니

그가 졸卒하매 후회가 더욱 깊다.[10]

주자학의 대표 학자이자 노론의 영수였던 송시열 또한 학문적·정치적 경쟁자였던 윤휴가 출사를 거부하자 그를 존경했다.[11]

만약 개별적인 권력 모색이 의심스러웠다면 집단적인 권력 추구는 더욱더 그러할 것이다. 의견충돌에 대한 혐오와 권력에 대한 낮은 존중감에도 사대부 유학자들은 많은 정치인처럼 종종 자신들이 다른 집단들과 영향력 행사를 두고 다투는 모습을 발견했다. 하지만 그들은 이것을 자연스러운 사건 흐름으로 볼 수 없었다. 그런 상황에서 송대 구양수歐陽修[12]가 붕당을 군자당君子黨(우리들)과 소인당小人黨(저들)으로 구분한 방식이 조선 사람들에게서 종종 넌지시 언급된 것은 전혀 놀랍지 않다. 곧, 붕당론 종사자들은 자신들이 부도덕한 이기주의자 집단에 맞서 국가를 수호해야 하는 의무감에 억지로 떠밀렸다는 명제로 스스로를 정당화했다. 그들의 시각에서 군주가 다시 조화를 회복하려면 반드시 이러한 이기주의자로 구성된 붕당을 제거하는 조치를 취해야 했다. 그래서 붕당의 존재는 당연한 것으로 받아들여지지 않았다. 비록 명확히 자신이 아닐지라도, 누군가의 잘못임을 나타냈다. 그것은 바로잡혀야 한다는 이상으로부터 일탈이었다. 결과적으로, 붕당은 좀처럼 중립적 용어로는 논의되지 않았다. 오히려 붕당에 대한 논의는 은밀하고 저항적이며 비난하는 경향을 보였다. 이러한 특징은 사서 편찬의 전통으로 확고하게 굳어졌다.

하지만 붕당을 향한 이념적 양면가치는 사회적·정치적 현실에 근원한 붕당론의 우여곡절을 설명한다. 붕당론은 최소한 두 가지 원칙에서 비롯된 운동이 파장을 일으키는 매개체였다. 한편으로는 집단이 만들어졌는데 혈연, 지연, 학연 등에 일치시켜 행동하려는 경향이 있었다. 다른 한편으로는 정치적·사회적 쟁점이 변하기 쉬운 전략적 연대를 야기했다. 이러한 요소들이 어떻게 관련되었고, 어떤 것이 시기별 붕당론의 성격을 결정짓는 데 두드러지게 나타났을까?

17세기 후반 붕당의 논쟁은 주로 변화된 세계체계 속에서 조선왕정의 역할에 초점이 맞추어져 나타났다. 서인西人과 남인南人 사이에서 불타오르던 예송禮訟 논쟁은 정통 유교전통, 조선 왕실의 역할 그리고 관료공동체와 관계 등에 대한 정의를 서로 다르게 보는 관점에 기초하였다.[13] 그러나 숙종 연간 붕당은 왕좌에서 관료의 관력을 확인하는 수단이 되었다. 이것은 수많은 사대부의 숙청과 죽음, 남인의 실세失勢, 서인 내 노론·소론 분기分岐 등을 일으켰다.[14]

그 결과 경종 연간 사대부 공동체의 분열은 악화되었다. 이 시기 쟁점은 영조를 중심으로 이루어졌다. 1721년, 경종이 즉위한 지 1년이 채 못되어 노론은 즉각 영조를 왕세제로 책봉하라고 압박했다. 이것이 성사되자 그들은 영조의 대리청정까지 제안했다.[15] 노론은 숙종을 대신하여 행동하는 듯했다. 짐작건대 그들로 하여금 영조를 보호하여 궁극적으로 즉위를 보장하도록 한 듯하다.[16] 실제로 그것은 널리 알려져 많은 비난을 받았던 숙종과 이이명李頤命−'노론 4대신' 중 한 사람−의 정유丁酉 독대 시 거론된 문제라고 강한 의심을 받았다.[17] 하지만 이러한 노론의 계획은 신왕이 즉위한 지 얼마 되지 않아서 드러났고, 경종에 대한 존경이나 신뢰가 결여되어 있다는 것을 숨기기 어려웠다. 그러나 놀랍게도 처음에 경종은 자신의 노쇠한 건강을 이유로 정부에서 유능한 아우의 도움을 받기를 희망한다고 동의했다. 하지만 경종이 노론의 거만함은 물론 그들을 통해 돌아가신 부왕이 자신에 대해 호의적으로 평가하지 않았음을 알게 되었을 때, 그의 분노는 한계를 넘어서고 말았다. 경종은 마음을 바꾸어 소론의 요구에 따랐다. '노론 4대신'—곧 김창집金昌集, 이이명李頤命, 이관명李觀命,[18] 조태채趙泰采—은 영조의 대리청정을 청하는 상소에 연명하여 역모를 일으키려 했다는 혐의로 처형되었다. 다른 노론은 그들과 운명을 같이하거나 관작을 삭탈당하고 문외출송門外出送되었다.[19]

영조 치세에 이르러 숙종이 붕당을 무자비하게 이용한 것은 반감을 남겼으며, 영조의 왕위계승 투쟁은 붕당 구조의 융통성을 빼앗아버렸다. 붕당론은 동시대의 문제와 쟁점을 염려했고 붕당의 일원이 되거나 연대하는 것은 약간 변동이 가능했다. 자신의 믿음이나 경향에 따라 붕당을 선택하거나 변경할 수 있었을 것이다. 하지만 이제 붕당의 쟁점은 과거에 뿌리를 두었다. 그래서 편파심이 커져만 갔고, 연대는 융통성이 없어지고 고착되었다. 조선을 통치하는 지배층 가문과 사회구조는 이러한 경향을 악화시켰다. 핵심지배층은 소수였고, 가문의 영광과 충성심은 대단히 중요했다. 다른 붕당 사람들과 가문 및 사회의 관계 같은 문제는 아직 검토가 필요한 상태로 남아 있다. 그럼에도 명백하게 당색을 초월한 혼인, 친교, 학문적 교류, 다른 사회적 접촉은 18세기까지 별로 일반적이지 않았다.[20] 그래서 붕당론은 일단 쟁점과 생각을 표현하는 진입로가 되었고, 이제 그 자체가 쟁점이 되었다.

인식을 다르게 하고 관점에서 벗어남으로써 국왕과 관료는 스스로 충돌하는 위치에 있음을 발견했다. 이들은 가까운 과거 사건 때문에 양극단으로 분열되었고 관료들은 자당의 정당성 입증을 추구했다. 각 붕당의 명예, 특권, 도덕적 자격 그리고 궁극적으로 권력과 안위는 틀림없이 과거의 원한을 갚는 데 달려 있었다. 노론과 소론 두 붕당은 이것을 계속 요구했다.

영조의 입장에서는 전혀 이점을 찾을 수 없었다. 왕세제 시절의 경험은 강성한 붕당에 대한 뿌리 깊은 혐오감을 남겼다. 심지어 소론강경파 일부는 노론을 숙청한 후 자신의 생명을 빼앗으려고 계획했다.[21] 경종 재위 4년간은 영조에게 아주 위험한 시기였다. 이 기간에 법통상 모후 인원왕후가 그를 보호했다. 경종은 잠시 자신의 형제에게 다소 양면적인 감정을 느낀 듯했다. 하지만 소론 정권과 자신의 비효과적인 통치에 환멸을 느낀 경종은 아우를 지원했다. 재위 마지막 해에 경종은 영조를 자신이 실패한 희망에 투자할 수 있는 사람이자 진정한 후계자로 간주했음이 드러난다.[22] 이 기간의 기억은 영조에게 소론강경파를 향해 느꼈던 비통함이 스며들었지만, 또한 그에게 유혈사태를 피해야 한다는 바람이 뿌리내리게 했다. 더욱이 그간 경험은 일당전제一黨專制의 위험성을 확신시켜주었다.

영조가 보기에, 자신이 하나의 붕당 또는 또 하나의 붕당과 연대하는 것은 군주의 권력을 강화하지 못하고 전략적인 필요성도 제공하지 못할 터였다. 실제로 그는 당습을 군주권을 배척하는 것으로 간주하기에 이른다.[23] 가장 긴급한 문제는 자신의 정통성을 확인하는 일이었다. 하지만 붕당 간 연대는 그저 이 문제[정통성]를 복잡하게 만들기만 할 것이다. 그

는 자신의 즉위나 권력이 어떤 단일 집단에 빚을 졌음을 암시하는 일련의
조치를 취하기를 원치 않았다. 노론과 연대하면, 그들은 바로 그러한 것
들을 제안할 것이고, 그렇게 되면 완전한 정통성을 세우기를 희망한 영조
에게 선택의 여지가 거의 없어질 것이다. 다른 한편으로, 영조는 반복해
서 자신이 황형을 시해했다는 혐의에 직면해야 했다. 그는 이 혐의가 소
론강경파에서 유래했으며, 자신의 무죄를 입증하면 소론은 신빙성을 잃
게 되고 붕당정치의 규범에 따라 노론은 신원伸冤[復官]된다고 믿었을 것
이다. 하지만 그 어려운 문제는 아직 마치지 못했다. 소론에 대한 관작 추
탈追奪은 황형의 판부를 비방하게 될 것이다. 만약 그가 경종에 대한 충심
을 확인하기를 희망했다면, 이는 진실로 효과적이지 못했다. 가장 가혹했
던 것은 붕당 정치가 바로 국가의 토대를 위험에 빠뜨릴 수 있다는 사실이
었다. 1728년[영조 4] 무신란이 일어나자 영조는 실제로 분명하게 그것을
깨달았다.

그러다보니 당습黨習 자체와 맞서는 것은 불가피했다. 그래서 취한 형
식은 유교적 수사를 빌려 요청하는 것이다. 관료들이 정의를 요구했을 때
[是非明辯], 영조는 초월적 규범의 충성심을 신봉하는 관료들의 의무를 상
기시켰다. 그가 협력을 추구했을 때, 관료들은 원칙의 고수를 요청한다고
답했다. 왕은 붕당 간 충역 논쟁으로 악의를 품거나 시해 혐의로 조롱거
리가 되는 것을 참지 못하고 당론을 금지했다.

단지 영조는 언로言路를 억눌렀다는 관료들의 비난에 대해 반응을 보
일 수 있었을 뿐이다. 군주의 전제정치autocracy가 강화되고,[24] 간언諫言이
점차 독립성을 잃어가던[25] 중국과 대조적으로, 조선왕정에서 대간은 말

할 권리가 주어졌고 언관言官으로 불렸으며 거의 신성불가침으로 간주되기에 이르렀다. 실제로, 언로 존중은 왕의 가장 중요한 의무로 고려되었고 왕의 덕성을 헤아리는 척도였다. 하지만 대간은 붕당에 대한 충성으로 나뉘었고, 종종 붕당의 대변인으로 행동했다. 그들의 발언권을 존중하는 것은 영조에게 붕당의 사안을 더 곪아터지게 하는 것을 의미했다. 이것이 그가 더 이상 대간의 언사를 용인할 수 없다고 느꼈던 이유이다. 이런 까닭에 왕은 대간의 발언을 제재했다. 사실, 영조는 탕평책으로 부왕과 황형의 조정에서 자주 있었던 유혈사태를 피했다. 그리고 비록 점차 노론 우위 경향이 나타났다 할지라도 정부 내에 노론과 소론을 모두 보존하는 데 성공했다. 그는 심지어 조정에서 붕당 간 논쟁을 침묵하게 만들었다. 하지만 이러한 침묵은 불길했다. 그것은 유교 왕정의 성스러운 전통 중 하나를 영조가 위반했음을 의미했다. 그리고 영조는 군주의 권력은 도덕적 권위에서 만들어진다고 믿었는데, 이것이 가장 큰 교차점이었다.

붕당정치에 대한 환멸

영조는 탕평책을 고집하였음에도 즉위하고 몇 년이 흐른 뒤에야 이를 본격적으로 추진했다. 처음에 그는 붕당정치를 임시변통으로 쓰려고 했다. 하지만 영조가 즉위 후 경종에게서 물려받은 소론관료, 을사환국 이후 그들을 대신했던 노론관료 모두 각각 다른 이유로 불만을 표하여 다루기가 쉽지 않다는 사실이 증명되었다.

소론의 경우, 신왕에 대한 불신이 주요 요인이었다. 영조와 소론의 지난 관계를 볼 때 그들의 우려는 정당했다. 여전히 그는 마치 의식하지 않는 것처럼 의정부의 소론 3대신을 필두로 소론으로 정부를 구성했고, 왕과 관료들은 협력 관계를 향해 잠정적인 걸음을 내디뎠다.

관료들은 신왕에게 전통적인 접근 방식을 취했다. 곧 대간의 위협과 의정부 대신의 위로이다. 대간은 곧 노론에 대한 더 많은 처벌을 청했다.[26] 반면에 영의정 이광좌李光佐와 예조는 영조에게 사친私親[淑嬪]을 추숭하라고 권했다.[*27] 왕은 친절하게 응대했다. 그는 형식적인 문제는 대신에게 미룬 반면에, 본질적인 문제—특히 대간의 요구—에는 거의 양보하지 않았다.

그러나 과거는 묻혀 있을 수 없었다. 1724년[영조 즉위년] 12월[11월], 영조가 즉위한 지 두 달 뒤 향촌 유생 이의연李義淵이 '노론을 위한 정의를 요구하는' 상소를 올렸다. 그 상소에서 보복하고자 하는 어조나 도덕주의자처럼 구는 행태를 볼 때, 어떤 일이 벌어질지 너무나도 잘 예견되었다. 격론을 불러일으키는 논쟁을 이용함으로써 노론을 옹호한 반면에, 소론을 야심에 눈이 멀고 부끄럼이 없는 협잡꾼으로서 '음흉陰凶하고 참독慘毒한 사람'이라고 비난했다. 그리고 1722년[경종 2] 임인옥사의 주요 선동자인 김일경金一鏡을 권력을 추구한 소론의 사례로 인용했다.[28]

차후 균열은 불신에서 일어나는 듯했다. 영조가 원했던 것은 김일경과 더불어, 자신을 반복해서 괴롭히고 비방했으며 죽이려고 계획한 공범 목호룡睦虎龍을 처벌하는 것이었다. 그러나 소론은 그 문제가 김일경과 목호롱으로 종결될 것이라고 간단히 믿을 수 없었다. 소론은 대부분 김일경을 염려하지 않았을 뿐 아니라 오히려 옹호했고, 김일경 처벌이 폭주의 시작이 되지 않을까 두려워했다.

소론관료는 이의연 상소가 자신들에게 미칠 영향을 두려워한 나머지 그를 처벌하라고 압박했다. 반면에 영조는 소론이 충성심의 상징으로 김일경에 대해 양보하기를 기다렸다. 영조가 소론의 요청을 승낙하기를 머뭇거리자 그들은 더욱더 불안해했다. 반면에 소론이 영조의 소망에 대해 무감각한 듯한 태도를 보이자 영조는 수치스러워했다.[29] 결국, 얄궂게도 양쪽 모두 자신들의 소망을 성취했다. 이의연과 김일경은 모두 재판에 회부되었다.

이의연은 상소를 철회하기를 거절했고, 소론이 추국하는 중에 물고物故되었다.[30] 그러나 김일경에 대한 재판은 소론관료의 마지막을 알렸다. 김일경의 저항은 그의 뻔뻔함에 익숙한 사람들조차 놀라게 했다. 그는 표면상 1722년[경종 2] 임인옥사 결과에 대하여 왕[경종]을 위해 찬撰한 반교문頒敎文의 자구字句가 문제가 되어 재판에 넘겨졌다.[31] 이것이 영조가 경종 시해 음모에 연루되었음을 암시했기 때문이다. 처음에 김일경은 자신을 변호하면서 그 자구는 잘못 인용되었다고 주장했다. 하지만 그가 희망이 없다고 느끼자, 자신의 주군 경종에 대한 충성심 때문에 찬탈자에게 박해받아 저항하는 순교자 중 한 사람인 것처럼 행동했다. 그는 국청을 주재했던 영조에게 일반적 학자라는 의미인 진사進士로서 자신의 소망은 오직 주군을 따라 죽는 것이라고 말했다. 그의 소망은 곧 받아들여졌다. 목호룡 또한 비슷한 재판을 받은 뒤 죽었다.[32]

김일경의 행동으로 충격을 받은 소론은 뒤늦게 사죄하려고 했지만 파장이 너무 깊었다. 김일경과 목호룡이 죽자 격분한 그들의 당여는 영조에게 황형을 독살했다는 시해 혐의를 퍼부었다.[33] 이는 왕의 중대 결정을 촉발시켰다. 그에게는 1722년[경종 2] 임인옥사의 판부를 뒤바꾸는 것과 자신의 누명을 벗는 일이 중요했다. 노론관료는 이러한 목적을 성취할 수 있도록 돕겠다고 했다. 1725년[영조 1] 6월에 환국이 마무리되었다. 소론의 공포는 자기실현적 예언이 되었다.

과거의 무게감이 노론관료를 이끌었다. 소론이 보복의 공포를 느낀 것은 노론이 복수를 위한 욕망을 불태웠고 기대 또한 높았기 때문이다. 그러나 종국에는 예상과 달리, 영조는 그들이 철썩같이 믿던 사람처럼 굴지 않았다. 누구를 위해 그들이 참담한 패배로 고통받았는데 이제 왕좌에 있으면서 이럴 수 있는가? 노론은 정당성을 입증하는 데 주력하면서 소론을 역도로 판부하고 자신들이 겪었던 고통과 똑같이 그들에게 타격을 입히기를 열망했다.

비록 노론의 요구가 가까운 과거의 붕당정치 규범에 따르면 전례도 있고 정당화가 용이하다 해도 영조에게는 적합하지 않았다. 왕은 피의 숙청을 피하기로 결심했다. 그래서 그는 다시 모순에 직면했다. 노론에 기대어 붕당정치를 하면서 그 규범을 따르는 것을 거절했다. 그 결과 몇 년간 격렬한 논쟁이 지속되었다.

이런 불행한 상황은 적어도 어느 정도는 오판에서 나왔다. 사실, 영조는 노론의 요구를 예상했다. 하지만 영조는 그들에게 숙청이 무의미하다는 것을 설득하고 싶어 했다. 이러한 그릇된 희망은 모순적이게도 과거 노론과 관계에 기초하였다. 그들은 모두 소론에게 모욕을 당했다. 그가 기꺼이 복수에 앞장서려고 했기 때문에,[34] 관료들도 같을 것으로 기대했다. 그는 승리의 덫에 걸렸기 때문에 이들을 아주 쉽게 용인했다. 순교자들과 원로들은 명분에 좌우되었고,[35] 혐의[忠逆]는 뒤바뀌었으며,[36] 유배형은 걷혔고 소론은 탄핵되었다.

그러나 노론의 관점에서는 그것이 형식에만 치우쳐 내용이 없었다. 영조가 취했던 수단은 그들이 보기에 왕에게만 유리했다. 그가 과거 노론과 관계를 안이하게 생각하려고 했기에 노론은 더 큰 배신감을 느꼈다. 노론은 영조를 즉위시키려고 피의 대가를 치렀다고 생각했다. 왕좌가 공고해지자 영조는 의도적으로 그들을 무시하면서 더 큰 정의를 외쳤다. 이러한 과정은 그들을 격노하게 했다. 유교적 전통에 잠겨 사익을 추구했다는 암시가 확대되면서 그들이 받아들일 수 있는 것보다 훨씬 더 도덕적으로 왕보다 열등하다고 느끼게 만들었다. 그래서 소론이 역도라는 왕의 판부를 얻는 것이 더욱 중요했다. 그것은 단지 원한을 갖는 문제가 아니었다. 그들의 소론 숙청 요구는 정당하며 심지어 이것이 공익에 해당한다는 것을 보여주어야 했다.

소론의 지위를 약화시키는 확실한 길은 종묘에서 그들의 죄를 고하는 것이었다. 그래서 노론은 두 가지를 제안했다. 첫째, 고묘 시 경종의 질병을 언급하자는 것이다.[37] 경종의 질병을 공개적으로 밝히는 것은 왕조의 안위를 염려했기 때문이며, 노론이 영조를 왕세제로 책봉하게 했고[建儲] 가능한 한 빠른 시일 안에 대리청정을 시행하게 했으나, 소론이 권력을 탐해서 이를 막았다는 주장을 뒷받침할 것이다. 그리고 옥사에 대한 경종의 책임을 거론하지 않으면서 왕을 보좌했던 소론에 모든 비난을 돌렸다. 이 제안은 적절성 문제가 제기되었다. 경종의 무죄는 밝혀주었지만 왕을 무능하게 만들었기 때문이다. 비록 영조가 강한 유혹에 넘어갔다 할지라도 온건파가 이러한 부제不悌의 함축적 의미를 상기시켰을 때[38] 영조는 그 제안에 반대했다.[39] 둘째 제안은 '적신賊臣'으로 표현된 소론을 축출하는 것이다. 영조는 훨씬 신속하게 거절했다.[40]

노론은 직접적 맹공격이 실패하자 개별적 접근법을 시도했다. 그들은 소론 5대신을 역률로 다스리고자 하였으나[41] 영조는 주의를 기울이지 않았다. 그들은 연명 또는 단독 상소, 개인적 책망과 간청 등 이용할 수 있는 모든 형태의 압박을 가하였으나 소용이 없었다. 마침내 7월 29일[6월 20일]에 관료들은 관직을 버리고 정청庭請에 들어갔다. 영조는 꼼짝도 하지 않았다. 2주 후에 왕은 공식적으로 그들이 정청을 끝내도록 했다. 그가 내건 조건은 체면을 세워주는 것 말고는 거의 없었다.[42] 동요가 있은 지 이틀 후인 8월 14일[7월 6일] 관료들은 정청을 끝냈다.[*43]

탕평책의 탄생

비록 영조가 노론의 요구를 저지하는 데 성공했다 할지라도,[44] 그에 따른 중압감은 막대했다. 그 사안이 조정을 뒤덮었고 정사政事의 효율성에 심각한 손상을 입혔다. 노론관료들은 이제 사직을 언급했다. 유교 전통에서 관료들의 '진퇴進退' 위협은 군주가 모실 가치가 없다는 것을 암시했다.

이때쯤 다른 목소리가 들렸다. 중국에 사신으로 갔다가 돌아온 조문명趙文命은 당습을 맹렬히 비난했다. 그는 상소에서 명이 당습 때문에 망했다고 슬퍼하였고, 현재 조선 조정에서도 당습이 위험하다고 경고하면서 붕당을 없앨 것[破朋黨]을 주장했다. 영조는 시의적절한 제안을 환영했다.[45] 곧 탕평책이 공표되었다. 1725년[영조 1] 11월[10월]에 인현왕후의 동기同氣이자 고위 노론 대신인 민진원은 영조와 그 주제를 놓고 대화를 나눴다. 왕이 타협적인 어조로 대하는 동안 민진원은 왕의 외숙外叔으로서 직설적이었다. 그 대화에서 많은 것이 드러났다.

민진원: 동부승지*[46] 조문명이 상소에서 제안한 '붕당을 없애는 것'은 겉으로는 좋아 보이지만 실제로는 좋지 않은 중대한 이유가 있습니다. …… 대저 시비사정是非邪正을 먼저 변별辨別한 후에야 붕당은 저절로 없어질 것입니다. 만약 그 시비사정을 제대로 변별하지 않고 단지 붕당을 미워하여 없애려고만 하면, 종국에는 망국에 이르게 될 것입니다. 조문명은 글을 읽는 사람인데 어찌 이러한 도리를 알지 못하여 단지 '파붕당破朋黨' 석 자만 말하고, 붕당을 없애는 도리는 말하지 않은 것입니까? 이는 좋을 듯하지만 그렇지 않습니다. 전하께서는 단지 범연泛然히 살펴보시고 좋다는 하교를 내리셨는데 어찌 잘못이 아니겠습니까? 지난 신임옥사는 가히 참혹하다고 이를 만합니다. 당초에는 자기 뜻과 다른 것을 배척하는 데서 나와 그 후에는 선한 사람을 죽이고, 종국에는 군부를 핍박하는 데 이르고 스스로 악역惡逆을 범하였으니, 지금 악을 징계하고 죄를 토역하기를 청하는 것을 당론黨論으로 어지럽게 돌린다면 어찌 의리를 크게 어그러지게 한 것이 아니겠습니까? 만약 원악元惡[正

犯]은 크게 징벌하여 형륙刑戮[死刑]을 시행하고, 그 나머지[從犯]는 경중에 따라 다스리신다면, 이것이 곧 탕평의 도道가 될 것입니다. 만약 이와 같이 한다면 사당邪黨 중에도 마땅히 겉으로라도 뉘우치는 자[革面]가 있을 것입니다. 무릇 나의 정도正道를 반드시 편 후에야 사기邪氣가 그 틈에 들어올 수 없습니다. 혹여 시비사정이 섞여 있는 것을 모두 붕당이라고 이른다면 단지 의리가 끊어질 뿐 아니라 그 나라가 어찌 위태로워져 망하지 않겠습니까?

영조: 조문명의 상소는 나를 저절로 미소짓게 하였다. 내가 보기에 비록 그릇되지 않으나 다른 사람이 보기에 반드시 그 말은 우활迂闊하다고 여길 것이다. 대저 시비사정을 변별하는 것은 마땅히 힘써야 한다. 그러나 옳은 것[是] 중 그릇된 것[非]이 있고, 그릇된 것 중 옳은 것이 있으니 사람은 요순이 아닌데 어찌 매사 선善을 다하겠는가? 그 장점을 취하고 단점을 버려서 사람을 대하는 데 완벽함을 구하지 않는다면[與人無求備], *47) 어찌 도리를 좋아하는 것이 아니겠는가? 지난 시절의 신임옥사를 나 또한 안타깝게 여긴다. 그러나 이는 붕당 두 글자의 해로움에 불과하다. 인정人情으로 헤아려보면 어찌 분개憤慨한 마음이 없겠는가? 그러니 분개[憤]는 칠정七情 중에서 성냄[怒]을 이르는 것이다. 옛말에 오직 성냄이 가장 제어하기 어려우니, 만약 성냄을 제어하지 못한다면 어찌 과격함이 일어나지 않겠는가? 일전에 청대請對 시 이미 그에 대해 말하였다. (김일경의) 상소에 연명했던 죄인에게 극률極律[사형]을 시행하는 것은 불가하다. 그런데도 대계臺啓로 논한 것은 분개하여 박절한 말이 없지 않으니, 만약 한때 공의公義를 위주로 하더라도 위에서 진정시키지 않는다면 어찌 지나친 것이 아니겠는가? 내가 일찍이 열성列聖[선왕]의 지장誌狀을 살펴보니, 고려 말의 권신權臣이 이성異姓으로 왕이 되었다고 하여48) 그 죄가 진실로 형륙을 다해야 마땅했다. 하지만 우리 태조太祖[이성계]께서는 오히려 주륙誅戮을 가하지

않았으니, 이는 성대한 덕德과 지극한 인仁이 아님이 없었다. 한당漢唐이 나라를 향유한 지 오래되었으나 또한 인후仁厚를 이루지 않음이 없었다. 옛말에 요순을 본받고자 한다면 마땅히 조종祖宗을 본받아야 한다고 했는데, 어찌 이와 같은 준열한 논의를 따라야 하겠는가? ······.

민진원: 단지 태조 연간의 고사만 이러할 뿐이 아닙니다. 계해년(1623) 인조반정 당시 대비[仁穆大妃]를 폐한 죄인은 모두 주륙하는 형전刑典을 시행하는 것이 옳았습니다.[49] 그러나 인조[仁廟]께서는 단지 흉인[凶人][50] 6, 7명을 주륙한 것 이외에는 찬축竄逐한 데 그쳤고, 오직 대북大北의 여얼餘孼도 그 자손만 가렸습니다.[*51] 또한 지금 신이 청하는 토죄討罪는 유봉휘柳鳳輝와 상소에 연명한[疏下] 오적五賊[*52]에 불과하니, 이외에는 반드시 많이 죽일 필요가 없으니 분별해서 죄를 정할 뿐입니다. 지금의 의리는 정정당당正正堂堂한데도, 만약 정당한 의리를 당론으로 치부한다면 결과는 가볍지 않을 것입니다. 만약 이와 같다면 신 등은 또한 당론에 물들었으니 신이 무슨 면목으로 맑은 조정에 서겠습니까? 전하께서 만일 '파붕당' 석 자를 좋아하셔서 엄단을 내리지 않으시면 앞머리는 온갖 계책으로 몰래 들어가니, 소인의 계략이 팔릴 것이니 그 화가 더욱 참혹해질 것입니다. 대저 생生을 좋아하고 사死를 싫어하는 것은 인지상정人之常情이니, 신도 어찌 이러한 뜻이 없겠습니까? 신과 우상右相이 일찍이 이미 이 자리에 있으면서 규피規避해서는 안 된다고 말했습니다. 만약 일이 바람이 일어나듯이 빨라서 당할 수 없는 상황을 맞이했다고 하더라도 어찌 대각臺閣의 위에 있으면서 바라만 보겠습니까?

영조: '의疑' 한 글자는 바로 이것을 이르는 것이다. 만약 이와 같다면 정情과 지志는 어찌 신뢰할 수 있으며 국사는 어찌 행할 수 있겠는가? 탕평과 파붕당의 말은 좋은 것이다. 지금 쟁론은 비록 정직正直한 의논이라고 할지라도, 만약 많이 죽이게 된다

면 또한 어찌 정직이라고 이르겠는가?[53]

위의 대화를 보면 민진원은 맹렬한 도덕주의자로 고압적·독선적이며, 복수를 하려고 작정한 듯하다. 반면에 영조는 겸손과 이성의 모범이라는 인상을 준다. 왜 민진원은 그렇게 단호하게 이 주제에 대해 나무라기만 하고 영조에게 완벽한 이성적 탄원을 하지 못했을까? 민진원이 처음부터 이성적이지 않은 사람은 아니었다. 그는 타협할 줄 아는 노련한 정치가였고 존경받는 학자이자 나라를 대표해서 수차례 중국에 사신으로 다녀온 명문가 자손이었으며 비록 곤경을 겪었을지라도 오랫동안 영광스럽게도 전문가로서 관료 경력을 지녔다.[54] 그의 맹렬한 음성은 노론 동료들을 위해 반복해서 울려 퍼졌으나, 다른 문제에는 신중하고 합리적으로 대할 여유가 있었으며 단지 설명이 좀 필요했을 뿐이다.

사실, 과거 사건들과 관계 때문에 노론과 강한 연대감을 갖고 있었다. 그러나 그것은 단지 과거가 아니었고 정확히는 과거를 해석하는 방법이 자신들의 견해를 이끌어냈다. 확실히 이러한 복수에 대한 굶주림은 단지 권력만 추구하지 않았다. 궁극적으로 권력과 연결되었으나 마치 정치의 거의 모든 것처럼 보였다. 하지만 권력을 유지하고 강화하는 전략으로 보면, 현명하지 못했고 그들도 그것을 알았다. 영조는 자신이 고집스러운 왕이고 자신에게 맞지 않는다면 정권을 기꺼이 교체할 능력이 있다는 것을 증명했다. 이러한 왕에게 도전하거나 왕을 거역하는 것은 위험부담이 상당했다. 진정으로, 노론정권은 소론이 완전히 제거될 때까지 안심하지 못했다. 하지만 이 원칙이 그들에게 매우 중요하지 않았거나 권력보다 훨썬 중요하지 않았더라도, 그들이 곧 그대로 따라야 하는 '의리義理'를 바꿀 수 있다는 것은 확실히 그렇게 사소한 문제가 아니었다.

그들이 언급한 '의리'에서는 영조가 그들의 반대정파에 역도逆徒라는 판부를 내려야 했다. 사형과 처벌은 실제로 이 원칙의 중심에 있지 않다. 중요한 것은 왕이 어떤 공식적인 처분으로 노론의 결백을 완전히 확립하고 그들의 정당성을 입증해주어야 했다. 만약 이것에 피의 보복이 필요하다면 그래도 괜찮았다. 공적인 사람[公人]으로서 자신들의 정체성을 정당화하는 것 외에는 아무것도 바라지 않았다.

이 지점에서 붕당정치에서 명백해진 것처럼 공적인 사람의 개념과 정의 개념의 관계를 검토해보아야 한다. 유교 정부의 권위는 우주에 내재하는 도덕적 질서를 사회로 이끌어낼 수 있다는 전제에 기초한다. 공적인 사람의 존재 이유는 이러한 목표를 실행하도록 돕는 것이다. 복수를 포함해서 공적인 사람의 모든 행동은 곧 이 틀에서 정당화되어야 했다.

선택의 여지가 없었다. 도덕적 질서의 보편성에 대한 유학자의 신뢰는 완벽한 국가, 사적·공적 정의가 일치하는 것을 함축적으로 의미했다. 다른 말로, 선한 정부의 판단은 이 같은 불가분성을 확실히 해야 한다. 그리고 역으로 도덕적인 사람은 불가분성을 범해서는 안 된다. 그래서 공적인 사람이 되려면 먼저 도덕적인 사람이 되어야 한다. 하지만 사람의 동기와 행동은 공적인 도덕에 합치되어야 한다는 인식이 필요했다. 이러한 인식은 군주에게서 나와야 하는데, 그렇게 함으로써 사적 정의와 공적 정의 사이에 완벽한 결합을 만들게 될 것이다. 이것이 심지어 붕당 간 대립이 가장 극심했던 시기조차 반대 붕당의 일원에 대한 비밀스러운 또는 사적인 암살을 시도한 사례가 단 한 번도 없었던 이유이다. 복수를 그렇게 달성한다면 그 목적조차 훼손될 것이다.

이러한 관점에서 탕평책은 도덕적 존재인 노론 자신의 이미지를 위협했다. 그것이 시비명변是非明辯에 기초했기 때문이다. 이것을 수용하면 그들은 도덕적인 사람으로 인정받고자 했던 자신들의 숙원을 박탈당할 것이다. 이것은 의심할 여지없이 노론 대부분에 해당되었다. 대안은 자신들의 책무를 실패하게 만든 왕을 책망하는 것이었다. 그들은 그렇게 했다. 일부는 '자격이 없는' 군주를 위한 출사를 거부했다. 관직에 남았던 다수는 영조에게 실패를 상기시켰다.

노론은 정당성 입증을 압박하였으나 이들의 주장은 곧 다른 사안으로 옮겨갔다. 그들은 이 같은 요구를 관철하려고 반복해서 영조가 자신들에게 빚을 졌다고 지적했다. 영조가 공격을 받았을 때 자신들이 지지했음을 상기시켰는데, 왕좌를 자신들에게 빚졌으니 정신 차리라고 경고하는 의미였다. 심지어 한 상소에서는 왕이 목숨과 왕좌를 노론에 빚졌다고 명쾌하게 말했다.[55] 이제 영조는 의례상 이러한 관점을 용납할 수 없었다. 용인한다면 자신의 권위는 희석될 것이고, 정통성에 대한 주장은 약화될 것이었다.

탕평책은 분명히 붕당정치의 문제에 대한 해법을 쉽사리 제공해주지 않았다. 영조와 노론관료의 충돌은 새로운 수사 아래에서 지속되었다. 왕은 정책이 백성으로 하여금 복수를 하겠다는 사적 욕망을 일으키는 것은 자신을 포함해서 억제해야 한다고 주장했다. 관료들은 소론 처벌이 정당성을 획득하는 데 필수라는 입장을 견지했다. 이 같은 논쟁을 거친 이후에 비로소 조화와 질서가 자연스럽게 퍼져나갔을 것이다.

　1727년[영조 3] 초반에 이르러 상황이 매우 긴박하고 험악해져 조금이라도 변화가 필요했다. 영조는 강경파[峻論] 민진원과 이관명을 온건파로 교체했다. 하지만 왕이 민진원과 이관명의 후임으로 직접 고른 사람은 그들의 노론 동료로부터 의심받던 홍치중洪致中과 조동빈趙東彬이었다. 소론 문제에 관한 어떠한 양보 행위도 노론을 배신하는 사유로 간주되었다. 탄핵 상소가 쏟아졌고, 그들은 사임했다.

　실제로 노론의 요구를 수용하기에는 부족함이 없을 듯했다. 의정부는 얼마 동안 멈추었다.[56] 영조가 더 이상 노론과 협력하기를 희망하지 않았을 때인 1727년[영조 3] 8월[6월]에 두 번째로 정부 부처[?][*57]를 교체하는 결단을 내렸다[丁未換局]. 며칠 만에 소론은 돌아왔고 이광좌와 조태억이 이끌었다. 노론관료는 이전부터 약 1년간 대궐에서 정청庭請을 벌였는데, 101명 전부가 해임되었다.[58] 그래서 영조는 그러한 문제를 피하려고 잠시 다시 붕당정치에 의지했다. 조현명이 일련의 과정에 대해 사려 깊은 행동인지 의문을 표하자 영조는 사과했다. 그는 확실히 유감스럽다고 인정했지만 '위대한 이상'을 추구하려면 그렇게 해야만 했다.[59]

　그러나 모든 것이 허사는 아니었다. 영조는 과거의 잘못을 반복하지 않겠다고 결심했고, 당론을 공식적으로 금지함으로써 출사한 소론을 환대했다.[60] 소론은 탕평책 아래에서 다시 정권을 잡게 되었으므로 최소한 수사적 차원에서라도 감히 그것에 반대할 수 없었다. 하지만 탕평책은 결코 완벽하게 시행되지 않았다. 영조는 새로운 관료 중 노론온건파를 참여시키고자 시도하였으나 성공하지 못했다. 예컨대 홍치중은 노론 동료들이

해임된 상황에서 조정에 남기를 요청받는 것이 매우 불편하다고 분명히 밝히면서 출사를 거절했다.[61) 다른 노론들도 거의 같은 태도를 보였다. 영조는 이 때문에 상처받고 분개했다.[62) 하지만 아무것도 할 수 없었다. 그가 노론온건파와 함께할 수 없었던 것은 자신이 탕평정책의 지지자를 소론 중에서 발굴하고 고취했기 때문이다. 송인명, 박문수, 조문명趙文命, 조현명 등은 모두 붕당정치의 강력한 반대론자이자, 곧 왕의 핵심 고문으로 활동하였다. 영조는 심지어 조문명의 딸을 세자빈으로 삼았다.[63) 그들의 중재로 소론은 노론에 대해 가장 약한 상징적 불명예를 주는 선[追奪]에서 만족해야 했다.[64) 영조 즉위 후 처음으로, 외관상 조정에서 붕당에 관한 사안이 정부 행정기능보다 부차적인 현안으로 밀려나는 모습을 보여주었다.

무신란戊申亂*65)

영조는 실질적인 문제를 돌보는 것을 염려해야 할 이유가 있었다. 중앙정부는 정치적 소요로 주의가 분산되어 사회적 문제에 제대로 대응하지 못하고 있었다. 사회의 각 영역에서 불만이 자라났고 불안은 명백했다. 처음에 영조는 1727년[영조 3] 중반에 시작된 기근 탓으로 돌렸다. 비록 기근이 결코 특별하지는 않았지만 막대한 규모로 인해 쉽게 무질서를 야기할 수 있었고 통치집단은 이 점을 잘 알고 있었다. 문제가 연속해서 일어나는 막바지에 이르자 사람을 잡아먹는다는 소문까지 뒤따랐고,[66] 유망流亡이나 기근 등은 조정에 충격요법으로 다가왔다. 영조는 세금 감면과 구휼곡 배포 등과 같은 전통적인 방법으로 신속히 대응했다. 하지만 가을 수확은 변변치 않았고, 남부 지방은 11월[9~10월]에도 궁핍했다. 영조가 할 수 있는 한 최선을 다했지만 충분하지 않았다.

12월[10월]에 징후가 나타났다. 12월 4일[10월 22일]에 이광좌가 집 없고 굶주린 사람들이 전라도에서 산 두 개를 점거하고 있는데, 다루기 어렵고 위험해질 수 있으며 숫자가 불어나서 이미 체포하는 것이 불가능하다고 고했다.[67] 곧 이 같은 사건은 기근보다 더 큰 의미가 있는 것이 분명했다. 전라도에서 처음으로 선동적인 괘서가 나타났고, 1728년 1월[1월]에 한성까지 급속히 퍼졌다.[68]

이러한 괘서의 정확한 내용은 기록되어 있지 않다. 모두 불경죄로 불태워졌다. 괘서에 대해 "차마 언급할 수 없다"라고 서술되어 있지만, 영조의 '정통성' 문제를 내세워 반역을 선동한 것으로 추정된다. 일부 정사나 야사野史에 있는 암시와 견해로도 정보를 충분히 긁어모을 수 있다.[69]

괘서와 제멋대로 구는 폭도의 출현은 금방이라도 봉기가 일어날 것을 시사했다. 그 문제에 대한 논의가 조정을 잠식했다. 영조는 신중하라고 촉구하여 관료들을 놀라게 했다. 그는 처음에는 믿지 않았다. 1624년[인조 2]*[70] 이괄李适의 난 이후 심각한 봉기는 없었다. 왕이 백성의 고통을 염려했는데도 어째서 이 같은 상황에 직면해야 했을까? 물론 반란은 군주의 권위를 궁극적으로 거부하는 것이었다. 명백히 직접적으로 자신에게 대항하는 반란에 직면한 것이 가장 큰 모욕이었다. 영조는 그것을 인지하자 실패를 인정하였다.

4월 22일[3월 15일]에 이르러 반란 발발이 임박했다는 증거가 압도적으로 많아졌다. 경기도 수원부사 송진명宋眞明이 관할구역에서 봉기를 모의한 증거를 조정에 고했다.[*71] 4월 21일[3월 14일] 밤에 소론 출신의 전 영의정 최규서崔奎瑞가 같은 정보를 가지고 밤새 달려왔다.[*72] 비상회의에서 관료들은 여전히 거의 만장일치로 무엇보다도 속히 병력 이동이 필요하다고 하였으나, 영조는 그들이 망연자실하여 격분하게 했다. 그는 만일 소문이 거짓일 경우, 병력이 나타나면 불필요하게 백성을 동요시킬 것이라고 주장했다.[73] 소름끼치는 보고가 이틀이나 더 있고서야 단지 추측이 아니라 실제 반란이라고 영조를 설득할 수 있었다. 왕은 추국당상을 임명하고, 몸소 이미 체포된 죄인을 추국하였다. 상황은 영조가 상상했던 것보다 훨씬 나빴다. 가장 종합적인 정보는 자신의 의지에 반해 음모에 참여하게 되었다고 주장한 김중만金重萬에게서 나왔다. 그가 한 얘기의 요지는 다음과 같다.[*74]

반란군은 한반도 남부의 절반 정도에 퍼져 있었고, 그 지도층은 영향력 있는 지방의 양반에서 나왔다. 그 계획은 지방회의체의 조합과 지도자들 사이의 조화로 오랫동안 이루어졌다. 반란군은 4월 20일[3월 7일] 경기도 구만리九萬里에서 군사를 모으고 이후 즉시 충청도 감영인 청주를 공격하기로 결정했다. 이인좌李麟佐가 이끄는 경상도의 군사가 약속한 날짜에 나타나지 않자 이는 일시적으로 연기되었다. 김중만에 따르면, 그가 출발할 때 반란군은 가천加川과 구만리에 숨어 있었다. 김중만은 그들이 조만간 한성을 공격하려 계획하고 있다고 폭로했다.[*75] 군사가 공격할 때 내응하여 군대와 합류할 수 있도록 상복으로 변복한 많은 이들이 이미 성 안에 들어와 있었다.

다른 죄인들은 봉기를 위한 모병과 준비를 목격했거나 반군을 보거나 반군에 대해 들었다고 자백했다. 훨씬 더 충격적인 것은 평안병사와 같은 고위 무신이 폭동 계획에 참여했음이 밝혀진 것이다. 실제로 북도北道[關西]에 주둔하는 왕의 군사가 반란의 심각한 영향력하에 있었음이 드러났다.[76]

충격을 받은 영조는 신속하게 대항할 수단을 마련했다. 그는 군사를 징발하고 김중기金重器를 순토사巡討使, 박찬신朴纘新을 중군中軍에 각각 임명하여 출정을 명했다.[*77] 왕은 그러한 가운데서도 평안병사 이사성李思晟과 금군별장禁軍別將[*78] 남태징南泰徵을 체포함으로써 당시 가장 위험한 군사력을 제거했다. 역모에 참여했다는 혐의로 목호룡의 형제 목시룡睦時龍, 김일경의 아들 김녕해金寧海를 체포하여 처형했다.[*79] 유화정책 이외에 보상과 처벌 소식이 전국에 다음과 같이 공표되었다. 반란을 도운 이들은 선동한 것으로 간주하고, 가족 중 한 사람이라도 연루되면 처형하며, 생사에 관계없이 역도를 잡아오거나 잡을 수 있는 정보를 가져오면 물질적 포상과 관직을 받을 것이라고 하였다.[80]

그럼에도 적어도 잠시 동안 왕의 조정은 실질적 위험에 처해 있었던 것처럼 보인다. 한 가지 예를 들면, 원정군 출발이 지연되었다. 순토사 김중기가 반군과 싸우기를 꺼려했기 때문이다. 그는 반란에 참여하지 않았다할지라도 분명히 동조하고 있었다. 25일[3월 17일]에 이르러서야 병조판서 오명항吳命恒이 김중기를 대신하여 사로도순문사四路都巡問使[*81]가 되어 군사를 출발시켰다.*82) 그리고 다음 날인 26일[3월 18일]에 충청도 감영이 있는 청주가 23일[3월 15일] 반군에 함락되었다는 소식이 조정에 도착했다.

정사正史에 따르면 반군은 장례를 치른다는 핑계로 문상객을 가장하여 반란에 참여시킴으로써 지방정부를 속여 읍성을 장악했고, 현재의 물질적 보상인 뇌물과 미래에 대한 장밋빛 약조約條로 지역민의 협력을 얻었다고 한다. 또 반복되는 경고에도 절도사節度使[忠淸兵使]*83) 이봉상李鳳祥이 필요한 행동을 취하는 데 실패했음을 거론하였다. 근래에 청주로 좌천된 이봉상은 중앙정부와 화합하지 못한 끝에 자신의 불운과 죽음을 야기했다.84)

정사에는 완곡한 표현을 제외하면, 영조가 가장 걱정한 것이 무엇이었는지를 언급하지 않았다. 그것은 곧 장례의 중요성이었다. 이 때문에 우리는 동시대 야사에 의존해야 한다. 장례는 경종을 위해서 치른 것처럼 보였는데, 역도는 영조와 모후 인원왕후가 경종을 독살했다고 하였다. 소문에 따르면, 역도는 경종의 신주神主를 운반한 뒤 아침저녁으로 곡하는 예를 올렸다. 그들은 영조의 부도덕한 왕좌 강탈로 정당한 사람을 후사로 세우는 일이 긴요해졌다고 주장했다. 그리고 효종의 형으로 왕위계승 전에 죽은 소현세자의 직계 후손 밀풍군密豐君[李坦]을 추대하였다.85)

괘서에 포함된 이러한 내용은 봉기의 일관된 주제로 나타났다. 곧 영조에게는 정통성이 없으므로 정통성 있는 후계자를 다시 세워야 한다는 것이다. 물론 이것은 영조에게 끔찍한 충격을 안겨주었다. 그는 분명히 이 같은 내용을 괘서를 보고 인지했을 것이다. 그러나 이러한 괘서 유포가 하나였을 뿐이고, 선왕에 대한 장례를 빌미로 한 물리적 위협은 전혀 별개였다. 가장 충격적인 사실은 그러한 구호에 있는 것이 아니라 그것이 성공했다는 것이다. 그는 괘서를 최근 정치사건의 불운한 결과라고 이성적으로 생각했다. 하지만 역도에 동조하는 광범위한 지지는 영조의 천명天命이 진실로 의심받고 있음을 의미했다. 이러한 경악할 만한 현실에 직면한 왕은 절망에 빠졌다. 단지 거듭되는 대신의 위로와 충성 서약만이 그로 하여금 일생 최악의 나날을 견딜 수 있도록 지탱해주었다.[86]

가장 나빴던 상황은 곧 지나가고 왕의 군대가 승전을 거두기 시작했다. 5월 1일[3월 24일]에 사로도순문사 오명항은 경기도에서 반란군을 완파했고,[87] 이 소식은 전라도에서 반란이 실패하는 데 영향을 미쳤다. 꽤 많은 포상으로 고무된 지역민이 협력하여 반군의 수괴—이인좌, 박필현朴弼顯, 박필몽朴弼夢, 그리고 기타 인물(김일경의 악명 높은 상소에 연명했던 사람들[疏下 중 일부)—를 체포했다. 마지막 근거지인 경상도는 역도가 지역민에게서 가장 강력한 지지를 이끌어냈던 곳이지만 5월 10일[4월 2일] 왕의 군대 수중에 들어갔다.[88]

역도에 대한 추국은 다시 두 달간 더 지속되었다. 영조가 종종 친국하였다. 100여 명이 처형되었고 그들 중 다수는 가족이 노적奴籍되었다. 추국은 기록되었고 추안推案은 그들의 정체성과 연루된 동기에 대한 주요한 근거 자료가 되었다.[89] 이 반란은 확실히 상당한 분석이 필요한 사회적·정치적 긴장상태가 폭발한 것이다. 이 사건에 대한 영조의 인식을 이해하는 데 추안은 우리에게 최선의 길잡이로 보인다.

추안에서 반란을 조직한 주요 인물의 이력을 살펴보면 그들은 소론강경파였고, 영조 즉위로 종결된 왕위계승 문제로 보면 소론 일반에 해당했다.[90] 역모는 이런 이유로 이후 곧장 시작되었다. 조정의 불안정한 정치는 단지 반란에 대한 확신만 강화시켜주었다. 첫째, 김일경과 목호룡은 처형되었고 김일경의 상소에 연명했던 이들은 유배되었다. 이것은 노론 관료들이 수년간 지속적으로 주장해온 소론 처벌 요구에 따른 것이다.

역도는 자신들이 보기에 정치적 동맹으로 간주할 수 있는 다른 집단을 역모 명단에 넣고자 시도하였다. 그들은 주로 먼 조카나 처가, 기타 가족 간 연결을 매개로 모병했다.[91] 전라도 나씨 집안이 좋은 예이다. 그들은 몇 세대 동안 출사하지 못했고 가까운 장래에도 관직을 얻을 수 있다는 희망이 없었다. 자신들이 상당한 부를 축적했기 때문에 그에 걸맞은 관직에 접근할 수 없다는 것은 크나큰 비통함의 원인이었다. 나씨 집안의 몇몇은 혼인으로 이인좌와 연결되었다. 그들은 반란으로 인도되었고, 전라도 봉기의 중요한 구성원이 되었다.[92] 인력 때문에 역도는 처음으로 노비와 소작농에 기댔다. 이들은 상당한 숫자에 이르렀다. 또한 그들은 사람들을 고용하기까지 했다.

역도는 대중에게 자신들을 정당화하고 설득할 수 있는 반왕反王 구호가 필요했다. 경종 통치에 이은 영조 즉위는 그들에게 완벽한 해답을 제공해주었다. 영조를 경종 시해범으로 규정하고 자신들은 왕조의 정통성을 회복시킨다고 말했다.[93] 이것은 큰 성공을 거두어 영조를 곤혹스럽게 했다. 경종의 병환에 대한 논의는 관습에 현저하게 위배되었고 영조가 공식적으로 황형 시해를 부인하면 오히려 혐의를 인정하는 꼴이었다. 부인되지 않은 소문은 더욱 널리 퍼져나갔다. 역도의 희망대로 그들의 예측한 바는 계획대로 진행되었다.

1727년[영조 3] 8월[7월]에 영조가 소론관료를 다시 임명하자[丁未換局]*94) 역도는 깜짝 놀랐다. 이것이 자신들의 계획에 중대한 타격을 주었다고 보았다. 한 역도[任璫]는 이후 "비록 소론온건파가 조정에 다시 출사한다 하더라도, 여전히 소론강경파*95)도 희망을 품을 수 있다. 한 사람이라도 희망을 갖고 있는 한 악심惡心은 흩어질 것이다"라고 하였다.96) 비상회의는 이러한 사태의 변화에 대해 논의하고자 열렸다. 본래 역모에 가담했던 경이적인 숫자는 잠시 정체되었고, 심지어 봉기를 포기하는 쪽으로 기울어지기도 했다. 하지만 결정은 이제 더 이상 그들에게 달려 있지 않았다. 몇 년간 계획하고 모병하면서 가공할 만한 인간 관계망이 탄생했다. 뒤늦게 참여한 일부 사람들은 그 계획에 막대한 자원, 정력, 꿈을 투자했다. 그들은 원래 계획한 사람들보다 비주류였으나 소론 정권에서 얻을 것이 없었으므로 이 계획을 실행에 옮기기를 원했다.97)

비록 노론에서 소론으로 정권교체[換局]가 역모에 지장을 주었다 할지라도, 일부 동조자들은 역도에게 전략적인 자리를 차지할 수 있는 현실적 이점도 일정 부분 제공하였다. 남태징과 이사성은 후에 십적十賊에 들었으나 군의 요직을 받았다. 김중기와 같은 이가 역도와 싸우는 것을 꺼려한 것도 조정에는 상당한 피해를 주었다. 자연재해도 그들에게 유리하게 보였다. 기근은 많은 백성을 자포자기, 절망, 분노에 빠지게 했는데, 이는 봉기의 필수적 요소로 확실히 새로운 국면을 전개하는 데 고무적이었다.

나중에 밝혀진 것처럼 역도의 우려는 정확히 맞아떨어졌다. 그러나 그들이 몰락한 원인은 소론온건파의 활동에 열광하기보다는 단지 그들 스스로 권력을 잡고 싶어 했고, 마음을 바꾸어 백성들과 함께하려고 하지 않았기 때문이다. 실제로 이사성과 남태징은 마음을 바꾸지 않았다. 비록 1728년[영조 4] 무신란의 중요한 점은 분명히 소론온건파가 소론강경파에서 나왔다고 할지라도, 그들의 관계가 오랫동안 상호불신의 골이 깊었다는 것이다. 그럼에도 분명히 그들 사이에는 대화와 협력을 위한 관계망이 존재했고, 소론관료 중 강경파는 정확히 온건파에게 그 계획을 막을 수 있는 정보를 제공하고 자극을 주었다. 온건파는 새로이 충성심을 증명하려고 재빨리 영조에게 역모를 알렸고 역도와 싸워서 물리쳤다.

심지어 영조가 소론을 다시 불러들인 것이 계산된 행동이라는 믿음도 있었다.[98] 이러한 학설은 너무 결과에 끼워맞춘 듯하다. 만약 진정으로 영조의 전략이 폭발을 저지하려고 했다면 그는 실패했다. 하지만 소론의 출사는 역도의 전체 계획과 소통을 저해했다. 역도의 계획이 너무 빨리 발각되었고 많은 사람이 체포되었기에 그들은 합류를 기다려 더 이상 계획을 지연할 수 없었다. 왕실에 대한 매우 중대한 도전이 될 수 있었던 사건은 소외받던 사람들[소론] 내 소수[강경파]의 다툼으로 바뀌었다.

이것은 만약 소론온건파가 다시 징소(徵召)되지 않았다면, 그들이 군주에게 등을 돌렸을지도 모른다고 말하는 것은 아니다. 그럼에도 소론온건파가 조정에서 소외감을 느끼고 있었다면 대처가 좀 더 느렸을지도 모른다. 또 노론은 소론의 정보를 신뢰할 수 없다고 반응했을 개연성이 높아서 반격이 지연되었을 것이다. 비록 영조의 예상과 달랐다 할지라도, 이러한 의미에서 탕평정책에 대한 왕의 헌신은 확실히 상당한 효과를 거두었다.

탕평정치

1728년[영조 4] 무신란은 영조가 감당하기에는 대단히 충격적이었다. 그는 '자신의' 천명이 어쩌면 떠나갔을지도 모른다는 위협에 직면했다. 이것은 영조로 하여금 일련의 정치 여정旅程을 결심하게 했다. 그의 생애 동안 백성의 신뢰를 얻는 활동이 한 가지 성과였고, 탕평책에 대한 남다른 열정은 다른 성과였다. 그는 반란을 '좌절로 격분한 가문'을 너무 많이 만들어낸 '당습의 사악함' 탓으로 돌렸다.[99] 그는 이제 당습과 자신의 정통성에 도전하는 행위를 동일시하였다. 그래서 당습을 체제전복으로 간주하게 되었다. 이러한 주제는 반란 이후 곧바로 나타났는데, 탕평정책을 위한 핵심 방어책으로 등장하였을 것이다. 1728년[영조 4] 여름에 노론이 소론을 처벌하기를 희망하면서 왕에게 시비를 명백히 변별하라고 압박하였을 때, 영조는 다음과 같이 대답했다.

> 경들의 의도는 환국을 일으킨 후 남기를 바라는 것이다. 색목色目이 중한가? 임금이 중한가? …… 비록 그대가 그대의 당색黨色을 완전히 잊을 수 없다고 해도, 노론과 소론이 서로 병신처분[숙종 42, 1716] 전처럼 일하는 것이 옳겠다. 국가가 있은 후에야 붕당이 있다. 나라가 없으면 경들은 어디서 당론을 펴겠는가?[100]

영조는 소원해진 대규모 집단의 위험을 완전히 납득했기 때문에 반란에 대한 처벌을 최소화하는 정책을 고수하였고,[101] 노론과 소론의 쌍거호대를 실시하였다. 탕평정책은 본격적으로 추구되었다.

하지만 쌍거호대는 단지 두 붕당의 일원 중에서 과거의 반감을 잠시 제쳐놓고 함께 일할 수 있도록 상호 출사를 용인할 수 있는 사람들로만 유지될 수 있었다. 실제로 영조는 그들에게 휴전을 요구했다. 왕은 이러한 제안이 힘이 없음을 충분히 인지하였기에 설득하는 기술에 기댔다. 그는 전체적으로는 그들의 의무감에 호소했고, 개별적으로는 그들과 관계를 발전해나갔다. 노론관료에게는 소론의 출사가 전략적으로 중요하다고 강조했고, 심지어 소론을 필요악으로 보라고 제안했다.[102) 소론관료에게는 위기 상황에서 그들이 보여준 충성심과 개인적 공로에 감사의 뜻을 강조하였다.[103)

하지만 영조의 설득은 단지 영향을 받기를 소망했던 사람들에게만 효력을 미칠 수 있었다. 양당의 온건파[緩論]는 가끔 영조의 보살핌을 따랐으나 이는 일반적이지 않았다. 양당은 서로 방법은 달랐지만 대체로 왕이 시도한 설득을 피해나갔다.

소론은 과거와 관련해 기껏해야 속죄할 수 있었을 뿐이다. 그들은 확실히 회유나 용서는 할 수 없었다. 그래서 소론의 지도력은 온건파에 있었던 반면에 그들은 붕당 간에 효과적으로 중재할 수 있는 위치가 아니었다. 노론은 경종 연간 신임 화변禍變 때문에 누그러지지 않았으나 덜 온건한 사람들이 이끌었다. 영조가 대신을 주의 깊게 선발했다 할지라도 이러한 사람들은 붕당의 영수가 아니었고, 붕당을 이끄는 논객에게서 기회주의자로 묘사되기 쉬웠다. 그래서 그들은 압박에 취약하여 문제를 해결하는 데 너무나 무능했다.

영조는 자신의 입장에서 계속 노력했다. 그가 시도하지 않은 것은 없었다. 그는 간청하고 회유하고 분노하고 울고 설득하고 훈계하였으나 모두 소용이 없었다. 몇 번은 상대 붕당의 지도자를 화해시키려고 시도했다. 예컨대 1730년[영조 6] 노론과 소론의 영수인 민진원과 이광좌를 각각 같은 공간에 불러들였다. 왼쪽에 이광좌의 손을, 오른쪽에 민진원의 손을 잡고, 그들에게 휴전의 몸짓으로 서로 손을 잡도록 간청했다. 그들은 모두 정중하지만 완고하게 거절했다.[104] 비슷한 장면은 3년 후에도 더 나은 결과 없이 반복되었다.[105]

마침내 이러한 노력은 실패라는 불운한 결과를 맞이하였다. 서로 다른 붕당 영수들이 탕평정책을 수용하기에는 이념, 수사, 도덕적 세계관 등이 너무 달랐다. 그들의 정치적 인식은 선례에 근원하고 전통의 제재를 받았으므로 바로 영조의 바람대로 순응할 수는 없었다. 갈등을 방지하기 위해 양보할 수 있는 유일한 것은 왕의 도덕적 이미지였다. 곧 그들은 임금이 간언을 억압한다고 간주할 수 있었다.

영조는 왕좌의 도덕적 권위를 신뢰했으며 대간의 유서 깊은 특권을 군주의 양심으로 간주했기에, 언로가 막혀 있게끔 보이는 것은 자신의 군주상을 확립하는 데 전혀 도움이 되지 않았다. 하지만 대간의 분별에는 당심黨心이 있었다. 그는 당심에 도달할 수 없었기 때문에 최소한 침묵을 추구했다. 그렇지 않다면 조정은 당론으로 허비될 것이고, 영조가 인식한 당시 상황은 그럴 만한 여유가 전혀 없었다. 왕은 이러한 행동 방침을 정당화하려고 대간의 비판을 소모적인 것과 건설적인 것으로 구분하는 방식을 채택했다. 그리고 당론은 소모적인 것이라고 주장했다. 그러나 이 같은 형식은 작동될 수 없었다. 복잡한 현실을 다루기에 충분히 유연하지 않았고, 유교적 수사의 달변가인 관료들을 제약할 만큼 난공불락도 아니었다.

결국, 건설적 비판으로 끝나는 것과 소모적 비판으로 시작하는 것은 어느 지점인가? 무엇보다도 대간은 관료제의 필수 요소였고, 하루하루 일어나는 여러 가지 사안에 대해 행동하고 대응하는 관료의 일원이었다. 사안이 어떻게 발전할지, 어떤 구성원이 거기에 대응할지, 어떠한 방식으로 할지 등은 모두 예상하기 매우 어려웠다. 하나의 상소나 언사言辭는 처음에는 악의가 없고 소수 견해인 것처럼 보이지만, 전심全心을 다 빼앗는 일로 진전될 수 있었다. 그리고 이러한 일은 반복해서 일어나 언제나 당색을 드러냈으며, 영조에게 괴로움과 분노를 남겼다. 예를 들면, 1737년[영조 13] 6월[5월] 한 유생이 자기 스승의 명예를 회복해달라고 상소했는데[?],*106) 두 달 동안 실제로 전체 관료를 포함한 붕당 간 비난으로 눈덩이처럼 불어났다.107) 영조는 이러한 붕당 간 무한경쟁을 중단시키려면 어떻게 해야 하는지 몰랐다. 자포자기하여 자책하였고 최후의 무기인 단식투쟁[却膳]에 기댔다. 9월 2일[8월 8일]에 그는 감선을 공표했다.*108) 승지가 전교를 환수하자고 애원하자 그는 다음과 같이 말했다.

마치 자식을 잘못 기르면 아비의 잘못인 것처럼, 신하들이 적절하지 못한 행동을 하면 임금의 허물이다. 나는 강한 신하에게 견제를 받아 감선하기에 이르렀으니, 후세에는 반드시 나를 나약하다고 비웃을 것이다. 하지만 그들은 또한 내가 반성하는 고심苦心을 볼 것이다. 차라리 강한 신하들의 손아귀에서 농락을 당하는 것보다는 나을 것이다.*109)

그는 약방의 일상적인 입진을 거절하였고, 백성의 어려움과 직접 관련되는 경우를 제외하고 어떠한 문서도 들이지 못하도록 한 채 스스로를 감금하였다.

며칠 뒤 대신들의 알현을 윤허했을 때 영조는 그들을 조롱하며 맞이했다. "경들은 정말 낯짝이 두껍다. 오늘 어떻게 직접 나를 보러왔는가?"*110) 신하들은 비굴하게 사죄했다. 왕은 계속해서 "이제 나는 굶주림으로 죽음의 문턱에 와 있는데, 그대들은 자신들을 역적이라고 생각하는가? 충신이라고 생각하는가?"라고 물었다. 대단히 정치적이었지만 대신들은 울먹였다. 영조는 그들이 우는 모습을 호기심에서 능글맞게 표현했다. 그는 가장 격렬하게 당습을 일삼는 관료의 머리 하나나 둘을 가져오면 단식을 끝내겠다고 공표했다.*111) 조정은 단지 자신들의 색목色目만 염려하는 배신자로 가득 찼다. 그들 모두를 참수하는 방법은 군주가 홀로 통치하지 않는 한 적합하지 않았고, 단지 이 잔인한 순환고리를 깨뜨리는 길뿐이었다. 영조는 분노하면서 눈물을 흘렸고, 눈물을 흘리면서 더욱 분노했다. 훨씬 더 분노하고, 눈물을 흘리고, 간청하고, 회유하고 나서야 그는 승리자로 거듭났다. 1737년[영조 13] 9월 7일[8월 10일]에*112) 그는 의례적으로 대명代命하지 않은 모든 대간과 관료를 파직했다.113)

이성과 수사가 실패했을 때, 영조는 울화鬱火와 감선으로 대신했다. 비록 일시적으로 효과가 있었다고 하더라도, 이러한 방법의 결점은 바로 영조가 위협을 실행에 옮길 수 없었다는 것이다. 그는 단지 통치하기 위해서뿐만 아니라 왕좌를 유지하기 위해서도 관료들이 필요했다. 영조가 오랫동안 견고하게 형성된 권력기반을 갖춘 이 같은 집단에 도전하는 것은 그저 불가능하기만 했다. 예컨대 1737년[영조 13] 9월[8월]에 대부분 관료를 해임했지만, 곧 그들을 관직에 복귀시킬 방법을 찾았다. 그리고 관료들은 이것을 알고 있었으므로 왕에게 그렇게 쉽게 굴복하려고 하지 않았다.

대간과 여타 관료들은 영조가 일반적으로 관료들의 목소리를 억압한다는 이유를 들어서 직접 공세를 가하였다. 당론을 제기한 혐의를 받던 사람에 대한 처벌은 아마도 공정했을 것이다. 하지만 왕이 관료들의 목소리를 존중하는 모습을 포기하고 몰염치한 전제적인 군주의 역할을 기꺼이 받아들이지 않겠다면, 그는 이러한 통상적인 비판에 대응해야 했다. 그렇게 하지 않으면 대간의 전통에 위배되기 때문이다. 그리고 영조는 또한 원칙대로 살아야만 했다.

대간이 왕을 모시는 것을 거부함으로써 자신들의 비판을 행동으로 옮기지 않는다면 언어상 비판은 다소 의미가 없을 수 있었다. 정확히 관료들이 지닌 이점이 여기에 있었다. 영조는 마음대로 화를 내며 위협했지만 행동을 선택하는 데 한계가 있었다. 반면에 관료들―특히 쌍거호대에 불만을 품고 있던 노론―은 자신들에게 이득이 되지 않으면 실제 관직에서 물러나는 데 거리낌이 없었다. 영조는 왕좌를 모욕했다는 이유로 위협함으로써 사직하는 관료들과 다투려고 했다. 그는 관직을 맡지 않거나 자신의 징소徵召에 불응한 경우 종종 상징적인 처벌을 가하였다.[114] 하지만 여기서 영조는 매우 위험한 영역에 발을 들이고 말았다. 유가에서 사대부가 사직할 권리는 인정받은 지 오래였다. 더욱이 그가 확실히 취할 수 없었던 물리적 강제가 없는 한, 왕이 출사하도록 강제할 방법은 거의 없었다.

관료들을 달랠 수 없을 때 영조의 좌절은 더욱 울화와 처벌로 표현되었다. 물론 이것은 비판과 사직을 초래하는 영구적인 악순환을 불러왔다.

반란의 그림자

영조가 성취하고자 했던 관료의 쌍거호대는 안정을 얻었다. 그는 아마도 정당성을 입증해냈다고 느꼈을지도 모른다. 이것은 왕이 탕평정책에서 얻은 것이 전혀 없다고 말하는 것은 아니다. 비록 거창한 이상이라는 탕평의 수사가 영원히 규정하기 어려운 채 유지되었더라도, 영조는 적어도 숙청만은 피했다. 그러나 안정성은 궐문에서 끝나지 않았다. 역도가 있었으므로 그들을 통제하고 감시해야 했는데, 왕은 소론의 출사에 희망을 걸었다.[115] 또한 영조는 안정성을 위해 노론의 신랄하기 이를 데 없는 공격을 참아냈다. 경종 연간에 소론이 자신에게 반대하고 박해하는 잊을 수 없는 상소를 올렸는데도 완고하게 그들을 보호했고, 통합된 관료체제의 편리함으로 나아가는 길을 택했다.

하지만 사건들은 영조의 바람대로 되지 않고 있음이 드러났다. 1728년 [영조 4] 이후 비록 실제 반란은 일어나지 않았다 할지라도 그것의 망령은 주기적으로 나타났다. 아무도 반란에 연루되지 않았지만 그들은 모두 영조의 정통성을 건드렸다.

결국, 영조는 소론에 대해 양면적 감정이 증가하고 있음을 자각했다.

한편으로 왕은 반란을 확인하기 위해서 그들이 필요했다. 그러나 그는 자신의 누명을 벗고 정통성을 주장하기 위해서 경종 연간 소론의 당론과 씨름해야만 했다. 영조 조정의 변덕스러운 정치적 풍토는 과거에서 여전히 희미하게 깜빡이고 있었고, 당시 현실에서 큰 참사를 불러일으킬 수 있었다. 이에 영조는 세심하게 발을 내디뎌야 했다. 이것이 그의 진퇴양난이었다. 곧 소론의 행적을 일단 없던 일로 되돌리면 탕평정책을 저버리지 않는다는 것을 의미했다.

영조가 할 수 있었던 최선책은 자신의 정통성과 직접 연관되는 것을 공표하기 위한, 소론에 대한 어떠한 재평가도 제한하는 것이었다. 노론은 기회를 포착해서 자신들의 요구를 관철했다. 만약 영조의 목표에 조금이라도 탕평정책을 훼손할 의도가 있었다면, 노론은 모두 탕평을 폐기하도록 요구하였을 것이다. 영조는 자신이 되고자 했던 탕평주蕩平主[116]로서 신뢰를 잃었을 것이고, 스스로 탕평에 헌신한 까닭에 자신을 지지해준 관료들을 잃었을 것이며, 자신이 진정으로 분투해왔던 조정의 깨지기 쉬운 균형상태를 잃었을 것이다. 하지만 자신의 정통성이 의심을 받았기 때문에 영원히 해결되지 않는 문제로 남겨둘 수 없었다.

1728년[영조 4]은 개인적 불운이 영조에게 더 많이 찾아온 해였다. 그의 유일한 아들 효장세자가 홍서함으로써 35세에 후계자를 잃었다. 1729년[영조 5] 3월, 재야의 유생 황소黃熽가 상소를 올려서 종실 중에서 적합한 왕자를 골라 세자로 책봉하라고 촉구하였다. 이것은 불경죄를 의미했고 분노를 불러일으켰다. 대통大統[王統]의 정통성이 성스러운 사회에서, 이는 반란에 가까웠다. 음모를 꾸민 것을 의심받았지만, 황소의 국청에서는 아무것도 드러나지 않았다.[117] 하지만 영조는 마지못해서 밀풍군을 처형하는 데 동의했는데, 그가 1728년[영조 4] 무신란 때 '정통성' 있는 왕자로 추대되었기 때문이다.[118]

다음 해 반란의 환영이 궁궐에서 음모라는 형태로 나타났다. 주술呪術이 보고되었다. 추정컨대 왕의 자녀를 죽이고자 하는 분명한 목적하에 이미 여러 해 동안 이루어진 것이었다. 몇몇 관원은 심지어 효장세자도 이 저주로 죽게 되었을지 모른다고 암시했다. 의심받은 궁녀들은 고문을 받자 김일경의 상소에 연명했던 소론강경파가 주요 범인이라고 자백했다. 원지遠地에 유배되어 있던 소론강경파가 어떻게 궁중의 음모를 꾸몄을지 의문이다. 추정컨대 인맥과 영향력을 동원해 그렇게 했을 것이다. 이진유李眞儒와 윤성시尹聖時는 형신刑訊를 당했지만 자신들의 비밀을 간직한 채 죽었다.[119] 영조는 기이한 사건이 전혀 즐겁지 않았지만, 그것이 과거 당습에 얽매인 결과라고 넌지시 암시하지 않고도, 적어도 김일경의 상소에 연명했던 이들이 자신을 제거하려 했다고 해명하는 데 이용할 수 있었다.

1728년[영조 4] 무신란의 섬뜩한 환영이 그 후 10년간 영조를 찾아왔다. 심지어 일반적으로 산업화 이전 시대의 암울한 사실을 고려한다 할지라도, 1730년대 초반 특이하게 연속적인 자연재해가 나타났다. 1731년[영조 7] 여름 남쪽 지방에서 역질疫疾이 발생했고, 한 해 뒤에는 끊임없이 한성까지 휘젓고 다녔다. 그 뒤에는 심각한 흉작이 발생했다. 1732년[영조 8] 말엽에 전형적인 기근 묘사—사대부 가문의 여성은 강도 때문에 남장을 했고, 가난한 사람들은 서로 잡아먹어서 줄어들었다—가 나타났다. 굶주린 사람들을 위한 임시구휼소가 마련되었고, 다른 구휼방법이 채택되었지만 정부는 거대한 기근에 직면하여 무능력해 보였다. 1733년[영조 9] 3월[2월]에는 심지어 대궐 시위들도 굶어 죽었다.[120] 비록 매우 비통했던 영조가 고통받는 사람들에게 연민을 모두 보여줄 수 있었다고 할지라도, 남부 지방에서 반정부 정서가 다시 드러났다. 4월[3월]에 반왕 괘서가 나붙었는데, 추정컨대 1728년[영조 4]의 것과 유사했을 것이다. 전라도와 여러 지역에서 다시 봉기가 임박했음을 알리는 징후가 충분히 확인되었다. 그러나 추국에서 조직적인 계획은 드러나지 않았다.[121] 1734년[영조 10] 중반에 이르러 최악의 기근과 역질이 지나갔다.

비록 정부는 이 위기를 무사히 헤쳐나갔지만 영조에 대한 괘서의 충격은 과소평가할 수 없었다. 영조는 자신이 진정으로 백성의 신뢰를 얻으려고 헌신했던 것이 그들을 더욱더 참기 어렵게 만들었다고 느꼈다. 비록 그의 헌신이 약화되지 않았다 하더라도 정통성이 도전을 받음으로써 참기 어려운 일이 현저하게 늘어났다. 그래서 1739년[영조 15] 왕을 비난하는 노래가 떠돌자, 영조는 주목했고 이내 격분했다. 전통적으로 노래는 백성의 정서를 확실히 대변한다고 간주되었고, 반역의 노래는 종종 왕조 말기의 심각한 징후로 받아들여졌다. 실제로 이들은 대부분 1728년[영조 4] 이른바 괘서를 퍼뜨렸던 전라도에서 온 사람들이다. 영조는 집요하게 죄인의 국청에 친임親臨하였는데, 5개월 반 동안 가혹한 추국을 주재하였고 유죄로 판결된 사람들에게는 혹독한 형벌을 내렸다.[122]

왕을 비난하는 노래가 발견되자 영조의 소론에 대한 태도도 전환점을 맞았다. 그는 어떻게든 왕위계승 과정에서 일어난 사건들의 경과에 대해 자신의 입장을 공표해야 했다. 물론 그렇게 하는 데는 소론의 주장과 정면으로 마주치는 것이 필요했다. 이제 소론은 진정으로 두려워했다. 그 판부가 종결된 후, 영의정 이광좌는 매우 겁에 질려서 감히 위로하려고 대궐에 들어가지 못했다고 한다.[123] 영조가 내린 첫 번째 조치는 노론 4대신 중 여전히 죄안罪案에 남아 있던 김창집과 이이명을 사후에 신원伸寃하는 것이었다. 이는 영조가 즉위하는 데 노론에 빚을 졌다는 것을 시사했기 때문에, 왕은 노론의 요구에 부분적으로 저항했다. 예컨대 가끔 그는 노론이 '택군擇君'을 주장했다고 비난했다.[124] 하지만 이제 자신을 지지하다가 죽은 두 대신에 대한 신원이 필요했다. 다음 단계로, 1722년[경종 2] 임인옥사의 옥안獄案 재검토를 고려했다. 옥안에는 노론이 경종 암살을 계획한 탓에 옥사가 발생했고, 여기에 영조 자신도 연루되었다고 기록되어 있었다.

노론은 격렬하게 반응했다. 하지만 그들은 본래 성향대로 너무 멀리 나갔다. 그들은 소론에 대한 처벌 요구를 대규모로 촉발시켰다. 먼저 박동준朴東俊은 심지어 이광좌에게 왕위를 탐내는 역심이 있었다고 고발했다. 그 뒤 이광좌가 졸卒했는데, 전해진 바에 따르면 비통해서 스스로 곡기穀氣를 끊었기 때문이라고 한다.[125] 영조는 깜짝 놀라서 다시 한번 탕평정책에 새로이 헌신하겠다고 공표했다.

영조 17년인 1741년 11월[10월]에 영조는 기발한 해결책을 들고 나왔다. 그는 1722년[경종 2] 임인옥사의 옥안을 불태우고 『어제대훈御製大訓』을 반포했다. 그 책은 영조 이외에 다른 후계자가 없었고, 경종과 인원왕후의 명으로 세제에 책봉되었다는 사실을 지적하면서 시작했다. 이것은 황형[경종]의 재위기간에 심각한 반역행위가 있었음을 언급한 것이다. 하지만 그것은 김일경과 그 당여가 1728년[영조 4] 무신란뿐만 아니라 이 사건에도 책임이 있다는 의미이다. 소론온건파[완소]는 추국 명단에도 들어가지 않았으므로 절대 처벌받아서는 안 되었다. 이후 이러한 사안에 대한 모든 논의는 금지되며 이를 범하는 자는 무거운 처벌을 받을 것이라는 경고로 결론지었다.[126] 그 뒤 영조는 의례적으로 『대훈』을 종묘에 고함으로써 이를 함부로 범할 수 없게 했다. 이번 기회에 영조는 위반한 자는 죽게 될 것이라고 밝혔다.[127] 이러한 사형 언급은 영조의 다른 감언이설처럼 대부분 단지 위협에 불과했다. 당습으로 죽은 관료는 실제로 아무도 없었다. 그럼에도 그것은 진지한 왕의 의지를 드러내주었다.

이 같은 공표로 영조는 확실히 많은 성취를 이루었다. 그는 자신의 정통성을 주장하고 탕평정책에 대한 헌신을 재확인했다. 또한 왕은 탕평정책의 형식과 내용을 제공했다. 그러나 그는 권력을 강화할 필요가 있었다. 이를 위해서는 고양된 군주의 권력이 필요했다.

"과인이 곧 국가다"

영조는 이제 자신이 곧 정부[국가]라는 확고한 자신감으로 관료들을 억압했다. 확실히, 그는 예전에도 관료들을 다루는 데 독단적인 방편을 피하려고 하지 않았다. 하지만 1740년[영조 16] 전후 무렵 그는 회유로는 더 이상 안 될 것 같으므로 관료들에게 동의를 구하는 데 시간을 허비하기보다 필요하다면 힘으로 관료들의 묵인을 구해야 한다고 결정한 것이 확인 된다.

물론, 이러한 전제적 역할을 가정한다 할지라도 영조는 유교적 수사에 기댔다. 그는 스스로의 역할을 문명의 전수자로 강조했다. 자신은 백성에게 책임이 있고 백성은 국가의 존재 이유이며 천명이 의지하는 바 역시 백성이라고 공표하였다.[*128] 유학자들은 왕이 관료들에게서 독립성을 박탈하는 데 이것을 사용하지 않는 한, 이러한 예에서 논리적 결함을 찾을 수 없었다. 관료들의 의무는 군주의 사명을 보필하는 것인데, 그들이 그것에서 벗어나고자 하면 봉사하기를 거절하거나 군주의 선의를 좌절시키게 되고, 결국 그들은 순종적인 관료로서 축적해온 모든 권리와 특권을 잃을 것이다. 요컨대 영조는 관료들의 비판을 왕조의 사명, 문명, 백성의 안녕 등과 겨루게 했다. 한때 그는 군주에게 존경을 표하는 유교 전통의 정신을 체현하는 개념을 정설로 확립하려고 시도하였으나 성공하지 못하였다.[129]

영조의 의도는 분명했다. 그는 유일한 사왕嗣王으로서 신성한 책무를 짊어졌고, 올바른 방향을 알고 있었으며, 최소한 관료들보다 이를 더 잘 알고 있었다. 그래서 그는 자신이 취할 어떠한 방향에 대해서도 관료들의 명백하고 전폭적인 지지를 요구할 수 있었다. 여기서 백성을 국가와 동일시하고 관료의 충성심을 순종과 동일시하는 데에서 비롯된 전제專制가 완성되었다.

이러한 틀 속에서 영조는 관료공동체를 장악하는 일을 공고히 했다. 그는 한 집안이나 집단이 영구적으로 관직을 차지하는 것을 줄이려고 관료

임용절차를 바꾸었다.[130] 항의 차원에서 사임하거나 임명을 거부하는 관료들을 제재했다.[131] 그는 문반 관료의 글 쓰는 형식을 통제했다.[132] 그리고 문반과 무반 관료를 위한 교육과정을 설치했다.[133]

게다가 영조는 관료공동체의 권력기반을 축소하려고 노력했다. 영조가 산발적으로 권력을 좀 더 널리 흩어버리려고 한 시도는 효과를 보지 못했다. 하지만 그는 서원 숫자를 줄이는 데는 성공했다. 18세기에 이르러 서원은 재정적으로 독립되어 있으면서 유학의 수호자라고 주장하였을 뿐 아니라 학파와 당색이 구분되는 정체성을 지녔으므로, 국가에는 잠정적 시험대로 자리하였다. 1741년[영조 17] 영조는 170여 개 서원과 사우祠宇를 훼철毀撤했는데, 1714년[숙종 40] 이후에 정부의 승인[賜額] 없이 저명한 학자를 주향主享하거나 배향配享하여 세운 경우를 대상으로 했다. 또한 그는 장래에 건립할 경우 처벌 수단도 천명했다.[134] 왕은 서원 훼철에 반대하는 소동이나 항의 혹은 압력을 견뎌냈고, 관료공동체의 성장 속도를 늦추는 데 성공했다.[135]

하지만 영조는 여전히 전체 대간의 목소리[諫言]를 제압해야 하는 가장 어려운 과제에 직면했다. 이전에 그는 당론黨論과 관련된 대간의 비판을 억눌렀다. 왕은 자신의 부덕을 드러내는 대간의 비판적인 역할을 차단하지는 않았다. 심지어 1743년[영조 19] 2월[1월]경까지도 대간은 자신이 관료가 말할 권리를 가로막고 관료들의 책망을 기뻐하지 않는다고 비판하였음에도 이를 침착하게 받아들였다.[*136] 하지만 관료들에 대한 통제가 더욱 탄탄해질수록 아우성도 더 커졌다. 1744년 1월[영조 19 11월][*137]에 대간 조중회趙重晦가 올린 상소는 그 격렬함을 잘 보여준다. 왕의 잘못된 행동을 비난한 긴 목록은 다음과 같은 비판으로 시작한다.

> 언로가 막힌 것이 지금보다 심한 적이 없습니다. 장주章奏 사이에 한마디 말이라도
> 뜻에 거슬리면, 전하께서 문득 당론黨論으로 의심하여 찬출竄黜하고 천극栫棘하는
> 것이 앞뒤에 연달았고, 심지어 항양桁陽[138]과 질곡桎梏[139]으로 다스리기도 하였
> 습니다. 이 때문에 대각臺閣에서는 결단하지 못하고 우물쭈물하는 것이 습속을 이
> 루었고, 조정에서도 풍모와 절개가 사라지고 꺾였습니다. 그래서 점차 변하여 풍속
> 이 허물어지고 세도가 점점 낮아졌습니다. 어찌 크게 걱정스러운 것이 아니겠습니
> 까? 더구나 지금 천재지변이 나날이 더해가고 사직단 나무[140]에 벼락이 떨어진 변
> 괴는 더욱 마음을 놀라게 하는 일입니다. 인애仁愛하신 하늘의 경고警告가 깊고 간
> 절합니다. 그러나 자신에게 허물을 돌리지도 않고, 대간에게 구언求言하는 것도 보
> 지 못하였습니다. 승정원과 옥당玉堂[홍문관]의 진계陳戒도 매우 적막하여 들을 길
> 이 없고, (임금의) 비지批旨 또한 범연히 수응酬應하는 데에 지나지 않습니다. 이렇게
> 하고도 어떻게 하늘의 뜻을 돌리고 재앙을 소멸할 수 있겠습니까?[141]

조중회는 영조가 하늘의 분노를 유발한다고 비난했기 때문에 왕의 분
노를 샀고, 그에게 전례 없는 혹독한 처분이 내려졌다. 왕은 조중회를 삭
탈하고 사판仕版에서 삭제했다.[142] 또한 그는 조중회의 처벌을 청하지 않
은 대다수 대간에 대해 책임을 물어 해임했다. 영조가 조중회의 상소에
동조했다고 의심한 몇몇 관료는 조중회와 같은 처벌을 받았다.[143] 이것은
왕이 자신의 평소 행동에 대해 대간이 군주를 책망하였다고 해서 처벌한
첫 사례였다. 그것은 되돌아갈 수 없는 다리를 건넌 셈이었다. 향후 영조

는 자신의 입장을 정당화하려고 계속해서 더욱더 가혹한 수단을 찾을 필요가 있었고, 마침내 왕의 권위에 대한 의심은 잠잠해졌다.

출구 모색

영조가 조중회를 그렇게 처벌한 것은 단지 관료의 사직辭職에 대해 군주도 똑같이 할 수 있다는 방법, 즉 선위禪位 위협을 발견했기 때문이다. 관료의 사직이 공동의 노력으로 유교국가의 이상사회라는 목표를 향해 나아가는 희망에 대한 부정을 표현하였다면, 군주의 선위는 이러한 노력뿐 아니라 그들이 공들여온 바로 그 구조에 대한 절망을 의미하였다. 물론 후계자가 통치 부담을 온전히 대비할 수 있는 선위는 권력이양을 손쉽게 하는 고결한 행동으로 인식되었다. 하지만 영조가 양위讓位하려고 시도했을 때 유일한 아들인 사도세자는 분명히 군주로 제몫을 다하기에는 너무 어렸고 경험이 없었다. 영조의 행동은 표면적으로 자신의 의지를 수용하게 하였으나 그러한 상황에서 실제로 그것은 절망의 표현이었고, 정부가 제대로 기능하지 못하는 한 명백히 위협이 되었다.

반면에 이러한 위협은 영조 손에서 군주의 강력한 도구가 되었다. 또한 그것은 자기 역할에서 벗어나기를 갈망하는 표현이었는데, 그 역할이 점점 진정으로 덕망 있는 왕의 이상과 맞지 않았기 때문이다. 이 같은 불편함은 영조가 관료의 목소리를 통제하고 억압하려고 시도하는 데서 커져만 갔다. 그는 이러한 수단을 불가피하다고 느꼈지만, 그럼에도 그 비통함은 불완전한 군주상을 더 악화시킬 뿐이었다. 영조는 선위로 위협하는 방식으로 출구를 모색했는데, 그것은 바로 자신에게 관료를 제압하는 권력을 주었고, 자신의 통치를 공고히 하는 도구가 되었다.

사도세자의 출생과 영조의 탄압 정도에는 강한 상관관계가 있었다. 1728년[영조 4] 무신란이 일어나고 영조의 첫아들인 효장세자가 사망한 해부터 1735년[영조 11] 사도세자가 태어난 해까지 7년간은 왕좌가 가장 위태로운 시기였다. 반란에 따른 불안정이 다소 가라앉았다 하더라도 왕에게는 후계자가 없었다. 근심이 만연했다. 예컨대 1732년[영조 8] 민진원은 왕에게 덕망 있고 건강한 젊은 여성을 후궁으로 간택하도록 촉구했다.[144]

이 기간에 영조가 관료를 대하는 태도는 모범적인 왕의 행동에 가까웠다. 그는 단지 폭동이나 탕평정책에 반대하는 경우를 다룰 때에만 가혹한 방법에 의지했다. 다른 경우에 그는 관료들에게 진정한 존경심을 갖고 대했다. 그러나 사도세자가 출생한 이후 그의 행동은 훨씬 더 독단적으로 바뀌었다. 왕의 성격은 더 나빠졌고 참을성이 없었을 뿐 아니라 권위주의적으로 변했다.[145] 더욱 중요한 것은 1735년[영조 11] 이후 영조의 울화증이 점점 더 고압적으로 나타났다는 점이다. 그는 알현을 거부하는 것 외에 탕약湯藥도 거절했고 스스로 사저私邸[潛邸]에 칩거하기도 했다. 이것은 마음대로 할 수 있는 다소 효과적인 방법이었기에 그의 동기가 무엇이든 이런 장면을 반복해서 연출했다.

이러한 행동은 영조가 아들에게 양위하려고 시도할 때 절정에 다다랐다. 이것은 군주가 이용할 수 있는 최후의 무기였다. 선위가 지닌 극도의 함축적 의미 때문에 조선의 다른 왕들은 잘 사용하지 않았다. 영조가 선위교서를 처음으로 공표한 때는 1739년[영조 15] 2월[1월]이었다. 당시에 사도세자는 고작 5세였다. 같은 날 절망한 대신들이 간청하여 왕의 철회를 이끌어냈다.[146] 그다음 양위전교는 1740년[영조 16] 영조를 비방하는 노래가 발견된 이후 나왔다. 이것은 노론이 영조에게 소론에 대한 강력한 처분을 요구한 데 따른 반응이었다.[147] 두 가지 사례 모두 탕평정책에 대한 공격에 맞서서 항의하는 행동이었다.

이 같은 양위위협에 대해 사도세자는 결코 입에 담을 수 없었다. 그는 여전히 너무 어렸고 비록 자신의 존재로 영조의 선위가 가능하게 된다고 할지라도 단지 이론적으로만 가능하였다. 나이가 들수록 사도세자는 왕의 마음속에서는 출구를 제공해주는 대리자로서 문제를 해결하는 사람이 되어야 했다. 사도세자가 8세가 되었을 때 공식적인 수업을 시작하려고 준비하였다. 이미 세자도 정국구도에 깊이 연루되었음이 명백히 드러났다.

1742년[영조 18] 3월에 영조는 민창수閔昌洙의 상소를 받았다. 최근에 죽은 아우인 민형수閔亨洙의 소망에 따라 민창수가 올린 것이다. 두 형제는 함께 상소문을 지었다. 그들은 1736년[영조 12] 죽을 때까지 노론을 이끌었던 민진원의 아들이다. 상소에는 격렬한 당습이 드러났다. 경종 연간 노론의 활동을 옹호하고 소론이나 조현명과 같은 일부 중립적 관료에 대해서도 그 혐의를 비슷하게 만들어버렸으며, 노론에 대한 불공평한 처분을 한탄했다. 죽은 자[민형수]와 산자[민창수] 모두 편협했다.[148]

이것은 영조에게 충성심의 예민한 충돌문제로 귀결되었다. 그해 전에 왕은『대훈』을 반포했다. 민창수는『대훈』을 범한 첫 번째 사람이었으므로 사형으로 처벌해야 할 대상이었다. 이제 왕은 자신의 법에 속박당하였다. 왕은 신뢰를 유지하려면 첫 번째 범법자를 죽여야만 했다. 하지만 영조는 자신에게 자애로웠던 모후 인현왕후를 고모로 둔 민창수를 죽이고 싶지 않았다.

이러한 곤경에서 벗어날 방도를 찾고자 영조는 처음에 사도세자에게 의지했다. 왕은 인현왕후에게 진 빚에서 벗어나기 위해서 혐의를 벗겨주려 천명했으나, 이 같은 사적인 행동이 수치스럽다고 여겨서 결국 자신의 주장을 포기했다. 관료들은 해명을 계속 요구했으나 왕은 세자가 왕위를 얻게 될 것이라고만 대답했다. 영조는 이러한 위협을 동원해 민창수의 처형을 피할 수 있었으나 관료들의 압력으로 어쩔 수 없이 민창수를 추국하여 원지에 유배 보내야 했다.[149]

이번에 영조의 입장에 반대한 사람들은『대훈』에 예외를 용인하지 않는다는 원칙을 지닌 탕평정책 지지자들이었다. 조현명은 이 정책의 대변자[義理主人]로 간주되었고, 특히 타협하지 않았다. 그는 조정의 출사를 거부했고, 총 7차례나 항의하는 상소를 바치면서 사직을 청했다.[150] 영조는 사저로 물러나는 방식으로 답했다. 이로부터 7주 후인 4월 18일[3월 14일], 영조는 양위교서[大誥]를 내렸다.[*151] 그 속에서 그렇게 결정한 이유가 정신상태가 매우 좋지 않기 때문[현기증]이라고 언급하였다. 이러한 비참함은 자신이 언급한 바와 같이, 한편으로는 당습을 일삼는 관료들이 탕평정책 때문에 자신을 분노하게 만들었고, 다른 한편으로는 탕평정책을 무시한다고 자신을 비난했던 데에서 기인한다. 조현명이 아직 조정에 나오지 않았을 때, 실망한 영조는 사도세자의 대리청정을 명했다. 마침내 조현명은 도착해서 처벌을 기다리며 관례적으로 용서를 청하는 상소를 올렸다. 영조는 사도세자의 대리청정을 철회했고, 조현명에게 사직할 때가 아니라는 비답을 내렸다. 그들은 함께 나라를 구해야 했기에 조현명은 즉시 자기 책무로 복귀해야 했다. 하지만 영조가 마음이 통하는 송인명에게 "전교는 나의 고통스러운 마음에서 나온 가장 격렬한 바람이었다"라고 말하고 나서야 비로소 왕의 감정의 깊이가 드러났다.[152]

사도세자의 대리청정 철회는 예견되었다. 영조의 의심과 환멸은 최소한 자신의 관점에서 스스로 직면한 현실이 악화될수록 더욱 증가하였다. 이에 상응하여 영조의 마음에 사도세자는 탈출구이자 해결책으로서 더 크게 떠올랐다. 실제로 사도세자는 거의 강박상태로 변했다. 영조는 자신이 곤경에 처할 때마다 사도세자를 거론했다. 그는 두 가지 방식으로 사도세자에게 양위하는 위협 수단을 활용했다. 첫째, 탕평정책에서 영조가 붕당의 요구를 침묵시키는 것이 필요했을 때, 간언을 굴복시키는 데 선위를 사용했다. 그리고 경종 시해 혐의를 씻으려고 했을 때도 전위를 이용했다. 이러한 시도는 자신이 함께 시작했던 탕평정책과 충돌을 빚었고, 그 지지자들의 반대를 무시해야만 했으므로, 진정으로 영조에게는 어려운 과제였다.

비록 영조가 관료의 목소리를 잠재우는 데 어려움을 겪었다고 할지라도, 그의 고통은 대간의 목소리[諫言]를 제압했을 때의 현실보다 훨씬 더 이론적인 문제였다. 간언을 억누른 경우 상징적으로는 직접 가장 전제적인 정치로 비춰졌지만 실제 효과는 크지 않았다. 대간은 기능이 배타적·제한적이었고, 비교적 젊고 경험이 없었으므로 제압하기가 다소 간단했다. 동일한 현상이 왕과 가까운 대신에게는 해당될 수 없었다. 영조는 그들을 신뢰하고 존경했으며, 왕이 국사를 수행하는 데 그들의 협력은 필수였다. 적어도 영조 전반기에는 그들 중 3명 곧 조현명, 박문수, 송인명이 두드러져 보였다.

이들 세 대신은 영조와 특별한 친분관계를 누렸는데, 탕평정책에 함께 헌신하고 백성의 안녕을 공통의 관심사로 삼는 데 기초한 관계였다. 실제로 그들은 관료 지지층의 중심에 있었고, 영조로 하여금 반대를 무릅쓰고 탕평정책을 추진하고 균역법과 같은 개혁을 실현할 수 있게 하였다. 그들은 동료 관료들의 반복되는 맹렬한 비난에도[153] 변함없이 영조 뒤에 서 있으면서 자신들의 군주가 어려움을 겪는 과정을 지켜보았다. 왕은 그들에게 거의 완벽한 신뢰와 감사로 보답했다. 그들이 영조가 간언을 억압하자 공개적으로 반감을 표했음에도 왕은 그들이 신뢰하는 정책을 추진하는 것을 막지 않았다.

하지만 한 가지 면에서 그들은 왕과 달랐을 것이다. 모든 것이 시해 혐의와 정통성 결함에 너무 가까워져서 영조가 다시 비웃음거리로 전락하게 되었을 때조차 그들은 『대훈』에서 벗어나려고 하지 않았다.[*154] 고통받던 군주는 단지 경종 연간의 사건[신임옥사]을 재평가함으로써 변명하기를 희망했지만,[*155] 그들은 공감할 수 없었다.

세 명의 충직한 신하

비록 조현명, 송인명, 박문수가 나이가 비슷하고 정치적 이상을 공유하며 관직에 헌신했다고 할지라도 그들은 기질, 성품, 지적인 견해 등이 꽤 달랐다. 하지만 그들은 함께 밀접하게 일했으며, 서로 존경했고, 각각 독립적이면서도 뚜렷하게 영조와 유대관계를 맺고 있었다. 박문수는 아마도 3명 중에서 가장 눈에 띄게 영조의 총애를 누린 듯하다. 그는 아주 정직하고 가식 없이 영조를 웃게 만들 수 있는 유일한 관료였다. 유교 경전과 친하지 않은 것은 아니었으나 책으로 공부하는 것을 경멸하면서 '자신의 진정한 본성을 잃어버리는 길'이라고 지적했다.[156) 그 대신에 그는 유교의 실천주의자 전통의 전형적 본보기가 되었다. 박문수는 1728년[영조 4] 무신란 당시 군사작전에서 중요한 역할을 맡았고, 이후 수차례 기근이 들 때마다 백성을 구휼하는 데 공을 세웠다. 그는 균역법의 강력한 옹호자였으며, 그것을 성사시키기 위해 부단히 노력했다. 박문수가 현지 조사 결과로 구세제舊稅制의 부작용을 보고하고 백성의 지지를 끌어내는 데 성공한 것은 1751년[영조 27] 개혁을 채택하는 데 필수적이었다.

박문수는 종종 각 도에 영조의 선의를 백성에게 전하는 사신使臣인 암행어사로 파견되었다. 그는 부패를 증오하고 관료들이 힘없는 사람을 착취하는 것을 참지 못한 것으로 유명하였기에 백성의 신뢰를 완전히 얻은 듯했다. 그는 중국[北宋代]의 청렴한 판관判官 포청천包靑天과 비슷한 위상을 얻었다고 가늠해볼 수 있다. 이처럼 대담무쌍함과 정직함은 그가 상대를 대하는 태도였으나, 오히려 무례하다고 묘사되기도 했다. 예컨대 한

번은 왕과 대화하는 동안 용안龍顔을 똑바로 쳐다보았다고 탄핵받았다. 그는 군주와 대신은 아버지와 아들의 관계와 같으니 임금의 얼굴을 바라보는 것은 잘못이 아니라고 목청 높여 반박했다.[157] 영조에게 언성을 높인 기록이 많으며, 심지어 몇 번은 원칙론을 주장하는 박문수의 직설적이고 고집스러움 때문에 영조가 분노하여 눈물까지 흘렸다. 비록 이러한 사건들로 가끔 왕의 진정한 분노를 유발하였다 할지라도,[158] 영조의 박문수 총애는 조금도 줄어들지 않았으며, 한번은 박문수가 자신의 형제[?]*[159]와 같다고 공공연하게 말하기까지 했다.[160]

반면에 송인명은 노련한 정치가였다. 그는 나무랄 데 없는 태도, 정제된 발언, 합리적이고도 유연하게 곤란한 상황을 해결하는 협상가였다. 그는 붕당, 지연, 학연, 혈연에 기초한 관료들의 배타성과 차별적 관행을 몹시 염려하였다. 그리고 송인명은 반복해서 왕에게 가능한 범위 내에서 다양한 집단에 문호를 개방하라고 촉구했다. 그는 유혈사태를 전적으로 반대했다. 그래서 항상 영조에게 가능하다면 가벼운 처벌을 선택하도록 조언했다. 송인명은 1746년[영조 22] 졸할 때까지 의정부에서 근무했는데, 중재하고 이해시키는 능력이 탁월했다. 항상 사려 깊고 친절한 어휘가 준비되어 있었고, 심지어 다투거나 책망할 때에도 영조가 위안과 이해를 바랄 수 있는 사람이었다.

그러나 영조가 가장 존경하고 두려워한 이는 바로 조현명이다. 그는 3명 중 가장 지적이었지만 이상적인 행동가로도 아주 열성적이어서 지조 있고, 헌신적이며, 이성적이고, 타협하지 않는 유교 관료를 체현했다. 조현명은 1728년[영조 4] 진압작전에서 군사활동을 하였고, 중앙정부에서 다양한 지위에서 근무하였으며, 1740년[영조 16] 우의정, 1750년[영조 26] 영의정이 되었다. 박문수가 백성에게 왕의 사신으로 파견된 반면에, 조현명은 유교적인 조정의 양심이었다. 박문수는 불공정을 참지 못하는 것을 행동으로 옮겼으나 조현명은 정의의 원칙을 분명히 설명해냈다. 박문수는 양역변통을 위해서 백성의 지지를 얻은 반면에, 조현명은 균역청 당상으로서 개혁의 세부 사항을 해결했다.[161] 천부적·본능적으로 약자를 좋아한 박문수와 달리 조현명은 의무감에서 백성을 염려했다. 왕에게 이견을 말할 때 두 사람 모두 두려움이 없었으나, 박문수는 충동적이었고 조현명은 이성적이었다. 항상 동정심에서 왕에게 최소 형벌을 청했던 송인명과 달리, 조현명은 법을 적용하는 데 공정함과 신뢰성을 주장했다. 영조는 조현명의 견해를 유교 원칙의 척도로 여겼다. 왕은 조현명을 존경하였기 때문에 그의 반대보다 더 괴로운 것은 없었다. 영조가 자신의 누명을 벗으려는 노력은 주로 세 대신과 합의에 이르는 데 쓰였다.

영조는 1739년[영조 15] 역모의 노래로 자극받아 누명을 씻을 방도를 찾았고, 1741년[영조 17] 이들 세 대신은 탕평정책을 수호했다. 조정은 대대적으로 1722년[경종 2] 임인옥사의 옥안을 불태우는 데 동의했다. 하지만 경종 독살 음모 혐의에 연루된 노론을 『대훈』에서 어떻게 다룰지를 두고 몇 가지 논쟁이 있었다. 박문수, 송인명, 조현명은 모두 노론이 역도라고 주장했지만 영의정 김재로가 이끄는 노론은 자당의 무죄를 요구했다.[162] 영조의 세 대신이 승리했고 『대훈』은 조현명이 마련한 대략적 개요를 따랐다.

1722년[경종 2] 임인옥사의 옥안 소각과 『대훈』 공포는 영조를 공식적으로 무죄로 만드는 데 성공했지만 영조가 경종을 독살했을지도 모른다는 짙은 의혹을 가라앉히지는 못했다. 비록 이 주제가 단지 조정에서 거의 언급될 수 없었고 어디까지나 1728년[영조 4] 무신란의 구호였다고 할지라도, 영조에게는 약점이었음이 틀림없었다. 그러나 영조의 결백을 증명하려면 경종의 훙서 원인을 공식적으로 발표해야 했다. 하지만 이렇게 하면 '부적절하게도' 경종이 병에 시달렸다고 말하게 된다. 이것은 왕실 선조의 기록을 훼손하게 될 것이다. 이것이 영조가 과거에 망설였던 이유이다. 설상가상으로 이 사안은 붕당 간 다툼의 한가운데에 놓여 있었다. 만약 공개적으로 경종의 질병을 공표한다면 이는 소론에 대한 심판―그들은 노쇠하고 병든 군주를 조정한 교활하기 이를 데 없는 음모꾼이었다―을 암시하게 될 것이다. 진실로 이것은 1722년[경종 2] 임인옥사를 촉발한 영조의 대리청정을 정당화해줄 것이다. 무신란 다음 해에는 탕평정책이 무엇보다도 중요하였기 때문에, 이러한 논의가 현명하지 못하였음을 시사한다. 그리고 또 한 가지 이유는 영조가 『대훈』이 자신의 결백에 대한 의문을 묻어줄 것이라고 희망했기 때문이다.

하지만 이러한 희망은 제자리를 잡지 못했다. 1745년[영조 21] 역모 괘서가 다시 출현했다. 10월 하순에 발견되었고, 국청은 1745년[영조 21] 11월[9월]부터 1746년[영조 22] 4월[3월]까지 지속되었다. 그 범인은 주로 1728년[영조 4] 무신란에 연루되어 있었고 실제로 그들의 후손이었다. 몇몇 죄인은 자신들이 반역한 이유가 탕평정책에도 불구하고 그들이 과거의 처벌[逆謀緣坐]을 초월해서 관직을 얻을 수 없는 정치 풍토에 실망하였기 때문이라고 하였다. [163]

탕평정책의 한계는 이러한 불만으로 분명히 드러났다. 관료제에서 소론강경파를 배제하자 곧바로 계속해서 소론강경파가 제기하는 시해 혐의에 대해 책임을 져야만 했다. 하지만 그들을 받아들일 수 있었을까? 영조는 분명히 그렇게 생각하지 않았다. 노론은 어떻게 반응했는가? 단지 조정에 소론온건파를 유지하는데도 관료의 목소리를 제압할 필요가 있었다. 영조는 그 이상으로 억울함과 비통함을 느꼈다. 그는 경종의 질병을 드러내기보다 오히려 시해 혐의로 인한 반란으로 불신받는 쪽을 선택하려고 했다.

하지만 그렇게 하는 데는 일부 사람들의 지지가 필요했다. 그리고 이것은 확실히 세 대신에게서 나올 수 없었다. 실제로 세 대신은 자신들의 입장에서 벗어나 영조를 매우 걱정하였다. 그들 자신은 정치가로서 매우 훌륭했지만 괘서에서는 탕평정책이 실행되면 그들에게 돌풍突風이 불 것이라고 경고했다. 그들의 반응은 당위當爲로 작동될 수 있도록 정책을 재차 확인하고 강화하는 형태로 나타났다. 송인명은 탕평정책에도 불구하고 총애받는 개인으로 이루어진 소수 집단이 권력을 영속하고 있다고 신속히 지적해냈다. 왕은 연좌제도를 바꿀 수 없었을지도 모른다. 하지만 적어도 전체 명문가 중에서 소론강경파의 후손은 기용할 수 있었을 것이다. 그렇지 않을 경우, 송인명은 탕평정책이 곧 완곡한 표현으로 외부자에게 문을 걸어 잠그게 될 것이라고 하였다.[164] 그는 부드럽지만 끈질기게 영조가 이처럼 양극화 효과를 지닌 강경파와 온건파에 대한 차별을 중단하도록 간청했다.

송인명이 회유책을 권고한 반면에, 조현명은 왕이 조화와 질서를 유지하는 것을 돕는 데 실패한 책임을 이유로 사직을 청했다. 조현명의 사직 상소는 처음에는 간청하며 죄를 청하였으나 점차 비판적이고 비난하는 형태로 변했다.[165] 그래서 영조는 조현명에게서 지원을 기대할 수 없었다. 박문수가 소론을 약화시킬 처분을 지지하리라고 결코 확신할 수 없었고, 까다롭고 편파적인 노론에만 의지하면 재앙이 될 것은 자명했다. 영조는 지지를 받을 새로운 원천이 필요했을 뿐 아니라 절실했다. 존경받고 당색에 중립적이며 가급적이면 외부인이어야 했다. 정확히 이때 박필주朴弼周가 그 자리에 나타났다. 1746년[영조 22]에 그는 72세의 명망 높은 학자이자 당색으로도 중립적이고 선왕대에 주기적으로 출사했다. 그는 고요하게 명상에 잠기는 생활을 매우 좋아하고 붕당정치를 혐오한다고 알려졌다. 1743년[영조 19] 박필주는 영조의 간청으로 세자를 교육하려고 잠시 조정을 방문했다. 그는 효종의 외손자 중 하나로 친척이었고 명문 출신에 왕실과도 연결되어 있었다.[166] 박필주는 이런 자격을 갖추었기에 당시 영조가 원하는 인물 유형에 매우 적합하였다.

박필주를 부른 왕의 의도는 분명했지만 영조가 자신의 목적에 대해 어떻게 대화할지 또는 그 점에 대해 박필주가 왕의 의도를 어떻게 직감할지 판단하기는 더 힘들었다. 어쨌든 특별히 다정한 수서手書를 주고받으면서 영조는 1746년[영조 22] 4월[윤 3월]에 박필주를 이조판서에 임명했다.[*167] 그 수서에는 전혀 밝히지 않았다.[168] 그러나 그가 7월 12일[5월 24일] 조정에 도착했을 때 곧바로 경종 질병의 의문점을 끄집어냈다. 그는 경종의 질병에 대한 서술이 『대훈』에 포함되어야 한다고 강력히 권고했다. 영조는 깜짝 놀라서 감사의 말로 답했다. "그대가 아니라면 누가 이것을 언급하겠는가?"[169]

하지만 이 제안은 관료들의 예측 가능한 반응을 불러왔다. 노론은 소론의 처벌을 요구했고 조현명과 박문수는 완강하게 반대했다. 박필주는 차후 조정에 남았다.[170] 그리고 영조는 어떠한 경우에도 『대훈』과 같이 엄숙한 판부는 누그러뜨려서는 안 된다는 세 대신의 주장을 존중하였고, 경종의 훙서는 건강이 좋지 못한 탓[違豫]이라고 별도로 공포하는 선에서 만족했다.[171]

9월[8월]에 갑자기 송인명이 졸했다. 그는 마지막 순간까지 소론강경파에게 문호를 개방해야 한다는 데 찬성론을 폈다. 영조는 비탄에 빠졌다. 그러나 왕은 그 상황을 유리하게 만들었다. 그는 경종을 지지했던 소론대신에게 가벼운 상징적 처벌을 시행했다.[172] 소론인 조현명의 심정을 고려하여 영조는 사직을 수용했다. 왕은 조현명에게 "비록 이번에 내가 취한 방법이 세상의 곤란함을 누그러뜨리려는 의도였다고 하더라도 그대를 보면 슬프고 또 부끄럽다"라고 했다.[173] 몇 주 뒤 영조는 조현명에게 '진정한 공로자'라면서 상을 내렸다.[174]

고독과 자신을 의심하는 시간이 영조를 기다리고 있었다. 왕은 누명을 벗는 데 힘써왔지만, 자신의 이상이 만들어낸 타협 때문에 고통받았다. 결국 그는 공개적으로 경종의 건강에 대해 논의하고 경종을 지지했던 소론 대신의 관작을 추탈했다. 영조는 탕평정책을 약화시키는 것 이상의 조치를 취했고, 선왕에 대한 효제도 한계선[不悌]까지 다다랐다. 송인명은 졸했고 조현명은 의정부에 나가기를 거절했지만 영돈녕으로 조정에 남아서 항상 왕의 실패를 상기시켜주었다. 영조는 이를 보상하려고 미친 듯

이 수신修身에 매달렸다. 밤늦게까지 읽었고 매일 열심히 썼으며 절용에
집착했다. 동시에 총체적 붕괴로부터 탕평정책을 보호하고자 계속해서
더욱더 전제적으로 변했다. 반탕평론자들은 탕평파의 발언을 실마리로
삼아서 공개적으로 탕평의 무용함을 주장했다. 영조가 실망하자 그들[반
탕평론자]은 본래의 맥락을 무시하고 정책이 단지 소수 집단에 이롭다는
송인명[탕평파]의 말을 인용했다.[175)

관료들에게도 전혀 행복하지 않은 시기였다. 어떠한 집단도, 노론이나
소론이나 탕평파 역시 평안하지 못했다. 영조는 점점 고압적인 방법으로
그들이 조정에 나오는 것을 꺼리게 만들었다. 특히, 대간은 왕의 억압하
는 예봉을 견디지 못하고 자주 자리를 비웠다.[176)

재위 23년인 1747년에 이르러 영조는 진정으로 자기 역할에 지친 듯했
다. 7월 29일[6월 22일]에 왕은 대신들을 인견引見하고서 정사政事의 부담
에서 벗어나 휴식하고 싶다고 고백했다. 쇠약해진 건강과 정신적인 무력
감을 관료들에게 호소하면서 세자에게 대리청정을 명할 것을 간청했다.
관료들은 동정은 표했지만 왕이 계속해야 한다고 주장했다.[177) 이틀 후[6
월 24일], 영조는 사적으로 동일한 제안을 조현명에게 했다. 그는 별로 만
족스러운 해법을 마련해주지 않았다.[178) 관료들의 동의를 얻는 데 실패하
자 왕은 병을 핑계로 잠시 사저로 물러났다. 마침내 9월[8월]에 조현명은
영조가 정전에 나타나지 않고 관리를 접견할 때 적합한 의복을 갖추지 않
았다고 질책했다. 그러자 왕은 조현명이 자신의 괴로움을 이해해주지 않
고 부적절한 행동만 언급했다고 책망했다. 하지만 이후 영조는 "나는 그
가 군주를 위한 애정으로 말하였다는 것을 알기 때문에 용서한다"라고 하

였다.[179)

 그러나 이 대화에서 영조와 조현명 둘 다 본격적으로 일터로 복귀해야만 한다는 것을 공감하기에 이르렀다. 그들에게 중요한 임무가 기다리고 있었다. 10월[9월]에 조현명은 의정부에 복귀했다. 곧 조현명은 양역변통의 필요성을 역설했다. 박문수도 소견되어 1748년[영조 24] 5월[4월]에 호조판서에 임명되었다.[*180) 몇 년 뒤 균역법이 타결될 때까지 그 준비는 이 세 사람이 맡았다.

 하지만 1748년[영조 24]은 영조가 전혀 행복하지 않은 해였다. 4월[4월 5일]에 역모의 괘서가 궁궐 담에 다시 나타났다. 그 원본은 수수께끼로 남아 있다.[181) 영조는 1746년[영조 22]에 경종의 건강이 좋지 못했다[違豫]는 공표를 통해서 괘서와 같은 형태의 도전을 효과적으로 중단시킬 수 있을 것으로 생각했으나, 괘서가 다시 출현함으로써 그 희망은 산산조각 나버렸다. 그때 영조는 사적인 비극도 겪었다. 7월[영조 24 6월]에 영조가 사랑하던 딸 화평옹주和平翁主가 졸했다. 딸의 죽음을 한탄하여 국사國事에 참석하는 것을 중단했고 창덕궁에 틀어박혔다.[182) 창덕궁은 딸의 사저와 더 가까웠으므로 거기서 장례절차를 감독하기가 쉬웠을 것이다. 1749년[영조 25] 초반 왕이 자신의 책무에서 벗어나려는 소망은 스스로를 압도한 것처럼 보였다.

 1749년[영조 25][*183) 3월[1월]에 영조는 선위전교를 널리 알렸다.

인원왕후의 삼종혈맥三宗血脈 하교를 어기지 못하여 이 자리에 있었다. 하지만 그것을 즐겨하지 않는 마음은 25년이 하루 같았다. 날마다 원량元良[사도세자]이 성장

하기를 기다렸다. 이제 다행스럽게도 15세가 되었다. 이 결정은 세 가지를 고려한 것이다. 첫째, 저승에 가 황형皇兄의 용안을 뵐 수 있도록 함이요, 둘째, 왕위에서 벗어나고자 하는 바람을 성취하고자 함이요, 셋째, 갑자년(1744) 이후 건강이 나빠져서이다. 하루아침에 고치기 어려우니, 책무에서 벗어나 건강을 돌보고자 한다.[184]

이러한 하교 과정은 소동을 불러일으켰다. 사도세자와 관료들은 모두 눈물을 흘렸고, 철회할 것을 간청했다. 결국, 영조는 세자에게 대리청정을 명하는 것으로 양보했다.[185] 이제 사도세자는 소조小朝였다. 그는 부왕의 희망과 절망에 대한 공식적 대리자였고, 경종을 극복하기 위한 영조의 불안함을 담는 그릇이 되었다.

5

영조의 비극:
사도세자

…… 우리 모두 땅바닥에 주저앉아

왕들의 죽음을 서럽게 얘기하자.

왕좌에서 쫓겨난 자, 싸움에서 죽은 자,

쫓아낸 자들의 유령에게 시달리는 자,

왕비에게 독살된 자, 자다가 죽은 자,

모두 살해됐거든, 이마에 두르는

헛된 왕관 속에서는 죽음이 왕이 돼.

그런 장난꾼이 거만하게 앉아서

위엄을 비웃고 위세를 히죽대고 …….

– 셰익스피어의 『리처드 2세』[*1] 중에서

뒤주대왕

사도세자思悼世子의 대리청정은 시작된 지 13년^{*2)} 만에 봉인된 뒤주 안에서 끝났다. 그때 영조의 희망도 함께 묻혀버렸다. 1762년[영조 38] 7월 4일[윤 5월 13일] 영조는 아들을 뒤주에 가두고 질식하여 죽게 했다.^{*3)} 당시 사도세자는 28세였고 영조는 69세에 다른 아들이 없었다. 이것은 조선 역사에서 유일하게 부왕이 세자^{*4)}를 공적으로 처형한 사례이다.

사도세자의 비극은 영조와 그의 통치 모순을 압축적으로 보여준다. 위대한 왕들 중 한 명인 영조는 다른 어떤 조선 국왕도 범하지 않았던 자식 살해에 의지하였다. 그는 덕치에 집착했으나 유교적 인본주의 기본 교리를 위반했다. 그는 백성의 아버지가 되기를 주장했으나 친자식을 죽였다. 그는 황형 시해 혐의를 잠재우려고 노력했으면서도 되돌릴 수 없는 자식 살해를 행했다. 그리고 단호하게 피의 숙청을 끝내려는 정책에 헌신했지만 아들 사도세자의 목숨을 빼앗았다. 사도세자는 태어날 때부터 막중한 왕가의 임무를 수행하기 위해 교육받았으나 그 임무를 수호하고자 죽음에 이르렀다.

만약 이 사건이 영조 치세의 극적인 절정으로만 쉽사리 인식된다면, 이 비극 뒤의 강한 분노는 그렇게 간단하게 이해될 수 없을 것이다. 진실로 무엇이 영조로 하여금 자신의 유일한 아들을 죽이게 했는가? 이에 답하는 데는 극도의 주의가 필요하다. 우선 한 가지 이유는 사도세자가 전설이 되었다는 점이다. 그 사건의 슬픔과 그 처형의 섬뜩함은 사도세자를 그의 아버지를 둘러싼 무자비하고 이기적인 권력을 추구하는 자들의 희생자로 보도록 한국인들의 상상력을 사로잡았다.[5] 심지어 오늘날에도 사도세자는 '뒤주대왕'[*6]으로서 대중적인 상상에 기초한 비극悲劇에서 최고로 군림한다. 그러므로 누군가는 진정으로 전설로부터 사실을 가려낼 필요가 있다.

다음으로, 현대 학자의 시각도 있다. 이것은 대략 두 가지로 나뉜다. 이른바 역사적 시각에서는 전체 사건을 붕당간·정치적 불화의 관점에서 관찰한다. 이러한 견해에 대한 전형적 지지자는 정치적·붕당간 지지 차이로 이 사건이 발생했다고 주장한다.[7] 이 학파는 이것을 붕당 간 갈등에 부수적 현상으로 해석하면서 사건 자체에 대해 전혀 연구하지 않았다. 다른 학자들은 이 사건을 개인적 갈등이 축적되어 발생했다고 본다. 이것은 좀 더 문학적인 접근에 해당한다. 이러한 견해의 지지자들은 그 근거로 세자빈[혜경궁 홍씨]이 쓴 『한중록閑中錄』을 이용한다. 예를 들어 한 논문은 홍씨의 글에 기초하여 프로이드식Freudian 분석을 시도했다. 심지어 사도세자가 부왕이 가장 총애하는 딸이자 자신의 누이 화완옹주和緩翁主와 근친상간의 죄를 범했을지 모른다는 '궐내에서 나온 소문'이 영조의 최종 판단에 결정적인 영향을 주었다고 주장하기에 이른다.[8]

이러한 시각들이 모두 완전히 가치가 없는 것은 아니다. 하지만 각각은 사건의 한 가지 면에만 초점을 맞추고 있다. 그 사건을 완전히 심리적 갈등이나 정치적 갈등의 측면에서 설명하는 것은 꽤 만족스러울지도 모른

다. 하지만 영조의 치세가 정치적 권력과 심리적 충동 사이에서 아주 명
백하게 어떤 선에 있었는지 그려낼 수 있겠는가? 자신들의 모든 불완전
성에도 불구하고 용감하게 분투하는 그들에게 최소한의 배우들에게만
상처를 주어 이 비극을 끝마치고자 할 때, 이 극의 배우들을 공평하게 대
하려면 우리에게는 좀 더 종합적인 그림이 필요하다.

　보통 포괄적인 서술로 시작하는 정사正史가 그 사건을 간결하고 신중하
게 다루었음을 확인했을 때 곤혹스러움이 밀려온다. 첫째,『승정원일기』
에서 사도세자를 다룬 부분들은 세초洗草되었다. 만약 세초되지 않았다
면 이 자료는 왕과 대리청정의 공식적인 활동에 대한 가장 완전한 기록이
었을 것이다. 이 세초는 1776년[영조 52] 영조가 죽기 한 달 전에 정조의 요
청으로 시행되었다.[9] 정조는 사도세자의 아들이다. 그는 11세 때 아버지
의 죽음을 목격했고 결국 아버지의 이름을 지우는 데 많은 주의를 기울여
야 했다. 이것은 유교 군주로서 자신의 의무였고 영조도 그것을 이해했을
것이다. 영조[10]와 정조[11]가 역사 기록을 보존하려고 엄청난 열의를 보였
던 것을 감안하면, 삭제된 부분은 사도세자에게 꽤 해로운 내용들이 담겨
있었을 것으로 추정된다. 세자빈 홍씨도 자신의 글에서 그렇게 주장했다.
어쨌든 세초는『승정원일기』가 실록을 편찬하는 데 중요한 자료였기 때문
에 실제로 사도세자의 구체적인 행동이 실록에 포함되는 것을 가로막았
다. 왕실 일가의 부적절한 행동에 대한 금기처럼, 편찬자에게 부담이 되
는 규제는 더 나아가 실록에도 영향을 미쳤다. 어쨌든 실록은『승정원일
기』보다 다소 더 유용한 정보를 주었지만 사도세자 관련 부분에서는 대체
로 완곡히 표현되었다. 예를 들어, 영조가 자기 자식을 죽였다고 분명하

게 말하지 않았다.

하지만 실망할 필요는 없다. 만약 조선의 사관史官들에게 사관史觀이 없었다면 아무런 존재 의미가 없었을 것이다. 사관들은 실록에서 그것을 구분해내려는 사람들을 위해서 시사점과 암시를 남겼다. 물론 그것들은 다른 자료들과 결합하여 쓰였음이 틀림없다. 공식적인 역사 편찬의 전통에 입각해보면, 영조와 사도세자에게 올린 수많은 상소, 『세자동궁일기』 그리고 다양한 기록이 있다. 또한 세자빈 홍씨를 포함하여 사도세자의 동시대 사람들이 남긴 사적인 저술들이 있다. 세자빈 홍씨가 그 사건이 있은 지 30년 후 가문과 남편 사이에 상반되는 충심 아래에서 저술하여 더러 솔직하지 않지만 중요한 통찰력을 제공한다. 그리고 야사가 있다. 야사를 사용하는 데 극도의 주의가 필요하지만 그것들은 단지 동시대의 시각이거나 후대의 신화일지라도 때때로 사실을 드러낸다. 마지막으로, 그 처형 광경을 목격했던 승정원 주서注書 이광현李光鉉이 보존한 잘 알려지지 않은 기록*12)이 남아 있다. 이광현은 역사가의 섬세함으로 사도세자의 마지막 날들의 세부 내용을 기록했다.

물론 이러한 엄청난 자료들의 도움을 받는다 할지라도 그 사건에 대한 확정적인 설명은 규정하기 어려운 채 남아 있다. 역사는 인생과 마찬가지로 진실이 덫을 피해간다. 이광현은 자기 글의 마지막 문장에서 이것을 인정한다. 그럼에도 해명 가능한 데서부터 정보를 모음으로써 잠정적인 가설을 만들어내는 것은 가능하다.

떠오르는 그림은 참으로 복잡하고 끔찍하다. 18세기 조선의 긴장 상태가 영조에게서 확고해졌다면, 영조의 갈등은 사도세자를 대하는 태도에서 가장 매서운 표현으로 발견된다. 사도세자는 영조의 성군상을 향한 갈망과 정당성 입증을 위한 열망을 담아내기 위한 그릇이었다. 이 상충되는 요구는 영조로 하여금 사도세자를 통해 탈출구를 찾도록 이끌었지만, 사도세자는 그곳에서 죽을 수밖에 없었다. 그 요구들 중 하나라도 만족시킬 수 있는 아들은 거의 없었을 테고, 둘 다 충족할 수 있는 아들은 아무도 없었을 것이다. 사도세자도 처음에는 정신이상으로, 다음에는 변복하고 떠난 여행으로, 그리고 끝내 자신이 탈출하고 싶어 했던 바로 그 목표물—부왕의 이미지—의 제거를 시도함으로써 탈출구를 찾고자 하였다. 결국 그의 유일한 탈출구는 4척*[13]의 봉인된 뒤주에서 맞이하는 죽음뿐이었다.

영원한 희망, 요람의 희망

삼종三宗의 혈맥이 장차 끊어지려 하다가 비로소 이어지게 되었으니 지금 다행히 돌아가서 열성조列聖祖를 배알拜謁할 면목이 서게 되었다. 즐겁고 기뻐하는 마음이 지극하다![14]

그래서 1735년[영조 11] 2월 13일[1월 21일] 사도세자가 출생하자 영조는 넘치는 기쁨을 표했다. 왕의 애정을 오래 받은 선희궁宣禧宮[暎嬪] 이씨李氏는 이미 영조에게 딸들을 여러 명 안겨주었고 결국 아들까지 낳았다. 행복감이 대궐을 뒤덮었다. 다음 며칠간은 하례를 받았으며, 사면을 공표하고,^{*15)} 시의적절하게 원자궁元子宮에 대한 공상供上을 거행하며 보냈다.^{*16)} 영조는 42세에 마침내 후계자를 얻었다. 그리고 사도세자가 성장하면서 후계자 지위도 명백해졌다. 1735년[영조 11] 9월[7월]에 유명한 노론 학자인 이재李縡와 저명한 양명학자인 정제두 그리고 영조의 스승 이진망李眞望^{*17)}을 원자보양관元子輔養官으로 임명하였다.¹⁸⁾ 이것은 원자를 세자로 세우기 위한 첫 단계였다. 왕의 공식적인 책봉은 다음 해 4월[3월 15일]에 이어졌다.^{*19)} 그 당시 생후 14개월이 된 사도세자는 조선 역사에서 가장 어린 세자였다.²⁰⁾ 사도세자의 처소는 부왕과 모친이 살고 있는 대궐 안에 자리하였으나 구역은 분리되어 있었다. 그곳은 때에 따라 낮에 정무를 보는 곳, 침전寢殿, 서연書筵 장소 그리고 세자빈과 자녀와 같이 가족을 위한 곳 등 몇 개 건물로 구성되었다. 세자시강원世子侍講院[春坊]과 세자익위사世子翊衛司[契坊]가 근접해 있었다. 궁궐에서 다양한 일을 맡고 있는 궁녀^{*21)} 9명과 내관^{*22)} 수십 명이 세자를 모셨다. 대부분 남자 노비 70~90명이 세자궁에 속해 있었다. 세자익위사에는 교대로 세자를 호위하는 군사가 14명 있었다. 세자시강원에는 사도세자가 8세일 때 춘방관春坊官이^{*23)} 13명 임명되어 교육을 담당하였고, 세자는 그들과 함께 공식적인 공부를 시작했다.²⁴⁾

1743년[영조 19] 사도세자 관례冠禮^{*25)} 이후인 9월[8월]에 영조는 세자빈世子嬪을 찾기 시작했다.^{*26)} 석 달간 탐색한 이후에 그는 명문가인 풍산 홍씨 홍봉한洪鳳漢의 여식을 간택했다. 삼간택三揀擇의 결과를 알리려고 대신을 홍씨 가문에 보냈다. 왕은 세자빈을 책봉하는 교명문敎命文에서 그녀를 환영하면서 주의도 당부하였다.^{*27)} 그녀는 세자빈이자 국가의 미래

토대로서 수많은 축복의 원천이 되어야 했다. 그래서 세자빈은 항상 자신의 미덕으로 남편을 지지해야 한다는 것이 가장 중요했다.[28] 1744년[영조 20] 2월 23일[1월 1일] 어의궁於義宮에서 가례嘉禮를 치렀다.[*29] 일주일 후 영조는 둘 다 10세가 되는 신혼부부를 데리고 종묘에 가서 혼인을 고하고, 5개월간의 가례를 공식적으로 완결지었다.[30]

 1745년[영조 21] 초부터 사도세자의 공부는 확장되었다. 그는 이제 스승들과 함께 읽는 것에 더하여 세자시강원에서 제공하는 강의와 토론 시간에 참여하였다. 그 무렵 사도세자는 1749년[영조 25]에 대리청정을 명받았다. 미래의 군주가 되기 위해 준비하는 세부 사항들은 어떤 것도 간과되지 않았다. 적어도 표면적으로 대리청정은 왕좌를 향한 순조로운 진행과정의 연속으로 보였다. 그는 15세로 다소 어렸음에도 당시 사회 기준에서는 성인이었다. 예를 들어 그는 이해에 세자빈 홍씨와 합방을 치렀다.[31] 모든 면에서 사도세자는 그가 맡기로 예정된 역할에 특출한 자격을 잘 갖추고 있었다.

 하지만 겉보기와 현실은 종종 뚜렷이 구분된다. 사도세자는 미래의 군주로서 미래 희망의 화신이었다. 공통의 희망은 덕을 갖추고 능력 있는 군주에 대한 소망과 합쳐진다면, 개인의 희망은 정치적·이념적인 태도에 좌우되며 뚜렷하고 색다른 예상을 결정한다. 탕평정책 지지자들은 사도세자가 탕평정책을 계승해 완벽하게 수행할 것으로 보았다.[32] 각 붕당의 관료들은 궁극적으로 지지받기를 희망했다. 원자 출생일에 진심으로 박문수는 영조에게 원량을 위해서 탕평책을 강화하여 종사를 온전히 보존할 것을 조언했다.[33] 어쨌든 그 원자는 곧 수많은 주목의 대상이 되었다.

242

사도세자가 출생한 지 4개월이 되었을 때 영조는 그를 대신들과 함께 경극당敬極堂[*34)]에 데려갔다. 검은 관冠 뒤에는 머리카락 두 다발이 뻗어 나왔다. 사도세자는 청사포靑紗袍를 입고 홍대紅帶를 띤 채 중관中官의 팔에 안겨 있었다. 원자가 책상을 짚고 일어서려고 용감하게 시도하자 참석했던 모든 대신은 원자를 진정한 천인天人[*35)]으로 칭송했다. 자리했던 민진원부터 차례로 모두가 영조에게 원자를 안아보기를 청하였다. 물론 자랑스러운 아버지는 허락하였다.[36)] 곧 사도세자는 학문적 조숙함과 도덕적 품성으로 칭송받았다. 사도세자는 3세 때 영조에게 읽고 쓰는 능력을 보여야 했다. 사도세자는 『효경孝經』을 선택했고 문왕文王이라는 글자를 알아보았다. 그리고 아버지의 명에 따라 글을 썼다. 그는 자기 손보다도 큰 붓으로 '천天, 지地, 왕王, 춘春'을 적었다. 관료들은 세자의 총명함에 모두 감탄했고, 그가 쓴 글을 하사해줄 것을 청했다.[37)] 이 무렵에 그는 복희씨伏羲氏를 상징하는 팔괘八卦 모양[*38)]의 다식茶食을 먹는 것을 거절했다고 전한다. 이것은 이 어린 나이에 세자가 존경할 만한 상징에 공경을 표했음을 의미한다.[39)] 이러한 종류의 이야기들이 어린 시절 내내 계속 일어났다. 그래서 그의 행동은 공적인 시선 안에서 시작되었고, 주위를 맴돌며 염려하는 조정에서 숨죽이며 관찰되었다.

물론 가장 극도로 희망에 찬 관찰자는 아버지였다. 하지만 이러한 희망만큼이나 극도의 근심까지 수반되었다. 그리고 염려하면서도 또 희망에 찬 부모가 종종 그렇듯이 영조의 기대는 과장하지 않고 말해서 비현실적이고 심지어 모순적이었다. 우리는 영조가 젊은 세자도 모르는 사이에 사도세자를 통해 탕평정책을 약화시키지 않고도 황형 시해 혐의를 해명하는 기적을 추구했음을 알고 있다. 영조는 붕당 간 문제를 처리하는 데 필요한 몇몇 방법에 대해 아들이 알게 되는 것을 격렬하게 반대했다.[40] 사도세자가 어느 날 당습이 무엇이냐고 물어봤을 때 영조는 세자에게 그것을 알 필요가 없다고 소리쳤다.[41]

영조는 아들[세자]이 언젠가 아버지가 겪었던 모욕 때문에 소론에게 치욕을 안겨줄 것이라는 은밀한 희망을 품지 않았다고 말할 수는 없다.[42] 사도세자가 효과적으로 소론을 처벌한다면 효도가 되었을 것이다. 정치적인 영향에 대한 적절한 주의와 함께한다면 그것은 영조가 할 수 없었던 것까지 이룰 수 있었다. 하지만 이것을 심지어 간접적으로라도 아들에게 제안하는 것을 영조는 상상할 수 없었다. 그는 도덕적으로 완벽주의자였고, 아들은 후대의 성군에 미치지 않아서는 안 되었다. 아들은 기만적 복수가 아니라 도덕적 권위의 온전한 힘으로 그를 입증해야 했다.

영조는 특유의 완벽함으로 아들을 성군으로 만드는 일에 착수했다. 정사에서는 정기적으로 왕의 감언이설을 언급한다. 그는 세심한 주의를 기울여 서연 교재와 스승을 선택했다. 왕은 춘방관에게 고전뿐 아니라 예절과 도덕 원칙에 대한 교육의 중요성을 설교했다. 그는 또한 아들 교육에 자주 개인적으로 간섭했다. 왕은 세자에게 고전의 구절에 대해 문제를 냈고, 도덕적 규정에 입각한 수많은 지침을 작성했으며, 성군들의 빛나는 업적에 대해 설교했다.[43]

정사에는 왕세자의 조숙함에 대해 다소 정형화된 수사적 찬양이 보이는데, 이에 근거하면 처음에 사도세자는 아버지의 관심에 꽤 잘 반응했던 것 같다. 그는 항상 올바른 대답이 준비되어 있었고 예절도 엄숙히 지켰다. 사실 어린 시절을 통틀어 세자의 총명함과 성실함은 의심할 여지가 없었다. 유일한 우려의 목소리는 영조에게서 나왔는데, 1743년[영조 19] 왕은 세자가 너무도 부지런하고 굽힐 줄 모른다는 걱정을 표하고, 빈객賓客*44) 이종성으로 하여금 이것을 누그러뜨리도록 했다.45)

사도세자에 대한 한결같은 찬양은 1746년[영조 22] 초까지 계속되었다. 2월[2월 1일]에 그는 질병에 걸렸는데도 열심히 공부했다고 전한다.46) 4월 [3월 21일]에 세자는 아버지를 기쁘게 만들기 충분할 정도로 질문에 답을 잘하였다.47) 하지만 1746년 말경 때때로 사도세자에 관한 그들[사관]의 어조가 미묘하지만 분명히 바뀐다. 10월[9월 1일] 어느 날, 사도세자는 책 속 어구의 의미를 명확하게 밝힐 수 없었다. 영조는 세자가 동궁속료에게 조언을 구하는 것을 부끄러워하지 말아야 한다고 꾸짖었다.48) 그 이후 사도세자는 질문에 점점 더 적게 답했다. 이것은 영조의 거친 질책을 연속해서 유발했다. 결국 1748년[영조 24] 12월[11월]에 영조는 아들의 태만에 너무나도 화가 나서 춘방春坊[세자시강원]과 계방桂坊[세자익위사]을 추고推考하였다.49) 영조는 어느 날 사도세자를 불러들여 전날 밤의 천둥은 세자가 덕성을 키워야 한다는 경고였다고 말하였다.50) 이 무렵 영조가 스승[贊善]으로 초빙했던 박필주가 세자 교육이 무용하다는 이유로 사직했다.51) 1749 년 1월[영조 24 11월]에 좌의정 조현명은 왕에게 왕세자를 지도하는 일의 중요성을 말하였다.52) 이것은 영조가 사도세자를 대하는 데 무언가 잘못이 있음을 의미하며, 심각한 문제가 생겼음을 꽤 확신할 수 있다.*53)

세자빈 홍씨에 따르면 사도세자의 곤경은 훨씬 더 일찍 시작되었다. 『한중록』에서 홍씨는 사도세자가 너무 어린 시절부터 부자가 물리적으로 떨어져 지낸 탓으로 돌렸다. 영조는 아들을 왕세자로 확실히 세우려는 열망으로, 책봉 전 생후 3개월일 때 교육시설이 완비된 별도의 처소[元子宮]로 옮겼다. 이 같은 새 거처는 영조와 모친 영빈 이씨의 처소와 꽤 멀리 떨어져 있어 부모와 많은 시간을 함께 보내기가 어려웠다.

게다가 이 처소는 경종비[*54)] 선의왕후宣懿王后가 1730년[영조 6] 홍서할 때까지 쓰던 곳이었다. 세자를 섬기는 궁녀들은 경종과 경종비를 섬겼던 사람들이었다. 홍씨에 따르면 이러한 인적 배치는 꽤 악영향을 미쳤다. 경종과 경종비를 섬기던 궁인의 주된 충성심은 예전의 주인에게 있었다. 그들은 새로운 왕[영조]에 대해 꽤 거만했고, 출신이 천한 영빈 이씨를 노골적으로 업신여겼다. 세자빈 홍씨는 이 거만한 태도가 사도세자의 양친으로 하여금 그들이 방문하려고 했던 것보다 훨씬 덜 아들을 방문하게 했다고 추측했다. 그녀는 이러한 궁녀들을 세자 곁에 둔 것에 대해 영조의 식견이 짧았다고 비난했다.

어쨌든 세자빈 홍씨가 보기에 사도세자는 규율에서 제멋대로인 이러한 궁녀들에게 거의 완전히 방치되었다. 특히, 한상궁은 사도세자에게 장난감 무기로 하는 병정놀이를 가르쳤다. 이것은 자연스럽게 아이의 관심을 끌었다. 세자는 속료들이 보살피고 부모들이 방치하자 학문보다는 놀이에 열중했다. 사도세자는 자신이 기대에 부응하지 못하고 있다는 것을 깨닫고는 아버지를 두려워하기 시작했다. 그 결과 영조와 사도세자 사이에 장벽이 생겼다.[55)]

이러한 사건들은 세자빈 홍씨가 사도세자의 삶에 등장하기 전에 일어났을 뿐 아니라 그녀의 기억도 다소 불확실함에도, 흥미로운 사실을 말해

준다. 영조가 사도세자에게 지위에 걸맞은 공식적인 위엄을 부여하고자 서둘렀음이 눈에 띈다. 이것은 적어도 부분적으로 정통성이라는 너무도 익숙한 문제에서 사도세자를 지키려는 열망에 기인하였음이 틀림없다. 비록 영조가 자신이 오랫동안 소원했던 정비正妃 정성왕후에게 사도세자를 공식적으로 입적시켜야 한다는 대신의 주장을 물리치는 데 성공했지만,[*56)] 영빈 이씨의 다소 천한 신분은 아들 양육의 세부사안에서 명백히 걱정을 끼쳤음이 틀림없다.

하지만 영조는 여전히 사도세자를 황형 지지자들에게 보냈다. 영조가 황형 시해 혐의를 해소하고자 했던 상당한 열망을 생각하면, 그로써 경종에 대한 자신의 충성심을 증명하려고 시도했는지도 모르겠다.[*57)] 그렇지 않다면 왜 경종비 선의왕후 처소를 골랐으며 그들의 불성실한 태도에도 불구하고 경종과 선의왕후의 궁녀들을 유지했겠는가? 이러한 의미에서 영조는 자기도 모르게 아들을 경종에게 내준 것처럼 보인다. 아마도 후대에 살펴볼 수 있는 이 점 덕분에 동시대 자료들에서 종종 경종과 사도세자가 놀랍게 닮았다고 언급하는 것을 알 수 있다. 몇몇 자료는 사도세자가 실제로 경종의 환생이라는 꿈을 이광좌가 꾸었다고 전한다.[58)] 이것이 허구로 들리긴 하지만 이 궁녀들이 동정어린 관점에서 사도세자를 경종으로 생각했다고 상상하는 것은 억지스럽지 않다.

그럼에도 세자를 보살피는 방식은 몇몇 우려를 불러일으켰다. 예를 들어 1740년[영조 16]의 항목에서 실록은 하고 싶은 대로 다 하도록 놔두고 잘 보살피지 않은 궁인宮人과 내신內臣[內官][*59)]의 해롭고 위험한 영향을 춘방관이 기록한 내용을 수록했다.[60)] 세자빈 홍씨는 1741년[영조 17] 영조가 한상궁을 해임했다지만, 그 상황은 근본적으로 바뀌지 않은 채 남아 있었다. 결국 궁녀들은 세자[*61]에게 아무런 권위도 없었고 아마도 그의 변덕에 순응했을 것이다.

세자빈 홍씨는 아버지와 아들 사이의 관계가 악화되는 과정을 설명했다. 사도세자가 부왕을 두려워하게 되면서 아버지 앞에서 말문이 막히고 머뭇거리게 되었다. 이 때문에 영조는 걱정하여 점잖게 반응하기보다 가혹하게 비난하기 일쑤였다. 예상대로 사도세자의 곤경은 그저 심화되었다. 세자빈 홍씨는 혼인 이후 곧 세자가 아버지를 대면하는 일을 미루려고 가능한 한 아침에 옷 입는 시간을 지연시킨다는 사실을 눈치챘다. 그 갈등의 일부로 기여한 것은 개인적 특성의 차이였다. 영조는 신속하고 관찰력이 있었지만 사도세자는 느긋하고 과묵했다. 그녀는 영조의 엄격함이 사도세자가 문제의 행동을 일으키는 잠재적 원인이라고 보았다. 또 그녀는 10세의 어린 세자가 아버지와 대화할 때 바닥에 엎드려 절하면서 자신을 '신臣'이라고 칭해야 하는 조정의 엄격한 행동규범에 다소 정情이 떨어졌다. 어쨌든 이미 1745년[영조 21]에 그녀는 사도세자 인격의 다소 부정적인 성장에 대해 기록하였다.[62]

이러한 관찰은 사실인 듯하다. 영조는 빈틈없는 기준 때문에 요구하는 것이 매우 많은 아버지였음이 틀림없다. 왕은 왕좌에 오르는 준비가 늦었고 왕위계승에 큰 어려움을 겪었기에 자수성가한 사람의 엄격한 무언가를 내보였을 것이다. 영조는 자신이 미처 누리지 못했던 바로 그 기회를 세자가 중요하지 않게 생각한다고 여겼다. 따라서 그가 아들과 공감하기가 몹시 힘들었을 것이라고 상상하는 것은 지나치지 않다. 이러한 경우에 영조의 규율과 도덕적 엄격함에 대한 믿음은 별로 도움이 되지 않았다.

진실로, 실록은 계속되는 악화과정을 기록했다. 1747년[영조 23] 12월 12일[11월 11일] 영조가 일상적으로 사도세자에게 질문하였을 때, 어린 세자가 아버지를 완곡하게 비판한 정황이 드러났다.

> 영조: 한나라의 모든 황제 중에서 누가 제일 탁월한가?
>
> 사도세자: 저는 문제文帝라고 생각합니다.
>
> 영조: 왜 너는 고제高帝[高祖]를 칭찬하지 않는가?
>
> 사도세자: 그것은 문제와 경제景帝의 통치가 가장 훌륭했기 때문입니다.
>
> 영조: 네 성정을 고려할 때 네가 무제武帝를 좋아할 것이라고 생각했는데 문제가 더 낫다고 하였다. 왜 그런 것이냐?
>
> 사도세자: 무제가 신속하고 날카롭기는 했으나 많은 면에서 너무 성급하고 거칠었습니다. [*63)]

영조는 이 발언에 대한 해명을 요구했다. 사도세자는 회피하듯이 답했고 왕은 이것을 서투른 것으로 간주하기로 했다. 영조는 한나라의 여러 황제의 장점을 평가하는 긴 강의로 답했고 사도세자에게 더 열심히 공부하라고 꾸짖는 것으로 끝냈다. [64)]

그 대화는 긴장과 갈등 속에서 설명할 수 없는 부정적 저의로 가득 차 있었다. 즉, 영조와 무제 사이의 어떠한 유사성을 각각 느끼지 않는 한 설명이 불가능하다. 어쨌든 단순한 학습시간이 되어야 했는데 그보다는 훨씬 억제된 다툼처럼 보였다. 그리고 이러한 간접적인 악감정 속에서 사도세자의 대리청정이 시행된 것은 바로 1749년[영조 25]이다.

창덕궁의 두 조정

　절차적으로 사도세자의 대리청정은 숙종이 죽기 3년 전인 1717년[숙종 43] 경종의 대리청정에 기초하였다.[65] 소조小朝[*66]는 관작官爵(인사권), 형옥刑獄(사법권), 병사兵事(군권)를 제외하고 모든 사안을 운영하고 결정할 수 있었다.[*67] 제외된 사안들은 국왕[大朝]이 직접 관할하였다. 또 소조는 특별히 중요한 문제는 대조大朝와 상의해서 허락을 얻어야 했다. 대조는 소조의 결정 중 어떤 것이라도 거부할 권리가 있었다. 하지만 소조는 통치자로 대우받았다. 관리들은 세자와 말할 때 자신을 '신臣'으로 칭해야 했다.[68]

　대리청정 하교를 반포하는 날, 국왕과 새로이 대리를 맡은 세자 모두 매우 엄숙했다.[*69] 영조는 시의時宜에 맞는 잠언箴言인 『정훈政訓』[70]을 만들었다.[*71] 그는 대리를 맡은 세자에게 도덕적 품성을 가꾸고[修身], 어진 이를 높이고[尊賢], 친족을 친하게 대하며[親親], 대신[*72]을 공경하고[敬大臣], 뭇 신하를 살피며[體群臣], 백성을 자식처럼 대하고[子庶民], 장인들을 격려하며[來百工], 멀리 있는 사람에게 친절하고[柔遠人: 以上『중용』9장 중 8가지], 불화와 방탕을 조심하며, 근습近習(동궁속료)에게 엄격할 것 등을 촉구했다. 사도세자는 이것을 읽은 후 엎드려서 헌신을 맹세했다. 그는 성교聖

敎에 주의를 기울이고 평화와 행복을 얻으려고 노력하였을 것이다. 영조는 기뻐하며 관료들의 협력을 요청하였고, 그들에게 당습을 일삼고 힘없는 사람[백성]을 침해한다면 오랑캐의 나라로 퇴화될지 모른다고 경고했다.[73]

대신들은 더 불안했다. 우선 대리를 맡은 세자는 잠재적 긴장감을 갖고 있었다. 명백한 선위와 달리 권력은 완전히 옮겨지지 않았다. 그래서 관료들은 단지 마지못해 대리청정에 동의했다. 이것은 경종 때처럼 쇠약해진 왕의 만년에 왕세자를 위한 수습기간이었다. 사도세자의 대리청정은 이러한 수사법 아래에서 시행되었다. 하지만 56세의 영조는 전혀 쇠약하지도 않았고 권력을 내줄 의향도 없었다. 그것은 통치를 보완하고 확장하며 궁극적으로는 치세를 완벽하게 하려는 수단이었다. 그리고 이것이 갈등을 두려워한 조현명이 세자에게 항상 결정을 내리기 전에 왕과 상의하라고 경고했던 이유이다.[74]

하지만 이 조언조차 부적절했다고 판명날 듯했다. 최근에 통치의 부담이 영조를 무겁게 짓눌렀다. 그는 신임옥사에서 훼손된 자신의 명예를 회복하고 싶은 압박 속에 있었지만, 탕평책을 위태롭게 할 수 없었다. 그래서 더 많은 관료와 대립, 그리고 도덕적 타협이 앞으로 기다리고 있는 듯했다. 1749년[영조 25] 영조는 이 문제들을 관료와 토론하면서 '세도世道' 때문에 자신이 거의 미칠 지경이라고 불평했다.[75] 더 직접적으로는 일생의 계획인 균역법이 있었다. 왕은 그 개혁을 완성하기로 결심했고, 그것을 위해서는 온전한 관심과 동력이 필요할 것이라고 정확히 인식했다. 그래서 그는 가장 곤란한 문제에 대한 해답을 찾으며 진정으로 필요해서 사도세자에게 의지했다.

영조는 급격한 승계절차를 거쳐 대리청정을 시행한 지 1년 이내에 본래 자신이 충당하고자 했던 역할 대부분을 사도세자에게 인계하였다. 7월 [5월]에 영조는 사도세자에게 관리들에 대한 도목정사都目政事[인사고과]를 주관하도록 명했다. 9월[7월]에 왕은 차대次對도 더 이상 하지 않겠다고 하교했다. 원래 대리청정 시 한 달 동안 6회 차대 중 4회는 소조小朝가 열고, 2회는 세자가 왕을 시좌侍坐하여 열기로 하였다.*76) 11월[9월]에 영조는 군무軍務도 소조가 맡도록 명했다.77) 관료들은 대리청정으로 왕을 자주 뵐 수 없게 되면 자신들의 목소리를 전달할 수 없게 되어 왕과 관료들 사이의 거리가 더 멀어지게 될 것이라며 격렬하게 반대했다. 게다가 젊은 세자에게 너무도 큰 짐을 떠넘긴다면 그를 삼켜버릴지도 몰랐다. 하지만 영조는 단호했다. 그는 대리청정을 통치 부담을 나누기 위해 시행하였다고 주장했다.78) 왕은 사도세자에게 너무도 많은 책임을 위임함으로써 정말로 곤경에서 빠져나올 방법을 찾고 있었다. 그는 최근 몇 년 동안 형편없는 왕세자 직분의 수행에도 불구하고,*79) 대리청정에 따른 실질적 책임감이 사도세자의 인성에서 계발되지 않은 잠재적 능력을 일깨울 수 있다고 믿었음이 틀림없다.

영조의 기대감이 비현실적이었던 것만큼, 사도세자가 잠재적 능력을 적절하게 소통시키는 데 실패하여 이러한 비참한 결과를 낳게 되리라 예측하는 것은 그리 어렵지 않다. 실제로 사도세자는 어려운 상황에서 난제에 직면했다. 하지만 아버지와 아들은 여전히 업무를 세심하게 분배해 통치에 대해 좀 더 의미 있는 결실을 맺을 수 있는 접근방식을 고안해낼 수 있었을지도 모른다. 사도세자는 부왕의 황형 시해 혐의를 신속하게 해소하고, 영조는 시종일관 탕평책을 태평하게 추진하는 방식을 상상해볼 수 있다. 이것은 확실히 부자를 향한 관료들의 아우성과 항의를 공동 혹은 단독으로 대응하여 느슨하게 만들었을 것이다. 하지만 이것조차 사전 동의와 함께 대조[영조]와 소조[사도세자] 사이에 굳은 신뢰와 이해가 있어야 무사히 헤쳐나갈 수 있었다.

본질적으로 사도세자를 효과적으로 이용하려면 영조는 자신이 지닌 군주상의 개념에서 벗어나는 대가를 치르더라도, 자기 역할을 초월해야만 했다. 사실, 왕은 세자가 훗날 성군이 되기를 바라면서 양육했다. 그리고 이제 그는 아들에게 대리청정을 명했고 권력을 맡겼다. 그가 지금 아들에게 황형 시해 혐의에 대한 자신의 무고를 입증하게 함으로써 잠시나마 자신의 이상과 타협했던 것일까? 그렇지 않다. 이것은 영조에게는 불가능했다. 그렇게 한다면 왕세자가 사적인 아들로는 적절했을 수도 있다. 아무리 왕이 아들로 하여금 자기 뜻에 부합하기를 남몰래 염원했다고 할지라도, 아들에게 직접 지시하여 욕망에 굴복하는 사적인 아버지가 될 수는 없었다. 이것은 사도세자가 바로 그 왕좌의 후계자가 되는 존재 이유를 무력하게 만들었을 것이다. 사도세자는 왕세자로서 국왕의 공적인 아들이었고 공적인 아들로 남았을 것이다.

사도세자는 자기 결단으로 사적인 아들의 역할을 하고 싶어도 할 수 없었다. 영조는 도덕적인 고려 때문에 자신의 사적 욕망에 대해 사도세자와 소통할 수 없었으며, 이것은 또한 사도세자가 부왕의 욕망을 충족시키는 시도를 할 수 없게 만들었다. 유교에서 강조하는 전형적인 모범과 조화는 소조로 하여금 모든 세부 사항에 대해 부왕의 정책을 따르도록 하였다.
영조의 분명한 지시는 세자가 왕의 공적 위치를 부인하게 될지도 모르는
대리청정의 수행조차 정당화할 수 있었다. 그래서 사도세자는 부왕이 시
해 혐의 해소에 관한 바람을 표현하지 않는 한 탕평정책을 위반할 수 없었
다. 그리고 영조가 지속적으로 당습의 위험성을 상세히 설명했기 때문에
사도세자는 명백히 일관되게 탕평의 길을 추구할 수밖에 없었다. 그래서
영조와 사도세자는 공적인 사람으로서 직분을 다해야 하는 도덕적 제한
때문에, 사적인 아버지와 아들로 소통할 가능성마저 효과적으로 제거당
하고 말았다.

영조와 사도세자는 각각 도덕과 관습에 제한되고 불안한 권력과 불확
실한 역할로 분리되어 있는 조정을 주재했다. 두 조정은 이제 정치의 격
류 속으로 들어섰다. 1750년대[영조 26~35] 초반은 영조 치세 중 가장 폭풍
같은 때였다. 균역법은 1751년[영조 27]에 종결되었다. 이것은 격렬한 반
대에 부딪혔다. 하지만 영조는 이를 예상했기에 그 개혁에 헌신하는 것을
감내할 수 있었다. 그러나 이 기간에 영조는 나아가 더욱 극단적인 징후
로 정치적·붕당간 긴장과 맞닥뜨렸다. 1755년[영조 31]에 영조는 전보다
더 무자비한 수단에 의지했다. 언급할 필요도 없이, 뒤따른 재판은 새로
운 성격과 규모로 이루어졌다. 이러한 배경 때문에 영조와 사도세자의 갈
등이 심화되었다.

정치적 대립의 형태는 모두 너무나 비슷하다. 1750년[영조 26] 초에 영
조는 노론 일부를 죄안罪案에서 사후에 삭제해주었다. 그들은 경종의 시
해 음모에 참여했다는 혐의로 1722년[경종 2]에 숙청된 사람들이다.[80] 이

것은 대간이 소론에 대한 강도 높은 제재를 청하는 것을 피할 수 없게 했다. 1751년[영조 27] 3월[3월]에 대사간 이존중李存中이 이러한 이유로 노론의 투사로 나섰다. 8월[6월]에 그는 민진원의 손자인 민백상閔百祥의 지지를 받았다. 영조는 그들이 『대훈』을 위반했다는 죄목으로 유배를 보냈다.[81] 이것이 계속해서 관료들의 반발을 불러일으켰으며, 거의 2년간 지속된 왕의 처벌이 뒤따랐다. 실제로 이 기간에 왕은 거의 매일 집단적으로 혹은 개별적으로 관리들을 해임하거나 유배를 보냈다. 관료들은 그 어느 때보다도 조정의 출사가 만족스럽지 않았다. 예를 들어 우의정 정휘량鄭翬良은 103회나 사직소를 올렸다. 그들은 낙향하거나 유배지로 떠나기 전에 영조가 관료들의 목소리를 억누른다고 비난한 반면에, 왕은 그들이 당습을 일삼는 위법을 저질렀다고 했다. 우의정 이천보李天輔가 1752년[영조 28]에 영조가 대간의 상소를 태우도록 한 것을 비판하자 왕은 그것이 충언이 아니라 당론을 변론하는 글이라고 반박했다.[82] 12월[11월]에 영조는 탕평정책을 뒷받침하기 위한 조치가 필요하다는 사실을 깨닫고 관직이 추탈된 소론 대신 중 한 명[崔錫恒]을 회복시켰다.[83]

이러한 다툼은 비슷해 보였지만 그 속에는 무언가 새로운 것이 있었다. 곧 대리청정이 자리하고 있었다. 왕세자는 희망의 화신이었고 이제 그는 실제 권력을 쥐었다. 조정 전체가 그에게 중재를 바랐다. 관료들의 요구는 분명했다. 예를 들어 영조가 1751년[영조 27] 3월[3월]에 이존중을 유배 보내자 대간은 사도세자에게 상소를 올렸다. 왕실에서 간언에 귀 기울이지 않자 사기에도 좋지 않은 영향을 주었다. 사도세자는 부왕에게 이존중에 대한 처벌을 철회하도록 압박했어야 했다. 그러나 사도세자는 거절했다.[84] 다른 한편으로 영조의 기대도 적중하지 않았다. 관료들이 사도세자로 하여금 부왕을 변호하라고 권고했을지라도, 그들의 조언이 명백하게 이해관계가 있는 붕당[노론]에서 유래했는지 의심했을 것이다. 그것이 사도세자를 실패로 몰고 갔다. 그는 자기 행동이 부왕에게 만족스럽지 못했음을 알았다. 곧 영조가 못마땅한 듯이 말했기 때문이다. 하지만 사도세자는 해결책을 마련할 수 없었다. 조정의 독설이 커질수록 세자의 불편함도 커졌다. 1752년[영조 28] 12월[10월]에 세자는 스스로를 더 이상 지탱할 수 없었다. 그는 대리청정이 4년 차에 접어들면서 부왕의 짐을 덜어드릴 수 없었다고 고백했으며, 그는 자신의 막막함을 표현하려고 입진도 거부했다. 사도세자는 영조의 분노로 화를 입은 자들을 두둔했던 관료들마저 처벌하려 했으나,[85] 이것은 가시적인 효과가 없었다. 점차 소조는 중재의 원천이 아니라, 오히려 더 큰 분열의 원천이라는 데 의견일치를 보게 되었다. 예를 들어 1752년[영조 28] 중반에 이천보가 두 조정을 유지하는 불편함과 과도함을 말했을 정도였다.[86]

효제, 물거품이 된 희망

영조는 공개적으로 사도세자에게 실망감을 표했고, 그의 불만은 다른 이들도 눈치챌 수밖에 없었다. 이미 1752년[영조 28] 8월[6월]에 영의정 김재로는 세자에게 좀 더 부드럽게 대하도록 왕에게 조언했다. 소조는 항상 부왕을 우러러보았고 기쁘게 해드리고자 최선을 다하였다.[87] 설상가상으로, 왕은 소조가 이견을 제시하는 관리와 한 패가 되었을지 모른다고 의심했고, 그 때문에 사도세자가 어떠한 행동도 취하지 못하도록 제약하였다. 이것이 아들에게 권력을 양도하는 왕의 결정을 심화시키는 대신에, 대리청정을 종식시켰을지도 모른다. 영조는 제한에서 해방된다면, 아들이 자신의 정통성을 입증할 수 있을지도 모른다고 생각했다. 이제 영조는 아들에 대한 높은 기대감과 쓰라린 실망감을 동일한 잣대로 바라보았다.

만약 이것이 거의 모든 우연한 요소 아래에 잠복해 있었다면, 1753년 [영조 29] 초에 이르러서는 매우 분명해졌다. 1752년[영조 28] 말에 영조는 매우 유감스럽게도 자신이 황형을 독살했다는 소문이 조정 전체에 퍼져 있음을 알게 되었다.[*88] 이 소문이 언제 혹은 어째서 부활했으며, 그것이 어떻게 영조에게까지 전해졌는지는 불확실하다. 하지만 그것 때문에 영조는 평소답지 않게 겉으로 분노를 드러낼 만큼 화를 냈다.

몇 주 동안 영조는 고통을 호소하였다. 예컨대 탕제湯劑를 물리치거나, 옹주의 집에 행차하였다가 환궁하지 않으려 하거나,[89] 관료들이 왕의 59세 생신에 하례하려고 해도 단호히 거절하는 것과 같은 행동을 보였다. 영조는 이 흉측한 소문에 직면했을 때 이 같은 축하를 받아들이는 것은 황형 경종에게 극도로 '부제不悌'한 것이라고 공표했다.[90]

1753년 1월 11일[영조 28 12월 12일] 영조는 마침내 선위하겠다는 결정을 말했다. 춥고 눈 내리는 날 왕은 전정殿庭에 가서 앉았다.[*91] 대신들이 뛰어왔다. 박문수는 관료들이 왕명을 따를 수 없음을 지적하며 그런 명을 내린 이유를 물었다.[*92] 왕이 대답했다. "내가 이 옷[龍袍]을 벗은 뒤에야 오직 내 마음이 드러날 것이다."*93) 이어서 "내가 연잉군으로 남아 있었다면, 나는 이런 고통을 겪지 않았을 것이다. 내가 이 옷을 벗지 않는다면, 죽어서 황형을 무슨 낯으로 뵐 수 있단 말이냐?"라고 했다.*94) 사도세자가 와서 엎드려 전교를 거둘 것을 간청했다. 영조는 다음과 같이 대답했다. "너는 그야말로 내 마음을 이해하지 못하는구나. 태조太祖는 정종定宗에게 선양했다.…… 이제 나는 나의 선조들이 세운 전례에 따라 이것을 하고 싶다. 만약 네가 네 아버지의 마음을 평온하게 하고 싶다면, 나에게 이 옷을 서인의 옷으로 바꿀 수 있도록 돕는 것이 나을 것이다." 그곳에 있던 모든 이들이 반대했다. 마침내 우의정 김상로金尙魯가 "신들은 비록 재고할 가치가 없다고 하더라도 제발 적어도 세자를 가엾게 여겨주십시오"라고 했다. 영조는 "나는 애정이 없는 아버지가 될지언정 선조께 불효한 채로 남는 것은 그야말로 견딜 수 없다"고 했다. 모든 방법이 실패했을 때 모후*95) 인원왕후가 호소했다. 인원왕후는 왕의 효심에 호소하여 모후에게 더 이상 심려를 끼치지 말라고 직접 쓴 전교를 10여 차례 이상 내렸고, 마침내 왕은 뜻을 꺾었다.96)

이러한 장면은 이제 아마 친숙할 것이다. 곧 영조의 선위 위협, 세자와 관료들의 간청 그리고 왕이 굴복할 수밖에 없는 모후의 간청 등의 순서이다. 이 이야기에서 새롭게 발견되고 다시 2주쯤 흐른 뒤에도 여전히 나타난 특징은 효라는 주제로 끈질기게 회귀했다는 점이다. 12일[12월 9일]에 영조는 선위를 모후 인원왕후의 간청으로 굴복한 것을 후회하면서 다음과 같이 말했다. "어제 나는 좋은 기회를 놓치고 말았다. 오래전에 한세량韓世良은 하늘에 두 태양이 있을 수 없고 한 나라에 두 왕이 있을 수 없다고 했다. 대리가 어찌 왕이 아니겠는가? 선위한 후 하나의 궁궐에 두 주인이 있을 수 없다. 그러므로 나는 떠나서 바깥의 다른 거처를 찾아봐야 겠다"라고 하였다.[97] 이틀 후 영조는 외견상 이상한 요청을 하였다. 그는 『시경』에서 시 한 편을 듣고 싶어 했다.[98] 그 시는 「요아편蓼莪篇」으로, 부모님을 생각하는 효심이 지극한 아들이 쓴 글이다.[99] 영조는 시를 읽었고, 현재 곤경에 빠진 상황에서 자신이 왕좌를 탐내지 않았다는 것을 증명할 방법은 선위밖에 없다는 견해를 되풀이했다. 실망한 박문수는 평소처럼 거침없는 방식으로 왕이 선위를 위협으로 사용한다고 비난했다. 왜냐하면 그는 대신들이 신하로서 선위하교를 따를 수 없다는 것을 알았기 때문이다.[100] 어쨌든 다음 날 같은 장면이 되풀이됐다. 영조는 효에 관한 같은 시를 읽었다. 밤 11시경에 사도세자가 들어왔다. 왕은 손으로 휘저으며 세자를 물리쳤다. 그리고 다시 생각한 끝에 세자에게 말했다. "내가 너에게 시 한 편을 읽어줄 것이다. 만약 네가 운다면 네 효성이 증명될 것이니, 나는 전교를 철회할 것이다." 이 같은 가능성이 보이자 사도세자는 참으로 눈물을 흘렸다. 영조가 시를 읽는 동안 눈물이 사도세자의 얼굴로 흘러내렸다.[101] 하지만 이것만으로 영조가 선위전교를 철회하기는 부족했다. 대신들이 왕에게 선위전교를 철회해야 한다고 주장했을 때 왕의 분노는 영의정부터 승지에 이르기까지 참석한 모든 사람에게 유배를 명했을 정도로 컸다.[102] 18일[12월 15일]에 영조는 정말로 양위할 것처럼 보였다. 그는 이미 지난 2년 동안 행했던 많은 처벌을 번복했다. 그가 유배 보냈던 관리들 모두가 풀려났다. 이제 그는 성문으로 가서 30년 치세 동안 온전한 혜택을 주지 못했음을 백성에게 사과했다.[103] 그리고 사친 숙빈 최씨의 육상궁에서 의례를 행하고자 갔다. 그 뒤에 그는 승지에게 모후[인원왕후]에게 양위 허락을 구하려고 하며, 전례에 따라 전교할 것이라고 말했다. 승지는 전교를 따르기 전에 차라리 죽겠다고 분명히 말했다. 다른 대신들은 통곡하기 시작했다. 왕은 병사들에게로 돌아서서 작별을 고했다. 모두 울먹였다. 왕은 눈물을 흘리며 창의궁[私邸]으로 떠나 스스로 틀어박혔다.

　이제부터 상소가 시작되었다. 사도세자는 창의궁으로 가는 도중에 첫 번째 상소를 다음과 같이 올렸다.

> 너무나도[104] 불초한 신이 전하로부터 대리청정의 명을 받은 후 밤낮으로 실수할까 끊임없이 걱정하며 살았습니다. 이제 이 명을 받은 것은 도저히 꿈꾸거나 상상할 수 없는 일이니, 심장과 쓸개가 마치 깊은 구렁텅이로 떨어져 내리는 듯 정신을 완전히 잃어버려 아찔합니다. 신은 참으로 불효하고 무상無狀합니다. 신은 어제 성심聖心을 감동시켜 되돌리지 못한 채 그대로 오늘에 이르렀으니, 이것은 진실로 신의 죄입니다. 진실로 신의 죄입니다. 신이 (부끄러워서) 땅에 구멍을 파고 사라지고 싶어도 그것을 이룰 수 없습니다. 이 시점에서[105] 성상聖上의 연륜[106]이 가장 풍부한 상태에 있고 교화는 팔도에 두루 미치고 있습니다. 망극한 분부를 받으니, 이 가슴은 놀라서 녹아내리고 불안해서 산산조각 나고 맙니다. 신이 어찌 잠시라도 (처소 안으로) 물러날 수 있겠습니까? 만 번이라도 죽음을 무릅쓰고 문 밖에서 거적을 깔아놓고 (벌을 기다리는 것으로) 성심을 감히 흐리게 하였으니, 신은 죽어 마땅하고 또 죽어 마땅합니다. 바라건대 종사宗社를 위해 성상께서 헤아리시어 이제 승정원에 있는 양위 전교를 철회해주소서.[107]

사도세자는 춥고 눈 내리는 땅에 부복해 오직 퇴짜 맞을지 알면서도 3일 연속으로 수없이 상소를 올렸다. 세자의 간청 중 하나에 대한 왕의 비답은 다음과 같다.

> 심지어 자성慈聖[인원왕후]께서 직접 오신다고 해도 따르기 어렵다. 하물며 너 때문에 (움직여야) 하겠느냐? 온돌[108]이 따뜻한데도 너는 추운 곳에 나오게 하는구나.[*109] 이것이 아들의 도리냐? 네가 이 비답을 받으면 즉시 돌아가도록 하라.[*110]

또 다른 비답은 다음과 같다.

> 나는 차라리 자애롭지 못한 아비가 될지언정 불효하는 자식이 되게 할 수 없다.[*111] 이제 추운 공기가 올라온다. 너는 즉시 돌아가도록 하라.[*112]

하지만 이때쯤 선위 철회에 대한 압력이 커지고 있었다. 이 때문에 실제로 조정 내 모든 이들과 재야의 관학館學 생원, 전의감典醫監 관원, 시인市人, 오부五部 방민坊民 등이 함께 모여서 상소를 올렸다.[*113] 그리고 물론 모후 인원왕후는 왕이 없어서 잠을 자거나 음식을 먹을 수도 없다고 호소하면서 창의궁으로 거동하겠다고 하교했다.[*114] 그리하여 이 이야기는 종결되었다.

1월 22일[영조 28 12월 19일]에 영조는 궐문 밖에서 백성들과 순문을 열었다. 같은 날, 또한 그는 대신에게서 일전에 사도세자가 얼마나 슬퍼했는지에 대해 들었다. 세자는 여輿를 타지 않고 걸어서 왔다. 그는 막차幕次를 쓸 수 있었는데도 바깥에서 눈 덮인 땅에 엎드려 벌을 기다렸다. 세자는 먹거나 마시지도 않았고, 끊임없이 울었다. 그리고 관료를 볼 때마다 부왕의 마음을 바꾸는 가장 좋은 방법을 물었다. 영조는 이 효성스러운 이야기에 감동받았다. 그는 눈물을 흘리며 "동궁*115)이 정말로 그렇게 행동했는가?"라고 물었다.116)

그러면 영조가 효제*117)에 관심을 표한 것은 어떤 의미였는가? 이것은 연로한 군주의 웅얼거림이 아니었다. 효제에는 다양한 측면이 내재했다. 일정한 단계에서 최악의 의심을 샀던 자신과 경종에 대한 관계를 분명히 언급한다. 유교 왕정에서 선왕에 대한 효와 충의 중요성을 고려해보면 황형 시해 혐의에 대해 영조가 그렇게 격렬하게 반응한 것은 전혀 놀랍지 않다. 자신의 조정에서 공개적으로 논의된 이 혐의에 맞서 효과적으로 반박하지 못한다면 통치할 수 없다고 느낀 것은 당연했을 수도 있다. 그리고 그는 아직 일상적인 곤경에 처해 있었다. 왕이 맞서야 할 붕당과 연루혐의가 남아 있었다. 하지만 무엇보다도 영조가 무엇을 하려고 선택하든 간에 황형과 선왕에게 도전할 수 없었다.

그리고 바로 여기에 사도세자는 유용할 수 있었다. 사도세자의 충忠은 주로 부왕에게 있었으므로 효제의 명분 아래에서 경종의 대신들을 사후 처벌하고 영조의 결백을 주장할 방법을 찾을 수 있었다. 이것은 영조가 한다면 황형에게 효제를 다하지 못한다고 비춰질 수 있었으나, 사도세자가 한다면 부왕에게 효를 다하는 행위가 되었다.118) 그래서 사도세자의 효는 영조의 효제를 세웠을 것이다.

하지만 이제 영조는 왕위계승의 정당성을 입증해주기를 강요할 수 없었으나, 통치자의 미덕을 강요할 수는 있었다. 또는 그렇게 되기를 희망했다. 유교적 군주인 영조는 덕치를 바랐고 세자를 덕으로 지도할 수 있었다. 그리고 공적인 아들은 공적으로 사적인 사람[아버지]을 기쁘게 할 수 있었다. 영조 마음속에는 사도세자가 부왕의 정당성을 입증하고자 한 행동으로 공적인 사람으로서 사도세자의 덕성을 확실히 시험할 수 있었고, 이것이 영조의 지속적인 딜레마dilemma에도 완벽한 해결책이 되리라 생각하였다.

사도세자가 부왕의 의도를 이해했다면 이것은 완벽했다. 하지만 사도세자는 그렇게 하지 못했다. 영조의 하교는 언제나 희망에 차서 효제로 계속 회귀했다. 부왕이 사도세자에게 질문할 때면, 어김없이 효제를 물었다. 그리고 영조는 역사적 일화나 자신이 쓴 글 또는 효의 귀감인 성군 순임금 등을 언급할 때마다 사도세자에게 효제를 말했다. 효제를 통한 정당성 입증은 부왕이 아들에게 바란 주요한 것이자 아마도 유일한 것이었다.

하지만 사도세자는 부왕이 가슴에 품은 뜻을 이해했는지 보여주지 못했다. 세자는 부왕이 끊임없이 효제를 언급하는 것에 혼란스러웠고, 점점 더 부왕을 만족시킬 수 없음에 좌절했던 듯하다.[119] 심지어 세자가 부왕의 속마음이 무엇인지 의심했다 하더라도 그것을 확인할 수단도, 시험할 용기도 없었다. 사도세자는 어느 때보다도 더 자신이 없고 두려워서 마비 상태에 가까운 거의 완벽히 수동적인 상태로 물러나버렸다. 세자는 부왕이 세운 탕평정책을 준수하고자 했다. 그는 확실히 부왕의 결정을 거스를 생각을 하지 못했다. 어떤 효자라도 그렇게 할 수는 없었다. 세자는 어떠한 결단도 할 수 없었다. 예를 들어, 노론의 영수 송시열과 송준길宋浚吉

추종자들이 선정先正을 문묘에 배향하기를 오랫동안 주장해왔다. 그가 이 같은 청을 허락했다면 영조가 다소 기뻐했을지도 모른다.[120] 하지만 사도세자는 이러한 무겁고 민감한 문제에 대한 결정을 내리기에는 너무 두려웠다. 세자는 스스로를 증명할 기회를 잃었을 뿐만 아니라 자신의 공적인 역할에 대해서도 모든 관심을 잃어버렸다. 그는 대신들의 제안과 조언에 간결하고도 언질을 밝히지 않는 답변만 취하면서 일상적인 사안을 가까스로 수행했다.[121] 서연書筵의 성과는 급격하게 떨어졌다.[122]

영조는 이 같은 침묵과 퇴보를 사도세자의 덕과 효가 부족해서라고 보았다. 그는 자신의 요구를 어떠한 효자라도 이해하기 어렵다는 것에 대해 전혀 의심하지 않았고, 오히려 사도세자의 불이행을 의도적인 무시로 보았다. 영조는 실망한 나머지 세자를 사적으로 거부했고 공적으로 비난했다. 그래서 1752년[영조 28] 이래 너무도 뚜렷했던 영조의 효제 강조는 사도세자에게 점점 더 큰 시련을 안겨주었다. 예를 들어 1753년[영조 29] 사도세자의 19세 생일에 영조는 소조의 오만함을 지적하면서 세자의 춘방 관원 중 일부를 해임했다.[123] 곧이어 왕은 옷차림이 단정하지 못하다는 이유로 사도세자를 공개적으로 책망했다.[124] 그는 또한 관료들의 비판도 사도세자 탓으로 돌렸다. 예를 들어 1754년[영조 30] 12월에 영조는 영의정 이천보에게 인신공격을 가한 두 대간을 유배 보냈다.[125] 대사간 신위申暐는 이 처벌이 '부당하다'고 주장하며 사도세자에게 상소했다. 영조는 상소를 읽고 격분했다. 그러자 신위는 소조에게 왕을 비난했다. 왕은 신위를 유배 보냈다. 여전히 화가 풀리지 않은 왕은 이러한 오만함이 생긴 진정한 이유는 사도세자가 부주의한 언어를 사용했기 때문이라고 하였다.

세자는 부왕을 진정시키고자 노력했으나 단지 '차마 들을 수 없는[不忍聞]' 책망으로 묘사되는 수모를 받았을 뿐이었다. 사도세자는 무력함을 느끼며 두려워서 자신의 무능함을 이유로 대리청정에서 물러나기를 간청하는 상소를 올렸다. 사도세자는 돌로 만든 바닥에 엎드려 대답을 기다렸으나 영조는 다시 '차마 들을 수 없는' 어구가 담긴 비답만 내렸다. 세자는 계속 울먹이면서 새벽까지 부복해 있었다.[126]

사도세자에 대한 영조의 가혹한 처사는 이제 관료들의 관심사가 되었다. 예를 들어 박문수는 왕에게 그 사안에 대해 어렵게 말을 꺼냈다. 1753년[영조 29]에 그는 왕에게 완곡하게 조언했다. 그것은 왕실의 엄격한 법도를 유지하기 위해서는 옳았지만 극도로 심각한 부자 사이에 대해 얘기를 나누는 것은 최선이 아니었다. 영조는 단순히 훈계로 소조가 학문에 전념하여 스스로 깨닫도록 도와주고자 했다고 답했다.*[127] 조가朝家의 법法은 항상 엄격했다.[128]

"나는 그것을 하지 않았다"

영조는 세자의 곤경을 살필 수 없을 만큼 극한 상황에 직면해 있었다. 소론을 단죄하게 되면 필연적으로 경종에게까지 누를 끼쳐야 하는 괴로움이 수반되었기 때문이다. 사도세자가 이러한 난제를 해소하고자 하는 기미를 보이지 않자 영조는 스스로 해결할 수밖에 없었다. 이것이 왕을 절망의 나락으로 떨어뜨렸다. 1754년[영조 30] 10월[8월]에 그가 꾸었던 꿈을 어떻게 해몽할 것인가? 그 꿈에서 영조는 길을 걷다가 한 붕당에서 다른 붕당을 죽이려고 하는 것을 목격했다. 소론 집안의 여인이 다가와 울먹이면서 일이 어떻게 이렇게까지 극한으로 치달았냐고 물었다. 그는 이 꿈이 현재 당습의 위험을 설득력 있게 일깨우는 교훈이 될 것이라고 답했다. 나라는 노론이나 소론 어느 한 붕당에 귀속되지 않으며 오직 군주에게 속하므로 두 붕당을 모두 처벌했다. 그는 기뻐하면서 꿈에서 깨어났다. 영조는 그 꿈을 생각하며 자신이 죽인 세 사람을 기억해냈다. 영조는 그들이 죽음에 이른 것을 후회하고 있었다. 곧바로 그는 평소 자신의 성격과 다른 행동으로 술을 많이 마시기 시작했다.[129] 같은 해 12월[10월]에도 왕의 음주와 여자 탐닉에 대한 관료들의 비판이 확인된다.[130]

영조의 괴로움은 사건에 휘말린 1755년[영조 31]에 최고조에 이른다. 이때 그는 마침내 오랫동안 주저했던 행동을 실행에 옮겼다. 3월[2월]에 전라도 관찰사가 나주에 흉서凶書가 나타났다고 장계를 올렸다[羅州掛書事件].*[131] 왕은 의금부 도사都事를 신속하게 파견하였다. 그들은 용의자들을 체포하는 데 성공했다. 4월 1일[2월 20일] 국청이 시작되었을 때 소론강경파의 계획이었음이 분명해졌다.[132] 4월 12일[3월 12일]에 영조는 김일경의 상소에 연명한 이들[疏下]과 조태구趙泰耉와 유봉휘劉鳳輝를 포함한 일부 소론대신들에게 사후에 역률을 추시한다는 전교를 내렸다. 게다가 이광좌와 최석항崔錫恒은 사후에 관작이 삭탈되었다. 4월 15일[3월 5일]에 소론에 대한 결정적 판부가 내려졌다. 영조는 종묘에서 토역고유제討逆告由祭를 지냈다.*[133] 왕은 탕평정책의 부정적 영향이 가중되지 않도록 소론의 추가 처벌을 청하는 상소는 모두 올린 이들에게 되돌려주도록 명했다.[134] 국청이 5월 10일[4월 18일]까지 지속되면서 많은 소론강경파가 연루되었다.*[135] 국청 기간에 왕은 몹시 괴로워했다. 훗날 영조는 박문수에게 '불안한 마음을 진정시키기 위해' 끊임없이 술을 마셨다고 해명하였다.[136]

영조의 시련은 여기서 끝나지 않았다. 막 그 문제를 과거지사過去之事로 돌렸다고 느꼈을 즈음 또다시 정통성이 새롭게 도전받았다. 6월 11일[5월 2일]에 왕은 최근의 '토역'을 축하하기 위해 열린 특별 문과시험[討逆慶科]을 주재했다. 그 시권試券에는 영조의 황형 시해를 암시하는 심정연沈鼎衍의 글이 포함되어 있었다.*[137] 또 다른 익명의 시권에는 왕에 대한 더 치명적인 비난이 담겨 있었다.[138] 심정연의 국청에는 곧 김일경의 많은 친척을 비롯하여 다른 소론강경파가 포함되었다. 왕이 분노할 만큼 죄인들은 반항적이었다. 그들은 왕실에 악의를 품었다고 인정했지만 자신들이 틀렸다고 인정하지 않았다.[139]

그 사건은 왕을 끝없이 화나게 했다. 자신의 소망이 거의 최종단계에 이르렀는데 얼마 되지 않아 자신의 선의에 반해서 또다시 도전을 받는 것은 엄청난 충격이었다. 영조는 이러한 행동을 취하기 전에 너무도 오래 주저했고 모욕을 견뎌왔다. 하지만 왕도 그 효력에는 의심할 여지가 없었다. 모든 것이 수포로 돌아갔을 때조차 영조는 불안한 마음을 억누르고 행동을 취했으나 모두 허사였다. 이제 그는 다른 길을 찾아야 했다. 그가 무엇을 할 수 있었을까? 과연 어떤 것이 통했을까?

국청 기간에 영조의 사려 깊지 않은 행동이 극단으로 치달았다. 6월 15일[5월 6일]에 윤혜尹惠를 심문하는 중 그가 왕실 선조에 대해 불경한 글들을 소지했음이 밝혀졌다. 영조는 경악하여 종묘로 갔다. 그는 자신의 부덕이 심지어 선조들에게까지 불명예를 끼쳤으므로 더 이상 살 수 없다고 부르짖으면서 납작 엎드려 흐느꼈다. 그는 다리[廣通橋]에 이르렀고 운집한 구경꾼들에게 자신의 30년 통치가 부끄럽다고 밝혔다. 그러고는 도성 문[崇禮門]의 누각 위로 갔다. 왕은 갑옷을 입고 투구를 쓴 뒤 대취타大吹打(군악)를 연주하게 했다. 국청이 재개되었고 윤혜는 그 글을 자신이 직접 썼다고 단언했다. 영조는 관료들을 서 있도록 한 뒤 훈련도감 대장 김성응金聖應에게 윤혜를 참수하고 헌괵례獻馘禮를 행하게 했다.*140) 이종성은 법도를 들어 반대했다. 죄인은 유사有司에서 처형하게 되어 있었고 어떠한 일이 있어도 왕이 직접 행해서는 안 되었다.*141) 영조는 분노하여 그를 해임했다. 또한 왕은 김성응이 협조하지 않는 태도를 보였다며 장을 치고 유배 보냈다. 그는 이때 술에 엄청나게 취한 상태였다. 이러한 명을 반복했다. 이번에는 효수한 윤혜의 수급을 깃대에 꽂도록 명했다. 아무도 반대할 수 없었다. 영조는 김일경과 같은 마음을 지닌 관료는 앞으로 나오라고 수십 번이나 소리 질렀다. 그리고 소차小次(작은 천막) 안으로 들어가 술에 취해 무기력해진 상태로 쓰러졌다. 취타吹打는 요란하게 소리를 울렸고 경루更漏(물시계 안의 물)가 거의 없을 정도로 줄어들었다. 새벽에 그는 소차 밖으로 나와서 취타를 멈추었다. 그는 갑옷을 입고 투구를 쓴 채 대궐로 돌아갔다.142)

　국청은 종결되었다. 그 결과 수많은 죄인이 사형에 처해지고 효시梟示되었다. 영조는 이제 결심이 선 것이다. 그는 정말로 황형 시해 혐의를 공식적으로 부인해야 했다. 이러한 내용을 책으로 편찬하려고 관료들을 찬집당상에 임명했다.『천의소감闡義昭鑑』은 1755년[영조 31] 12월[11월]에 완성되었다. 이 책에서는 영조가 게장을 모후 인원왕후를 통해 경종에게 보냈고, 경종이 그것을 먹고 죽었다는 세간에 떠돌던 혐의를 명백하게 부인했다.『천의소감』은 영조의 서문序文으로 시작한다. 여기서 게장은 모후 인원왕후의 수라간이 아니라 경종의 어주御廚에서 나왔다고 서술했다. *143) 찬집당상이 쓴 책의 나머지 부분에서는 영조의 정통성과 경종에 대한 효제를 증명하는 데 전념했다.144) 한문에 능통하지 않은 대부분 사람들에게 책을 널리 전파하고자 언해본도 마련하여 간행했다.145) 어쨌든『천의소감』을 간행한 이후 황형 시해 혐의는 사라지는 것처럼 보였다. 그후 반역 사건은 거의 일어나지 않았다. 이것은 단지 1755년[영조 31] 소론 강경파를 실제로 제거한 결과일 수도 있다.

　연이은 두 번의 '토역'과『천의소감』간행은 탕평정책을 심각하게 위협했다. 노론이 최근의 사건들에서 명분을 얻어 실제 소론 숙청을 요구할 수도 있는 상황이었다. 만약 그런 일이 일어난다면 물리치기 꽤 힘들었을 것이다. 소론은 이러한 가능성에 놀라 이미 대규모로 조정을 떠났다. 영조는 노론의 주도권 장악을 어느 정도는 피할 수 없다는 사실을 깨달았다.146) 그는 심지어 자신이 오랫동안 반대해왔던 노론 선정신先正臣[송시열·송준길]을 문묘에 종사하는 방안도 각오했다. 하지만 어떠한 일이 있어도 소론에 대한 숙청 요구는 뿌리치려 했다. 왕은 이미 충분히 죽음을 보았고, 확실히 결백한 소론[소론온건파]까지 희생시키고 싶지 않았다. 게다가 그는 소수라도 자격을 갖춘 소론에게 관직을 열어두겠다고 결심하였다.

영조는 상황의 급박함을 감지하고 노론이 행동에 옮기기 전에 타격을 가했다. 국청 직후 그는 당습을 억제하기 위한 온전한 활동에 착수했다. 왕은 거의 매일 열정적으로 당습 때문에 자기 치세의 모든 악—역모나 황형 시해 혐의 등—이 비롯되었다고 비난했다. 그는 반복적으로 울먹이던 소론 부인의 꿈을 언급하고 역사적 사례를 인용했으며, 자신의 글을 거론하고 황형에 대한 추모의 감정을 환기시키면서 스스로 억제했다. 이것은 모두 당습을 비판하는 관료들의 서약을 받으려고 의도된 것이었다.[147]

영조는 이러한 서약을 반복적으로 받아냈다. 서약서만이 왕을 만족시킬 수 있었다. 10월 26일[9월 21일]에 영의정 이하 노론관료 약 70명이 왕에게 당습을 그만두겠다고 맹세하는 글을 올렸다.[*148] 영조는 안도하였으나 노론의 서약은 너무나 많은 데 비해 소론에서 아무것도 오지 않은 것을 보고 불만을 표했다[?].[149] 소론에게 길을 열어둔 것은 명백히 의도한 전략이었다. 영조는 관료들의 서약을 손에 쥐고 자신도 약속을 이행했다. 12월[11월]에 그는 노론 민진원과 민진후를 치제致祭하도록 명했다.[*150] 1756년[영조 32] 3월[2월]에는 송시열과 송준길을 문묘에 종사할 것이라고 하교했다.[*151] 이는 노론 선정신에는 아주 큰 영예였다. 몇 주 뒤, 송시열은 영의정에 추증되어 더 큰 광영을 누렸다. 하지만 영조는 자신이 탕평정책에 헌신하고 있음을 보이는 일도 잊지 않았다. 1755년[영조 31] 12월 하순[12월 4일]에 그는 소론 송인명과 조현명을 포함하여 탕평정책 지지자들에게도 치제를 명했다.[*152] 영조와 노론은 합리적으로 타협했다. 노론은 명분뿐 아니라 비록 완전하지는 않을지라도 막대한 권력을 쥐었다. 영조는 비록 단지 수사에 불과하더라도 숙청을 피하여 탕평정책을 유지했다.

만약 영조에게 정치적 문제가 억제될 수 있었다면, 아들과 관계를 개선하는 데 힘을 기울였을 것이다. 특히 1755년[영조 31]과 1756년[영조 32]에 부자관계는 회복 가능한 지점을 넘어서 악화되었다. 영조는 정통성 문제에 맞서려고 사도세자에게 품었던 큰 기대를 포기하고 말았다. 그 희망이 좌절되자 사도세자는 전보다 훨씬 더 거부감을 보였다. 예를 들어, 1755년[영조 31]에 사도세자는 후궁에게서 아들을 얻었다. 영조는 아이[왕손]에게 아무런 신경도 쓰지 않았다. 왕의 관심은 세자빈[혜경궁] 홍씨가 1752년[영조 29]에 낳은 사도세자의 아들[정조]까지로 충분했다. 그는 장래의 왕세손으로서 왕실의 후사를 잇게 될 것이다. 영조는 사도세자의 다른 자식들에게 관심을 표하려는 어떠한 열의도 없었다. 몇 달간 간청이 있었다. 박문수가 강력하게 후궁의 자식도 홀대하지 않는 왕실의 관례를 상기해주고 나서야 비로소 왕은 마지못해 유모 고용을 윤허했다.[153]

사도세자의 비효율적인 공무 수행은 부왕의 분노를 가중시켰다. 영조는 세자의 행동에 불편해하면서, 특히 그것이 경종에게 불효를 표현하는 것이 될까 봐 염려하였다.[154] 아마도 영조는 세자의 지원을 기대했을지도 모른다. 그러나 사도세자는 공포와 불안에 마비되어 아무것도 착수할 수 없었다. 영조가 『천의소감』 편찬을 명하고 한 달 뒤, 유생儒生들은 경종대 소론 대신[이광좌·최석항·조태억]의 죄상을 적시해서 책을 간행해야 한다고 주장하면서 사도세자에게 상소했다. 그는 거절했다.[155] 또한 세자는 양송兩宋[송시열·송준길]의 문묘 종사에 대한 노론의 청도 거절했으므로 영조 자신이 윤허해야 했다.[156] 왕은 세자의 쓸모없음에 화가 나서 1756년[영조 32] 3월[2월]에 승지들에게 상소에 대한 사도세자의 비답을 불허한다고 말했다.*157) 영조의 세자에 대한 평가는 더 이상 내려가기 힘들었다.

대리청정 환수

이 시점에서 왜 영조가 1756년[영조 32] 이후 세자의 대리청정을 유지했
는지 의문을 품는 것은 당연하다. 만약 아들의 이름을 지워버렸다든지 세
자가 정치적으로 쓸모없다는 결정에 도달했다면, 영조는 대리청정을 유
지할 뚜렷한 이유가 없었다. 하지만 그는 대리청정을 유지했고, 이것은
쉬 가늠할 수 없는 불가사의이다. 사도세자의 무능에다 영조의 대리청정에
대한 부정적 평가까지 더해져 대리청정 환수는 사도세자를 동궁의 지위
에서 물러나게 하는 것과 마찬가지로 보일 수 있었다. 아니면 정반대로
영조가 사도세자에 대한 환멸이 너무 커서 신경 쓰지 않았을 수도 있다.
아마도 영조 자신의 왕세제 시절 무산되었던 대리청정에 대한 기억 때문
에 단념했을 것이다. 그는 황형 경종을 모범으로 삼는다는 기치하에 시작
한 대리청정을 중단했을 때 그로 인해 파급되는 상징적 의미의 중요성을
걱정했을 것이다. 아니면 정반대로, 말이 안 되는 것을 알면서도 영조는
아직도 아들이 결국 돌아와서 자신이 바라던 대로 훗날 성군이 될 거라고
희망했을 것이다. 영조의 동기가 어떻든 다른 아들이 없었고 사도세자는
대리청정을 유지했다.

사도세자는 몸은 억지로 대리청정을 했지만 정신적으로는 도망칠 수

있었다. 그는 공적인 활동에서 눈에 띄게 빠지기 시작했다. 세자는 대리 기무機務에 수동적이었을 뿐 아니라 학문에도 태만하였다. 세자시강원의 공적인 서연은 1742년[영조 18]에 시작되었고, 1749년[영조 25]까지 주기적 으로 열렸다. 1750년[영조 26]에는 세자가 몇 차례 불참했다. 1751년[영조 27]에는 세자가 건강을 이유로 한 번에 7일 내지 10일 동안 취소했다. 하 지만 1752년[영조 28] 이후 세자는 모든 상상 가능한 질병, 즉 두통·복통· 치통·눈병·현기증 등을 핑계로 한 번에 몇 달간 서연에 참석하지 않았 다. 1756년[영조 32]에는 심지어 추운 날씨까지 핑계로 댔다. 1757년[영조 34]에는 거의 서연을 열지 않았다. 물론 이것은 깊은 우려를 불러일으켰 다. 관료들은 항상 세자가 건강에 주의하고 학문에 부지런하며 대리 기무 에 신중하기를 충고했다.[158]

이제 사도세자는 부왕에 대한 공포 때문에 함께 있을 때조차 적절한 행 동을 할 수 없었다. 세자빈[혜경궁] 홍씨는 1757년[영조 33] 정성왕후가 훙. 서했을 때 사도세자가 효성스러운 의붓아들의 도리에 따라 서글피 울었 다고 했다. 하지만 영조가 여차廬次에 들어오자마자 세자는 더 울 수 없어 서 그저 엎드린 채 있었다.[159] 영조는 세자의 눈가가 젖지 않은 것은 불효 라고 생각하여 실망했고, 세손이 대견하게도 눈물을 많이 흘린 것을 꼭 집어 칭찬했다.[160]

이러한 공포는 사도세자를 더 많은 의무의 태만으로 내몰았다. 세자는 부왕에 대한 정기적인 문안인사를 생략하기 시작했다. 영조는 이것이 몹 시 거슬렸다. 1757년[영조 33] 12월[11월]의 어느 날, 그는 우의정 김상로金 尙魯와 좌의정 신만申晩에게 사도세자가 석 달 동안이나 방문하지 않았다고 말했다. 이유를 추궁당하자 사도세자는 불효한 행동을 인정하며 눈물을 흘렸다. 왕은 세자가 후회했다고 전해듣고서 자성自省하는 글을 요구했다. 사도세자는 자성하는 글[161]을 썼으나 무엇 때문인지 그 글은 영조를 만족시키지 못했다. 그래서 또 너무도 익숙한 장면이 연출되었다.[162]

며칠 뒤 저녁에 많은 고위관료가 대궐로 소환되었다. 그들은 최복을 입은 채 땅바닥에 엎드려 크게 통곡하고 있는 왕을 발견했다. 또 대리를 맡은 세자도 최복을 입고[163] 왕 뒤에 엎드려 있었다. 관료들은 놀라서 즉시 엎드려 눈물을 흘리며 왕에게 연유를 물었다.[164] 왕은 세자의 사과에 진심이 부족하다고 대답했다. 영조는 세자가 자기 잘못을 구두로 시인하게 하려고 불러들였다. 하지만 세자는 아무 말도 하지 못했다. 관료들은 세자가 자기 의도대로 말하기에는 평소 부왕에 대한 두려움이 너무 많았다고 설명했다. 관료들은 왕에게 자신들이 세자에게 조용히 조언할 수 있도록 윤허해주기를 청했다. 그 대신에 영조는 사도세자의 신실하지 못함을 비난하며 선위로 위협했다.

관료들은 사도세자가 눈물을 흘리는 것을 보면서 용기를 냈고, 영조의 가혹한 처사에 항의했다. 판부사[165] 유척기兪拓基가 첫 번째로 말했다.

아들과 형제를 가르치고 지도하는 데 고귀한 사람들과 낮은 사람들의 차이가 없습니다. 일반적인 사례들을 관찰한 것으로 말하건대, 만약 아버지나 형이 너무도 엄격하면, 어린아이는 두려워하고 놀랍니다. 그들의 관계는 최소한 멀어지고, 심지어 병들고 끔찍한 무언가로 변할 수도 있습니다. 만약 나이 많은 사람들이 도리道理를 일깨워주려고 주로 사랑과 조화로 지도하면 (자식의) 은애로움과 의로움이 모두 완성되고, 그렇게 함으로써 인정과 의지가 서로 소통될 것입니다. 전하의 경우는 엄격함과 권위가 우선합니다. 이것이 세자로 하여금 항상 공포와 두려움에 떨게 합니다. 세자가 부왕에게 대답해야 할 때 머뭇거릴 수밖에 없습니다. 신은 전하께서 심기를 화평하도록 힘쓰시기를 간청합니다. 심지어 세자가 실수를 범하더라도 조용히 말씀하시고 부드럽게 권유하며 인내심을 갖고 옳은 길로 하루하루 이끌어주신다면, 자연스레 바라던 대로 효과를 보게 될 것입니다.*166)

좌의정 신만이 다음으로 나섰다.

가르치고 지도하는 방식은 약을 먹는 것과 같습니다. 한 번 복용한 후 효과를 얻기를 바랄 수 없습니다. 그것을 멈추지 않고 장시간 복용한 후에만 자연스러운 효과를 볼 수 있습니다.

사도세자의 장인 좌참찬 홍봉한이 뒤를 따랐다.

세자가 전하 앞에 입시하라는 명만 들어도 너무도 놀라고 두려워해서 심지어 세자가 잘 아는 것을 질문해도 말문이 막혀버립니다. 이것은 매우 엄하게만 대해왔기 때문입니다.

좌의정 김상로가 마지막으로 말했다.

전하께서는 세자에게 불만이 있을 때마다 불러서 꾸짖으셨습니다. 이것이 세자의

평온과 안락을 빼앗았고, 지금의 막다른 골목에 이르게 된 이유입니다.

이러한 대신들의 맹렬한 비판은 영조의 말문을 한동안 막히게 했다. 사도세자는 물러나도 좋다는 윤허를 받았다. 하지만 그는 치욕스러워서 제정신이 아니었다. 나가는 길에 사도세자는 걷다가 넘어져 의식을 잃었다. 그는 약물치료를 받은 뒤에야 비로소 정신이 돌아왔다.[167]

그리하여 이 같은 관계는 대신들의 깊은 우려와 왕의 비통함 가운데 하루하루 악화되었다. 아버지와 아들 사이의 거리는 멀어졌고, 특히 이제 대부분 효과적인 중재자들도 죽었다. 영조와 가까웠던 세 대신은 모두 졸卒하였다. 송인명이 1746년[영조 22] 먼저 세상을 떠났고, 1752년[영조 28] 조현명이 뒤따랐다.[168] 사도세자를 위해 설득력 있는 어조로 간청했던 박문수는 어의御醫의 보살핌 속에서 1756년[영조 32]에 숨을 거두었다. 동시대 인물들 대부분이 죽은 상황에서 영조는 훨씬 젊은 관료들에게 둘러싸였다. 영조는 비밀을 털어놓거나 친밀하게 말할 사람도 없이 고독 속에서 더 독단적으로 변했다. 그리고 사도세자의 보호자였던 인원왕후와 정성왕후가 1757년[영조 33] 초에 연달아 홍서했다. 사도세자는 정성왕후의 죽음에 진심으로 비통해하는 듯했다. 정성왕후는 자식 없이 남편과 소원해져 특히 의붓아들을 가엾게 여겼는데, 아마도 그들은 같은 운명을 공유한다고 여긴 듯하다. 사도세자는 정성왕후를 위해서 왕릉의 지문誌文과 같이 눈에 띄게 많은 추모의 글을 썼다.[169] 또 세자는 정성왕후의 혼전魂殿[徽寧殿]에서 자주 제례를 올렸다. 영조는 관례에 따라 1759년[영조 35]에 재혼했다. 하지만 새 왕비인 정순왕후貞純王后는 그때 겨우 15세로 사도세자보

276

다 열 살 어렸다. 정순왕후는 어렸기 때문에 영조와 아들 사이의 복잡한
관계를 완벽하게 이해하기 어려웠을 것이다. 우리는 생모 영빈 이씨가 사
도세자의 생애 마지막 순간을 제외하고 어떤 역할을 했는지 거의 알지 못
한다. 비록 그녀가 영조의 아이들을 많이 낳았고 왕과 오랫동안 안정적인
관계를 누렸지만, 후궁의 분수에 맞게 주변에 머물러 있었던 듯하다.

　물론 사도세자와 영조의 관계를 향상하려고 최선을 다한 새로운 대신
들과 관료들이 많았다. 그들은 종종 왕의 분노를 무릅쓰고 관용을 베풀기
를 간청했고, 세자에게 인내하며 효에 매진하기를 청했다. 예를 들어 이
기간에 영의정을 지낸 이천보는 눈에 띄게 중재자로 떠올랐다. 그는 어딘
가에 잃어버린 지 오래된 문명[중화]의 보존은 이제 사도세자의 덕에 달려
있다고 강조했다.[170] 그러나 관료들의 노력은 대부분 허사였다.

　그럼에도 주기적으로 부자를 화합시키려는 시도가 있었다. 때때로 영
조는 아들에게 부드러움을 보이라는 대신들의 청에 부응했다. 사도세자
도 후회 속에서 부왕을 기쁘게 하려고 필사적으로 노력하는 것으로 답했
다. 예를 들어 1758년[영조 34] 10월[8월]에 영조는 만약 사도세자가 지금
부터 10일 안에 세 차례 진강進講에 참석한다면 사도세자와 함께 경연을
열겠다고 했다[?].[*171] 사도세자는 이것을 통보받고 매우 감동했다[?].[*172]
그는 이종성李宗城에게 석고대죄가 이 진심을 표할 수 있을지 물었다. 이
종성은 가능할 것이라고 여겼다. 세자는 후회하는 마음을 표현할 수 있는
기회가 생긴 것에 기뻐하면서 즉시 밖으로 나가 땅바닥에 엎드렸다.[173]
그 후 사도세자는 실제로 서연에 참석했다. 다소 격차가 있었지만 세자의
대리 기무는 다시 서연을 취소하기 시작한 다음 해[영조 36] 7월[7월]까지는

꽤 좋았다.[174)]

하지만 영조와 세자는 관계 개선을 기대한 대로 이룰 수 없었다. 부자는 소통에 완전히 실패하여 고립되었고, 융통성 없는 행동방식에 제약되었으며, 이 때문에 서로 차이점을 전혀 극복할 수 없었다. 1760년[영조 36] 8월[7월] 영조는 사도세자를 창덕궁 궐내에 남겨두고 경희궁慶熙宮으로 이어移御했다.*[175)] 부자관계는 같은 궁궐 내에서 함께 사는 것조차 참기 힘들어질 만큼 나빠졌다. 하지만 세자빈[혜경궁] 홍씨에 따르면 당시는 표면적으로 보이는 것보다 훨씬 더 상황이 좋지 않았다. 그녀의 글에는 극심하게 공포스러운 생활로 묘사되어 있다. 그녀는 버림받은 세자빈으로서 냉정하게 말해 영조의 비이성적인 혹독함 때문에 가혹한 상태에 빠졌다고 비판했다. 부왕은 자녀들에 대한 호감을 분명히 나타냈고, 특히 극심한 차별로 대했다. 여타 사례 중에는 영조가 좋아하는 자녀를 방문할 때와 싫어하는 자녀를 방문할 때 각기 서로 다른 옷을 입고 다른 길과 문을 사용하기도 했다.

화평옹주和平翁主—1748년[영조 24]에 졸卒함—와 화완옹주和緩翁主—1738년[영조 14]에 출생함—는 영조가 좋아하는 자녀였던 반면에, 사도세자와 화협옹주和協翁主—세자보다 두 살 많고 1752년[영조 28]에 졸함—는 왕이 덜 사랑한 자녀였다.[176)] 하지만 사도세자에 대한 불쾌감은 특히 심했다. 왕은 연회에 세자를 초대하지 않았고, 대궐에서 유일한 외출인 능행에도 데려가지 않았으며, 오직 삼복三覆과 같은 유쾌하지 못한 활동에만 참석하게 했다[?].*[177)]

영조는 사도세자의 대리 기무에 못마땅함을 표현하는 데 어떠한 제한도 두지 않았다. 사도세자가 정사政事에 대해 왕에게 조언을 구하면, 왕은 소조가 아무런 도움도 되지 않는다고 분노하며 불평했다. 하지만 세자가 상담하지 않으면 의견도 구하지 않았다고 격노할 것이 뻔했다. 영조는 사도세자가 질문에 대답할 수 없으면 공적으로 비판했는데, 곧 세자의 몸가짐과 용모 특히 옷차림을 트집 잡았다.

1750년[영조 26]에 부왕에 대한 사도세자의 공포는 이미 매우 측은한 지경에 이르렀다. 세자빈[혜경궁] 홍씨가 아들을 출산했을 때(아들[懿昭世孫]은 몇 년 후 죽었다), 사도세자는 부왕이 아들을 받아들일지를 심각하게 의심한 듯했다. 하지만 곧 세자의 공포는 불안을 유발했다. 1752년[영조 28] 사도세자는 드러내놓고 도인道人이 되고자 도교 서적을 읽었다. 곧 그는 흰 영을 보기 시작했고 천둥에 대한 극심한 공포가 생겼다. 세자는 천둥이 치면 엎드려서 멈출 때까지 귀를 막았다.

1755년[영조 31] 사도세자의 후궁이 아이를 출산하자 영조에게도 예사롭지 않은 비판이 돌아갔다. 왕 자신도 새로이 얻은 후궁 숙의淑儀 문씨에게서 1753년[영조 29]과 1754년[영조 30]에 두 딸을 얻었다.[178] 게다가 후궁을 두는 관행은 왕실에서 오랫동안 당연한 일로 여겨졌으며, 특히 신체적 황금기에 있던 세자에게는 더욱 그러했다. 하지만 아들에 대한 영조의 못마땅함에는 한계가 없었다. 이때 세자는 병환 때문에 몸이 너무 좋지 않아 더 이상 정기적으로 정사를 돌보거나 서연에 참석할 수 없었다. 부왕이 새로운 아이에 대해 묻자 세자는 단지 공포 때문에 움츠러들었다. 그는 며칠 동안 신음하다가 공개적으로 죽고 싶다고 했다. 1756년[영조 32] 7월[5월] 사도세자는 음주로 부당하게 질책받자 우물에 뛰어들려고 했다.

대리 기무의 저조한 성과와 건강 악화는 병정놀이에 대한 새로운 관심과 반비례했다. 영조가 대궐을 떠날 때마다 사도세자는 대궐 공터에서 말을 타고 활쏘기를 연습했다. 그는 내관에게 무기와 깃발을 들게 하고 취타와 함께 군대가 행진하도록 했다.

세자빈 홍씨는 부왕의 관심에 대한 사도세자의 민감함을 기록했다. 1756년[영조 32] 여름에 영조는 관계 개선을 시도하였다. 그는 사도세자를 모후 인원왕후의 회갑연—그녀의 마지막 생일이었다—에 불렀고, 아들을 조부인 숙종의 왕릉[明陵]으로 데려갔다. 그 결과 사도세자의 행동은 눈에 띄게 좋아졌다.

하지만 이것은 막간에 잠시 일어난 일이었을 뿐이다. 정성왕후와 모후 인원왕후의 흥서 그리고 국장 사이 몇 달 동안 아버지와 아들은 자주 빈전殯殿에서 만났다. 영조는 세자의 정성왕후에 대한 애도가 인상 깊었지만 아들의 비통함이 부족하다고 여겼다. 사도세자의 품행과 옷차림에 대한 비판은 어느 때보다 심해졌다.

이제 사도세자는 폭력적으로 변했다. 그는 내관을 때리고 곧바로 그들을 죽이기 시작했다. 1757년[영조 33] 7월[6월]에 첫 죽음이 발생했다. 사도세자가 피가 줄줄 흘러내리는 잘린 머리를 가지고 방으로 들어왔을 때 세자빈은 완전히 공포에 질렸다. 이는 세자가 세자빈 홍씨가 언급한 의대증衣帶症에 시달렸을 때였다. 세자는 옷을 입는 데 극도의 어려움을 겪었고, 심지어 공포로 받아들였을지도 모른다. 옷 한 벌을 입기 전까지 수많은 옷이 찢어졌다.

그해 10월[11월], 사도세자는 빙애氷愛[景嬪 朴氏]에 매혹되어 별도 처소까지 내주었다. 그녀는 돌아가신 모후[인원왕후]의 궁녀였다. 웃전의 궁녀와 사통私通하는 것은 관습상 엄격하게 금지되었다. 영조가 몇 달 뒤 이 사실을 알았을 때, 사도세자에게 그녀를 돌려보내라고 명했다. 이때 세자는 처음으로 부왕을 거역했다. 세자빈 홍씨는 임시방편으로 진짜 빙애를 궐 밖 화완옹주의 거처에 숨기고 빙애와 닮은 여인을 골라 돌려보내는 시늉을 했다. 영조는 애초 세자가 빙애를 데려온 것을 몹시 질책했다. 사도세자는 거처로 돌아오는 길에 다시 죽으려고 우물에 뛰어들었다. 우물이 언덕분에 세자는 목숨을 구했다.

1758년[영조 34]에 영조는 또다시 관계 개선을 시도했다. 그는 세자가 동물이나 사람을 죽이는 행동 때문에 매우 불안해했다. 영조는 세자를 보러 와서는 왜 죽였는지 물었다. 다음은 세자빈 홍씨가 부자간 만남을 묘사한 것이다.

그날 세자께서 답하시기를, "분노가 저를 사로잡으면 스스로 감당할 수 없습니다. 사람이나 동물, 심지어 닭이라도 무언가를 죽인 후에야 비로소 진정할 수 있습니다" 했다.

전하께서 물으시기를, "왜 그러한가?" 했다.

"제가 깊게 상처받았기 때문입니다."

"왜 그렇게 상처받았는가?"

"부왕께서 저를 사랑하지 않으시기에 슬프고, 질책하실 때 두렵습니다. 이 모든 것이 분노가 됩니다."

그리고 세자께서는 자신이 죽인 사람의 숫자를 알리고, 아무것도 숨기지 않고 상세하게 보고했다. 이때 전하께서는 아마도 잠시 아버지의 본성에 따르신 것인지 또는 성심聖心에서 연민의 정을 느끼신 것인지 "이제부터 나는 그렇게 하지 않을 것이다" 라고 말씀하셨다.

하지만 사도세자는 여전히 비관적이었다. 세자는 기뻐하는 세자빈 홍씨에게 오히려 자신의 죽음을 예언했다. 그는 끊임없는 나락으로 떨어졌다. 세자의 의대증은 악화되었다. 그는 옷을 입을 때 여러 벌을 찢어버렸을 뿐 아니라 시중을 들던 궁인까지 죽였다. 세자의 살해는 일상이 되었고, 사람과 사물을 혼동하는 환각에 시달렸다. 그는 모친[영빈 이씨]에게 눈에 띄게 무례하게 대했고 자식들에게 놀라울 정도로 가혹하게 했다.

1760년[영조 36] 여름에 가뭄이 들었다. 영조는 천변재이天變災異가 사도세자의 부덕의 소치라고 질책했다. '병정놀이'가 세자의 유일한 위안거리였다. 이즈음 사도세자가 부왕과 같은 대궐에서 살 수 없다고 결심했을 때였다. 세자는 부왕을 다른 궁으로 이어移御하도록 설득하려고 영조가 가장 총애하는 딸인 화완옹주에게 갔다. 이것이 영조가 이어를 명하는 계기가 되었다. 이때 사도세자는 만약 어떤 것이든 안 좋은 일이 자신에게 닥친다면 화완옹주를 칼로 해칠 것이라고 위협하려고 했는데, 이는 무언가 일어날 것을 예감하였는지도 모른다.[179]

도피

　영조가 다른 궁으로 이어했으나 사도세자와 그리 먼 거리는 아니었다. 세자가 거처하는 대궐은 광증狂症이 있는 세자에게 옥이 되었고, 부왕의 책망과 세자의 실패를 나타내는 상징이 되었다. 곧 세자는 도피를 모색했고 여행을 시작했다. 이제 죽음은 더 가까이 다가왔다. 사실 세자 생애 중 마지막 2년은 마치 죽음과 기나긴 춤을 추는 듯했다. 세자는 죽음을 자초했다. 벗어나려고 했지만 죽음은 여전히 세자의 의식 속에 남아 있었다. 사도세자의 섬뜩함과 파괴적인 행동에 직면한 조정은 혼란에 빠졌다. 관료들은 현재의 군주와 미래의 군주 사이에서 갈라졌고, 자신들의 운명에 대한 두려움과 종사宗社에 대한 염려로 다양하게 반응했다. 사도세자의 목숨을 끝내려는 움직임이 있었고, 많은 자살사건이 일어났다. 결국, 영조는 종사의 백년대계를 위해 광인狂人이 되어 위험해진 아들을 죽일 수밖에 없음을 절감했다. 비록 이것으로 사도세자의 불행한 삶이 끝났고 영조의 실현 불가능한 꿈도 중단되었지만, 이 사건의 사적·정치적 파급력은 정조 치세 내내 지속되었다.

　1760년[영조 36] 사도세자는 첫 번째 여행에서 온양을 방문했다. 세자빈 홍씨는 세자가 화완옹주를 통해 영조의 허락을 얻었다고 했다. 다른 사료에서는 대신들의 조언으로 왕이 윤허했다고 한다.[180] 하지만 이 온양 여행은 평범한 왕실 행차가 되어버렸다. 왕은 아들의 건강을 위해 여행을 윤허했다. 사도세자 일행은 춘방관, 짐꾼 120명, 호위군사 795명, 취타 등을 포함해서 모두 1,000여 명에 달했다.[181] 이러한 왕실 행차는 민호民

戶에서 많은 경비를 징수하고 전토田土를 손상하며 수많은 혼란을 일으켰다. 사도세자는 행차에 따른 백성의 부담을 덜어주고 유발되는 피해를 최소화하려고 극도로 조심스러워했다. 세자는 행차로 발생되는 비용을 백성에게 변제하는 데 세심히 배려했다. 그는 배려 덕분에 존경과 칭송을 받았다.[182] 세자가 속박에서 해방되자 너무나 고무되어 이성까지 회복한 것일까?

아마도 그랬을지 모른다. 하지만 행차는 영원히 지속될 수 없었다. 3주 후 사도세자는 환궁했다. 세자는 관료들의 환대를 받았다. 관료들은 세자의 선정善政을 칭송하였고, 앞으로 계속 그러하기를 바랐다.[183] 하지만 환궁한 사도세자는 예전으로 되돌아갔다. 살인, 의대증 그리고 병정놀이 등은 이제 더 이상 절제되지 않았다. 1761년[영조 37] 초에 이르면 세자의 폭력성은 완전히 통제불능 상태가 되었다. 빙애는 그사이 아이를 두 명 낳았다. 그럼에도 세자는 옷 입는 것을 돕던 그녀를 때려죽였다.[184]

이제 영조는 사도세자를 포기하고 1759년[영조 35] 세손(훗날 정조)에 책봉된 세자의 아들에게 희망을 옮기기 시작했다.[185] 영조는 공공연히 300년 종사가 세손에게 달려 있다고 천명했다.[186] 세자빈 홍씨는 전전긍긍했다. 그녀는 남편[세자]이 폭력으로 한순간 아이[세손]를 해치지 않도록 아들에 대한 영조의 칭찬을 남편에게 숨기려고 모든 방안을 강구했다.[187]

이러한 공포스러운 분위기에서 사도세자는 변복을 하고 유람을 나섰다. 몇 달 동안, 그는 도시 주변을 돌아다닌 듯하다. 그리고 의정부 삼정승이 두 달 간격으로 비명횡사非命橫死했다. 사도세자의 보호자로 떠오른 영의정 이천보가 1761년[영조 37] 2월 9일[1월 5일] 처음으로 졸했다.*[188] 그는 임종할 때 영조에게 성급한 행동을 하지 않기를 간곡히 청하는 상소를 남겼다. 다음으로 우의정 민백상이 3월 21일[2월 15일]에 졸했고,*189) 4월 8일[3월 4일] 좌의정 이후李㷞가 뒤따랐다.*190) 삼정승의 죽음은 자결로 보이는데 그 원인은 사도세자에게 있었다.191) 짐작건대 그들은 일국의 대신으로서 사도세자의 실행失行에 책임을 통감하여 목숨을 끊었을 것이다. 그렇다면 이것은 무엇을 암시하는가? 실제로 사도세자는 어디로 가고 있었고 무엇을 했는가? 우리는 『임오일기』를 찾아냈는데, 사도세자 관련 사건을 염려하는 글과 세자의 제멋대로인 행동을 비판하는 관료들의 상소가 합철되어 있다. 여기에는 불한당과 어울려 유람하고 사람들을 공포에 떨게 하는 행실이 언급되어 있다.192) 사도세자가 꽤 파괴적인 행동을 일삼았음을 여러 단서에서 추정할 수 있지만 세자가 뒤틀린 마음으로 무엇을 하려고 했는지는 전혀 알지 못한다.

사도세자는 5월 6일[4월 2일]에 여전히 변복한 채 평양으로 떠났다. 물론 왕의 윤허는 없었다. 다시금 관서유람關西遊覽의 행적은 알려지지 않았다. 하지만 이것은 극심한 공포를 일으켰다. 세자빈 홍씨는 세자가 자신의 부재를 숨기기 위해 조정에서 벌인 광기 어린 행태를 묘사했다. 내실의 내관이 세자를 흉내 내어 명을 내렸고 다른 사람들은 그가 사도세자인 것처럼 행동했다.193)

사도세자는 3주 만에 돌아왔다. 이번에는 관료들이 세자를 이구동성으로 비판했다. 대간과 관료들은 세자의 유람을 질책했다.*194) 일부는 세자의 유람을 도운 자들을 사형에 처하라고 청했다.195) 하지만 사도세자는 6월 17일[5월 15일] 밤까지 부왕을 알현하라는 청을 묵살했다. 사도세자가 꽤 친밀하게 여겼던 장인 홍봉한은 세자를 설득하려고 했다.[*196] 이틀 후 사도세자는 영조를 뵙기 위해 경희궁으로 갔다.[*197] 사도세자는 또한 한 달 동안 서연을 몇 차례 열었다.[198] 세자는 이것으로 속죄하려고 했는지 모른다. 하지만 병환으로 진강進講을 계속할 수 없었다.

　몇 달 후 사도세자가 회복되었을 때 영조는 평양 유람을 알아챘다. 영조는 10월 17일[9월 21일]에 『승정원일기』를 읽다가 사도세자가 유람에 대해 질책한 상소를 받았음을 우연히 발견했다. 영조는 이 같은 중대한 문제를 자신에게 비밀로 하였음에 분개하여 우의정 홍봉한을 비롯해 여러 승지와 다수의 춘방관을 해직하고 동궁속료도 유배 보냈다.[*199] 이 사건으로 사도세자는 죽음을 직감했다. 세자빈 홍씨가 세자의 공포를 덜어주려고 노력할 때 세자는 갑자기 제정신으로 돌아와 자신의 임박한 죽음, 그리고 세손(정조)을 1728년[영조 4]에 죽은 형 효장세자의 양자로 삼는 영조의 결정을 예견했다.[200] 그는 홍봉한에게 송구한 마음에 잠을 자지도, 침전 밖으로 나가지도 못한다고 했다.[*201] 하지만 영조는 아직 세자의 예견을 실행에 옮기지 않았다. 일주일이 못 되어 홍봉한은 해면되었다가 이번에는 영의정에 제배되었다. 11월 2일[10월 6일] 영조는 마침내 대궐 뜰에서 음식을 먹지 않고 치료도 받지 않은 채 처벌을 기다리던 사도세자를 가엾게 여기라는 대신들의 청을 가납하였다.[*202] 왕은 오직 조정의 긴장을 풀기 위해 세자를 용서해야 했다. 5일[10월 9일]에 영조는 사도세자를 받아들이는 것으로 이 일화를 끝냈다.[*203]

　이때부터 실록은 사도세자의 인견引見이나 세손(정조)의 가례嘉禮(혼례) 참석을 기록하는 것 이외에 세자에 대해 거의 뚜렷하게 다루지 않았다.

세자빈 홍씨에 따르면 세손(아들)의 혼인은 사도세자에게 슬픔과 기쁨을 모두 안겨주었다. 그 기쁨은 그저 새로운 며느리에 대한 것이었지만, 슬픔은 부왕이 자신의 지저분한 행색 때문에 혼례식장에서 떠나라고 명한 것이었다.

정사正史에는 언급되어 있지 않지만 사도세자는 정신이상의 마지막 단계에 다가가고 있었다. 세자는 어떤 것이든 부왕과 관련된다고 생각하면 반항했다. 그는 부왕의 금주령 중 술을 마셨고, 유람 중 데려온 기녀妓女, 비구니와 잔치를 벌였다. 세자는 속료와 궁녀에게 큰 소리로 부왕을 험담하도록 명했다. 이제 세자는 단순히 옷을 입혀주는 궁인만 죽이지 않고 어의, 무당, 승전관承傳官 그리고 모친(영빈 이씨)의 처소 나인뿐 아니라 다른 처소의 나인까지 죽였다.

이제 세자는 죽음을 자초했다. 그는 방을 휘장揮帳으로 여막廬幕처럼 꾸몄다. 세자는 거기서 주기적으로 화완옹주를 위협해 참석시키는 연회를 벌였다. 그는 이 방에 관처럼 생긴 상자를 두고 그 속에서 잠을 잤다. 그리고 1762년[영조 38] 5월[5월]에는 땅을 파서 토굴을 만들었다. 작은 입구만 남겨둔 채 널빤지들로 가리고 다시 흙으로 덮었다. 세자는 이 토굴에 옥등玉燈을 밝히고 무기를 둘러싸놓은 뒤 많은 시간을 보냈다.

6월[5월]에 영빈 이씨는 아들 사도세자의 처소를 방문했다. 세자는 마치 이것이 작별인사가 될 것을 아는 것처럼 준비한 연회를 열었고 모친의 장수를 기원하는 시를 지었다. 모친은 후궁의 법도를 넘어서는 세자의 대접에 두려워하고 경악하였다. 그러나 세자는 영빈 이씨를 소교小轎에 태우고 대련大輦 모양같이 하여*204) 무장한 군사로 호위한 뒤 취타가 동반하는 왕후 신분에나 맞는 행차를 고집했다. 이런 비정상적인 효심의 표출 때문에 영빈 이씨는 세자가 희망이 없음을 확신하였다. 며칠 뒤 모친은 울먹이면서 아들을 떠나보냈다.[205]

놀랍게도 5월 중순[5월 상순]부터 6월 중순[5월 하순]까지 세자는 서연을 열었다.[*206] 이 때문에 영조는 부모로서 희망을 다시 품게 되었다.[207] 하지만 여기에도 너무나 소름끼칠 만한 변화가 있었다. 과거에 사도의 가장 잦은 질문은 어째서 도덕적인 사람들은 응당한 보상을 받지 못했냐는 것이었다.[208] 이제 세자의 질문은 죽음에 관한 것으로 바뀌었다. "만약 부소扶蘇가 죽임을 당하지 않았다면, 진秦왕조는 멸망하지 않았을 것이다. 부소가 죽음을 받아들인 것을 효라고 할 수 있는가?"[209] "한漢 안제安帝는 항상 간언諫言을 매우 잘 받아들였는데, 왜 갑자기 양진楊震을 단 한마디 말로 죽게 한 것인가?"[210] 세자는 불면으로 밤을 지새우면서 한밤중에 서연관을 불러 이 같은 질문을 던졌다.[211] 이것을 그가 이러한 희생자들과 자신을 동일시했다고 볼 수 있을까?

하지만 이 같은 행동도 6월 14일[5월 22일]에 끝났다. 이날 사도세자가 저지른 열 가지 극악무도한 범죄가 열거된 나경언羅景彦의 흉서가 영조 손에 들어갔다. 나경언은 액정별감掖庭別監 나상언羅尚彦의 형제였다. 흉서의 내용은 실록에 완곡하게 표현되어 있으나 그 혐의가 매우 심각했다는 사실을 알 수 있다.[*212] 다음은 실록 내용을 요약한 것이다. 영조는 흉서를 몇 줄 읽은 뒤 손을 치면서 비명을 질렀다. "재앙이 코앞에 있구나! 내가 나경언을 친국해야겠다." 조정에 출석했던 경기관찰사 홍계희는 주위에 호위를 두라고 청했다. 영조는 그러고서 성문과 하궐下闕(세자의 거처)의

여러 문을 닫을 것을 명했다.^{*213)} 그는 홍봉한을 포함한 8명에게 국청에
참석하라고 명했다. 영조는 나경언의 흉서를 다시 읽기 시작했고 읽기를
마치기 전에 다시 소리쳤다. "나는 이런 재앙이 일어날지도 모른다고 걱
정했다." 그리고 그것을 홍봉한에게 읽으라고 주었다. 홍봉한은 그것을
읽고 말했다. "신이 먼저 죽기를 청합니다." 왕은 참석한 관료들에게 말했
다. "이 조정에서 사모紗帽를 쓰고 관대冠帶를 한 자는 모두 죄인이다.^{*214)}
나경언은 왕세자의 악행을 나에게 알리려고 이러한 글을 올렸다. 너희 중
누구도 나에게 이 같은 사실을 알리지 않았다. 너희는 나경언 보기에 부
끄럽지 않은가?" 홍봉한은 폭풍[영조의 분노]이 잦아들기를 기다렸다가 영
조에게 사도세자가 이 지경에 처하였으므로, 만약 그가 다른 누구에게서
흉서에 대해 알게 된다면 더 이상 통제할 수 없을 것이라고 했다. 그러므
로 홍봉한 자신이 세자에게 알릴 수 있게 해달라고 청했다. 이에 왕이 윤
허했다.

사도세자는 통지를 받자 궐문[홍화문] 앞에 엎드려 대죄했다. 곧 영조는
세자를 불렀다. 실록은 부자가 대면한 모습을 다음과 같이 묘사하였다.

세자를 보자마자 왕은 다음과 같이 소리쳤다. "너는 왕손의 어미[빙애]를 때려죽였
고, 비구와 비구니를 대궐 안으로 들였으며, 평양으로 몰래 떠났고, 북쪽 교외[北城]
를 배회했다. 어떻게 이것이 왕세자의 행동이라고 할 수 있는가? 관모를 쓴 자 모두
가 나를 속이고 있었다. 만약 나경언의 고변이 아니었다면 어떻게 내가 왕손의 어미
에 대해 알 수 있었겠는가? 너는 처음에 그녀에게 너무도 얼이 빠져 심지어 그녀 때
문에 우물에 뛰어들었는데,^{*215)} 종국에는 어찌 네가 그녀를 때려서 죽게 할 수 있는

가? 오직 나경언만이 정직하게 네 행동을 비판했기에 이를 알 수 있었다. 더욱이 비구니의 아들이 장차 스스로 왕손이라 부르며 찾아올지 모른다. 이러고도 어떻게 나라가 망하지 않을 수 있단 말인가?"

세자는 분노에 휩싸여 나경언과 대면을 청했다. 왕은 다시 다음과 같이 소리쳤다.

"이 역시 나라를 망칠 말이 아니겠는가? 어떻게 소조小朝가 한갓 죄인과 대질한단 말인가?"

"이는 과연 화증火症 때문입니다." 세자는 울면서 말했다.

"차라리 발광하는 것이 낫지 않겠는가?"*216)

왕은 이것을 물어보고 세자에게 물러나도록 명했다.217)

나경언의 흉서에 사도세자의 비행 이외의 무언가가 포함되어 있었을까? 사도세자가 무언가 더욱 해로운 것에 관련되었고, 그것이 왕에게 더욱 직접적으로 위협이 되었다고 고변한 것일까? 영조는 명백히 자신이 위험에 처해 있는 것처럼 행동하였다. 도성문都城門의 폐쇄와 대궐문大闕門의 엄격한 경계가 그것을 잘 대변한다. 하지만 동시에 나경언의 국문은 어떤 심각한 계획[逆謀]도 밝혀내지 못한 것처럼 보였다. 영조는 나경언에게 진실을 요구하며 고함쳤다. 이제 그는 임박한 재난에 대해 말함으로써 군주를 놀라게 했기에 그 증거를 제공하는 편이 좋았다. 나경언은 몇몇 이름을 댔지만 결정적이지 않았고 일관성도 없었다. 적어도 실록의 기록으로 판단하면, 그에게는 심각한 계획이라 불릴 만한 직접적 정보가 없었다. 관료들의 태도 역시 이를 뒷받침한다. 그들은 모두 나경언을 역도로 처벌해야 한다고 청했다. 나경언의 소조에 대한 불충은 왕좌에 대한 불충이었다. 그리고 나경언은 같은 날 처형당했다.[218] 그가 사도세자의 계획에 대해 일부라도 실제 증거를 댔다면, 아마 관료들은 그렇게 고집하지 않았을 것이다. 또는 적어도 국청이 더 오래 진행되었을 것이다. 하지만 동시에 아무도 왕에게 소조의 죄를 면해주기를 진지하게 청하지 않았다. 이것은 사도세자가 무언가 정말로 중대한 사안으로 고발되었음을 말해준다.

이렇게 고발된 상황에서 비극적인 마지막 장이 열렸다. 몇 주 뒤 운명적인 최후의 만남까지 아버지와 아들은 각각 고통스러운 역할극을 끝마쳤다. 사도세자는 창덕궁 처소로 새벽에만 돌아가면서 금천교禁川橋[錦川橋]에서 밤새 부왕의 부름을 기다렸다. 하지만 왕명에 따라 창덕궁은 봉인되었고 6월 16일[5월 24일]부터 사도세자는 시민당時敏堂 뜰에서 대죄했다.[*219] 그리고 세자의 대죄는 실록에 7월 4일[윤 5월 13일]까지만 언급되어 있다.[*220] 사도세자는 간간이 영조에게 문안인사를 전했지만 영조는 답하지 않았다.

영조는 사실 사도세자 때문에 생긴 피해를 수습하느라 바빴다. 왕은 경희궁 흥화문興化門으로 가서 시인市人에게 사도세자나 속료들이 도용한 물품을 순문詢問했고, 관련 아문에서 손실을 보상하라고 명했다.[221] 그는 또한 동궁인 척하며 사람을 겁주고 여자를 납치해 강간한 것으로 알려진 몇몇 사람을 처형했다.[222]

또한 왕은 사도세자와 관련하여 관료들의 침묵과 비협조성에 분개했다. 관료들이 사도세자를 보호하는 최소한의 시도조차 자신들의 미래를 보장받기를 바라는 것과 무관하지 않았다. 관료들이 나경언을 노륙孥戮하

라고 청했을 때 왕은 매우 노했다. 그는 관료들이 조정을 부당父黨과 자당
子黨으로 나누었다고 분개했다. 그들은 모두 역도였다.[223]

관료들은 진실로 아버지와 아들 사이 그리고 현재와 미래 사이에 붙잡
혀 있었다. 비록 중대한 혐의로 고발되었지만 사도세자는 아직 소조였고
왕세자였다. 게다가 사도세자가 축출된다 하더라도 세손 정조는 아직도
거의 확실히 할아버지를 계승할 것이며, 결국 복수를 추구할지도 모르는
상황이었다. 그들은 이것을 걱정해야 했다. 관료들은 스스로 살얼음 위
를 걷는 것처럼 느꼈음이 틀림없다. 한 번의 잘못된 말이나 한 번의 잘못
된 행동일지라도 치명적일 수 있었다. 그들은 매일 위험한 대가를 초래하
는 왕명을 받들고 싶지 않아서 조정 안으로 들어가기를 꺼렸지만 왕에게
서 더 심한 무언가[왕세자와 작당했다는 혐의]로 여겨지지 않으려 조정 밖에
서 마냥 거리를 두고 있을 수도 없었다. 물론 이러한 걱정의 배경에는 관
료들 스스로 각각 왕과 세자에 대해 일정한 관계가 있었다. 그들은 고민
에 빠졌고 두려웠으며 슬펐다.

그리고 영조는 적막했다. 그는 탕제를 거부했다.[224] 왕은 죄책감과 분
노를 느꼈고, 아들을 광인으로 만드는 데 자신이 무엇을 했는지 계속 생
각했다. 6월 22일[윤 5월 2일]에 그는 심지어 홍봉한에게 사도세자가 어떻
게 그런 상태에 이르렀는지 물었다.[*225] 아들이 타고난 지성을 보였으므
로 처음에 영조는 세자를 대단히 사랑했다. 그는 오래전 어린 세자에게
너무 관대해서는 안 된다고 충고했던 내관의 조언을 따르지 않은 것을 후
회했다. 7월 1일[윤 5월 10일]에 아버지의 원수를 갚는 아들의 노력을 묘사
한 이야기를 읽으며 왕은 참으로 효자라고 외쳤다.[226]

영조 마음에 무엇이 있었든 사도세자의 기다림은 7월 4일[윤 5월 13일] 끝났다. *227) 그날, 그는 창덕궁으로 가서 사도세자를 서인庶人으로 강등한 뒤 뒤주 안에 가두었다. 어째서 20일이나 동요한 후에야 행동했을까? 다음은 무엇 때문에 그렇게 했는지에 대한 실록의 기록이다.

효장세자가 홍서한 이후 왕에게는 (사도)세자 탄생까지 오랫동안 후계자가 없었다. (세자는) 재능 있고 우수했으며 왕은 세자를 대단히 사랑했다. 10여 세부터 (세자는) 학문에 점점 더 소홀해지기 시작했다. 대리청정 이후 (그는) 꽤 아프게 되었고 정신을 잃기 시작했다. 처음에는 그렇게 심각하지 않아서 사람들은 그가 치료될 것이라고 바랐다. 하지만 정축년(1757)에 질병은 더 심해지기 시작했고, 병증이 발발하면 궁비宮婢와 환시宦侍를 죽였다. 이후에 세자는 살인을 후회했다. 왕은 그런 일이 발생할 때마다 심하게 질책했고, 결국 세자는 극도로 두려워하며 질병이 더욱 심해졌다. 왕이 경희궁으로 옮긴 후 부자 사이에 깊은 의심과 극복할 수 없는 장벽이 생겼다. 게다가 (세자는) 절도 없이 기녀와 비구니를 데리고 왔다. 그리고 (그는) 하루 세 번 문안을 완전히 방기했다. *228) 왕은 불쾌했지만 다른 후계자가 없었다. 이런 이유로 그는 종국宗國의 미래를 대단히 걱정했다. 나경언 사건 이후 왕은 왕세자를 폐위하고 싶었으나 실제로 그런 선언을 할 생각은 없었다. 갑자기 궐내에서 소문이 흘러나왔다. 왕은 진실로 경악하여 창덕궁으로 갔다.229)

영조에게 이런 결정적 영향을 준 '궐내 소문'이란 무엇이었나? 그것은 어디에도 명백하게 기록되어 있지 않다. 하지만 우리는 제보자가 사도세자의 모친 영빈 이씨라는 것을 알고 있다. *230) 세자빈 홍씨는 영빈 이씨가 영조에게 그 소문을 전달한 뒤 이렇게 말했다고 했다.

> 무서운 병이 점점 깊어져 희망이 없습니다. 불초자식不肖子息의 어미로서 차마 이
> 를 말씀드리기 어렵지만, 성궁聖躬[영조]과 세손을 보호하여 종사를 평안히 하는 것
> 이 옳습니다. 제발 대처분을 해주소서.[231]

영조와 세손이 실제적인 위협 안에 있었는가?

세손의 위험은 명백했다. 그는 어쨌든 11세 아이였고 사도세자와 같은 대궐 안에서 살고 있었다. 최선의 상황에서도 세손의 지속적 성장은 사도세자를 더 이상 필수적인 존재가 아니도록 만들 수 있었다. 악화되는 사도세자의 상태와 손자에 대한 부왕의 확신을 고려하면, 세자를 대신하여 세손에게 왕위를 물려주는 것은 설령 말하지 않더라도 점점 가능성이 높아졌음이 틀림없다. 소문에 따르면, 한때 세자가 세손이 있는 한 부왕이 자신을 구해야 할 이유가 없다고 말했던 데에서 기인한다.[232] 그 결과 사도세자가 지닌 두려움 때문에 세손이 자리 잡는 데 반하는 행동을 할지도 몰랐다. 세자빈 홍씨는 물론 아이(세손)와 가까웠던 사람들이 손자에 대한 영조의 찬사를 사도세자에게 숨겼던 것도 바로 이 때문이었다. 이 마지막 기간에 할머니[영빈 이씨]와 어머니[세자빈 홍씨] 모두 아이(세손)의 안전에 극심한 우려를 보였다.

영조는 매우 위험에 처한 것처럼 행동했다. 훗날 정조는 '저 적신賊臣 홍계희'가 사도세자의 평양 유람을 역모로 만들려 했다고 죄를 물었다.[233] 영조에게 호위군사를 유지하고 성문을 닫으라고 촉구한 이는 홍계희였

다. 하지만 증거는 결정적이지 않았고 왕은 불편한 의심을 지닌 채 있었
다. 왕이 감지한 위험과 세손에 대한 위협에도 불구하고 영조는 3주 동안
망설였다. 그러나 불가사의한 소문은 왕에게 사형을 내리도록 즉각적이
고 바꿀 수 없는 결정을 유도했다.

그 소문은 틀림없이 사도세자가 부왕 살해를 계획했다는 것이었다. 세
자빈 홍씨는 몇몇 사건에서 세자의 무기와 토굴이 세자를 몰락하게 만들
었다고 후회하며 언급했다.[234] 그리고 사도세자가 "나는 수구문水口門를
거쳐 윗대궐[上闕: 영조 거처][235]로 갈 예정이다"라고 했다고 기록하였다.
운명의 날에 앞서 7월 2일[윤 5월 11일]과 3일[12일] 두 밤에 세자는 실제로
이것을 시도했지만 실패했다. 두 번째 밤에 세자는 시도하다가 등을 다쳤
다. 세자빈 홍씨에 따르면, 이러한 행동이 소문을 낳았다. 그녀는 그것을
광기로 설명했지만[236] 조정은 시해 시도로 봤음이 틀림없다. 또 영조가
그 소문을 듣자마자 문을 지키게 하는 특별한 조치를 취한 것으로 볼 때,
왕은 세자가 외부의 조력을 기대하고 있다고 의심했을 개연성이 매우 높
다. 영조가 세자의 이 같은 시도에서 실제적 위협을 어느 정도로 느꼈느
냐는 여전히 논란의 여지가 있는 질문이지만, 그는 이제 전혀 다른 실질
적인 걱정을 했다. 만약 사도세자가 자포자기로 부왕[*237] 시해를 시도한
다면 영조는 무슨 조치를 취했을까? 일신一身의 안녕安寧은 제쳐두더라
도 세손의 목숨을 우선 고려해야 했다. 이런 점에서 종사 자체가 위태로
웠다.

어쨌든 영조가 세자에게 말했을 때 사태를 이런 방식으로 바라보고 있
었음이 틀림없다.

만약 내가 죽으면 우리의 300년 종국의 계통이 끝날 것이다. 만약 네가 죽으면 종국
은 보존될 수 있다. 네가 죽는 것이 나을 것이다.

이때는 이미 영조의 희망은 산산조각 났다. 이것은 영조가 황형 시해의
어두운 혐의에서 벗어나려고 끊임없이 노력한 과정의 종착지였다. 그는
사도세자를 황형의 궁녀들이 양육하게 하였다. 왕은 자신이 통치 모범으
로 삼고자 했던 황형의 대리청정을 사도세자에게도 수행하도록 하였다.
영조는 자객이 동궁을 침범하여 위험이 닥친 밤에 모후 인원왕후의 처소
로 도망쳤고,[238] 탕평정책과 정통성을 입증하려는 끊임없는 모색 속에서
골치 아픈 왕좌에 올라 오랫동안 외롭게 분투해왔다. 이제 황형의 통치방
식[대리청정]으로 바로 그 본질을 구현함으로써 사도세자는 경종과 영조
의 정치명분을 하나로 연결하는 완전한 순환에 도달하였다. 사도세자가
훙서한 이후 원임대신 조재호趙載浩의 동료 중 한 명을 국문하는 과정에
서,[239] 그가 소론강경파 김일경의 당여와 연관되었음이 밝혀졌다.[240]

그래서 영조는 행동하길 결심했다. 하지만 심지어 이 가장 고통스럽고
사적인 행동 중에도 군주에 대한 공적 제한은 크게 영향을 미쳤다. 왕의
행동은 실록, 주서注書 이광현의 일기, 세자빈 홍씨의『한중록』등 세 가지
다른 자료에 묘사되어 있다. 세 자료는 비교 목적을 충족하거나 역사적인
정확성에 희망을 품는 데 부합한다.

실록[241]

그때 (왕은) 창덕궁으로 가서 선원전璿源殿에 전배展拜하고,[242] 이어서 세자를 대명待命에서 풀어 동행시켜 휘녕전徽寧殿[243]에서 예를 행하도록 명했다.[244]

그러나 동궁은 병을 핑계로 가지 않았다. 왕은 세자에게 예를 행하라고 독촉하기 위해 도승지 조영진趙榮進을 파견했다. 그리고 나서 왕은 휘녕전으로 향했다. (그는) 세자궁을 지나쳤지만 준비하는 징후가 보이지 않았다.

하지만 세자는 집영문集英門 밖에서 기다리고 있었고 어가를 따라 휘녕전으로 갔다. 왕이 의례를 마친 후 세자는 뜰에서 사배례四拜禮를 마쳤다.

왕은 갑자기 손뼉을 치면서 말하였다. "너희 관료들 또한 영령들께 이 말들을 들었는가? 훙서한 정성왕후가 방금 내게 '변란이 호흡 사이에 달려 있다'고 했다."

(왕은) 궐문을 닫고 대궐호위[挾輦軍]에게 4, 5겹으로 지키라고 명했다. 그래서 호위는 대궐을 칼을 뽑은 채 순찰했다. 성문은 닫혔으며 각角을 부는 군대가 경호하였다. 영의정 신만을 제외하고는 아무도, 심지어 관료들조차 문을 통과하는 것이 허락되지 않았다. 영조는 세자에게 땅에 엎드려 관을 벗고 맨발로 머리를 땅에 조아리도록 명했다. 왕은 차마 들을 수 없는 전교[不忍聞之敎]를 내렸고 (세자에게) 자결을 재촉했다. 세자는 피가 날 때까지 머리를 땅에 찧었다.

영의정 신만, 좌의정 홍봉한, 판부사 정휘량鄭翬良, 도승지 이이장李彝章

章, 승지 한광조韓光肇 그리고 다른 사람들이 뛰어 들어왔다. 그들이 진언陳言하기도 전에 왕은 세 대신과 한광조를 파직했다. 그들 중 네 명이 물러 났다.

세손이 들어와 관冠과 포袍를 벗고 세자 뒤에 엎드렸다. 왕은 (세손을) 시강원으로 보냈고 김성응金聖應 부자에게 (세손이) 다시 들어오지 못하게 (어린 세손을) 지키라고 명했다.

왕은 날카롭게 칼을 두드리며 세자에게 자결을 재촉하는 차마 들을 수 없는 전교를 반복해서 내렸다. 세자는 스스로 목을 조르려고 했으나 세자시강원의 춘방관들이 풀어서 말렸다.

그러자 왕은 (세자의) 지위를 박탈하여 (그를) 서민으로 삼았다. 이때 신만, 홍봉한, 정휘량이 다시 들어왔으나 그들은 감히 (왕을) 책망하거나 대항할 수 없었다.

그리고 왕은 시위하는 군병들에게 세자시강원[春坊]의 관원을 쫓아내라고 명했다. 한림翰林(史官) 임덕제林德躋만이 혼자 남아 움직일 수 없어 땅에 엎드렸다. 왕은 엄하게 질책했다. "세자를 폐하였는데 어찌 사관史官이 있겠는가?" (왕은) 그리고 (임덕제를) 군사들에게 끌어내도록 했다.

세자가 임덕제의 옷을 꽉 잡고 그를 따라나가 울면서 말했다. "이제 너마저 가는구나. 나는 장차 어디에 의지하겠느냐?" 그리고 (세자는) 문으로 가서 춘방관원들에게 자신이 무엇을 해야 할지 상의했다. 사서司書*245) 임성은 돌아가서 왕의 결정을 기다려야 한다고 했다.

세자는 울면서 다시 돌아가 땅에 엎드렸다. (그는) 자신의 잘못을 고치고 착하게 굴겠다며 간청하고 애원했다. 왕은 더욱 엄해졌고 (세자에게) 영빈(이씨)이 알렸다는 사실을 말했다. 영빈 이씨는 세자의 생모였고 왕에게 밀고한 사람도 바로 그녀였다.

　도승지 이이장이 물었다. "전하께서 어떻게 깊은 궁궐 아녀자의 말에 따라서 국본을 흔든단 말입니까?" 왕은 분노로 떨며 (이이장의) 처형을 명했지만 이내 철회했다.

　이어서 (왕은 세자를) 가둘 것을 명했다. 세손이 황급히 들어왔다. 왕은 세자빈, 세손 그리고 세자빈의 다른 소생들을 모두 좌의정 홍봉한의 집으로 보내라고 명했다.

　이때까지 밤의 절반을 넘기고 있었다. 왕은 중외中外에 전교를 반포하라고 명했지만 사관이 너무도 두려워 그것을 쓸 수 없었다.[246]

세자빈 홍씨의 『한중록』[247]

　그날 대조[영조]께서 무슨 조회를 열려 하시고 경현당景賢堂 관광청觀光廳 전좌殿座에 머무르셨다.[*248] 그곳에 선희궁宣禧宮(이씨)[영빈]이 그를 보러 왔다. 그녀는 눈물을 흘리며 말했다. "무서운 병이 점점 깊어져 희망이 없습니다. 이 불초자식의 어미로서 차마 이를 말씀드리기 어렵지만 성궁[영조]과 세손을 보호하여 종사를 평안히 하는 것이 옳습니다. 제발 대처분을 해주소서." 그녀는 계속 말했다. "부자지정父子之情으로 전하께서는 이것을 행하기 차마 망설일 수 있습니다. 하지만 모든 것은 병 때문이니 세자는 죄인이 아닙니다. 비록 그를 구할 수는 없지만 책망할 수도 없습니다. 비록 처분은 하시더라도 제발 세손 모자에게 은혜를 베푸소서."

나는 (세자의) 처妻로서 선희궁의 말씀이 옳았다고 감히 말할 수 없다. 하지만 그 상황은 회복할 수 없는 지경이었다. 내가 따라 죽어서 어떻게 되는지 모르는 것이 옳았다. 그러나 나는 그러지 못했다. 나는 그럴 수 없었다. 세손에 대한 생각이 나를 막았다. 나는 오직 인생의 고통과 운명의 고통을 한탄할 수 있었다.

전하께서 들으시고 망설이거나 생각하지 않으시고 곧장 창덕궁으로 거동령舉動令을 내리셨다. 선희궁[영빈 이씨]은 대의大義를 위해 어미의 사랑을 떼어내고 부모의 애정을 부수어가며,*249) (왕에게) 알렸다. 선희궁은 이것을 하고 나서 너무도 고통에 사로잡혀 숨을 쉬기 힘들었다. 그녀는 처소인 양덕당養德堂으로 돌아가 식음을 전폐하고 자리에 누웠다. 이때까지 이런 고통스러운 처지가 있었겠는가?

선원전으로 거동하는 데 두 가지 길이 있었다. 하나는 만안문萬安門을 통하는 것으로 탈이 없었다. 다른 하나는 경화문景華門을 통하는 것으로 탈이 났다. 그날 거동은 경화문을 통해 가도록 명하였다.

소조께서는 (음력) 11일 밤 수구문으로 들어갔다가 등을 다치셨다. 12일에 통명전通明殿에 계셨다. 그날 동명전 대들보에서 나무가 부러지는 듯한 큰 소리가 났다. 세자께서 놀라셔서 신음하시기를, "이것이 무엇을 뜻하겠는가? 이것은 분명 내 죽음을 예견하는 것이다"라고 하셨다.

얼마 전인 (음력) 5월 초 나의 선친先親[洪鳳漢]이 왕의 분노를 사서 파직되어 약 한 달 동안 동교東郊에 머물러야 했다. 소조께서는 위험을 느꼈음

이 틀림없었고, 세자익위사[桂坊]의 조유진趙維進에게 원임대신原任大臣[*250)]
으로 춘천에 있던 조재호에게 올라오라는 말을 전하라는 명을 내리셨다.
이러한 일을 보면 전혀 병환에 걸린 것처럼 보이지 않으셨다. 이상하구
나, 하늘이여![*251)]

그날 대조께서 거동하신다는 소식을 들으시고 심히 놀라셨다. 조용히
기계器械[*252)]와 말을 숨기게 명하셨다. 그리고 경춘전景春殿 뒤를 통해 덕
성합德成閤으로 향해 가셨다. 교자에 타기 전에 나에게 보러 오라는 말을
전하셨다. 근래 만약 누구라도 시야에 들어오시면 비극으로 끝났다. 그래
서 교자를 타실 때 그 위를 봉했고 시방을 천막으로 덮었다. 춘방관과 밖
의 모두에게는 학질瘧疾로 고생하고 있다고 하셨다.

내가 덕성합으로 오라는 부름을 받은 것은 정오쯤이었다. 내가 보기에
갑자기 수많은 까치 떼가 경춘전을 둘러싸고 울기 시작했다. 나는 불길한
예감에 사로잡혔다. 세손이 환경전歡慶殿에 머물러 있었다. 나는 황황遑遑
한 중에 세손의 몸이 어찌된 줄 몰라 세손 처소로 내려가 세손더러 "무슨
일이 일어나든 놀라지 말고 마음 단단히 먹으라"라고 했다. 나는 정말로
무엇을 할지 몰랐다. 어찌 대조의 거동이 지연되어 오후 3시[未時]까지 휘
녕전에 도착하지 않으실지 모른다는 소식을 알려왔다.

소조께서는 다시 내가 덕성합으로 와야 한다는 말씀을 전하셨다. 내가
도착했을 때 소조께서는 평소의 기력이 다 빠지신 듯했으나 그럼에도 얼
굴이나 목소리에서 혼란한 기색이 없으신 것을 발견하였다. 벽에 등을 기
대고 앉아 계시면서 머리는 깊은 생각에 잠겨 숙여졌고 얼굴은 혈색이 빠
져 있었다.

나를 보시면 화를 내실 것이라고 생각했다. 내 목숨이 그날 마칠 줄 스스로 염려하여 세손에게 그[소조]를 경계하라고 부탁하고 왔더니, 나의 기대와 다르게 소조께서는 차분하게 말씀하셨다. "아주 좋지 않아 보이네. 하지만 그들이 너는 살려줄 것이네. 아, 그들의 의도가 얼마나 두려운가." 나는 깊은 실망으로 눈물이 얼굴을 적시는 동안 그저 손을 비비며 거기에 조용히 앉아 있었다.

대조의 행차가 휘녕전에 이르러 소조를 부르셨다.*253) 얼마나 이상한가! 소조께서는 "피하자"라든가 "달아나자"라는 말을 하지 않으셨다. 좌우의 누구도 때리지 않으셨다. 화증 기색도 없이 (세자의) 용포龍袍를 달라 하셨다. 입는 동안 말씀하시기를, "내가 학질을 앓는다 하려 하니 세손의 휘항揮項(겨울 모자)을 가져오라."

나는 세손의 휘항은 작으니 당신 휘항을 쓰는 것이 나을 거라고 생각해서 나인에게 가져오라고 했다. 소조께서 완전히 예상치 못했던 대답을 하셨다. "자네는 진실로 무섭고 흉한 사람이로세. 자네는 세손을 데리고 살기를 원하니 내가 오늘 그곳에 가면 죽기 때문에 그 휘항이 (세손에게) 불운을 가져다주지 않게 하려고 세손의 휘항을 쓰지 않기를 원하는 것이니 자네의 심술을 잘 알겠네."

나는 그날 소조께서 그 재앙을 맞으실 줄은 몰랐다.*254) 나는 그저 끝이 어찌될지 알 수 없었다.*255) 모두가 죽을 일이었다. 우리 모자는 어떻게 될 것인가? 그래서 소조 말씀이 천둥처럼 다가와 나를 고통스럽게 하였다. 나는 세손의 휘항을 갖다드렸다. "당신의 말씀은 진실로 저의 생각 밖이오니 제발 이것을 쓰소서." "싫다. 자네가 떨어뜨려놓으려고 하는 것을 왜 내가 써야 하는가?"*256) 소조께서는 거절하셨다. 이것이 병환이 있는 사람의 말씀이라고 생각할 수 있는가? 아! 왜 소조께서는 그렇게 고분고분히 가셨는가? 내가 생각하기에 모두 하늘의 뜻이니 오직 원통할 뿐이다.

날은 늦었고, 많이 재촉하여 소조께서 나가셨다. 대조께서는 휘녕전 앞에 앉아 칼을 두드리며 그 처분을 내리셨다. 차마 망극하여 그 상황을 기록할 수 없다. 아, 서럽구나! 소조께서 떠나셨을 때 대조께서 분노하신 소리를 들을 수 있었다. 휘녕전은 덕성합과 멀지 않으니 누군가를 담으로 보냈다. 그는 돌아와서 소조께서 이미 용포를 벗었고 땅에 엎드려 있다고 말했다. 나는 이것이 대처분이신 줄 알았다. 하늘과 땅이 꺼져서 돌아가는 것 같았다. 가슴과 장기가 갈기갈기 찢기는 듯했다.

나는 덕성합에 머무르기에는 너무도 불안하여 세손의 처소로 갔다. 우리는 무엇을 할지 모른 채 절망하여 서로 안았다.

4시[申時]쯤, 내관이 주방에서 뒤주를 내라고 통보하였다. 나는 그것이 무엇을 뜻하는지를 몰랐지만 그것을 가져가게 내버려두기에는 너무도 불안했다.

망극한 거조가 있는 줄 알고 세손은 문 안으로 들어가 빌었다. "제발 제 아비를 살려주옵소서." 대조께서 엄하게 명하셨다. "너는 여기서 나가거라." 세손은 물러나 왕자*257) 재실齋室로 갔다. 그때 내 상태는 여태까지 알려진 어떤 것과도 비교할 수 없었다.*258) 세손을 보낸 후 하늘과 땅이 합쳐지는 것 같았고, 태양은 빛을 잃고 모든 것이 어두워지는 것 같았다. 나는 이 세상에 일시라도 더 남아 있고 싶은 마음이 없었다. 나는 칼을 들고 목숨을 끊으려 했지만 누군가가 그것을 가져갔고 내 소원을 이룰 수 없었

다. 나는 절망하여 스스로 목숨을 끊고 싶었다. 나는 무언가 뾰족한 것[寸
鐵]을 찾아보았지만 아무것도 찾지 못했다.

나는 나가서 숭문당崇文堂을 지나 휘녕전으로 가는 건복문建福門에 도
착했다. 아무것도 볼 수 없었다. 나는 오직 대조께서 칼을 두드리는 소리
와 소조께서 간청하시는 소리만 들었다. "아버님, 아버님, 잘못했습니다.
이제 말씀하시는 대로 모두 하겠습니다. 글도 읽고, 말씀도 다 들을 것이
니*259) 제발 이러지 말아주십시오." 내 간장肝腸이 촌촌히 찢어지고 앞이
막히니*260) 그저 내 가슴을 쳤다. 하지만 무엇을 해야 하는가? 무엇이 쓸
모가 있을 것인가?

당신[세자]의 용력勇力과 장기壯氣로, 심지어 왕명일지라도 뒤주 안으로
들어가는 것을 피할 수 있지 않으셨던가? 왜 당신은 들어가셨는가? 아,
왜! 처음에 소조께서 나가려고 노력하셨건만 결국 끔찍한 운명을 마주하
고야 마셨다. 어떻게 하늘이 이렇게 잔인한가? 만고에 없는 설움뿐이다.
나는 문*261) 아래에서 울고 또 울었지만 아무 대답이 없으셨다.

소조께서 이미 폐위되셨기 때문에 그 처자妻子가 대궐에 머물러서는 안
되었다. 게다가 나는 세손을 밖에 두는 것이 너무도 두려웠다. 나는 문 아
래에 앉아 대조께 상서上書하였다. "이제 처분이 이러하오시니 죄인의 처
자가 대궐에 머물기에는 황송하옵니다. 세손을 밖에 오래 두는 것은 가장
두려우니 본집[친정]으로 가도록 허락해주시길 간절히 빕니다." 나는 첨언
하기를, "천은天恩으로 세손의 보호를 간청합니다"라고 했다. 내관을 찾
아 전해드렸다.

오래지 않아 선형先兄[洪樂仁]이 들어와서 말하기를, "(세자의) 바뀐 직위

에 따라 가족은 본집으로 나가라는 전교가 내렸다. 세자빈은 가마를, 세손은 남여藍輿를 각각 가져오게 했으니 그것들을 들이라." 선형과 여동생은*262) 서로 서럽게 울며 끌어안았다.

나는 청휘문清輝門을 거쳐 저승전儲承殿 안쪽 문으로 가는 동안 누군가의 등에 업혔다. 가마가 거기서 기다리고 있었다. 윤상궁이 나와 함께 탔고 내관들이 가마를 옮겼다. 모든 궁녀가 울며 따랐다. 이제까지 이렇게 가련한 장면이 있었던가?

나는 가마에 타서 혼절했다. 윤상궁이 필사적으로 나를 주물러 정신이 돌아왔지만 나의 고통은 감당하기에는 너무 컸다.

우리가 친정집에 도착했을 때 나는 건넌방에 누이고, 세손은 중부仲父(삼촌)와 선형이 모셔 나왔고, 세손 빈궁은 그 집에서 청연清衍공주263)와 함께 보낸 가마로 왔다. 얼마나 애처로운 광경인가.

내가 살기에는 너무도 비참했다. 나는 또다시 스스로 목숨을 끊으려 했고 다시 실패했다. 돌이켜 생각하니 세손에게 비탄을 더할 수 없었다. 내가 없으면 누가 세손의 안전을, 성장을 지켜볼 것인가? 나는 참고 참아 나의 완명頑命을 보전했다. 나는 그저 하늘에 부르짖었다. 이 얼마나 잔혹한 운명[頑命]인가!

집에서 세손을 만나니 충격과 비탄을 볼 수 있었다. 세손은 어린 나이에 망극한 장면을 막 목격했다. 누가 그 슬픔의 깊이를 상상할 수 있겠는가. 세손이 병들지 않도록 나는 슬픔을 감추고 말했다. "망극하고 망극한 일이지만 모두 하늘의 뜻이기에 거부할 방법이 없다. 오직 네가 건강하고 착해야 나라가 평안해질 것이고, 우리가 성은聖恩을 갚을 수 있을 것이니 비록 깊은 슬픔에 있더라도 네 마음을 상하게 해서는 안 된다."

......

날이 갈수록 차마 소조의 상황을 생각하는 것이 너무도 망극하여 아무 것도 생각할 수 없어 나는 거의 쓰러져 여러 날을 보냈다. (음력) 15일에 전하는 (뒤주를 밧줄로) 매우 단단히 묶고 풀로 깊이 덮었고 윗대궐[上闕]로 옮겼다. 모든 희망은 사라졌다.

......

(음력) 20일 오후 4시[申時]쯤 큰 천둥과 함께 폭우가 쏟아졌다. (소조께서) 천둥을 무서워한다는 생각이 나를 너무도 불안하게 했다. 나는 차마 형용을 헤아리지 못했다. 이 기간 내내 나는 계속 죽을 생각만 했다. 굶어 죽고 싶었고 깊은 물로 뛰어드는 것도 생각해보았다. 수건을 어루만지며 자주 칼도 들었다. 하지만 나약함 때문에 스스로 마지막 행동을 완성하지 못했다. 그러나 전혀 먹을 수 없었고 물을 마시거나 죽을 먹을 수도 없었다.

소조께서는 (폭풍 때까지) 반응했다고 한다. 그러니 비가 내리는 동안 훙서하셨음이 틀림없다.[264]

「이광현일기」[265]

윤 5월 11일, 임오년(1762, 7월 2일): 이광현李光鉉은 (승정원) 주서注書 김화중金和中을 대신하여 임시로 임명되었다.[266]

12일(7월 3일): 창덕궁 근무. 승지 박사눌朴師訥,*267) 한림[史官] 임덕제 그리고 내의원[藥房] 관원들이 세자에게 몸 상태를 물었다.

"지금 나는 대죄하며 공포에 떨고 있다. 비록 심하게 아프지만 진료를 받도록 허락할 수는 없다"라고 세자가 대답했다.

어의가 물러갔다.

13일(7월 4일): 창덕궁 근무. 승지 조중회趙重晦, 한림翰林(史官) 임덕제, 필선弼善*268) 이만회李萬恢, 사서司書*269) 임성任珹 그리고 내의원 관원들이 세자에게 안부를 물었다.

"오늘은 조금 낫다"라고 대답했다. 그들은 물러갔다. 내익원 분제조分提調*270) 한광조韓光肇는 고향에서 방금 돌아와 알현을 청했다.

세자는 말했다. "내가 대죄하고 있는 것을 보지 못하는가? 어떻게 알현을 허락하겠는가?"

아침 7시[辰時]에 왕이 창덕궁으로 출발한다고 알려왔다. 춘방관이 알현을 청했을 때 세자는 대답했다. "나는 학질에 걸려서 도저히 예를 행할 수 없다."

다음으로 승지가 알현을 간청했다.

세자가 대답했다. "나는 금방 춘방관에게 몸이 좋지 않아서 할 수 없다고 말했다. 왜 승지가 나를 다시 괴롭히는가?"

왕은 곧바로 진전眞殿으로 들어갔다.271) 휘녕전을 출발하기 전에 "비록 덥지만, 세자는 예를 행해야만 한다"라고 명했다.

승지 조중회, 한림 임덕제, 주서 이광현, 분제조 한광조, 필선 이만회, 문학文學*272) 변득양邊得讓, 사서 임성과 권정침權正忱 모두 중앙문으로 가서 엎드려 청대請對했다. 지금까지 왕의 행차가 세자시강원 앞의 길까지 도착했고 세자가 예를 행해야 한다는 전교가 반복되었다.

세자는 곧 진현문進賢門에서 나타나 휘녕전으로 걸어갔다. 그리고 왕이 사당으로 들어갔다. 뜰에는 의례를 위해 단이 세워져 있었다. 단 위에서 세자는 예를 행하고 엎드렸다. 춘방관, 승지와 사관은 모두 참석하여 엎드렸다.

왕이 시위侍衛를 부르자 즉시 왔다. 그들에게 칼을 뽑으라고 명했으나 주저했다. 왕이 칼을 뽑고 화를 내며 소리쳤다. "너희는 왜 뽑지 않는가?" 이에 모두 함께 칼을 뽑았다. 왕은 선전관을 불러 무언가를 속삭였는데 대궐 경비에 관한 명이었다. 짐작건대 대궐과 궁성을 호위하는 절차에 관한 것이었다.

거의 9시[巳時]가 되었고 아침 해가 뜨겁게 내리쬐었다. 세자는 아직도 단 위에서 극도로 불안해 보였다. 그는 헐떡거렸고 거의 쓰러질 것처럼 보였다. 춘방관은 승지로 하여금 왕에게 세자의 체력이 바닥날지도 모른다고 말씀드리도록 청했다. 왕은 무언가를 말했지만 대부분 관료들은 들을 수 없었다.

세자는 관을 벗고 단에서 내려와 땅바닥에 엎드렸다.

춘방관이 놀라서 그에게 물었다. "대조께서 소조께 관을 벗도록 명하셨습니까?"

세자가 대답하기를, "그런 전교를 받고서 어떻게 내가 관을 쓸 수 있겠는가?"

춘방관은 하교가 무엇인지 다시 물었다.

세자는 "나는 답해줄 수 없다"라고 했다.

바로 그때 그들은 왕의 말씀을 들었다. 왕은 칼을 휘두르며 소리쳤다. "만약 네가 스스로 목숨을 끊는다면 너는 조선의 왕세자로서 죽게 될 것이다. 너는 빨리 자결하는 것이 좋을 것이다!"

조정의 모든 사람이 통곡했다.

세자는 대답하기를, "부자父子 관계는 천지天地에 근원합니다. (신은) 이러한 끔찍한 일을 군부君父 앞에서 할 수 없습니다."

세자는 나가서 자결하는 데 윤허를 구했다. 그리고 대궐 뜰 남쪽 끝으로 가서 외투를 벗고 머리를 북쪽으로 향한 채 땅에 몸을 던졌다. 춘방관, 승지, 사관은 모두 참석한 채 관모를 벗고 엎드렸다.

왕이 사당에서 내려서 월대月臺로 올라가 말했다. "만약 내가 죽으면 우리 삼백 년의 종사宗社가 끝날 것이다. 만약 네가 죽으면 종사는 오히려 보존될 것이다. 네가 죽는 것이 나을 것이다."

그는 계속했다. "그저 너의 머리를 보존함으로써 내가 종사를 끝내게 놔두어야 하는가?"

세자는 머리를 땅에 찧으며 통곡했다.

모든 관료, 병조판서부터 모두 자신의 관모를 벗었다. 그들은 통곡하며 물었다. "전하, 이것이 어떤 뜻입니까?"

왕은 더 화가 나서 칼을 (세자를 향해) 휘둘렀다. 관료들은 두려워서 감히 아무 말도 하지 못하고 서 있었다.

"빨리 자결하라." 왕은 계속 반복했다.

"전하께서 신을 칼로 치실 때 오직 저를 겁주기 위해 날을 사용하지 않으셨습니다. 이제 신은 죽음을 청합니다"라고 세자는 답했다.

왕은 가슴을 내밀면서 소리쳤다. "세자가 말하는 것을 보라! 얼마나 무서운가!"

세자는 계속해서 "신은 가슴에 이런 참을 수 없는 고통을 지니고 있습니다"라고 했다.

왕은 대꾸하지 않고 일방적으로 "왜 너는 그저 자결하지 않는가?"라고 했다.

세자는 "신은 자결하기를 청합니다"라고 말했다. 그는 그런 후 요대腰帶를 풀어서 기절하여 땅에 고꾸라질 때까지 끈으로 목을 계속 졸랐다. 춘방관은 서로 작은 소리로 말하고서 달려가 그 끈을 풀었다. 그들은 울면서 (세자를) 둘러쌌고 주서로 하여금 어의의 진료를 위해 내의원 분제조[한광조]에게 급히 가도록 명했다. 그리고 춘방관은 청심원淸心元 몇 알을 따뜻한 물에 풀어 숟가락으로 세자 입에 강제로 넣었다.

세자는 고통스러워하며 삼키기를 거부했다. 그들은 울면서 세자가 서너 숟가락을 먹을 때까지 서서 계속 재촉했다. 세자는 크게 통곡할 때까지 아직 반도 먹지 않았다. 그는 나머지를 춘방관에게 주며 말했다. "너희도 몇 알 먹어라."

왕은 일부러 지켜보고 있다가 말했다. "저들이 이와 같이 해왔다. 그래서 저 흉인兇人이 그들을 의지하여서 더욱 흉하게 된 것이다."

분제조 한광조가 약을 들고 달려왔다. 왕은 그를 파직하여 돌려보냈다. 바로 이때, 왕은 어의들이 옆쪽 문으로 들어오는 것을 보았다. 그는 칼을 휘두르며 소리 질렀다. "방 아무개[方某漢], 박 아무개[朴某漢], 이 못난 놈들! 어떻게 네놈들이 감히!" 왕은 그들을 효수하라고 명했다.

이때 세자는 땅바닥에 누워 있었다. 도승지 이이장이 사당에서 와서 세자에 대해 물어보고 떠났다.

그러고는 병조판서 김양택金陽澤이 세자를 모시기 위해 왔다.

세자는 김양택을 훑어보고 말했다. "만약 그들이 모두 너와 같았다면 나는 오래전에 죽었을 것이다. 지금 나가라!"

세자는 앉아서 돌바닥에 머리를 찧기 시작했다. 사서 임성이 세자의 머리가 부딪치는 곳의 땅에 자신의 손을 놓았다. 곧 임성의 손 뒷부분 피부가 벗겨지고 찢어졌다.

세자에게 자결하라고 계속 재촉하면서 왕의 분노는 더욱 극심해졌다. 이때쯤 엄교嚴敎가 내려졌지만 이광현은 잔심부름을 하며 옆쪽 문을 왔다 갔다 해서 진행되는 많은 부분을 놓쳤다.

그리고 사서 임성이 걸어갔고 몸을 던져 엎드렸다. 머리를 땅에 대고 왕에게 통곡했다. "세자저하가 그 덕을 닦는 데 실패했을지라도 전하께서 자애와 사랑으로 다시 시작할 수 있도록 새로운 길을 열어주실 수 없겠습니까?"

왕은 잠시 그를 조용히 바라봤다. 그리고 머리를 내저으며 말했다. "과연 임성이다."

이제 관료들이 들어가지 못하게 옆문은 굳게 닫히고 호위군사가 문을 둘러쌌다. 춘방관은 이에 대해 논의해서 관료들에게 즉시 그 상황을 알려야 한다고 결정했다. 그들은 주서에게 가서 그들에게 전하라고 명했다.

이광현은 (사관의) 붓과 벼루를 가지고 있었기에 문을 통과할 수 있었다.

바깥 계단 위에서 영의정 신만이 말했다. "우리가 옆문을 통해서 갈 수만 있다면!"

좌의정 홍봉한은 가슴을 치며 말했다. "우리는 심지어 들어가는 것도 허락되지 않는다. 우리가 어떻게 세자를 구할 수 있겠는가?"

정휘량은 조용했다.

그리고 이광현이 그들에게 말했다. "만약 관료들이 알현을 청한다면 대궐호위가 감히 당신들을 멈추지 못할 것입니다. 당신들이 문에 도달하면 통과할 방법이 있을 것입니다."

그들이 문에 갔을 때 예상대로 가로막혔다. 이광현은 호위에게 처음으로 가서 말을 걸었다. "관료들이 알현을 청하고 있고 당신들은 관료들을 막고 있다. 이것이 그대들의 목숨을 담보로 할지도 모른다는 것을 알고 있는가?"

문졸門卒(문지기)은 모두 곡哭하면서 "이것은 왕명입니다. 우리가 무엇을 할 수 있겠습니까?"라고 했다.

이광현은 기회를 잡아 그들을 옆으로 밀쳐내고 관료들에게 뛰라고 말했고 그들은 그렇게 했다.

이광현이 들어온 것을 춘방관에게 알리려고 돌아섰을 때 영의정은 이미 물러나고 있었다.

이광현이 그를 따라가서 말했다. "대감大監께서는 왜 이리 일찍 떠나십니까?"

그는 "나는 엄교嚴敎를 받았네"라고 답했다.

다음으로 홍봉한이 물러나기 시작했다. 이광현이 물었다. "대감께서는 어떻게 지금 떠나실 수 있습니까?"

홍봉한은 "왕명이 지극히 엄하셨네. 내가 무엇을 할 수 있겠는가?"라고 답했다. 그리고 그는 돌아서서 춘방관에게 말했다. "전하의 하교로 나는 물러날 수밖에 없었네."

세 대신이 떠나는 것을 보며 춘방관은 다시 상의했고 천의天意[임금의 마음]를 되돌릴 마지막 남은 방법은 세손이 (간청)하도록 하는 것이라고 결심했다.

사서 임성이 감시하러 나갔고 필선 홍술해洪述海가 세손을 이끌고 들어왔다.

홍술해가 문에 다가가는 동안 세손은 관을 벗고 기도하며 두 손을 마주 잡았다.

왕은 그를 흘끗 보더니 "세손을 이용해 여기서 벗어날 수 있다고 생각하는 것인가?"라고 하며 분노에 떨었다.

세자는 이광현의 손을 잡아당기면서 세손을 가까이 오게 하라고 했다. 지금까지 세손은 문을 지났고 비록 그가 엎드렸지만 아비[세자]에게 조금씩 다가가고 있었다. 왕은 이를 보면서 즉시 호위군사에게 끌어내라고 명했다. 호위가 세손을 데려가려고 하자 세자가 이를 제지했다.

세자는 이광현의 손을 가까이 끌면서 "저 악한惡漢의 이름이 무엇이냐?"라고 했다.

"신은 저자의 이름을 알지 못합니다. 왕명을 직접 받드는 별도의 군사입니다"라고 대답했다.

세자는 호위에게 돌아서서 말했다. "너는 하늘의 높음과 땅의 낮음의 차이를 알지 못하는가? 세손은 스스로 물러나야 한다. 감히 너희가 강제하는가? 네 이름이 무엇인가?"

그 호위는 두려워하고 당황하여 대답했다. "황공하게도 소인은 김수정金守貞입니다. 받들 수밖에 없는 하교를 받았습니다." 그러고서 세손을 데리고 갔다.

세자는 다시 이광현의 손을 가까이 끌어당기며 말했다. "혐오스럽구나. 저자는 쉽게 나를 해칠 수 있을 것이다."

이미 약 4시[申時]였고 왕은 다시 한번 재촉했다. "너는 자결하지 않을 것이냐?"

세자는 관복을 집어 들어 찢더니 스스로 목을 졸랐다. 다시 춘방관이 그를 구했다. 내의원 분제조에서 파직된 한광조는 그저 옆문 밖에서 서 있었다. 이광현은 약을 얻으러 갔고 청심원 몇 알을 얻어 세자에게 주었다.

이 모든 일이 세 번 정도 일어났다.

갑자기 큰 뒤주가 대궐 뜰의 중앙에 들어와서 자리 잡았다. 그것은 높이가 3척 반 정도 되었고 너비도 같았다.[273]

왕은 엄교를 내렸다. "빨리 들어가라."

세자는 뒤주로 걸어가 들어가려고 하였다. 춘방관이 그를 붙잡아 끌어냈다. 많은 고함과 울음소리가 들리면서 그들은 뒤주의 하부에 자신들의 몸을 내던졌다.

전하께서는 미쳐 날뛰는 춘방관을 가리키면서 소리쳤다. "역도다! 역도! 너희 모두! 너희는 모두 파직되었다! 지금 당장 나가라!"

춘방관은 물러나지 않았다.

왕이 소리쳤다, "너희는 모두 육진六鎭에 유배할 것이다!²⁷⁴⁾ 나가라! 지금 당장!"

춘방관은 물러나야 했다. 세자의 의복에 책임이 있는 춘방관 권정침만이 남았고, 사관들도 남았다.

왕은 세자에게 악을 썼다. "이전에 이러한 경우 군주조차 강화도江華島의 교동喬桐으로 가야 했다.²⁷⁵⁾ 감히 네가 들어가지 않는가?"

그리고 그는 말했다, "너희 승지들과 사관들, 너희도 파직되었다. 나가라!"

승지 중 한 명인 조중회가 물러났다.

이때까지 동궁속료[春坊官]는 각각 직위에서 파직되어 물러났다. 한림과 주서만이 남았다. 세자는 한림 임덕제의 손을 잡았고 임덕제는 이광현의 손을 잡으며 서로 의지했다.

이광현은 임덕제에게 돌아서서 물었다. "승지와 사관은 파직되었고 승지들은 이미 물러갔으니 사관 또한 떠나야 합니다. 당신은 어찌하려고 합니까?"

임덕제는 "당신은 최선이라고 생각하는 것을 하십시오. 나는 그저 떠날 수 없습니다"라고 대답했다.

이광현은 그들과 함께 남았다. 그들은 엎드려서 때때로 왕을 올려다보았다.

왕은 손에 칼을 들고 동쪽으로 달려갔다. 대궐호위가 움직이는 곳에서 왕은 그들에게 명을 내리는 것처럼 보였다. 꽤 멀었기 때문에 사관은 들을 수 없었다. 호위와 병사는 모두 총을 떨어뜨리고 큰 소리를 질렀다.

왕은 막차幕次에서 몸부림치며 칼을 들고 소리를 질렀다. "이 패덕한 놈들은 저 몹쓸 놈을 두려워한다. 저들은 나를 군주로 여기지 않는구나."

그리고 왕은 선전관에게 궁관宮官[춘방관]을 끌어내 효수하여 문 밖에 걸어놓으라고 명했다. 승전관은 궁관을 끌어냈다.

그러고 왕은 시위별감侍衛別監 두 명에게 명을 내렸다. "우선 저 둘을 끌어내 모두 방형邦刑을 바루라[死刑]."

'저 둘'은 임덕제와 이광현을 의미했다. 별감은 먼저 이광현을 끌어내 바로 옆문에 남겨두었다. 그는 계단 위에 앉아서 안을 들여다봤다. 곧이어 임덕제가 끌려나왔다. 세자는 그를 따라갔고 문을 통해 나왔다.

이제 해가 져서 어두워졌고 횃불이 켜지기 시작했다. 대궐호위는 서열에 따라 좌우로 모였다. 그들은 춘방관에게 세자를 즉시 돌아가게 하라고 소리쳤다. 만약 그들이 실패하면 가장 엄하게 처형될 것이었다.

춘방관은 옆문 밖에서 그저 기다렸다. 그들은 세자가 나오는 것을 보더니 달려가 물었다. "세자저하, 왜 나오셨습니까?"

세자는 대답하지 않았다. 그는 그저 길고 슬픈 신음을 냈다.

그는 담으로 몇십 보 걸어가더니 기대어 소변을 보았다. 그리고 바닥에 주저앉았다. 극도의 갈증을 느끼며 무언가 마실 것을 청했다. 내관은 울면서 청심원이 담긴 따뜻한 물이 들어 있는 자기 그릇을 가져다주었다.

세자는 그것을 마시고 울면서 물었다. "내가 무엇을 해야만 하는가?"

춘방관이 말했다. "오늘, 세자저하는 전하의 결정에 겸손히 따르는 수밖에 없습니다. 모든 밤낮이 걸리더라도 천의天意를 되돌리실 때까지 기다리십시오. 오직 그때만이 세자저하가 나오실 수 있을 것입니다."

세자가 말했다. "그것이 옳다."

세자는 일어나서 돌아갔다. 그가 문으로 사라질 때 임덕제와 이광현을 포함한 속료들은 그를 따라 들어가려 하였다. 하지만 문에서 호위가 막아서 들어갈 수 없었다.

약 8시[夜初更]였다. 그들은 무엇이 진행되는지 알아내려고 문을 들여다보았지만 거리가 멀어서 잘 들을 수 없었다.

그리고 그들은 세자가 옷을 벗고 손을 가슴 양쪽에 얹은 뒤 왕을 올려다보는 모습을 보았다. 세자는 애처롭게 울며 애원했다. "아버님, 저를 살려주십시오." 그리고 뒤주 안으로 뛰어들었다.

이 모든 과정에서 춘방관은 문 밖에서 우는 것밖에 할 수 없었다.

갑자기 승전관 김씨가 몰래 뒤주에 음식과 물을 통과시킬 수 있는 구멍이 있다고 알려주었다.

몇몇 지점에서 옆문은 열린 틈이 있어 숨어드는 것은 가능했지만 그들 중 아무도 관모를 가지고 있지 않았다. 이광현은 문을 통해 두 유신儒臣의 관모를 훔쳐서 가져왔다.

그들이 틈으로 들어와 뒤주의 남쪽 면에 있는 깨진 구멍을 보았다. 이름을 알지 못하는 내관이 한 명 서 있었다.

임성은 구멍을 통해 세자에게 약 몇 개와 마실 것을 주었다. 그가 그것을 가져간 후 세자는 뒤주 안에서 비단으로 안감을 댄 외투를 벗어 임성에게 주었고 안감이 없는 더 얇은 것을 달라고 했다. 임성은 그것을 가지고 내관에게 갔다. 내관 중 한 명에게서 안감이 없는 비단 외투를 받아서 세자에게 주었다.

세자는 "이것은 비단이다. 너는 돌아가서 대마로 짠 옷을 가져올 수 있는가?"라고 물었다.

임성은 다시 가져가서 짧은 대마로 된 외투를 찾아 세자에게 주었다.

이러는 동안 이광현은 뒤주 구멍 앞에 엎드렸다. 비록 매우 어두웠지만 세자는 그를 한번에 알아보고 반겼다. "아, 네가 왔구나." 그는 전하가 무엇을 하고 있는지 물었다.

이광현은 단지 전하의 분노가 아직도 최고조에 달하여 화가 풀릴 기미가 보이지 않으며, 자신이 전하께 전혀 다가갈 수 없기 때문에 일이 어떻게 돌아가는지 알 방법이 없다는 것을 진언할 수 있었다. 그리고 이광현은 내관에게서 죽 한 그릇을 가져와 세자에게 주었다.

세자가 모두 먹었다. 이광현은 다시 엎드려서 말했다. "신은 지엄하신 왕명으로 처형을 기다리고 있어 물러가야 합니다."

임성도 같이 뒤주 앞에 엎드렸다.

갑자기 임성이 이광현의 외투를 잡아당기고 급히 일어나서 물러갔다. 이광현도 급히 일어나 그를 따라 나갔다.

이광현은 나가는 길에 정전正殿을 쳐다보았다. 그는 뒤주를 향해 불을 밝힌 등이 내려오는 것을 보았다. 분명히 뒤주에 구멍이 있다는 말이 정전[영조]에까지 들린 것이었다. 이제 왕은 그것을 단단히 봉하려고 직접 왕림했다.

그때 뒤주의 옆에 관원 한 명이 있었다. 후에 이광현은 그가 세자익위사의 관원 중 한 명인 김이곤金履坤이라는 것을 알았다.[276]

자정쯤 세자를 폐위하여 서인으로 만드는 전교가 내려졌다. 그때 승지

정순검鄭純儉이 왔다. 문에 있던 춘방관은 그에게 어떤 일이 벌어지고 있는지 물었다.

정순검은 "왕께서 전교를 쓰라고 명하셨다"라고 설명했다. "하지만 나는 도저히 이 명을 따르지 못해서 파직되었습니다."

그 바로 전에 도승지 이이장이 같은 명을 받았다. 그는 왕을 질책하는 대답을 했다. "전하, 어떻게 아녀자의 말로 이 전례가 없는 일을 하실 수 있습니까. 신은 감히 전교를 받들 수 없습니다." 왕은 처형을 명하고 그를 내보냈다. 그리고 왕은 정순검에게 명했다. 정순검 또한 거역하자 왕은 직접 전교를 써야 했다.

잠시 뒤 왕은 종전의 명을 모두 환수한다는 전교를 내렸다. 이것은 모든 전교, 내관의 파직과 유배, 사관과 승지의 처형이 철회되었음을 의미했다.

그리고 왕은 뒤주를 승문원承文院 앞으로 옮기라고 명했다.

그날 언제인지는 분명하지 않지만 승정원 주서 윤숙尹塾이 문 밖에 앉아 있던 관료들에게 다가왔다.

그는 꽤 동요되어 소리쳤다. "대감들께서는 높은 지위와 많은 녹봉 말고는 아무것도 고려하지 않으십니까? 그것들로 대체 무얼 하실 겁니까?"

다음 날(7월 5일), 좌의정 홍봉한이 왕에게 윤숙이 관료들을 질책했다고 알렸다. 결과적으로 윤숙은 원지遠地로 유배되었다. 같은 날 임덕제 역시 유배당했다.[277] 그의 죄는 세자를 서인으로 만드는 전교를 읽을 때 너무 크게 울었다는 것이었다.

새벽 2시쯤[夜四過], 이제는 전교로 서인이 된 세자빈과 세손이 단봉문丹

鳳門을 통해 궁궐을 떠났다.

　이광현, 임덕제와 다른 많은 관료는 그들이 출궁하는 것을 보면서 길가에 엎드렸다.

　21일(7월 12일) 세자의 시신을 염습할 때 뒤주에서 부채가 발견되었다. 누가 그것을 세자에게 주었는지는 알려지지 않았다.[278]

사도세자思悼世子

　사도세자는 4척[*279] 육면체의 뒤주에 갇힌 지 8일이 지난 1762년[영조 38] 7월 12일에 훙서했다. 이 진실로 섬뜩한 처형 방법은 설명이 다소 필요하다. 만약 세자가 몰락한 원인을 그 역할의 어려움에서 찾아야 한다면 그가 죽은 방법 역시 지위 때문이라고 할 수 있다. 조선 왕실의 관습은 왕실 일가를 처형할 때 피를 흘리거나 신체 훼손을 금지했다. 그래서 사약을 내리는 것이 일반적인 처형 방법이었다. 하지만 일반적으로 처형에 상응하는 죄목은 아마도 반역을 암시했을 것이다. 이 경우 사도세자 일가는 연좌될 수 있었다. 그러면 확실히 정통성 문제가 제기될 수 있었다. 죄인의 아들은 왕좌를 이을 수 없었다. 영조가 다른 아들이나 비교적 가까운 종친이 없었기에 이러한 선택은 종국의 후계를 대폭 약화할 수 있었다. 그렇기에 사도세자는 죄인이 아닌 상태에서 죽어야 했다. 그러므로 영빈 이씨의 진술을 살펴보면 다음과 같다. "하지만 모든 것은 병에 기인한 것이니 세자는 죄인이 아닙니다. 그를 비록 구할 수는 없지만 책망할 수도 없습니다. 비록 처분은 하시더라도 제발 세손 모자에게 은혜를 베푸소서." 그리고 세자빈 홍씨는 명백히 이 같은 암시에 극도로 동요되었다. 그렇기에 "나는 그저 끝이 어찌될지 알 수 없었다. 모두가 죽을 일이었다. 우리 모자는 어떻게 될 것인가?"와 같은 말을 했다. 또는 이후에 "이제 처분이 이러하오시니 죄인의 처자가 대궐에 머물기에는 황송하옵니다. 세손을 밖에 오래 두는 것은 가장 두려우니 본가[친정]로 가도록 허락주시길 간절히 빕니다"라고 했다.

이러한 암시는 신중을 기해 정조를 죽은 효장세자의 양자로 입적시킨 이유를 추가로 설명해준다.[280] 나중에 심지어 사도세자의 행적이 후대의 유신儒臣들에게 추궁받더라도 정조의 적통은 더럽혀지지 않은 채 남았을 것이다.

이 같은 이유 때문에 사도세자가 어떤 의미에서는 자결해야 했다. 스스로 목을 조르는 것도 대안이었다. 사도세자는 이것을 몇 번이나 시도했지만 매번 춘방관이 소생시켰다. 그들은 세자가 자결을 시도하는 것을 방해할 수 없었지만 춘방관으로서 충심을 다하는 것이 그들의 의무였다. 만약 스스로 목을 조르는 것이 불가능하다면 남은 것은 뒤주였다. 사도세자는 왕명으로 스스로 들어갔다. 춘방관과 사관들도 해당되는 직접 명을 받았거나 결코 실행되지 않을 것 같았지만 그래도 처형을 기다리고 있어서 앞서의 자결시도 때처럼 세자를 막을 수 없었다. 그리고 뒤주 속에 갇힌 사도세자는 '차마 들을 수 없는 전교'를 실행에 옮기는 데 성공할 수 있었다. 아마 영조는 그것을 바랐을 것이다. 사도세자는 그런 선택[부왕의 명으로 자결하는 짓을 하지는 않았다. 그럼에도 세자가 뒤주에 갇혀서 굶어 죽으면 부왕에게 살해당했다고 기록될 필요가 없었다. 실록에서는 사도세자가 갇혔고 8일 뒤 훙서했다고 간단하게 서술했다.

7월 12일[윤 5월 21일], 세자의 훙서를 들은 영조는 다음과 같은 전교를 내렸다.

> 이미 이 보고를 들은 후이니 어찌 30년에 가까운 부자간의 은의恩義를 생각하지 않겠는가? 세손世孫의 마음을 생각하고 대신大臣의 뜻을 헤아려 단지 그 호號를 회복하고 겸하여 시호諡號를 사도세자思悼世子라 한다.[281]

뒤에 남은 것들

사도세자는 죽어서 선조들에 들어가 큰 영향력을 미쳤다. 조정은 이제 사건의 그림자 속에서 살았다. 영빈 이씨는 1764년[영조 40] 8월[7월], 2년간의 슬픔과 자책으로 연서捐逝했다. 그 운명적인 날 왕에게 알린 '여성 중에서 보기 드문 용기'를 기념하며 영조는 『표의록表義錄』을 직접 지었다.[*282] 그 안에 영조는 '종국宗國을 몰락의 순간에서 구하였고 사적인 사랑을 초월하는 충성'이라고 찬사를 보냈다.[283] 그리고 그녀에게 '의열義烈'이란 시호를 내렸다.[*284] 이러한 사후의 영예는 부질없는 보상에 불과했다.

세자빈 홍씨는 자기 가문이 조정의 정치적 격동을 떨쳐내는 것을 보려고 53년을 더 살았다. 그녀는 유일한 아들인 정조를 15세까지 지켰다. 1795년[정조 19]부터 1805년[순조 5]까지 그녀는 유명한 회고록인『한중록』을 지었다.

또한 그 사건은 많은 관료가 연루되어 단단히 밀착되어 있었다. 일부는 훗날 사도세자의 몰락에 기여했다는 이유로 정조가 처벌하였다.[285] 임성[286]이나 권종침[287]처럼 사도세자를 구하려고 끝까지 노력했던 춘방관원들과 승지들은 남은 생애에 출사를 거절하고 세자를 애도하며 보냈다. 이 운명적인 며칠 동안 승정원에서 근무하고 사건 기록을 남긴 이광현도 망각 속으로 사라졌다.

영조는 임오화변壬午禍變에 대한 어떠한 하례賀禮도 받지 않겠다고 선언한 뒤 사도세자 폐위 이후 복정을 선언하고 14년을 더 통치했다. 하지만 왕의 조각난 희망은 어떤 면에서 그를 통찰력이 있는 사람에서 망상 가득한 사람으로 변모시킨 듯했다. 탕평정책에 대한 영조의 집착은 계속되었다. 잠시 그는 같은 붕당의 가문 사이에 혼인을 금지했다[同色禁婚牌].[288] 다른 때에 그는『개정대훈改定大訓』을 편찬했다.[289] 하지만 정통성과 권위를 주장하는 왕의 집착은 계속해서 노론관료 대부분과 갈등을 빚었다. 관료들의 목소리에 대한 억압이 심해질 때마다 조화로운 조정을 목표로 출발한 탕평정책은 오히려 주로 탄압의 수단이 되었다.

영조는 개인적인 비극에 구애받지 않고 죽을 때까지 지속적으로 성인 군주상을 추구했다. 목표의 이상과 통치의 현실 사이의 차이는 임오화변(아들의 죽음)과 같은 가장 사적인 부분에서 극명하게 나타났다. 그러한 불일치는 비록 상당하기는 했지만 오히려 관료들을 다루는 데에서 덜 극심하게 나타났다. 영조는 관료들에게 전제군주가 되었다. 하지만 영조의 전제정치는 적어도 부분적으로는 피 흘리는 것을 피하기 위해 필요했다고 설명할 수 있다. 왕정에서 가장 중요하고도 먼 집단인 백성에 대한 군부君父의 역할을 하면서 그 간격은 거의 사라졌다. 영조는 아들을 죽였으나 오히려 백성의 아버지가 될 수 있었고, 사적인 부모 역할을 버린 대가로 공적인 부모 역할을 성취했다.

이질적인 부모 역할은 영조와 거리가 가까울수록 다양한 성취에 도달하였고, 후계자는 더 조화로운 공존을 찾아낼 수 있었다. 정조는 유교적 군주상의 덕치의 이상을 거의 깨달았다. 정조 치세는 후대 역사가들이 영조 치세와 더불어 '중흥中興'이라는 별칭을 부여할 만했고, 조선 유교 왕정에서 눈부신 시대였다. 관료들의 목소리가 자유로워진 반면에, 약 1세기 동안 조정을 병들게 했던 당습도 통제하에 들어왔다. 농업경제는 발달하였고 지적인 생활은 윤택해졌다.

하지만 정조는 슬픔을 간직하고 있었다. 그는 아버지에게 자격을 제대로 갖춘 아들이 될 수 없었다. 영조가 그를 사도세자가 예견했던 대로 1764년[영조 40]에 효장세자의 양자로 만들었기 때문에, 사왕嗣王의 아버지로서 사도세자를 추숭하는 것을 금지당했다. 이것은 정조에게 깊은 불행의 근원으로 남았다. 즉위식 날 정조의 선언은 이것을 명백하게 드러냈다.

아! 과인은 사도세자의 아들이다. 선대왕께서 종통宗統의 중요함을 위하여 나에게

효장세자를 이어받도록 명하셨다. 아! …… 예禮는 비록 엄격하게 하지 않을 수 없

으나 인정 또한 펴지 않을 수 없다.[290]

24년 치세 동안 정조는 아버지의 기억에 엄청난 주의와 관심을 기울였지만 입양으로 부과된 제한에서 절대 자유롭지 못했다.[291]

정조는 또한 자신의 아들[순조]이 즉위하여 아버지[정조]에 대한 효를 다한다는 명분 아래 할아버지[사도세자]를 추숭할 수 있도록 선위를 고려했다.[292] 정조는 소망을 이루지 못한 채 1800년[정조 24]에 홍서했다. 정조는 일생 동안 할아버지의 훌륭한 발자취 위에서 덕치의 이상을 추구하였으나 동시에 창백한 아버지의 환영에 시달렸다. 특히 정조가 11세 때 자기 앞에서 아버지가 광증과 공포에 떨며 엎드려서 목숨을 구걸했던 바로 그날의 환영은 빛나는 치세의 영광을 깎아내버릴 것이다.

부록

1. 조선 왕실 계보

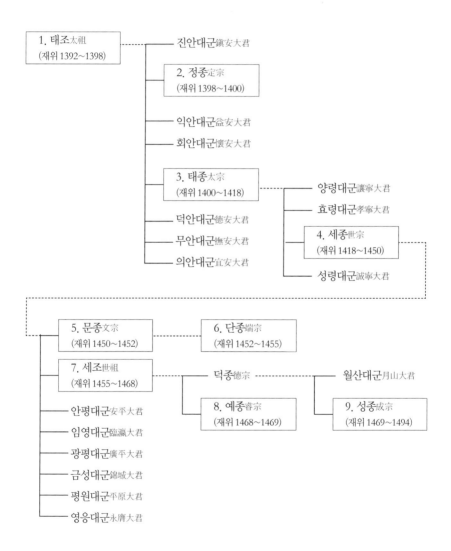

1. 태조太祖
(재위 1392~1398)

진안대군鎭安大君

2. 정종定宗
(재위 1398~1400)

익안대군益安大君

회안대군懷安大君

3. 태종太宗
(재위 1400~1418)

덕안대군德安大君

무안대군撫安大君

의안대군宜安大君

양령대군讓寧大君

효령대군孝寧大君

4. 세종世宗
(재위 1418~1450)

성령대군誠寧大君

5. 문종文宗
(재위 1450~1452)

6. 단종端宗
(재위 1452~1455)

7. 세조世祖
(재위 1455~1468)

안평대군安平大君

임영대군臨瀛大君

광평대군廣平大君

금성대군錦城大君

평원대군平原大君

영응대군永膺大君

덕종德宗

8. 예종睿宗
(재위 1468~1469)

월산대군月山大君

9. 성종成宗
(재위 1469~1494)

328

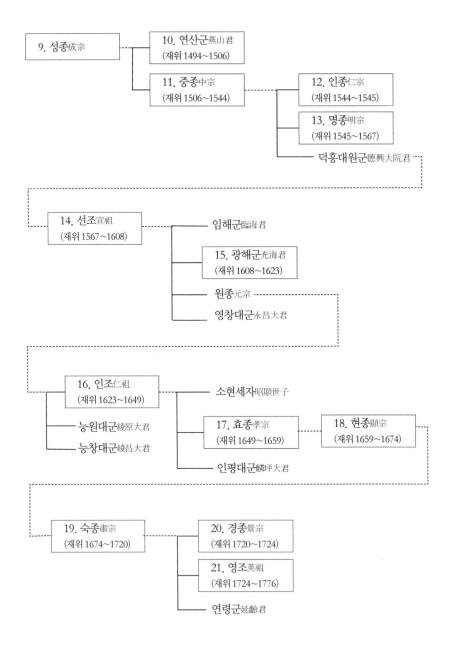

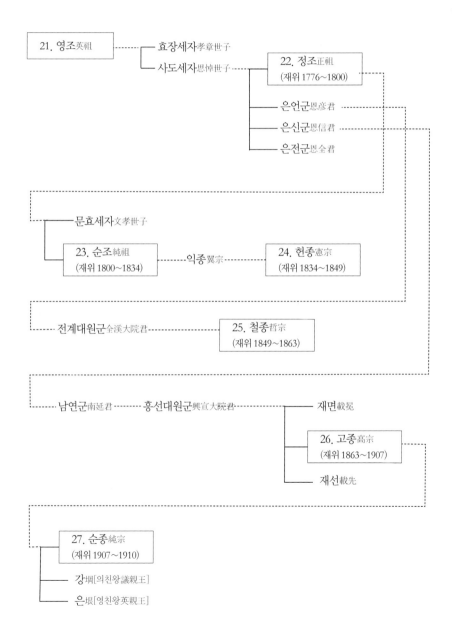

2. 붕당 발전 경과표

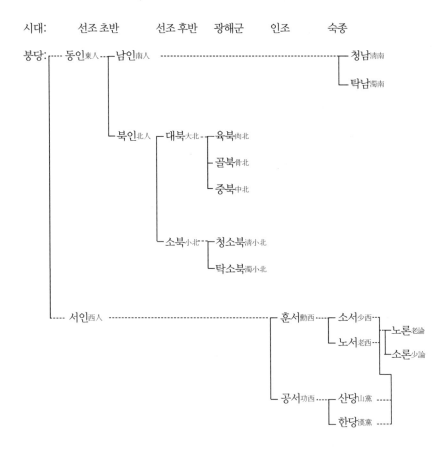

시대:　　　선조 초반　　　선조 후반　　광해군　　　인조　　　　숙종

붕당:---- 동인東人 ---- 남인南人 ------------------------ 청남淸南
　　　　　　　　　　　　　　　　　　　　　　　　　　└ 탁남濁南

　　　　　　　　　 북인北人 ── 대북大北 ── 육북肉北
　　　　　　　　　　　　　　　　　　　　 ├ 골북骨北
　　　　　　　　　　　　　　　　　　　　 └ 중북中北

　　　　　　　　　　　　 └ 소북小北 ── 청소북淸小北
　　　　　　　　　　　　　　　　　　└ 탁소북濁小北

　── 서인西人 ------------------------ 훈서勳西 ── 소서少西 ── 노론老論
　　　　　　　　　　　　　　　　　　　　└ 노서老西 ── 소론少論

　　　　　　　　　　　　　　　　　　 └ 공서功西 ── 산당山黨
　　　　　　　　　　　　　　　　　　　　　　　 └ 한당漢黨

※ 이 표는 다음을 기초로 작성함. 이기백, 『한국사신론』, 252쪽.

3. 영조·숙종 경연 교육과정

□ **법강**法講

진강책자 進講册子	영조	숙종
『논어論語』	1725. 1. 5.~1725. 5. 18. (4개월)	1674. 12. 20.~1676. 3. 5. (16개월)
	1763. 2. 29.~1763. 6. 5. (4개월)	
『맹자孟子』	1725. 7. 8.~1727. 4. 17. (21개월)	1676. 3. 20.~1677. 9. 5. (18개월)
	1763. 9. 22.~1764. 9. 1. (12개월)	
『중용中庸』	1727. 4. 25.~1728. 1. 26. (9개월)	1677. 9. 24.~1678. 4. 8. (7개월)
	1756. 5. 6.~1758. 3. 29. (22개월)	
	1758. 4. 6.~1758. 7. 11. (3개월)	
	1758. 7. 21.~1758. 9. 3. (2개월)	
	1758. 9. 4.~1758. 9. 22. (1개월)	
	1760. 5. 11.~1761. 5. 6. (12개월)	
	1761. 9. 1.~1762. 2. 23. (6개월)	
	1762. 윤5. 1.~1762. 9. 16. (4개월)	

진강책자	영조	숙종
『서전書傳』	1728. 윤2. 8.~1731. 6. 3. (42개월)	1678. 5. 1.~1678. 10. 11. (5개월)
	1762. 윤2. 4.~1762. 9. 16. (7개월)	
『예기禮記』	1731. 8. 3.~1734. 5. 17. (33개월)	1709. 4. 2. (1일)
『시전詩傳』	1734. 6. 22.~1736. 5. 28. (23개월)	1680. 10. 16.~1683. 4. 11. (30개월)
	1764. 9. 10.~1765. 2. 10. (5개월)	
『주역周易』	1736. 6. 3.~1737. 10. 7. (16개월)	1685. 6. 9.~1690. 9. 11. (52개월)
『춘추집전春秋集傳』	1737. 10. 16.~1741. 6. 21. (44개월)	1702. 1. 29.~1709. 3. 21. (86개월)
『심경心經』	1741. 7. 15.~1744. 11. 4. (40개월)	1681. 1. 11.~1685. 6. 5. (53개월)
	1765. 2. 21.~1765. 윤2. 2. (10일)	
『주례周禮』	1744. 11. 7.~1749. 4. 18. (53개월)	
『대학大學』	1758. 10. 2.~1759. 11. 8. (1개월)	
	1759. 6. 12.~1759. 7. 19. (1개월)	
	1760. 2. 5.~1760. 4. 19. (2개월)	
	1760. 9. 2.~1760. 11. 8. (2개월)	
	1761. 5. 11.~1761. 7. 26. (2개월)	
	1762. 3. 1.~1762. 5. 7. (2개월)	
	1762. 9. 8.~1762. 11. 8. (2개월)	
	1763. 6. 9.~1763. 7. 13. (1개월)	

진강책자	영조	숙종
『근사록近思錄』	1765. 4. 22.~1765. 11. 26. (6개월)	
『소학小學』	1766. 5. 8. (1일)	
	1769. 5. 12. (1일)	
	1772. 1. 12. (1일)	
	1776. 2. 3. (1일)	
『대학연의大學衍義』	1770. 1. 4. (1일)	
	1772. 3. 1. (1일)	
『성학집요聖學輯要』[1]	1762. 3. 1.~1762. 5. 9. (2개월)	1697. 6. 1.~1701. 6. 1. (48개월)

□ **소대召對**

진강책자	영조	숙종
『통감강목 通鑑綱目』	1721. 10. 7.~1726. 6. 1. (56개월)	1675. 1. 3.~1698. 3. 15. (278개월)
	1735. 2. 8.~1736. 7. 3. (17개월)	
	1763. 5. 6.~1763. 7. 21. (2개월)	
『송감末鑑』[2]	1726. 6. 5.~1727. 1. 9. (7개월)	1698. 4. 9.~1699. 12. 14. (20개월)
	1763. 8. 10.(1일)	
『황명통기 皇明通紀』[3]	1728. 1. 16.~1728. 2. 23. (1개월)	1699. 12. 21.~1702. 윤 6. 21. (31개월)
『명기편년 明紀編年』[4]	1728. 2. 24.~1728. 3. 7. (1개월)	1702. 6. 21.~1702. 6. 27. (마지막 4편)[7일]

진강책자	영조	숙종
『심경』	1724. 10. 2.~1728. 3. 6. (41개월)	
	1744. 12. 15.~1746. 4. 15. (16개월)	
	1758. 7. 8.~1759. 3. 4. (8개월)	
	1761. 1. 17.~1761. 12. 3. (11개월)	
	1762. 2. 18.~1763. 5. 17. (15개월)	
『주자봉사 朱子封事』	1728. 3. 12.~1728. 6. 8. (3개월)	
『대학연의』	1728. 6. 2.~1729. 윤7. 4. (14개월)	
	1769. 11. 2.(1일)	
『동국통감 東國通鑑』[5]	1729. 윤7. 5.~1731. 5. 26. (22개월)	1702. 12. 11.~1708. 1. 26. (61개월)
『성학집요』	1731. 6. 1.~1732. 1. 8. (7개월)	
	1749. 5. 25.~1750. 4. 23. (10개월)	
	1759. 10. 6.~1761. 1. 16. (15개월)	
『당감唐鑑』[6]	1732. 1. 11.~1732. 2. 19. (1개월)	1708. 2. 4.~1708. 2. 30. (1개월)
『절작통편 節酌通編』[7]	1732. 2. 20.~1733. 10. 16. (20개월)	1708. 3. 10.~1711. 7. 6. (40개월)
『육선공주의 陸宣公奏議』[8]	1733. 12. 9.~1734. 1. 27. (1개월)	
『근사록』	1734. 1. 29.~1734. 4. 3. (2개월)	
	1735. 3. 17.~1735. 11. 2. (8개월)	
『이충정공주의 李忠定公奏議』[9]	1734. 4. 15.~1734. 6. 5. (2개월)	

진강책자	영조	숙종
『좌전左傳』	1734. 6. 9.~1734. 9. 7. (3개월)	
『역대명신주의 歷代名臣奏議』[10]	1734. 9. 8.~1734. 12. 18. (3개월)	1711. 8. 24. (1일)
『정관정요貞觀政要』[11]	1734. 12. 20.~1735. 2. 5. (2개월)	
『송명신언행록 宋名臣言行錄』[12]	1736. 7. 5.~1737. 10. 14. (15개월)	
『송원강목宋元綱目』[13]	1736. 10. 12.~1737. 10. 14. (12개월)	
『대학연의보 大學衍義補』[14]	1737. 10. 15.~1740. 10. 5. (36개월)	
『주자어류초 朱子語類抄』	1740. 10. 2.~1741. 3. 4. (5개월)	
	1750. 5. 5.~1750. 8. 4. (3개월, 마치지 못함)	
『자치통감資治通鑑』	1741. 3. 21.~1749. 4. 3. (97개월)	
『여사제강麗史提綱』[15]	1749. 4. 19.~1749. 5. 4. (1개월, 7권부터)	
『역대군감歷代君鑑』[16]	1763. 7. 22.~1763. 8. 9. (1개월)	
『국조보감國朝寶鑑』[17]	1730. 11. 7.~1733. 12. 8. (37개월)	
『어제자성편 御製自省編』	1755. 12. 7.(1일)	
	1755. 12. 13.(1일)	
	1756. 1. 17.(1일)	
『숙흥야매잠 夙興夜寐箴』[18]	1760. 1. 28.(1일)	
	1770. 2. 3.(1일)	
	1770. 2. 6.(1일)	
	1770. 2. 27.(1일)	

※ 이 교육과정은 『열성조계강책자차제列聖朝繼講冊子次第』에 기초하였다. 날짜는 음력 기준이다.

4. 다양한 자료의 사료적 검토와 평가

실록

이 연구의 주요 자료 중 하나는 공식적으로 왕대별로 편찬된 실록實錄이다.『조선왕조실록朝鮮王朝實錄』[*1] 1,893권은 태조에서 철종까지 조선 국왕 25명의 치세를 다루었다. 비록 각 왕대 실록의 실제 편집은 왕이 훙서할 때까지 이루어지지 않고 심의 중에 있었다고 하더라도, 그 과정은 이미 왕의 즉위 순간부터 시작되고 있었다. 조선초기에 춘추관春秋館이 세워졌다. 총 관원은 78명이다. 그들은 다른 관직을 겸하였다. 춘추관은 영의정, 좌의정, 우의정이 영사領事를 맡았으나 가장 주요한 관원은 예문관의 한림翰林 8명이었다. 통상 그들은 사관史官을 가리키는데 교대로 조정의 모든 공적인 행사에 참석했으며, 특히 왕의 지휘를 받으며 발생하는 모든 것을 기록했다. 사관은 사건을 기술하는 데 필요한 다른 모든 문서도 이용할 수 있었다. 그들은 각 사초史草나 다른 문서를 토대로 이후 시정기時政記를 작성한다. 실록의 주요 자료로 활용되는 사초나 시정기를 보는 것은 왕을 포함하여 누구도 허용되지 않았다.

실록을 편찬하는 데 다른 중요한 자료는『승정원일기』이다. 승정원은 국왕과 관료 사이의 모든 대화를 포함하여 국왕의 일일 일정을 살피는 기관이다. 승정원의 주서注書 2명 역시 모든 왕의 공적인 활동에 참여하고 그것을 기록할 책임이 있다. 알현 시 대화나 공식적·비공식적 대화, 연설

筵說(경연의 대화), 상소上疏, 비답批答, 전교傳敎, 교서敎書 등을 모두 포함한다. 사관이 준비한 기록들과 달리『승정원일기』는 왕과 다른 관료들에게 공개되었다.

『승정원일기』중 조선 초기를 다룬 부분은 화재로 소실되었고, 단지 1623년[인조 1]에서 1894년[고종 31]까지 기록만 현존한다. 하루 단위로 기록했는데 각 달은 보통 1권씩 만들었고 때때로 2권일 때도 있다.『승정원일기』는 방대한 기록이다. 영조 한 왕대의 기록이 조선 전체 국왕의 실록보다 많다.

어쨌든 왕이 훙서하면 새로운 군주가 실록청을 설치한다. 실록청은 30명에서 100여 명 이상으로 구성되었다.[2] 국가의 최고위관료인 영의정, 좌의정, 우의정뿐 아니라 소수의 학자도 특별히 실록청 총재관總裁官으로 초빙되었다. 그들 휘하에 도청都廳이 있는데, 6명에서 20명 정도 도청당상都廳堂上이 이끌었고, 각기 일정한 통치기간을 분담하였다. 도청당상에는 종종 외부 학자도 포함되었다. 그들 휘하에 각방各房이 있는데, 각각 책임진 시기의 초초初草를 작성한다. 여기에는 사령使令이나 이서吏書가 각방에 할당되었다. 영조실록청의 경우 총재관 5명, 도청당상 7명, 각방당상各房堂上 27명, 기타 다양한 업무[*3]를 맡은 145명이 있었다.[4]

모든 관련 문서는 실록청 인사들이 활용할 수 있도록 했다. 사초 이외에도 시정기,『승정원일기』, 각 아문이 보존한 다른 기록들, 학자가 쓴 사적인 기록을 포함하여 관련되는 어떠한 자료라도 참고하였다. 일단 각방에서 마련한 초초初草를 도청으로 보내면, 도청에서 중초中草를 마련한다. 그러면 총재관과 도청당상은 좀 더 편집한 후 정초正草를 완성한다. 이어서 사초, 시정기, 초초, 중초 등은 세초洗草한다. 실록을 찬집하는 전체 과정은 통상 몇 년이 걸린다.

일단 실록이 완성되면 왕을 포함해 누구도 열람하는 것이 허용되지 않는다. 이것은 사관과 찬수자撰修者[都廳堂上]의 자율성뿐 아니라 역사 기록의 객관성을 보장하기 위함이었다. 세종은 부왕의 실록을 열람해서는 안 된다는 관료들의 조언을 따랐다.[5] 후왕들도 이 규정을 준수했다. 실록은 단지 4부만 만들어졌고, 각각 별도 사고史庫에 보관되었다. 이것은 한두 개 사고에서 화재나 기타 예상치 못한 천재지변이 일어날 것을 대비해 실록을 보존하기 위해서였다. 단지 중요한 결정에서 선례가 필요할 경우에만 사관이 사고에 가서 실록 일부를 열람하여 관련 기록을 찾아 보고하는 것이 허용되었을 뿐이다.

실록의 정확성과 객관성을 보장하고자 매우 신중을 기하였다. 말하자면 어떠한 사서 편찬사업도 완전히 가치가 없지 않았다. 실록은 일정한 제휴로 만들어져 조정의 지원을 받아서 선왕의 치세를 압축적으로 서술하므로, 분명히 이러한 사서 편찬의 장단점을 모두 지닌 탁월한 정사正史이다. 실록의 사관과 찬수자는 사서 편찬의 개념과 목적 그리고 누군가의 행동을 평가하는 다른 기준에 대해 깃들어 있는 문화적 영향하에서 일했을 뿐 아니라 왕실을 다루는 자유에 관한 사회적 관습과 금기에 제약되었다.

더욱이 편집자의 구체적인 역할, 특히 최종 편집자는 과소평가될 수 없다. 극심한 당습이 성행하던 시기에 실록을 개정하는 현상이 나타났기 때문이다.『선조실록宣祖實錄』두 판본이 선례가 되었다. 첫 번째는 1616

년[광해군 8] 편찬된 『선조실록』[6]이다. 추정컨대 북인北人의 시각을 대변한다. 광해군光海君(재위 1608~1623)의 폐위로 북인이 권력을 잃어버리자 서인西人은 자신의 견해를 반영한 수정본을 간행하기를 원했다. 그래서 1641년[인조 19] 『선조수정실록宣祖修正實錄』의 찬집이 시작되어 1657년[효종 8]에 완성되었다.[7] 유사하게 현종의 치세(재위 1659~1674)는 남인南人에게 치우친 『현종실록顯宗實錄』[8]이 1677년[숙종 3]에 완성되었고, 서인이 만든 『현종개수실록顯宗改修實錄』[9]은 1683년[숙종 9]에 완성되었다.

『숙종실록』[10] 찬수자들은 다른 해결책을 찾았다. 숙종 치세(재위 1674~1720)는 거의 틀림없이 조선의 당습이 가장 폭력적인 형태로 나타난 기간이었을 뿐 아니라 그만큼 가장 불안정한 정국이 이어졌다. 『숙종실록』은 편찬을 마치는 데 1720년[경종 즉위년]에서 1727년[영조 3]까지 7년이 소요되었다. 『숙종실록』 편찬은 대부분 노론老論이 주도하였으나 간행되기 직전인 1727년 소론少論이 정권을 장악했다. 그 결과 소론은 각권 말미에 붙이는 『숙종실록보궐정오肅宗實錄補闕正誤』를 마련하였다.

『경종실록』[11]은 거의 유사하게 문제가 많은 기간을 다루었는데, 1732년[영조 8]에 완성되었다. 추정컨대 비록 소론에 편향되어 있다 할지라도 영조가 1728년[영조 4] 이후 탕평정책에 몰두하여 여기서 벗어나기를 꺼려하였기 때문에 노론의 수정본은 허용되지 않았다. 1778년[정조 2] 정조가 즉위한 이후에야 비로소 노론이 개정판인 『경종수정실록景宗修正實錄』[12]을 편찬하는 것이 허용되었고, 1781년[정조 5]에 완성되었다. 같은 기간에 『영조실록』[13]도 편찬되었는데, 노론의 시각을 대변한다고 해도 무방하다. 『영조실록』의 개정판이나 후대에 그에 관한 논의가 나타나지 않

있는데, 이것은 좀 더 치명적인 형태의 당습이 사라졌음을 가리킨다. 주로 노론 집권이 이어졌기 때문이다.

그러면 이러한 판본들은 서로 어떤 점이 다른가? 두 판본에서 드러나는 붕당 간 핵심 쟁점을 비교하면 아마도 일정한 차이를 보일 것이다. 경종이 영조에게 대리청정을 명하고 이어서 대리청정을 환수한 사건보다 더 논쟁을 초래할 만한 사건은 없다. 하지만『경종실록』이나『경종수정실록』에서 대리청정을 환수한 당일의 서술은 놀라울 정도로 유사하다. 실제로 당일에 사건이 어떻게 벌어졌고, 누가 말했고, 무엇을 언제 어디서 했는지 등에 이르면『경종수정실록』은『경종실록』을 거의 그대로 따른다.[14)]

각기 다른 부분은 그 후 나오는 사평史評이다.『경종실록』은 소론의 시각으로 구성되어 있고, 노론 4대신의 행동은 영조가 권력을 얻는 배후에서 그 원동력으로 그들의 권리를 확립하고자 하는 자기 이익과 욕망에서 비롯되었다고 평가했다. 오히려 영조는 대리청정의 이득이 없었다고 논박했다. 대리청정은 경종의 건강이 나빠서 서무庶務 부담을 덜어주려는 것이 명분이었다. 하지만 노론이 시작한 방식은 기만적이고 순수하지 못했다.[15)] 반면에『경종수정실록』의 사평은 동일한 노론 4대신의 행동에 대해 국가[宗社]의 안녕을 보존하려는 충심과 헌신이었다고 평가했다. 소론 자신들이 인정했듯이 경종은 깊은 병을 앓았고, 노론 대신은 어쩔 수 없이 영조의 대리청정을 잠자코 따를 수밖에 없었다고 했다.[16)] 그래서 이러한 경우, 동기의 해석은 무엇이 발생했는지에 대한 서술과 달리 두 판본이 각각 다르다.

두 판본은 또 다른 방식—어떤 문제를 포함하거나 다른 문제를 삭제하는 것—으로 차이가 있다. 윤증尹拯의 졸기卒記가 좋은 예이다. 윤증은 스승 송시열과 갈라서 소론의 영수가 되었다. 송시열은 오랜 언쟁 이후 노론의 영수가 되었다. 『숙종실록』에는 윤증이 졸했다는 기사 아래에 그의 지위, 나이, 왕이 부음訃音을 듣고 얼마나 애도했는지, 문성文成이라는 시호를 내린 사실 등을 기록했다. 그런데 계속해서 윤증의 '죄'를 열거했다. 그의 두 스승[宋時烈·兪棨]에 대한 '배신'을 언급했고[背師], 사림士林에게서 진정으로 용서받을 수 없는 가장 큰 죄를 얻었다고 했다.[17] 『숙종실록보궐정오』는 다른 접근 방식을 취했다. 약력 자료를 보여주고 숙종이 윤증의 고결한 인품, 학식, 학문에 대한 열정, 효심, 비록 왕에게 아쉽지만 산림으로서 출사하지 않은 진정성 등에 많은 찬사를 표하는 은졸하교隱卒下敎(애도 전교)를 배치하였다.[18]

『영조실록』은 노론의 영향력 아래 편찬되었다고 추정되기 때문에 그들이 소론을 어떻게 다루었는지를 살펴보는 편이 유용할 것이다. 소론 대신을 대표하는 이광좌李光佐의 졸기에는 영조의 슬픔과 이광좌에 대한 영조의 찬사를 길게 기록했다. 그러나 이어지는 사평은 이광좌의 정치적 평가와 이력에 대해 꽤 비판적이다.[19]

대체로 붕당 간 쟁점에 이르면, 실록의 사관과 찬수자는 사실이었다고 생각되는 것과 자신의 시각 사이에서, 또 목적과 개인적 판단 사이에서 양자를 구별하고자 많은 노력을 기울였다.

여기서 우리가 좀 더 직접적으로 살필 것은 실록이 왕과 왕실의 행동을 어떻게 묘사하였는가 하는 점이다. 이러한 부분에서 사관은 일정한 관례의 인도를 받는다. 예컨대 세부적으로 일정한 정형화된 찬사나 금기 때문에 자주 완곡한 어구를 사용하게 된다. 하지만 일단 관례적 수사의 장벽을 극복하고 나면, 사관은 다른 이들에게 했던 것처럼 기본적으로 왕에게도 동일한 도덕적 잣대를 적용하려고 했다. 예컨대, 『영조실록』을 통틀어 사평은 영조가 절용節用을 실천한 것처럼 왕의 덕으로 생각되는 일은 찬양하고, 관료의 목소리를 억누른 것처럼 부도덕해 보이는 일은 비판하였다.

그럼에도 일정한 금기는 좌절감을 안겨주었다. 예컨대 실록은 경종이나 사도세자 병환의 정확한 성격이나 구체적 증상이 어떤지는 언급하지 않고, 일종의 화증火症(정신질환)이라고 모호하게 설명했다. 하지만 실록이 당시 구체적 정보를 드러내지 않을지라도 그 상황을 왜곡하지는 않았다. 오히려 충분한 단서와 상황 증거를 남겼다. 조각을 맞추면 경험에서 우러나오는 추측에 도달하게 된다. 이러한 과정에는 다른 자료와 비교해 확인하는 것이 필요하다. 비록 매우 적었다고 할지라도 실록은 사도세자의 변복變服 유람이나 기녀妓女·비구니를 궁으로 데려온 일, 백성을 위협하거나 궁인을 죽이거나 시인市人을 강탈한 일 등을 언급했다. 사실 그 같은 사례를 발견하면 놀랄 것이다. 만약 사관이 어떤 사건이 중요하다고 판단한다면 그들은 완곡한 표현에 의지해야 했을지도 모른다. 하지만 그들은 표현 방법을 찾아냈다.

실록을 사용하는 데 주의해야만 하는 것이 사관이 만들어놓은 의도적 선택 속에 있는 것은 아니다. 그 시기의 쟁점과 관행적 수사에 익숙하다면 그들을 꿰뚫어보거나 평가할 수 있다. 그것은 그 시기의 꽤 도덕적인 관점이고, 그들이 무의식적으로 수용한 일정한 신뢰와 추측으로 우리를 잘못 인도할지도 모른다. 이것은 모든 역사학자가 직면해야 하는 것으로 극복하기 가장 어려운 장벽이다. 시대정신에 대한 섬세하게 맞춘 감성을 발달시키려고 노력하는 방법 이외에 이것을 다룰 쉬운 방법은 없는 듯하다.

『승정원일기』

『승정원일기承政院日記』는 내가 참고한 또 다른 자료이다. 이미 언급했듯이 이것은 왕의 공적인 생활, 관료들과 대화한 기록이다. 1일 단위로 기록했고 왕의 매일 일정, 의례적 행사, 상소, 왕이 받은 다른 문서 연락뿐아니라 왕의 비답, 알현, 관료들과 대화 등이 기록되었다. 실록과 달리 편집되지 않는 자료이며 흔히 말하는 왕정王廷의 업무를 미세하게 살펴볼수 있다. 사도세자 대리청정 기간의 『승정원일기』에는 세자의 매일 일정이 잘 기록되어 있다. 하지만 세자의 구체적인 행적을 다룬 부분은 1776년[영조 52] 세초되어 모든 기사가 형식적이다.

『장헌세자동궁일기』

『장헌세자동궁일기莊獻世子東宮日記』는 세자시강원에 보관된 기록이다. 1일 단위로 기록했고 왕세자의 서연 시간, 서연별 춘방관 명단, 진강책자進講冊子, 숙직 춘방관 등을 기록했다. 보통은 서연의 토론 내용을 기록하지 않는다. 그럼에도 세자의 수업일정에 관한 꽤 명확한 그림을 얻을 수있다.

「이광현일기」

　나는 사도세자의 처형을 기술한 「이광현일기李光鉉日記」를 사용했다. 이
는 장서각에서 찾았다. 장서각은 조선 왕실의 사적인 장서를 소장하고 있
는데, 예전에는 창덕궁에 있었고 현재는 한국학중앙연구원으로 옮겼다.
이것은 필사본이다. 이 일기는 극도로 흥미로운 내용을 보여준다. 하지만
일기의 진본 여부를 평가해야 할지도 모른다.

　사도세자가 대리청정을 명받은 시점부터 세자에게는 승지와 주서가
배정되었다. 그들은 왕의 승정원에 속했는데, 교대로 소조小朝를 모시도
록 파견되었다. 「이광현일기」 서두에는 이광현이 1762년[영조 38] 윤 5월
11일(7월 2일)에 김화중金和中을 대신해서 가주서假注書에 임명되었다고 한
다. 승정원 근무명단에 따르면, 김화중은 병이 나서 5일 이후 결근했다.[20]
이광현의 말과 일치하고 이광현은 승정원 근무명단에 12일과 13일에 사
도세자를 모시는 주서로 나타난다. 또 12일과 13일에 소조를 모신 승지도
이광현이 말한 대로 박사눌과 조중회였다.[21] 13일은 사도세자가 뒤주에
들어간 날이다. 14일부터 『승정원일기』에는 분조分朝[소조]가 등장하지 않
는다.

　그럼에도 장서각에서 발견한 「이광현일기」 판본이 실제로 이광현이 쓴
글인지 의문이 남아 있다. 「이광현일기」는 『임오일기』(1762년을 다룬 기록)
로 불리는 책 속에 포함되어 있다. 그 책은 사도세자 사건에 관련된 문서
를 모은 것이다. 그 책의 첫 번째 문서인 「이광현일기」를 제외하면 모든 문
서는 실제로 공개된 것이다. 그 책에는 영조가 영빈 이씨를 위해 쓴 묘비
문, 정조가 사도세자를 아버지로 공표한 기록, 사건과 직접 관련되는 영

조, 사도세자, 정조에게 올린 수많은 상소 등이 포함되어 있다. 『장서각도 서한국판총목록』에는 이광현 외 편으로 되어 있으나 이것은 아마도 『임오일기』의 첫 글이 이광현이 쓴 것이어서 그렇게 설명된 듯하다. 이광현이 이 책 편집에 참여했다는 증거는 없다. 이 책의 공적인 문서는 엄격하게 날짜가 매겨져 있는데 여기에 기초해보면 18세기의 마지막 10년 전에는 합철될 수 없었다고 추정된다. 훨씬 후대, 아마도 19세기나 20세기에 합본되었을 확률이 높다.

『임오일기』는 두 판본이 장서각에 있다. 둘 다 조선 왕실 도서관의 인장이 눈에 띄게 찍혀 있다. 하나는 79쪽 분량의 필사본으로 1924년에 필사했다고 쓰여 있다. 다른 판본은 98쪽 분량의 간행본이다. 정확한 날짜는 보이지 않지만 최초 필사는 1911년에서 1940년 사이에 했을 것이라고 한다. 합본된 문서 중에서 단 하나라도 진본이 아닐 개연성이 매우 낮지만, 여전히 그 문서 안에 기록된 증거에 기초해 평가해야 한다. 나는 그 문서가 진본일 것이라고 말하는 모험을 하려고 한다. 무엇보다도 세부사실이 다른 자료의 서술과 일치한다. 만들어진 것이라면 너무 정확하다. 실제로 그 장면을 보지 않은 누군가가 썼다고 생각하기 어렵다. 많지 않은 사람이 거기에 있었고, 단지 몇몇 사관만이 무슨 일이 일어났는지 기록하는 것을 허락받았다. 더욱이 시시각각 상세한 기술은 기억에 의지해서 기록한 것이 아니라 장면을 보고 기록한 것이다. 이광현은 그렇게 할 수 있었던 소수 중 하나였다.

실록은 이광현을 언급하지 않았지만 이것이 그의 참석을 부정하는 것은 아니다. 실록은 그 장면에 있었던 모든 사람을 언급하지는 않는다.

이광현은 꽤 비중이 적고 신참이자 가주서였다. 그는 그날 이후 시야에서 사라졌다. 아마도 많은 사람이 첫 번째 장소에서 그의 이름을 알지 못했을 것이고, 심지어 그들 중에는 이후 곧장 그를 잊은 사람도 있을 것이다. 끔찍한 혼란의 시간은 이광현이 왕래한 흔적을 더 쉽게 지워버렸다.

물론 「이광현일기」는 예외이다. 이광현이 자기 역할을 과장했을 개연성이 있고 심지어 그랬을 것 같다. 그의 서술에서는 확실한 열정을 발견할 수 있는데, 새로 일을 맡은 사람이 정말 특별한 사건을 목격했기 때문이다. 하지만 그의 전체 설명은 진실처럼 들린다.

혜경궁 홍씨『한중록』

1795년[정조 19] 사도세자가 처형된 지 33년이 되었을 때 세자빈이었던 혜경궁 홍씨가 회고록을 연속해서 쓰기 시작했다. 원본은 망실되었고 각기 문단이나 배열이 다소 다른 다양한 사본이 남아 있다. 김동욱 교수는 주요 판본 3종을 비교하여 현대판을 마련했다. 이 판본이 널리 활용되기 때문에 편의상 김동욱 판본을 참고했다.

『한중록』은 4개 회고록으로 구성되어 있는데(김동욱 판본으로는 총 6장), 각각 특정한 독자를 위해 쓰였다. 내가 사용한 부분은 1805년[순조 5] 혜경궁의 손자인 순조純祖(재위 1800~1834)를 위해 집필한 마지막 회고록이다. 이 회고록 서문에서 혜경궁은 순조에게 인내하고 있던 사건을 알려야만 하고, 이제 그 사실은 자신만이 들려줄 수 있다고 했다.

어떤 면에서 혜경궁 회고록은 자신을 위해서 쓴 것이다. 특히 홍씨 가문을 변호하려고 썼다. 사도세자 처형 당시 혜경궁의 부친 홍봉한은 좌의 정이었다. 홍봉한은 사도세자의 인척이었기 때문에 외손자를 과도하게 보호하려는 태도가 의심을 사지 않았으나 그는 일부러 사도세자 처형에 냉담한 태도를 보였을지도 모른다. 어쨌든 사도세자 처형 이후 변덕스러운 정국 지형에서 홍봉한은 왕의 냉대에 시달렸다.

혜경궁 홍씨의 가문에 대한 분명한 편향된 시각에도 불구하고『한중록』은 매우 가치 있고 영조와 사도세자 사이의 갈등이 커지는 가슴 뭉클한 이야기이다. 비록 영조가 아들을 엄격하게 대한 것에 대해 다소 비판적이라 할지라도, 그녀가 보기에 사도세자의 정신병이 실제 원인이었고, 그녀는 부자간에 대해 뚜렷하게 균형 잡힌 묘사를 했다. 사도세자를 처형하는 마지막 결정에도 그녀는 심지어 그 불가피함을 인정하는 듯했다. 그녀는 각기 고통스러운 역할을 맡았던 사람들과 의무를 수행해야 했던 사람들 모두를 위로했다.

그 사건[임오화변] 이후 수년간 썼지만 각각의 독자와 특별한 목적 아래 썼으므로 혜경궁 홍씨 바람대로 정확하거나 솔직하지 않을 수 있다. 특히 어떤 구체적인 사건의 경우 그렇다. 하지만 그녀의 심리적 통찰력으로 부자간에 긴장감이 커지는 과정이나 사도세자가 점차 악화되는 구체적인 상황을 담은 설명은 어디에서도 찾을 수 없어서, 우리가 복합적인 상황을 이해하는 데 매우 귀중한 정보를 제공해준다.

사도세자 처형에 대한 서술 비교

나는 실록의 기사, 사도세자 처형을 다룬 혜경궁 홍씨의『한중록』, 그리고 「이광현일기」 등을 제시했다. 아마도 세 이야기를 간단히 비교해보는 것이 유용할 것이다.

실록 이야기나 「이광현일기」 사이에는 두드러진 차이점이 없다. 실록은 그날을 매우 짧게 요약했기 때문에, 예컨대 누가 무엇 때문에 들어왔는지 같은 연속적인 사건들에 대해서는 항상 매우 명확하지 않다. 이것이 아마도 이광현이 말하는 것과 다른 인상을 주는 듯하다. 하지만 대부분 사례에서 이것은 이광현의 설명이 훨씬 자세하기 때문이다. 그러나 설명이 달라지는 지점이 한 곳 있다. 실록은 세 대신이 두 차례 들어왔다고 했지만 이광현의 주장에 따르면 그들은 단지 그곳에 한 차례만 들어왔다고 한다. 하지만 이광현은 안에 있다가 심부름 때문에 밖으로 나왔기 때문에 대신들이 두 번째로 들어오는 광경을 놓쳤을지도 모른다. 이는 더욱이 젊고 큰 조직에 경험이 없는 사람에게 흔한 일이다. 이광현은 늙은 고위대신들은 단지 자신의 안위만 염려하는 성향을 갖고 있을 것이라고 생각한 듯하다.

두 자료와 혜경궁 홍씨의 『한중록』은 성격이 다르다. 혜경궁 홍씨는 사도세자가 부왕을 뵈러 가기 전에 세자가 그녀에게 무엇을 말했는지부터 썼다. 다른 이야기는 확실히 비밀이 아니다. 하지만 일단 사도세자가 부왕을 만난 후에는 혜경궁 홍씨는 그 장소에 없었다. 누군가를 그곳에 보내서 알아낸 것, 그녀가 담장 뒤에서 우연히 엿들은 것 등을 밖에서 기록했다.

그녀는 한글로 썼으나 다른 두 이야기는 한문으로 쓰였기 때문에 사도세자가 부왕에게 말했던 것이 우연찮게 달라졌다. 그녀의 한글 판본이 아

들이 아버지에게 말하려고 한 것이 무엇인지를 훨씬 더 잘 상상할 수 있게
해주는 듯하다.

하지만 『한중록』과 「이광현일기」에는 시간에 관해 한 가지 뚜렷한 차이
점이 있다. 이광현에 따르면, 영조는 창덕궁을 향해 아침 7시 전후에 출
발했고 사도세자는 이미 9시쯤 영조 앞에 엎드려 있었다. 혜경궁 홍씨는
오후가 되도록 아직 출발하지 않았다고 했다. 실록은 끝까지 시간을 언급
하지 않아서 이 불가사의를 풀 수 없다. 그때는 전자시계를 사용한 시대
가 아니므로 해를 보고 대강 짐작했다. 아마도 혜경궁이 당황하고 좌절한
마음을 감안해야 할 것이다. 또 7월 초순이면 낮이 가장 길다. 게다가 매
우 더운 날이었다고 기록되어 있다.[22] 따라서 해가 이미 매우 높이 올랐고
기온도 높은 데다 심리적으로 아주 힘든 상황을 여러 번 겪다 보니 그녀
는 과도하게 늦게 시간을 잡은 듯하다. 그리고 그녀는 그 사건 이후 45년
이 지나서 회고록을 썼으니 그녀가 기억하는 것은 그날의 실제 시간이 아
닐 확률이 높다. 그래도 분위기만은 확실할 것이다. 이유가 어떻든 시간
차이가 있고 「이광현일기」가 진본이라고 믿는다면, 공식 사관인 이광현의
시간 언급이 훨씬 신뢰받아야 한다. 하지만 그날이 끝났을 때가 매우 늦
은 밤이었다는 사실에 대해서는 세 자료의 설명이 모두 합의에 도달한 듯
하다.

주

보급판 서문

1) *『삼국사기三國史記』의 초기기록에는 삼국의 건국을 서력기원 전후로 보고 있으나, 대개 고대사 학계에서는 사료비판을 통해서 삼국의 중앙집권체제 발달을 4~6세기로 평가하고 있다. 여기서는 후자의 입장을 취한 것이다.

2) *『태조실록太祖實錄』을 가리킨다.

3) *목조穆祖, 익조翼祖, 도조度祖, 환조桓祖이다. 이외에 태조太祖와 태종太宗을 합쳐 육룡六龍으로 부른다.

4) *조선 왕실은 본관이 전주[전라도]였으나, 실제 세력기반은 동북면[함경도]이었기 때문이다.

5) *아프리카 남부 수단의 부족으로, 왕은 부족을 통합하는 신성함을 지닌 존재이다.

6) *조종祖宗 중 '조祖'는 원칙적으로 창업군주創業君主에게 허용되며, 예외적으로 그에 버금가는 업적이 있는 수성군주守成君主에게 올리는 묘호이다. 묘호 추존은 다음 참조. 김백철, 『두 얼굴의 영조』, 309~343쪽.

7) *백성의 군주에 대한 환호 사례는 다음 참조. 김백철, 『두 얼굴의 영조』, 219~231쪽.

8) *감필 결정만으로도 소민은 면포를 2필에서 1필로 감면받았다.

9) *균역법에서 소민에게 감면한 만큼 궁방이나 토호는 어염선세를, 중서인은 선무군관포를, 지주는 결전을 각각 부담해야 했다.

10) *'sagehood'는 '성학聖學[성인군주론]'으로 번역했다.

1장

1) *『서경書經』「주서周書」'태서泰誓 상上' 편이다.

2) Shu-ching, V:1:1:3; Legge, *Chinese Classics*, Ⅲ:Ⅱ:285. *『서경』「주서」'태서 상'을 가리킨다.

3) 요전堯典, 순전舜典, 대우모大禹謨, 고도모皐陶謨 참조. 완원阮元의 『십삼경주소十三經注疏』

「서경書經」1:117-159.

4) Mencius, I :1:3:3; Legge, *Chinese Classics*, Ⅱ:128. ＊『맹자孟子』「양혜왕장구梁惠王章句 상上」을 가리킨다.

5) Mencius, Ⅳ:1:6:3; Legge, *Chinese Classics*, Ⅱ:294. ＊『맹자』「이루장구離婁章句 상」을 가리킨다.

6) Shu-ching, Ⅴ:1:2:7; Legge, *Chinese Classics*, Ⅲ:Ⅱ:292. ＊『서경』「주서」'태서 중中'을 가리킨다.

7) 유교적 군주상에서 표현하는 민본popular sovereignty은 서양에서 정부에 국민이 참여하는 형태와는 관련이 없다. 이것은 아마도 유럽의 기독교와 동아시아의 유교에서 백성의 믿음에 기초하는 백성의 신임popular mandate이라는 개념을 말하는 듯하다. 하지만 서양에서 백성의 강조로 교회와 군주의 권위는 줄어들었다. 종교개혁은 개인과 신의 관계를 재설정했는데, 이때 나타난 '모든 신자의 형제애'라는 개념은 교회가 더 이상 신의 사랑의 중재자라는 독특한 역할을 하지 못하게 만들었다. 더욱이 서유럽 국가들에서 프랑스혁명 이후 정부에 백성의 참여가 더욱 확대됨으로써 개인의 권리와 이익이 우위를 차지하게 되었다. Bendix, *Kings or People*, pp. 8~9 참조. 그러나 유교적 왕정에서 백성의 개념은 반드시 계급을 약화시키지는 않았다.

8) ＊격물格物, 치지致知, 성의誠意, 정심正心, 수신修身, 제가齊家, 치국治國, 평천하平天下이다.

9) Liu, "How Did a Neo-Confucian School Become the State Orthodoxy?," p. 503.

10) ＊제가, 치국, 평천하를 가리킨다.

11) ＊격물, 치지, 성의, 정심, 수신을 가리킨다.

12) 범조우范祖禹, 『범태사집范太史集』, 14:11a. 영역은 다음 참조. de Dary, *Neo-Confucian Orthodoxy and the Learning of the Mind-and Heart*, 30.

13) de Dary, *Neo-Confucian Orthodoxy and the Learning of the Mind-and Heart*, pp. 27~38.

14) ＊① 태자를 보좌함, ② 대신을 양성해서 임명함, ③ 국가의 법도를 진작시켜 거행함, ④ 풍속을 변화시킴, ⑤ 백성의 힘을 아끼고 배양함, ⑥ 군정을 올바르게 함.

15) 주희朱熹, 『회암선생주문공문집晦菴先生朱文公文集』11:35b-36a. 영역은 다음 참조. de Dary, *Neo-Confucian Orthodoxy and the Learning of the Mind-and Heart*, p. 34.

16) 명대 황제 전제정치의 근원은 다음 참조. Dardess, *Confucianism and Autocracy*.

17) 제도적인 기구는 이러한 요소를 포함했는데, 밀주密奏 제도는 이 같은 권력에 기여했을 뿐 아니라 명백히 영향을 미쳤다. Wu, *Communication and Imperial Control in China*. ＊앞의 책은 명대 연구이며, 청대 주접奏摺 역시 같은 성격이다. 관련 연구는 다음 참조. 조영애, 「雍正朝(1723~1735)의 奏摺政治」, 1~62쪽; 차혜원, 「18세기 청조淸朝의 언론言論 통제와 관료사회:

언관言官 사제세謝齊世 사건의 의미」, 221~257쪽; 이미령, 「청清 강희제康熙帝의 황태자皇太子 결정과 그 위상」, 111~137쪽; 이준갑, 「乾隆49年(1784)~51年(1786)의 교안敎案과 건륭제乾隆帝」, 229~313쪽; 윤욱, 「청말 주접의 전달방식의 변천」, 155~188쪽.

18) 건륭제의 이미지 만들기는 다음 참조. Harold L. Kahn, *Monarchy in Emperor's Eyes*.

19) 『태조실록』, 1:43~45a. ＊태조 원년 7월 정미(28일).

20) 이것은 주변 국가가 바뀌고 상황이 불안정했기 때문에 적어도 부분적으로 가능했다. 1350년대 후반 몽골이 통치하는 중국에는 반몽反蒙 비밀결사가 갑자기 많이 생겨났다. 그들 중 하나가 홍건적으로, 강력했던 이들은 잠시 주원장 군대와 싸웠다. 홍건적은 고려에도 침입해서 평양을 뒤집어엎고 고려의 수도 개성까지 약탈했다. 같은 시기에, 고려의 해안지대는 왜구의 습격을 자주 받았다. 단지 한두 척이 아니라 종종 200~300척 규모의 함대가 보병과 기병으로 조직된 왜구를 수천 명씩 싣고 왔다. 이러한 상황에서, 홍건적을 물리치고 왜구로부터 해안을 방어하는 데 성공한 장군은 명성과 권력을 얻었다. 이성계는 이 같은 노고로 명성을 얻은 장군 중 하나였다. 1388년[우왕 14] 이성계는 숙적을 쳐부순 뒤 왕위에 오르지 않았을 뿐 실질적인 통치자가 되었다. 이성계는 신진사류와 연대하였다. 이성계의 지지를 받은 신유학자들은 전제개혁을 실현하였고, 토지 대부분을 공전公田으로 만들었다. 고려의 지배층 중 친원파[권문세족]의 대규모 토지를 압수하여 재정적 토대를 붕괴시켰다. 이성계는 이미 정치, 군사, 경제적 통제권을 장악하였고 1392년[공양왕 4] 즉위하였다. 한영우, 『조선전기 사회경제 연구』, 을유문화사, 2011, 20~21쪽, 32~43쪽. ＊미국학계에서는 고려와 조선의 왕조교체를 단지 집권세력의 내부교체로 이해한다. 그러나 이는 왕조교체 전후만 비교함으로써 위화도회군 이후 수차례 혁명투쟁을 간과한 설명방식이다.

21) 다디스는 그들이 중앙의 강력한 지도력에 매우 경도되었다고 주장했다. Dardess, *Confucian and Autocracy*, pp. 131~181.

22) ＊공민왕대 이후의 개혁 실패와 좌절에 대한 이해가 전제되어 있지 않은 듯하다. 혁명세력은 공민왕대의 개혁 청사진을 실현해 신왕조를 개창하였다. 김백철, 『법치국가 조선의 탄생』, 27~61쪽.

23) 한영우, 『조선전기 사회경제 연구』, 11~50쪽.

24) ＊여기서 인용한 정도전의 『경제문감經濟文鑑』 속 '재상'은 각 아문의 장관에 해당하는 2품 이상 재신宰臣이 아니라, 국정을 총괄하는 1품 대신大臣을 지칭한다. 재신과 대신은 오늘날 각각 장관과 총리에 비견된다.

25) 정도전鄭道傳, 『조선경국전朝鮮經國典』, 204~210쪽; Chung Chai-sik, "Chŏng Tojŏn, 'Architect' of Yi Dynasty Government and Ideology," pp. 63~73 참조.

26) 정도전,『경제문감』, 167~177쪽.

27) Yi Sŏngmu, "The Influence of Neo-Confucianism on Education and the Civil Service Examination System in Fourteenth and Fifteenth Century Korea," pp. 135~160.

28) 이 과정에 대한 고려는 다음 참조. Deuchler, "Neo-Confucianism: The Impulse for Social Action in Early Yi Korea."

29) Deuchler, "The Tradition: Women During the Yi Dynasty," pp. 1~13.

30) 최홍기,『한국호적제도사연구』, 73~103쪽.

31) 예시는 다음 참조. 이수건,『영남사림파의 형성』.

32) Peterson, "Women without Sons," pp. 39~43; 최재석,『한국가족제도사연구』, 588~635쪽.

33) 이광규,「조선왕조시대의 재산상속」.

34) Kawashima, "The Local Gentry Association in Mid-Yi Dynasty Korea," pp. 113~124.

35) 송준호,「한국에 있어서의 가계기록의 역사와 그 이해」, 116~126쪽.

36) 16세기 향약의 일부 내용은 다음 참조. Sakai Tadao, "Yi Yulgok and Community Compact."

37) Sohn, *Social History of the Early Yi Dynasty 1392-1592*, pp. 124~145.

38) 그들에게는 재정적 보상과 사회적 특권이 인정되었다. 다음 참조. Wagner, *The Literati Purges*, pp. 5~10.

39) 예컨대 1452년[문종 2]~1492년[성종 23]에 의정부 고위대신을 지낸 30명 중 3명만이 공신이 아니었다. Wagner, *The Literati Purges*, p. 13.

40) ＊예컨대 기묘사림의 소격서昭格署를 혁파하기 위한 정청庭請 등을 가리킨다.

41) ＊대표적으로 연산군, 중종 등을 가리킨다.

42) 4대사화는 1498년[연산군 4, 무오사화], 1504년[연산군 10, 갑자사화], 1519년[중종 14, 기묘사화], 1545년[명종 즉위년, 을사사화]에 각각 일어났다. 초기 사화 3건은 다음 참조. Wagner, *The Literati Purges*, pp. 23~120.

43) Haboush, "The Education of the Yi Crown Prince", pp. 210~211.

44) ＊퇴계 이황의「성학십도」, 율곡 이이의『성학집요』등이다.

45) ＊퇴계 이황과 율곡 이이를 가리킨다.

46) ＊단종대와 성종 초 원상院相 정치를 뜻한다.

47) 이이李珥,『동호문답東湖問答』. ＊번역은 다음 참조. 정재훈 역해,『동호문답』.

48) 율곡 이이,『성학집요』. ＊『대학』의 수신에서 치국에 이르는 개념이다.

49) ＊성학聖學의 연마 정도를 가리킨다.

50) 조선 사회의 신분 구조는 다음 참조. Wagner, *The Literati Purges*, pp. 11~12.

51) 조선전기 양반의 사회적 연원에 대해서는 논쟁이 많이 일고 있다. 예컨대 한영우는 조선전기를 다소 사회적인 유동성이 풍부한 형태로 묘사했다. 한영우, 『조선전기 사회경제 연구』, 393~413쪽. 반면에 이성무는 조선전기에 좀 더 엄격한 신분 구조가 뿌리내렸다고 믿는다. 이성무, 『조선초기 양반 연구』.

52) 16세기 새로운 지배층[사림]의 사회적 연원에 대해서도 논쟁이 일어났다. 그들은 비록 새로운 수혈을 받았다고 할지라도, 상당수는 과거의 지배층[훈구]과 같은 사회적 신분 출신이었다. 사회적 연원은 다음 참조. 이병휴, 『조선전기 기호 사림파 연구』; 이수건, 『영남사림파의 형성』.

53) Wagner, "The Ladder of Success in Yi Dynasty Korea," p. 4.

54) Wagner, "The Ladder of Success in Yi Dynasty Korea," pp. 4~8.

55) 예를 들면, 『국조인물지國祖人物志』; 민익수閔翼洙, 『여흥민씨가승기략驪興閔氏家乘記略』. 18세기 관료의 사례는 다음 참조. JaHyun Kim Haboush, *A Heritage of Kings*, pp. 117~118[이 책 169~170쪽].

56) 이는 혼인 관습의 변화에서 비롯했다. 조선시대 남자는 법적으로 처가 한 명만 허락되었으며, 첩은 일반적·사회적으로 낮은 신분에서 취했다. 첩자[서얼] 차별은 신분 편견을 드러낸 것이며, 또한 한국 사회에서 부계의 중요성을 반영한 것이다. 신라시대(기원전 58~기원후 935)부터 어머니의 사회적 지위는 자식의 신분을 결정하는 데 매우 중요한 요소였다. 16세기 중반 약 50년간 양첩良妾의 자식은 대과 응시가 허락되었지만, 나중에 철회되었다. 이태진, 「서얼 차대고」.

57) Wagner, *The Literati Purges*, p. 2.

58) Hi-woong Kang, *The Development of the Korean Ruling Class from Late Silla to Early Koryŏ*.

59) Yi Songmu, "Education and Civil Service Examination System," pp. 135~160.

60) *사액서원을 지칭한다.

61) Palais, *Politics and Policy in Traditional Korea*, p. 114.

62) 타가多賀에 따르면 청대에는 서연書筵이 약 300회 이루어졌다고 한다. 多賀秋五郞, 『中國教育史』, 99쪽.

63) 이범직, 「조선전기의 교생 신분」, 323~341쪽.

64) 尹洪烈, 「朝鮮における書院の成立(2)」.

65) 문반직文班職은 경관직京官職이 741개 있었고, 그중 무록관無祿官 95개, 체아직遞兒職 105개였다. 이성무, 『조선초기 양반 연구』, 125~127쪽. 이러한 수치는 15세기 후반에 조선 정부를 형상화한 『경국대전』에 근거한 것이다. 18세기에는 관료가 다시 팽창하였으나 심각한 정

도는 아니었다.

66) 무반직武班職은 경관직이 319개, 외관직外官職이 502개, 체아직이 3,005개였다. 이성무, 『조
선초기 양반 연구』, 125~127쪽.

67) 예를 들면, 내관內官이다. Crawford, "Eunuch Power in the Ming Dynasty," pp. 115~116.

68) 예를 들면, 만주족 팔기군八旗軍, 주접奏摺, 노비奴婢 등이다. Wu, *Comunication and Imperial Control in China: Evolution of the Palace Memorial System*.

69) 명나라의 황가皇家[皇親]에 관한 정책은 비슷했지만 훨씬 덜 엄격했다. 布目潮渢, 「明朝の諸王政策とその影響」.

70) 실제로, 전주 이씨는 조선시대 단일 가문으로는 가장 많은 문과 입격자를 차지했다. Wagner, "The Ladder of Success in Yi Dynasty Korea," p. 7.

71) *삼사三司 등 청요직 당하관을 가리킨다.

72) *당상관 또는 2품 재상 이상을 가리킨다.

73) Wagner, *The Literati Purges*, pp. 22~123. *조선 관료제의 구조는 다음 참조. 김백철, 『법치국가 조선의 탄생』, 386~414쪽.

74) 최승희, 『조선초기 언관·언론 연구』, 99~153쪽.

75) Wagner, *The Literati Purges*, pp. 22~123. *사화士禍를 설명하는 방식이다.

76) 『효종실록孝宗實錄』, 21:15b. *효종 10년 3월 임인(11일).

77) 송시열宋時烈은 일이 어떻게 진행되는지 보고했다. 송시열, 『독대설화獨對說話』.

78) 『숙종실록肅宗實錄』, 60:5a-b. *숙종 43년 7월 신미(19일).

79) 『숙종실록』, 60:8a-9a; 60:15b-17a. *숙종 43년 7월 계유(21일)·정축(25일). 독대의 내용은 대리청정代理聽政을 뒷받침하는 전거인데, 해당 면이 여러 날을 지칭하여 가장 가까운 내용으로 특정하였다.

80) *현종·숙종 연간 복제 논쟁, 경종·영조 연간 왕위계승문제 등을 지칭한다.

81) JaHyun Kim Haboush, *A Heritage of Kings*, pp. 61~68[이 책 96~129쪽].

82) 실학자로 알려진 사회적 비평가 집단은 다소 다른 견해를 표방했다. 하지만 이러한 재야의 지식인들은 여전히 국왕 역할의 중요성을 강조했다. 다음 참조. Haboush, "The Sirhak Movement of the Late Yi Dynasty."

83) 이이, 『동호문답』, 15:6b. *원문은 다음과 같다. "夫道學者, 格致以明乎善, 誠正以修其身, 蘊諸躬則爲天德, 施之政則爲王道." 국역은 다음 참조. 『국역 율곡전서』 IV, 84쪽; 정재훈 옮김, 『동호문답』, 49쪽.

84) Yang Lien-sheng, "Historical Notes on the Chinese World Order."

85) 예를 들면, 18, 25, 44, 66, 79, 82, 104, 106장이다. Lee, *Songs of Flying Drangons*, p. 173, p. 178, p. 198, p. 217, pp. 229~230, p. 232, p. 251, p. 253. ＊국역은 이윤석 옮김, 『용비어천가』 1·2; 박창희 옮김, 『역주 용비어천가』 상·하; Peter H. Lee(김성언 옮김), 『용비어천가의 비평적 해석』 등 참조.

86) Han Young-woo, "Kija Worship in Koryŏ and Early Yi Dynasties: A Cultural Symbol in the Relationship Between Korea and China", pp. 359~360.

87) Deuchler, "Neo-Confucianism," pp. 81~84.

88) 이러한 태도가 나타나는 사례는 다음 참조. Meskill, *Ch'oe Pu's Diary*. ＊국역은 최부(박원호 옮김), 『최부표해록역주崔溥漂海錄譯註』 참조.

89) Deuchler, "Reject the False and Uphold the Straight," pp. 400~401.

90) 1618년[광해군 10] 광해군은 명군을 지원하기 위해 군사를 파병했다. 광해군은 강홍립姜弘立을 도원수都元帥로 임명하여 전황이 좋지 않을 경우 만주족에 투항하고 조선군에도 압력을 받았다는 사실을 알리도록 했다는 혐의를 받았다. 강홍립은 정확하게 그대로 했다. 이것은 광해군이 폐위되는 근거로 활용되었다(『광해군일기光海君日記』, 187:8b). 이나바 이와키치稻葉岩吉는 이것이 날조라고 추측한다. 다음 참조. 稻葉岩吉, 『光海君時代の滿鮮關係』. 그러나 전장에서 강홍립의 수하 장수 중 하나의 일기에 따르면, 광해군의 하교를 잘 이해해볼 수 있을 듯하다. 李民寏, 『柵中日記』 참조. ＊광해군 15년 3월 갑진(14일)[중초본].

91) 『인조실록仁祖實錄』, 1:5a-6a. 하지만 폐위에는 물론 다른 요소도 있었다. 상세한 내용은 다음 참조. JaHyun Kim Haboush, *A Heritage of Kings*, pp. 34~36[이 책 61~64쪽]. ＊인조 원년 3월 갑진(14일).

92) 『선조실록宣祖實錄』에 따르면 전쟁을 끝내기 위해 명에서 조선에 파병한 군사가 5만 명에 달한다. 『선조실록』, 105:15a-b. ＊선조 31년 10월 갑자(12일). 해당 기사에는 동로東路 24,000명, 중로中路 26,800명, 서로西路 21,900명, 수로水路 19,400명으로 수치가 차이가 난다.

93) JaHyun Kim Haboush, *A Heritage of Kings*, pp. 36~37[이 책 64~65쪽].

94) JaHyun Kim Haboush, *A Heritage of Kings*, pp. 61~86[이 책 96~129쪽].

95) 명나라 부흥운동은 다음 참조. Struve, *The southern Ming*. 청나라의 저항세력 복속과정은 다음 참조. Wills, "Maritime China from Wang Chih to Shih Lang."

96) 윤휴尹鑴, 『백호전서白湖全書』 「독상서讀尙書」, 1647쪽; 윤휴, 『백호전서』 「독서기중용讀書記中庸」, 1447쪽.

97) 송시열, 『송자대전宋子大全』, 부록附錄, 「어록語錄」, 5:30a.

98) Miura Kunio, "Orthodoxy and Heterodoxy in Seventeenth-Century Korea."

99) 이것은 실지로는 남인과 서인 간 예송논쟁으로 나타났다. 좀 더 상세한 내용은 다음 참조. JaHyun Kim Haboush, *A Heritage of Kings*, pp. 40~61[이 책 68~96쪽].

100) JaHyun Kim Haboush, *A Heritage of Kings*, pp. 61~86[이 책 96~129쪽].

101) 자세한 내용은 다음 참조.『통문관지通文館志』, 9:1-12:12.

102) *관련 연구는 다음 참조. 미야자키 이치사다(차혜원 옮김),『옹정제』; 조너선 스펜스(이준갑 옮김),『강희제』; 장자오청·왕리건(이은자 옮김),『강희제 평전』; 마크 C. 엘리엇(양휘웅 옮김),『건륭제』.

103) 여행기는 다음 참조.『연행선집燕行選集』. 또한 Leard, "Korean Travellers in China" 참조.

104) *윤휴의 북벌론과 송시열의 대명의리론을 가리킨다.

105) 실학자들은 이 질문을 해결하려고 노력했다. 홍대용洪大容과 박지원朴趾源은 '화이華夷' 개념을 사용했다. 홍대용은 중국이 '화華'이고 나머지 세계는 '이夷'로 보는 전통적 구분법에 도전했다. 홍대용,『담헌서湛軒書』「의산문답醫山問答」, 1:4:36b-37b 참조. 박지원은 전통적인 변별법을 수용하는 대신에 정치와 문화를 나누어 논하였다. 만주족이 정치적으로 지배했더라도 중국을 보존하고 움직이게 하는 문화까지 말살하지는 못했다. 박지원,『연암집燕巖集』「열하일기熱河日記」, 12:2a-4a 참조. 또 민두기,「열하일기의 일연구」참조. 반면에 이익李瀷과 정약용丁若鏞은 특히 만주족 문제에서 벗어나 전통적 변별법인 '화이'에서 조선의 독자적인 정체성을 정의하고자 노력했다. 이익은 조선은 중국과 동등하게 독자적인 정통성의 원천과 전통을 지녔으나, 반드시 중국과 유사하게 나타나지는 않는다고 믿었다. 이익,『성호사설星湖僿說』「분야分野」, 1:31:33 참조. 또한 이우성,「이조후기 근기학파에 있어서의 정통론의 전개」참조. 정약용은 중국인이 조선을 '화'로 여기지 않는 것을 수용했으나, 이런 개념 자체의 중요성을 격하시켰다. 조선은 관습과 문화를 지닌 자주적 독립체이므로 '화'이든 그렇지 않든, 이 자체로 상당한 자부심의 원천이 되어야 한다고 생각했다. 정약용,『정다산전서丁茶山全書』「탁발위론拓拔魏論」, 1:12:7a;「동호론東胡論」, 1:12:7b-8a 참조. 또 Haboush, "The Sirhak Movement of the Late Yi Dynasty" 참조.

106) 이것에 대한 논의는 다음 참조. Haboush, "The Education of the Yi Crown Prince," pp. 168~171.

107) 실학자들은 역사에서 이러한 도덕적 시각을 재검토했다. 그들은 역사가 어떤 도덕적 원칙을 드러낸다는 생각을 명확히 거부하지는 않았다. 하지만 그들은 역사적 사건은 세속의 요소가 합쳐진 결과라고 주장했다. 시대나 주요한 인물에 근원해서 결론을 내는 방식은 역사의 원칙을 밝히기보다는 오히려 모호하게 한다. 역사의 독립성과 불가피한 역사적 힘에 대한 믿음은 역사를 이해하는 데 사건을 지배하는 외부적 요소의 복합성을 조사할 필요가 있고, 단순히 도

덕적 인과응보 방식으로는 아무런 방해를 받지 않는다는 것을 강조하는 데 이른다. 이익, 『성호사설』「강목綱目」, 2:6 참조. 또한 황원구, 「실학파의 사학이론」참조. 이는 당시 중국과 일본의 유사한 현상과 비교해보는 것이 흥미롭다. Demiéville, "Chang Hsüeh-ch'eng and His Historiography," pp. 167~185 참조. 또 Maruyama Masao, "Studies in the Intellectual History of Tokugawa Japan," pp. 97~101 참조.

108) Han Young-woo, "Kija Worship in Koryŏ and Early Yi Dynasties: A Cultural Symbol in the Relationship Between Korea and China," pp. 349~374.

109) 예를 들면, 송대 왕안석王安石과 청초 황종희黃宗羲는 모두 개혁을 권장하는 데 성왕聖王시대를 이상으로 언급했다. de Bary, "A Reapprasal of Neo-Confucianism," pp. 100~106 참조. 또한 de Bary, "Chinese Despotism and the Confucian Ideal" 참조. 17세기 조선의 실학자 유형원柳馨遠은 개혁에 필요한 참고 요소로 성왕시대의 법을 취하였다. 유형원, 『반계수록磻溪隨錄』, 2:17a-18a; 17:17b 참조. 『주례周禮』는 정도전이 『조선경국전』을 짓는 데 영감을 준 주요한 원천이었다. Chung Chai-sik, "Chong Tojŏn," pp. 63~64.

2장

1) *이 시의 제목은 '학교 어린이들 사이에서Among School Children'이다. 국역은 다음 판본을 저본으로 수정하였다. 윌리엄 버틀러 예이츠(황동규 옮김), 『1916년 부활절』, 86쪽.

2) *빈전殯殿에서 곡哭을 해야 하는 관례를 표현한 것으로, 국장國葬에서는 위위곡爲位哭, 상례喪禮에서는 거애擧哀나 곡읍哭泣으로 부른다.

3) *main chamber로 영역하였으나 인정전은 단독 건물로 이렇게 번역하기 곤란하다. 이에 원사료의 '정로正路'를 살렸다.

4) *영역은 "범죄자에게는 감형을, 궁핍한 사람에게는 식량을, 모든 관료에게는 선물을 제공함으로써"로 되어 있으나, 실록과 비교하면 원문의 '자궁資窮'에 대한 잘못으로 바로잡았다.

5) 『영조실록英祖實錄』, 1:1a-2a. *영조 즉위년 8월 경자(30일).

6) *사화士禍는 사림이 화를 당했다는 표현으로 노론의 입장이 반영된 표현이다. 가치중립적으로는 옥사獄事나 환국換局으로 표현한다.

7) *소론은 영조의 즉위를 기준으로 협조한 이광좌를 비롯한 대신급의 준소峻少 및 동궁속료 중심의 완소緩少, 반대한 김일경 등의 급소急少로 구분된다. 원서에는 'extremist'를 급진파[急少]와 강경파[峻少]에 혼용했다. 번역 시 영문 표기에 따라서 강경파로 통일했다.

8) *영역은 'step-mother'로 되어 있으나 실록 표현을 살려서 수정했다.

9) 『경종실록景宗實錄』, 5:36a-b. *경종 원년 12월 기묘(23일).

10) 상세한 내용은 다음 참조. JaHyun Kim Haboush, *A Heritage of Kings*, pp. 86~105[이 책 129~152쪽].

11) 숙종은 성년이 될 때까지 생존한 세 아들로 경종, 영조, 연령군을 두었다. 숙종은 막내인 연령군을 편애한 듯하다. 하지만 연령군은 1718년[숙종 44]에 20세로 죽었다.

12) *원문은 '국왕 시해'로 되어 있으나 대상이 경종이므로 '황형 시해'로 옮겼다.

13) 이재李縡, 『삼관기三官記』, 2:22b(『패림稗林』, 9:331-401).

14) 민진원閔鎭遠, 『단암만록丹巖漫錄』, 2:8b-9a.

15) Wright, *The Last Stand of Chinese Conservatism*, pp. 43~48 참조.

16) 『영조실록』, 3:30a-b. *영조 원년 정월 정사(18일).

17) 명 태조[朱元璋]는 이러한 점에 주목하여 즉위했다. 홍무제洪武帝의 칙서勅書는 다음 참조. 왕숭무王崇武, 『명본기교주明本記校注』, 107쪽.

18) 한 무제나 당 태종 같은 중국의 황제는 봉선封禪 의례를 올렸는데, 오히려 이것은 자신의 지위를 천자로 상징화하는 효과를 거두었다. Shryock, *The Origin and Development of the State Cult of Confucius*, p. 36, p. 153. 19세기 후반 조선왕조가 중국에 대해 완전히 독립을 선언한 후 조선 국왕은 1897년[고종 34] 처음으로 천지天地에 제례를 올렸다. 『증보문헌비고增補文獻備考』, 54:1b-2a.

19) 상세한 내용은 『국조오례의國朝五禮儀』 및 『국조속오례의國朝續五禮儀』 참조.

20) *목조穆祖, 익조翼祖, 도조度祖, 환조桓祖이다.

21) *고조선[단군·기자], 고구려·백제[동명왕], 신라[시조묘], 가야[김수로], 고려[왕건] 등이 망라되었다. 역대 왕조 의례 정비의 배경은 다음 참조. 김백철, 『법치국가 조선의 탄생』, 77~82쪽, 438~440쪽; 김백철, 『탕평시대 법치주의 유산』, 268~271쪽.

22) *마조馬祖, 선목先牧, 마사馬社, 마보馬步이다.

23) 『경국대전』, 1:259-260.

24) 『조선왕조의 제사』, 33~36쪽.

25) *제갈무후諸葛武候[諸葛亮], 악무목岳武穆[岳飛], 왕문중자王文中子[王通] 등을 지칭한다.

26) 『속대전續大典』, 48쪽.

27) 의례 논쟁은 다음 참조. Wechsler, *Offerings of Jade and Silk*. 또한 Wright, "Sui Legitimation," pp. 36~37 참조. *국역은 임대희 옮김, 『비단 같고 주옥같은 정치』 참조.

28) 예를 들면, 『영조실록』, 7:19b; 42:1a; 63:32a; 79:25b. *영조 원년 7월 병진(21일); 영조 12년

7월 계사(1일); 영조 22년 6월 무인(14일); 영조 29년 5월 병인(11일).

29) 예를 들면, 『영조실록』, 29:30b-39a; 31:32b; 79:25b; 87:6b. *영조 7년 5월 갑신(22일); 영조 8년 6월 경신(5일); 영조 9년 5월 기사(14일); 영조 32년 2월 정미(9일).

30) 『영조실록』, 7:14b; 29:33a-b; 31:32b; 122:11b. *영조 원년 7월 갑인(19일); 영조 7년 6월 갑오(3일); 영조 8년 6월 갑술(19일); 영조 50년 5월 기미(7일).

31) 『영조실록』, 79:2528b. *영조 29년 5월 갑신(29일).

32) 『영조실록』, 42:22b-23a; 96:15b-16a; 126:1a. *영조 12년 10월 정축(17일); 영조 36년 9월 임술(21일); 영조 51년 12월 갑진(1일).

33) 『영조실록』, 32:27a; 45:27a-b; 46:2b; 107:6b. *영조 8년 12월 계해(10일); 영조 13년 윤 9월 경신(5일); 영조 13년 10월 을미(11일); 영조 42년 4월 경자(1일). 마지막 전거는 감선減膳 하교가 아니라 평소 생활을 회상하는 내용이다.

34) 『영조실록』, 97:23b. *영조 37년 5월 경신(22일).

35) 『숙종실록』, 39:2a-5b. *숙종 30년 정월 경술(10일).

36) *묘호는 의종毅宗 이외에도 회종懷宗, 사종思宗, 위종威宗 등이 복수로 있다.

37) 『숙종실록』, 39:24a-b. *숙종 30년 3월 무오(19일).

38) 『숙종실록』, 40:50b-51a. *숙종 30년 12월 정해(21일).

39) 『영조실록』, 11:5a. *영조 3년 정월 정미(20일). 실록 원문의 '皇明列聖御諱'에 대해 영역은 "명 황제와 열성列聖의 어휘御諱"로 풀이하였으나, 실록 국역본은 "명나라 열성의 어휘"로 보았다. 문맥상 후자가 옳다.

40) *주원장朱元璋은 실록에서 묘호[태조]보다 주로 연호[홍무제]나 제호[고황제高皇帝]로 칭해진다.

41) 『영조실록』, 69:22a. *영조 25년 3월 임술(14일).

42) 『영조실록』, 69:25a. *영조 25년 3월 신미(23일).

43) *실록에는 ① 본래 신종神宗[萬曆帝]을 제사지내는 제단으로 대보단을 만들었으므로 후손의 제단에 고귀한 태조를 함께 제향하는 것은 잘못이며, ② 신종에 대한 제사는 실제 임진왜란 시 원병을 보내준 데에 대한 보답이며, ③ 명나라가 멸망하여 대신해서 명 황제를 제사지내기 위한 것은 아니라고 지적하였다.

44) 『영조실록』, 69:25a-26ba. 향촉과 지전紙錢은 선조의 제례에 따른 것이었다. 만약 명나라에서 이러한 제례를 계속 지낼 수 있었다면, 조선에서 지내는 것은 참례僭禮가 되었을 것이다. *영조 25년 3월 신미(23일). 영역은 문맥이 다소 어색해서 실록 국역본을 따랐다.

45) *원문은 '禍慘龍蛇 孰再造'인데 영역은 "누가 그의 땅에 용과 뱀들을 다시 만들어낼 수 있는

가"로 풀었으나, 실록 국역본을 준용하였다.

46) ＊적군에게 포위된 상태를 의미한다.

47) ＊'도道'는 '말하다'로 보아야 한다.

48) ＊원문은 '自玆不得更朝天'인데 영역은 "매년 천조를 새롭게 할 수는 없구나"로 하였으나 바로잡았다.

49) ＊원문은 '薦'인데 영역은 '추천한다'고 보았으나 '올린다'는 뜻이다.

50) ＊원문은 '諸臣'인데 영역은 'ministers'로 옮겼다. 앞뒤 일관성 차원에서 영역을 살렸다.

51) 『영조실록』, 69:26b-27a. ＊영조 25년 3월 신미(23일).

52) 『영조실록』, 69:27b-32b. ＊영조 25년 3월 신미(23일)·임신(24일)·갑술(26일)·을해(27일)·4월 신사(4일)·정해(10일)·무자(11일). 미주는 '69:27a-32b'로 되어 있으나 관련 날짜만 특정해서 바꾸었다.

53) ＊만수산萬壽山으로도 불리며, 현재 북경北京의 경산景山이다.

54) 언어유희를 하면서 '일월日月'을 '밝음'을 뜻하는 '명明'과 결부했다.

55) 『영조실록』, 103:11a-15a. ＊영조 40년 3월 경오(19일).

56) 『영조실록』, 8:13b. ＊영조 원년 10월 계사(29일).

57) 『영조실록』, 9:28a-29b; 9:33b. ＊영조 2년 3월 기유(17일)·4월 갑술(12일).

58) 예를 들면 1723년[경종 3] 고황후高皇后의 『내훈內訓』, 1749년[영조 25] 초횡焦竑의 『양정도해養正圖解』, 1773년[영조 49] 『황명통기皇明通紀』 개수본 및 『황화집皇華集』.

59) 『영조실록』, 120:26a. ＊영조 49년 6월 임진(4일).

60) 조선의 선박이 폭풍으로 중국 연안에 표류했다. 중국 관원이 조사하다가 선원이 명의 연호가 새겨진 마패를 소지한 것을 발견하였다. 『영조실록』, 26:16a. ＊영조 6년 6월 기유(12일).

61) 『영조실록』, 26:17b. ＊영조 6년 6월 경술(13일).

62) 『승정원일기承政院日記』, 45:92-158.

63) 『승정원일기』, 45:275-283; 45:558-561.

64) 『승정원일기』, 45:704.

65) 예를 들면『영조실록』, 41:8b. ＊영조 12년 3월 기해(5일).

66) ＊제갈무후, 악무목, 왕문중자 등을 지칭한다.

67) 『영조실록』, 28:16a. ＊영조 6년 11월 을해(10일).

68) 그들은 조선 국왕의 축문祝文에 청의 연호보다는 명의 연호를 쓰자고 제안했다. 『영조실록』, 63:14a; 663a-b. ＊영조 22년 5월 신유(26일); 영조 23년 8월 병인(8일).

69) 1764년[영조 40] 영조가 특별과거[忠良科]에서 홍패紅牌에 명의 연호를 쓰도록 한 결정은 좋

은 예이다. 『영조실록』, 103:5b. ＊영조 40년 2월 무자(6일). 사료에는 단지 청의 연호를 축문 과 홍패에 쓰지 못하게 하였을 뿐, 명의 연호를 쓰도록 직접 하명한 기록은 보이지 않는다. 축 문도 마찬가지이다. 『영조실록』 권102, 영조 39년 11월 정축(24일).

70) 『승정원일기』, 56:572B.

71) ＊『영조실록』 권74, 영조 27년 7월 병술(22일).

72) 『증보문헌비고』, 64:7b-17a.

73) 『승정원일기』, 50:339-340. ＊『영조실록』 권52, 영조 16년 10월 신축(4일).

74) 『영조실록』, 63:19a; 29:40b; 49:23b; 『증보문헌비고』, 64:11a. ＊영조 22년 5월 병신(1일); 영 조 7년 6월 정미(16일); 영조 15년 5월 무진(23일).

75) 『영조실록』, 31:3b. ＊영조 8년 정월 기사(11일).

76) 『영조실록』, 67:6b-7a. ＊영조 24년 정월 갑인(29일).

77) 『영조실록』, 90:6b. ＊영조 33년 7월 신해(21일).

78) 『영조실록』, 9:40b. ＊영조 2년 5월 을묘(24일).

79) 『영조실록』, 13:38b-39a; 29:1a, 60:12b; 67:26a. ＊영조 3년 10월 계묘(21일); 영조 7년 정월 병인(2일); 영조 20년 8월 갑술(30일); 영조 24년 4월 경오(17일). 미주의 '29a:1a'는 '29:1a'로 바로잡았다.

80) 『영조실록』, 52:19a-20b. ＊영조 16년 8월 무진(30일).

81) 『영조실록』, 99:16b. ＊영조 38년 5월 갑진(11일).

82) 『영조실록』, 11:17a-b; 31:3b. ＊영조 3년 3월 신묘(4일); 『영조실록』 권31, 영조 8년 정월 기 사(11일).

83) 『영조실록』, 31:3b; 32:9a-b. ＊영조 8년 정월 기사(11일). 단, '32:9a'에서 적합한 기사를 찾기 어려워 좀 더 직접적인 다른 날짜를 부기한다. 『영조실록』 권14, 영조 3년 12월 정미(26일).

84) 영조는 1749년[영조 25]에 이 책을 읽었다. 부록 3 참조.

85) 『승정원일기』, 57:430.

86) 『증보문헌비고』, 64:4b-7b.

87) ＊영역은 '관제묘關帝廟'로 표기하였으나 대한제국 이후 '관왕묘'에서 '관제묘'로 격상되었으 므로 실록 원문 표기를 따른다. 관련 연구는 다음 참조. 김지영, 「조선후기 관왕묘 향유의 두 양상」, 『규장각』 49, 2016, 501~531쪽.

88) 예를 들면 『영조실록』, 11:6b; 49:24a; 49:26a; 64:7a-b; 94:11b. ＊영조 3년 2월 기미(2일); 영 조 15년 5월 갑술(29일); 영조 22년 8월 신묘(28일); 영조 35년 9월 정축(30일).

89) 상세한 내용은 『사직의궤社稷儀軌』 참조. ＊국역은 다음 참조. 오세옥·김기빈 공역, 『사직서

의궤』.

90) 『종묘의궤宗廟儀軌』.

91) 예를 들면 『영조실록』, 625a-26b. ＊영조 21년 4월 기유(7일).

92) 『증보문헌비고』, 59:1a-61:8b.

93) 『영조실록』, 110:2a-3a. ＊영조 44년 정월 갑오(5일). ※미주에는 '61:25b'로 되어 있어 바로 잡았다.

94) 『영조실록』, 37:25b; 57:37b. ＊영조 10년 정월 병오(29일); 영조 19년 4월 임진(9일). 전자는 덕흥대원군의 추숭기사이지만, 후자는 인조의 잠저潛邸에 들러서 추모하는 기사로 다소 전거가 일치하지 않는다.

95) 『영조실록』, 58:7b. ＊영조 19년 6월 갑인(3일). 실록 원문을 따라 '본궁本宮'과 '호적戶籍'으로 풀었다.

96) 『영조실록』, 57:37b; 67:6b. ＊영조 19년 4월 임진(9일); 영조 24년 정월 임자(27일).

97) 『영조실록』, 45:21a. ＊영조 13년 9월 임인(17일).

98) 『효종가상시호도감의궤孝宗加上諡號都監儀軌』. ＊『영조실록』 권51, 영조 16년 5월 정묘(28일).

99) 『승정원일기』, 71:368. 영조가 효종의 부마에 내린 선물은 다음 참조. 『영조실록』 권63, 영조 22년 정월 무진(1일). ＊인용문의 실록 기사는 다음 참조. 『영조실록』 권74, 영조 27년 10월 신축(8일).

100) 『경종대왕국휼등록景宗大王國恤謄錄』. ＊왕위계승으로 형제관계를 부자관계로 의제화하였다.

101) 『선원세계璿源世系』, 31b, 32b.

102) 조선 국왕 중 불천위不遷位가 된 경우는 세종, 세조, 성종, 중종, 선조, 인조, 효종, 현종, 숙종, 영조, 정조, 순조, 헌종이다. 조선후기에 이러한 관행이 훨씬 더 일반화되었음을 나타낸다. 『선원세계』, 11b, 15a, 18a, 21a, 28a, 30a, 31a-b, 32b, 41a, 42b, 45b.

103) ＊원문은 뒤 구절에 '숙종이 아플 때'로 되어 있으나, 영역은 인현왕후로 이해하여 오역하였다.

104) 서명응徐命膺, 『원릉지元陵誌』 「행장行狀」. ＊국역본은 다음 참조. 김근호 옮김, 『역주원릉지』.

105) ＊원문은 '勿設軒架鼓吹'인데 영역은 '오락 건물pleasure pavillions의 건설과 음악 연주'로 풀이하여 적합하지 않아 바로잡았다. 『영조실록』 권97, 영조 37년 정월 신축(1일).

106) 『승정원일기』, 66:490.

107) 『선의왕후국휼등록宣懿王后國恤謄錄』.

108) 『인원왕후칠존호존숭도감의궤仁元王后七尊號尊崇都監儀軌』; 『인원왕후추상존호옥책문仁元

王后追上尊號玉册文」;『인원왕후오존호존숭도감의궤仁元王后五尊號尊崇都監儀軌」;『인원왕후육존호존숭도감의궤仁元王后六尊號尊崇都監儀軌」.

109) *영역은 '다정한 숭배'로 풀었으나 '자자慈'는 '자애로운 모후'를 의미한다. 영역의 존호는 한자의 글자 뜻을 새겼으나 온전히 부합하지 않는다. 국내 학계 관행에 따라 한자음으로 옮긴다.

110) 『열성어제列聖御製』, 137~138쪽. *원문은 "寶算靈長, 周甲載回, 今逢元朝, 慶福彌新, 恭惟母臨一邦, 長樂萬齡, 慈化普霑, 序品同春, 四紀承奉, 幸際厖慶, 喜溢宗祏, 歡均朝野, 臣與群臣等, 益切愛日之誠, 敬獻如岡之祝." 영인본은 『열성어제』 제3책, 서울대학교 규장각, 2002, 579쪽 참조. 영역은 글자 뜻을 위주로 의역하여 뜻이 다소 다르므로 원문을 토대로 수정했다.

111) 서명응, 『원릉지』「행장」.

112) 『경종실록』, 5:36a-b. *경종 원년 12월 기묘(23일).

113) 『인원왕후국휼초등록仁元王后國恤抄謄錄』.

114) 『승정원일기』, 63:742-778.

115) 예를 들면, 영조, 『영세추모록永世追慕錄』; 『영세속추모록永世續追慕錄』.

116) 예컨대, 『선원세계』에는 후궁을 기록하지 않는다.

117) 『영조실록』 8:30b-31a. *영조 원년 12월 병술(23일).

118) 『영조실록』 1:10b-11a. *영조 즉위년 9월 신유(21일).

119) 최숙빈의 부친은 영의정으로 추증하였다. 『영조실록』, 37:29a-b. *영조 10년 2월 갑자(18일). 이후 3대까지 추증하였다. 『영조실록』 권59, 영조 20년 정월 정유(19일).

120) 『영조실록』, 50:3b. *영조 15년 8월 신묘(17일).

121) *원문은 '복조卜兆'인데 영역은 '점치다'로 풀이하였으나 실록 국역은 '점을 쳐서 묏자리를 잡는다'로 보았다. 후자가 좀 더 적합하다.

122) 『영조실록』, 50:4a. *영조 15년 8월 갑오(20일).

123) *'조카'로 영역했으나 원문대로 '종질'로 바꾼다.

124) *대두법擡頭法을 의미한다. 영역과 실록 국역에는 '극행'으로 표기했으나 이럴 경우 '극항'으로 읽는다.

125) 『영조실록』, 50:4b-5a. *영조 15년 8월 갑오(20일).

126) *『영조실록』 권50, 영조 15년 8월 계묘(29일).

127) *실록 원문과 어세語勢가 약간 다르지만 대의가 통하므로 영역을 따른다.

128) 『영조실록』, 50:4b-5a. *영조 15년 8월 임인(28일).

129) 『영조실록』, 50:5b-6a. *영조 15년 8월 갑진(30일).

130) Kahn, *Monarchy in Emperor's Eyes*, pp. 87~97. 중국의 전례典禮 논쟁은 다음 참조. Fisher, "The

Great Ritual Controversy."

131) 『영조실록』, 50:8b-9a. *영조 15년 9월 기미(15일).

132) 『숙종실록』, 39:9b. *숙종 30년 2월 임신(2일). 우대기록은 다음 참조.【연령군우대】『숙종실록』 권38, 숙종 29년 9월 병오(3일);『숙종실록』 권42, 숙종 31년 9월 경오(9일);【연잉군우대】 『숙종실록』 권39, 숙종 30년 4월 병술(17일);『숙종실록』 권40, 숙종 30년 12월 신묘(25일).

133) 김용숙,「이조 궁중풍속의 연구」,『이조 여류문학 및 궁중풍속의 연구』, 307쪽. *무수리에 관한 기록은 한말 궁녀를 대상으로 구술을 정리한 김용숙의 저서에 처음 나온다. 그러나 김용숙도 신빙할 수 없다고 평가하였으나, 오히려 구전된 내용만 널리 알려졌다.

134) 이문정李聞政,『수문록隨聞錄』, 1:39a(『패림』, 9:224).

135) *『영조실록』 권42, 영조 12년 7월 병오(14일).

136) 『영조실록』, 50:9a. *영조 15년 9월 기미(15일).

137) 『숙종실록』, 25:12b. *숙종 19년 4월 기해(26일).

138) 『숙빈수양최씨묘지淑嬪首陽崔氏墓誌』. *『숙종실록』 권33, 숙종 25년 10월 정해(23일).

139) 『숙종실록』에는 두 가지 설명이 있다. 하나는 숙빈 최씨의 역할을 확인해주는 것이고, 다른 하나는 민진원과 민진후가 인현왕후 사후 그녀의 요청에 따라서 숙종에게 희빈 장씨의 '악행'을 알렸다는 것이다.『숙종실록』 권35, 숙종 27년 9월 정미(23일).

140) 그러나 민진원은 숙종에게 알린 것은 숙빈 최씨였다고 주장한다. 민진원,『단암만록』, 1:46a.

141) 『숙빈수양최씨묘지』.

142) 민진원,『단암만록』, 2:15a.

143) 『영조실록』, 59:3a. *영조 20년 정월 정유(19일).

144) 『영조실록』, 59:15a-16a. *영조 20년 3월 을유(7일).

145) 『영조실록』, 79:31b-32a. *영조 29년 6월 기유(25일). 묘廟는 궁宮으로, 묘墓는 원園으로 승격되었다. 단, 실록이나 법전에서는 여전히 '육상묘'와 '육상궁'을 혼용하였다.

146) 『육상궁상책인의毓尙宮上冊印儀』.

147) 『영조실록』, 80:6b-7a. *영조 29년 8월 무자(6일).

148) 『영조실록』, 80:18b-19a. *영조 29년 10월 계묘(22일).

149) 『승정원일기』, 61:126-128.

150) 『영조실록』, 63:32a. 왕의 사후에 올리는 묘호廟號는 사왕嗣王이 임명한 신료들이 도감을 세워 결정한다. 실록에는 '영종英宗'으로 결정한 도감에 관한 언급은 없고, 1776년[정조 즉위년]에 결정한 사실만 국왕의 언급으로 알 수 있다(『정조실록』, 1:3a). 1889년[고종 26] '영종'은 '영조英祖'로 추존되었다. *영조 22년 6월 경진(16일); 정조 즉위년 3월 계미(12일). 미주의

'1746년'을 '1776년'으로 바로잡았다. 한편, 정조는 '영종' 묘호가 선왕의 뜻이라고 설명하였으며, 최근에는 영조가 동방의 요순 세종을 본받으려고 노력한 점을 들어서 세종의 능호인 영릉英陵에서 따온 것으로 평가하기도 한다. 김백철, 『두 얼굴의 영조』, 303~305쪽.

151) 『영조실록』, 109:28a-b. *영조 43년 11월 병신(6일).

152) 『영조실록』, 115:12a-b. *영조 46년 10월 갑술(2일). 미주의 '105:12a-b'를 바로잡았다.

153) 사마천, 『사기史記』, 8:2459-2469.

154) *『영조실록』 권120, 영조 49년 4월 을사(17일); 『영조실록』 권42, 영조 12년 7월 병오(14일)·기유(17일).

155) 『승정원일기』, 74:970-972. 실록과 『승정원일기』에는 해당 문구가 언급되어 있지 않다. 당시 특진관 채제공이 언급한 것이다. 채제공蔡濟恭, 『번암선생집樊巖先生集』 권59, 「독노중열전讀魯仲列傳」.

156) 『영조실록』, 125:7a-8a. *영조 51년 9월 신해(6일).

157) 『승정원일기』, 76:881-882.

158) *영역은 '체천體天'을 '하늘의 본질'로 풀었으나 『서경』에서 성군聖君이 '하늘을 본받는다'는 고사를 인용한 것이다.

159) *영역은 '성공成功'을 '현명한 가치'로 풀었으나, 여기서는 영조가 이룬 성과를 '성인聖人의 공업功業'에 빗댄 것이다.

160) 『휘호첩徽號帖』.

161) 이후 익종 사후 고종이 왕위에 있을 때 비슷한 존호를 받았다. 『문조추상존호옥책문文祖追上尊號玉冊文』; 『고종가상존호옥책문高宗加上尊號玉冊文』.

162) 『승정원일기』, 76:948.

163) 『승정원일기』, 76:954-955.

164) 『승정원일기』, 77:2.

165) *『영조실록』 권127, 영조 52년 2월 계묘(1일).

166) 이 부분은 이전에 간략하게 출판된 적이 있다. Haboush, "Confucian Rhetoric and Ritual as Techniques of Political Dominance" 참조.

167) Haboush, "The Education of the Yi Crown Prince," pp. 161~164.

168) Kwon, "The Royal Lecture of Early Yi Korea(1)." *해당 연구의 최종 성과는 다음 참조. 권연웅, 『경연과 임금 길들이기』.

169) Haboush, "The Education of the Yi Crown Prince," p. 164, p. 211.

170) *영역은 'arbiter(최고 통치자)'인데, 책 전반의 인용문 번역을 살펴보면 원저자는 '군사君師'

라는 표현에 대응시켜 사용하지는 않았다. 그러나 실록이나 어제서 등 원사료에는 '군사'로 표현되어 있고, 현재 국내 학계에서 이 개념을 치통治統과 도통道統을 갖춘 존재로 이해하기 때문에 번역어로 채택하였다.

171) 일부 청황제는 무사히 군사君師 역할을 마쳤다. 그들은 신료들에게 배우기보다는 가르쳤다. 酒井忠夫, 『中國善書の硏究』, 7~8쪽. 또 Nivision, "Ho-shen and His Accuser," pp. 222~223 참조.

172) *영역은 'royal lecture'를 '경연'과 '소대' 두 종류로 번역하였다. 그러나 18세기 조선에서는 경연의 범주를 '삼강三講[法講]'과 '이대二對'로 구분하였다. 여기서는 'royal lecture'를 총칭할 때는 '경연'으로 풀이하고, '소대'와 구분이 필요할 때 '법강'으로 하였다. 이 같은 분류는 다음 참조. 권연웅, 『경연과 임금 길들이기』, 224~225쪽. 단, 19세기 고종대 '법강'은 전혀 다른 의미로 쓰였다.

173) 이러한 정보를 제공해준 페이-이 우Pei-yi Wu 교수에게 감사를 표한다.

174) 상세한 내용은 다음 참조. Kwon, "The Royal Lecture of Early Yi Korea(1)," pp. 90~104.

175) *권연웅, 『경연과 임금 길들이기』, 232쪽.

176) 『승정원일기』, 32:1295.

177) 『승정원일기』, 32:3.

178) 예를 들면, 『승정원일기』, 32:65.

179) 『영조실록』, 17:32b. *영조 4년 4월 갑진(24일).

180) 조선전기 법강과 소대의 교육과정 차이에 대해서는 다음 참조. "Haboush, "The Education of the Yi Crown Prince," pp. 191~192. *김자현은 '법강' 대신 '경연'으로 표현했다.

181) 부록 3 참조.

182) 효종에서 고종까지 경연 기록은 『열성조계강책자차제列聖祖繼講冊子次第』 참조. 세종과 성종은 Kwon, "The Royal Lecture of Early Yi Korea(1)," pp. 106~107 참조.

183) 세종이 다시 읽은 책은 오직 『대학연의大學淵義』였는데, 그는 두 차례 읽었다. Kwon, "The Royal Lecture of Early Yi Korea(1)," p. 106.

184) 정제두鄭齊斗, 『하곡집霞谷集』 「연주延奏」, 50~62쪽. 정제두는 양명학파이다.

185) 정제두, 『하곡집』 「연주」, 54쪽.

186) *원문은 '則輒思茅屋之下而心無少弛'인데, 영역은 '풀로 둘러싸인 방 (안에서 쉬며) 생각하지만'으로 풀었다. 적절하지 않아서 수정했다.

187) *원문은 '於保嗇之道'인데, 영역은 "(덕을) 보호하고 안내하는 방법"으로 풀이했다. '保嗇'은 배불리 먹는 음식과 충분한 수면을 뜻하여 수정했다.

188) *원문은 '心是猿, 意是馬, 弛則逸'인데, 영역은 "(만약 누군가가) 누군가의 안위를 염려한다면, 나태에 빠지기 쉽다. 이는 원숭이가 사고를 하는 것이나 말이 한번 (마구로부터) 느슨해지게 된다"로 풀어서 구두句讀가 다소 다르다. 실록 국역본을 참고하여 수정했다.

189) 『영조실록』, 41:36a. *영조 12년 6월 정해(24일).

190) *영역은 "(그것이) 완료되었을 때, (그는) 죽었다"라고 풀었으나, 원문은 '周世宗親征事, 斷則斷矣'이므로 실록 국역본을 참고하여 수정했다.

191) *영역은 "주 세종은 5년 동안만 훌륭했습니다"라고 풀었으나, 원문은 '周世宗不過五季中翹楚'이므로 실록 국역본을 참고하여 바로잡았다.

192) *영역은 "원나라가 여덟 번 소생할지라도 그에 대한 여덟 번의 승리가 있을 것이다"이나 원문은 '猶擧八元八凱'이다. 실록 국역본에 따르면 팔원은 고신씨 때 재자才子인 백분伯奮·중감仲堪·숙헌叔獻·계중季仲·백호伯虎·중웅仲熊·숙표叔豹·계리季貍이고, 팔개는 고양씨 때 재자인 창서蒼舒·퇴고隤敳·도인檮戭·대림大臨·방강尨降·정견庭堅·중용仲容·숙달叔達을 가리키므로 바로잡았다.

193) 『영조실록』, 42:1a. *영조 12년 7월 갑오(2일). 영역은 의역이 많아서 실록 원문과 국역을 참고했다.

194) 『승정원일기』, 51:730. *영역은 "그들의 생각을 『시경』과 『서경』으로 알려진 글로 남겼다"라고 하였으나 원문은 '故著書 傳後'로 책명이 아니라 "글을 지어 후세에 남겼다"는 뜻이다. 시서는 공맹의 작품이 아니다.

195) *영역은 "이것은 (통치자가 백성 앞에 드러나야만 하는) 사냥여행에 대한 당연한 걱정과는 다르다"로 풀이하였으나 원문은 '此雖與馳騁弋獵之好有異, 猶是不中節之病也'이므로 수정했다.

196) 『영조실록』, 56:15b-16a. *영조 18년 9월 신미(15일).

197) 『영조실록』, 47:43b. *영조 14년 10월 갑신(5일).

198) 『영조실록』, 56:16a. *영조 18년 9월 신미(15일).

199) 『승정원일기』, 54:796.

200) 『승정원일기』, 54:875.

201) 『승정원일기』, 55:594; 96:693-695; 95:700.

202) 『승정원일기』, 57:197.

203) 『승정원일기』, 57:404.

204) 영조, 『어제자성편』.

205) 『승정원일기』, 58:392.

206) *영역은 'mater'인데 'master'로 바로잡아서 번역했다.

207) 『승정원일기』, 63:74.

208) JaHyun Kim Haboush, *A Heritage of Kings*, pp. 166~234[이 책 235~324쪽].

209) 『승정원일기』, 70:217. 이후 영조는 아주 드물게 법강을 열었는데, 1776년[영조 52] 4월 1일에 마지막으로 열었다(『승정원일기』, 77:36). 영조는 그해 4월 22일에 흥서했다. *실록에는 주 강書講 기록이 이후에도 만년까지 계속 확인되므로 빈도가 줄었다고 평할 수는 있어도 법강 이 끊겼다고 보기는 어렵다.

210) 이러한 작품들은 한국학중앙연구원 장서각에 소장되어 있다.

211) *만년의 어제에서 영조는 자신을 아호雅號로 등장시키는데, 노년의 질환에 시달리는 가운데 육체와 정신의 갈등 구도를 표현하는 방식이 다수 보인다.

212) 『장서각도서한국판총목록藏書閣圖書韓國版總目錄』에는 영조가 생애 마지막 10년간 전념해 서 쓴 어제가 5,000개 정도 있다(보통 한 쪽당 10~15개 주제가 있고 총 392쪽이다). 그들 중 상당수가 동일본이고, 개별 어제의 2~3배에 달한다. 『장서각도서한국판총목록』 참조. *해당 자료는 다음 형태로 간행되었다. 김상환 외, 『영조어제해제』 1-10·목록.

213) *실록 원문과 대조하면 영역은 축약이므로 줄임 부분을 표시했다.

214) *실록 국역본은 '건공建功'을 '건공탕建功湯'으로 풀이했으나 영역을 준용하였다.

215) 『영조실록』, 125:1b. *영조 51년 7월 갑인(9일).

216) 모범적인 군주의 역할은 다음 참조. Munro, The Concept of Man in Early China, pp. 96~112.

217) 서명응, 『원릉지』, 「행장」. *유관기록은 다음 참조. 『영조실록』 권127, 행장; 김근호 옮김, 『역 주원릉지』.

218) 1평은 35.586평방피트ft2[3.3m²]이다. *『경국대전』, 「호전戶典」 '급조가지給造家地'에는 '부 負'를 단위로 삼아 삼등전척三等田尺을 기준으로 한다고 표기하였다.

219) *영역은 '다른 양반'으로 풀이했으나, 법전 원문을 따른다.

220) 『경국대전』, 1:179-180.

221) 1칸은 1.818미터m 또는 5.965피트ft²이다. 60칸은 약 2,100평방피트ft²이다.

222) *영역은 '다른 왕실의 자식들'로 풀이했으나, 실록 원문을 따른다.

223) 『세종실록』 90:18a. *세종 22년 7월 정묘(27일).

224) 윤창섭, 『한국건축사』, 273쪽.

225) 조선의 관복은 명의 관원보다 2등급 아래에 맞추어졌다. 환원하면, 조선의 1품 관원은 명의 3 품 관원과 같은 관복을 입었다. 김동욱, 「이조전기 복식 연구」, 81~121쪽. *'tank'는 'rank'의 오기로 바로잡았다.

226) 이것은 영조와 관료의 대화에서 즉위 이후 그 주제에 관해 자화자찬이 넘치고 있음을 보여준

다.『영조실록』, 5:27a. ＊영조 원년 4월 임진(25일).

227) 조선 국왕의 의복도 명 황태자[親王]의 구장복九章服을 본떠서 만들었다.『태종실록』, 3:11b. ＊태종 2년 2월 기묘(26일). 황제는 12개 문양을 수놓은 십이장복十二章服을 입고, 지위에 따라 차례로 구장, 칠장, 오장 등 문양 개수를 줄여나갔다. 미주에는 황태자로 설명했으나 실록 원문에는 친왕으로 되어 있다. 구장복은 양자에게 모두 적용되므로 모순되지 않는다.

228)『영조실록』, 70:17a. ＊영조 25년 10월 경진(5일).

229)『영조실록』, 10:19a; 109:4b. ＊영조 2년 10월 병인(8일); 영조 43년 6월 기미(27일).

230)『영조실록』, 10:20b; 37:24b; 64:24a; 65:3a. ＊영조 2년 10월 신미(13일); 영조 10년 2월 신해(5일); 영조 22년 11월 정사(26일); 영조 23년 정월 임인(12일). 관련 전교 다음 참조.『비변사등록備邊司謄錄』116책, 병인(영조 22) 12월 15일.

231)『영조실록』, 68:27a-b; 98:20a; 102:28b. ＊영조 24년 11월 을묘(5일); 영조 37년 9월 경신(25일); 영조 39년 11월 임술(9일).

232)『영조실록』, 31:33a. 이러한 형태의 머리장식은 고려 후기에 나타났고, 15세기 후반까지도 대도시에서 유행하였다. 영조 연간에 이르러 시골이나 사회적 신분이 낮은 여성들에게까지 유행하였다. 김동욱,「이조중후기의 의복 구조」, 27~28쪽. ＊영조 8년 6월 을해(20일).

233)『영조실록』, 70:16a-b; 90:36a-b; 102:28a. ＊영조 25년 9월 무진(23일); 영조 33년 12월 갑술(16일); 영조 39년 11월 임술(9일).

234)『영조실록』, 56:13a; 6:2a. ＊영조 18년 8월 갑인(28일); 영조 원년 5월 경자(3일).

235)『영조실록』, 10:20a-21a; 23:26b; 29:39a; 30:27b; 33:3a; 99:5a; 100:28a; 124:9b. ＊영조 2년 10월 경오(12일)·신미(13일); 영조 5년 8월 정묘(25일); 영조 7년 6월 신축(10일); 영조 7년 10월 신묘(1일); 영조 9년 정월 임진(10일); 영조 38년 2월 병자(12일); 영조 38년 12월 계축(25일); 영조 51년 2월 임인(24일).

236)『영조실록』, 88:20b; 90:24a. ＊미주의 '88:21b'는 바로잡았다. 영조 32년 10월 갑신(20일); 영조 33년 10월 계미(24일).

237)『영조실록』, 90:24b-25a. ＊영조 33년 11월 기축(1일). 단, 실록 원문은 처벌하지 않기를 바란다는 내용이고 신법하에서 처형하겠다고 직접 언급한 것은 확인되지 않는다.

238)『영조실록』, 90:30b. ＊영조 33년 11월 정미(19일).

239)『영조실록』, 29:39a; 31:31b-32a. ＊영조 7년 6월 신축(10일); 영조 8년 6월 무진(13일).

240)『영조실록』, 90:30b; 102:3b. ＊영조 33년 11월 정미(19일); 영조 39년 6월 병오(20일).

241)『영조실록』, 108:6a. ＊영조 43년 2월 무술(4일).

242)『영조실록』, 114:7a. ＊미주는 '114:39b'인데 해당 면 자체가 존재하지 않아 바로잡았다. 영조

46년 정월 갑진(26일).

243) 『영조실록』, 3:3a; 『속대전』, 78~79쪽. ＊영조 즉위년 11월 계묘(3일).

244) 『영조실록』, 21:2a. ＊영조 5년 정월 경술(5일).

245) 『영조실록』, 5:34a-b; 11:29b. ＊영조 원년 4월 병신(29일); 영조 3년 윤3월 경진(23일). 관련 연구는 다음 참조. 김백철, 『조선후기 영조의 탕평정치』, 174~175쪽.

246) 궁녀의 정확한 사회적 신분은 잘 이해되지 않는다. 조선 말경에는 왕의 거처에서 근무하는 이들은 중인 신분에서 선발하였다. 중인은 양반과 양인 사이에 위치하며 전문 기술을 지닌 서리 층이다. 또 과거에 이미 궁녀를 배출한 집안에서 선발된다고 믿기도 하였다. 김용숙, 「이조 궁중풍속」, 287-291쪽. 영조는 이렇게 친족을 받아들여 궁정에서 생활하는 관행은 바람직하지 않다고 하교하였다. ＊『영조실록』권106, 영조 41년 8월 신해(8일).

247) 『영조실록』, 63:16b. ＊영조 22년 4월 무인(13일).

248) 박문수 편, 『탁지정례度支定例』. ＊정례류 연구는 다음 참조. 최주희, 「18세기 중반 『탁지정례』류 간행의 재정적 특성과 정치적 의도」, 251~288쪽.

249) ＊실록 원문은 태묘[宗廟]인데, 영역은 '사직'으로 풀이하여 바로잡았다.

250) 『영조실록』, 65:8a. ＊영조 23년 정월 병진(26일).

251) 『왕세손가례등록王世孫嘉禮謄錄』.

252) 『왕자가례등록王子嘉禮謄錄』; 『숙종실록』, 39:15b. ＊숙종 30년 2월 신묘(21일).

253) 『영조실록』, 60:23b. ＊영조 20년 10월 갑인(11일).

254) 『영조실록』, 70:17a-b. ＊영조 25년 10월 신사(6일).

255) ＊실록 원문은 "비박非薄함을 숭상하므로"로 되어 있으나 뜻은 영역과 통하므로 그대로 풀이했다.

256) 『영조실록』, 66:31a. ＊영조 23년 11월 임인(16일).

257) ＊영역은 "털이나 가죽을 입는다"로 되어 있으나 실록 원문을 따랐다.

258) 『영조실록』, 71:7b-8a. ＊영조 26년 2월 계미(10일).

259) 『영조실록』, 59:28b. ＊영조 20년 5월 기묘(2일).

260) 『영조실록』, 82:24b. ＊영조 30년 10월 을해(30일).

261) 『영조실록』, 84:12b-13a. ＊영조 31년 5월 기묘(6일).

262) 『승정원일기』, 51:730. ＊실록에도 같은 표현이 보인다. 『영조실록』권45, 영조 13년 8월 을축(9일).

263) 『영조실록』, 45:4a. ＊영조 13년 8월 갑자(8일).

264) 『영조실록』, 102:35b. 구룡의 표시는 영조의 행장이나 지문에 적절히 기록되어 있다. 徐命膺,

『元陵誌』「行狀」; 金陽澤, 『元陵誌』「誌文」. *영조 39년 12월 무신(26일).

3장

1) *『서경』「주서」'태서 중' 편이다.

2) *조선후기 사회변동논쟁에서 양반계층의 증가 여부를 두고 찬반논쟁이 있다. 현재 중고등
교과과정에는 부민富民의 양반 신분 편입을 주장하는 변동론이 채택되어 있다. 하지만 반대
학설의 경우, 이들이 본래 양반과 같은 지위가 아니고 양반을 모칭冒稱하는 수준에 불과하다
고 비판하고 있다. 이에 대해서는 다음 연구 현황 정리가 상세하다. 이태진, 「조선후기 양반사
회의 변화」, 129~226쪽.

3) 『승정원일기』, 58:151-154.

4) *장기간 집권한 서인이나 노론에서 주로 노비종모법奴婢從母法, 서얼허통庶孼許通 등을 주
장한 것도 통치자 입장에서 국정을 바라본 시각이다.

5) *대동법이나 균역법 등에서 주로 양반사족에게 세금을 부과하는 문제에 대해서는 관료층의
반발이 많이 나타났다.

6) *Mencius*, I :1:3:3; Legge, *Chinese Classics*, II :128. *『맹자』「양혜왕장구 상」이다.

7) *군부일체론은 다음 참조. 이근호, 『조선후기 탕평파의 국정운영』.

8) 조선전기 신분 분화에 관한 자료는 거의 남아 있지 않다. 하지만 일반적 이미지는 인구 중 대
다수는 소규모 토지를 지녔거나 소작농인 양인과 노비로 구성되었다는 것이다. 노비 인구가
다소 많았던 것 같다. 한 학자는 조선전기 노비 인구를 전체 인구 400~500만 명 중 150만 명
으로 평가하였다. Shin, "Some Aspect of Landlord-Tenant Relations in Yi Dynasty Korea," pp.
49~52.

9) 四方博, 「李朝人口に關する身分階級別的觀察」.

10) *영역은 '금화'로 표기하였으나 강원도 현지에서 '김화'로 읽어서 이를 따른다.

11) Shin, "The Social Structure of Kŭmhwa County in the Late Seventeenth Century."

12) Wagner, "Social Stratification in Seventeenth-Century Korea: Some Observations from a 1663
Seoul Census Register."

13) 四方博, 「李朝人口に關する身分階級別的觀察」.

14) 울산 지역 연구에 따르면, 1729년[영조 5] 양반 19.9%, 양인 49.57%, 노비 31.04%로 각각 나
타났고, 1765년[영조 41]에는 비율이 양반 32.11%, 양인 50.83%, 노비 17.06%로 변했다. 하지

만 노비 인구는 1804년[순조 4] 22.99%, 1867년[고종 4] 14.66%로 나타나서, 19세기까지 더욱 일관되게 유지되었다. 정석종, 『조선후기 사회변동 연구』, 248~251쪽.

15) 상주 지역의 사회 신분 구성은 1720년[숙종 46] 양반 19.4%, 양인 59.8%, 노비 20.8%에서 1738년[영조 14] 양반 30.1%, 양인 49.3%, 노비 20.6%로 변했다. 김용섭, 「조선후기에 있어서의 신분제의 동요와 농지소유」, 427쪽.

16) 단성 지역 연구에 따르면, 1717년[숙종 43] 인구는 양반 19.9%, 양인 52.5%, 노비 27.6%로 구분되었으나 1796년[정조 20]에는 비율이 양반 32.2%, 양인 59%, 노비 8.8%로 변했다. 김석희·박용숙, 「18세기 농촌의 사회구조」, 25~60쪽.

17) 김용섭, 『조선후기 농업사 연구』, 420~425쪽.

18) 영남학파는 대부분 18세기에 실세失勢하였고 퇴계 이황을 계승하여 주리론主理論를 계속 견지했다. 반면에 기호학파는 율곡 이이의 주기론主氣論을 발전시켜나갔다. 高橋亨, 「李朝儒學史における主理派主氣派の發達」, 225~267쪽.

19) 이춘희, 『이조서원문고고李朝書院文庫考』, 17쪽, 부록 1~35쪽.

20) Kawashima, "The Local Gentry Association in Mid-Yi Dynasty Korea: A Preliminary Study of the Ch'angnyŏng Hyangan, 1600-1838," pp. 129~133.

21) 정석종, 『조선후기 사회변동 연구』, 243~278쪽.

22) 김용섭, 「조선후기에 있어서의 신분제의 동요와 농지소유」, 434쪽; 김용섭, 「양안의 연구」, 133~156쪽; Shin, "Land Tenure and Agrarian Economy in Yi Dynasty Korea 1600-1800," pp. 44~72.

23) 김용섭, 「조선후기에 있어서의 신분제의 동요와 농지소유」, 420~422쪽.

24) Shin, "Land Tenure and Agrarian Economy in Yi Dynasty Korea 1600-1800," pp. 98~109.

25) 1593년[선조 26] 이러한 관행[納粟]이 처음 나타났을 때, 실제로는 관직 매매였으나 양인은 배제되었다. 다음 해 군량이 대폭 줄어들자 조정에서는 관직을 살 여력이 있는 사람이면 누구에게나 빈 자리를 팔아서 일정량을 확보하였다. 『선조실록』, 35:25b-16a; 50:8b-9a. ＊선조 26년 2월 임진(7일)·신축(16일); 선조 27년 4월 을묘(7일). 납속은 다음 연구를 참조. 서한교, 『조선후기 납속제도의 운영과 납속인의 실태』, 1~272쪽; 김백철, 『탕평시대 법치주의 유산』, 170~187쪽.

26) 이 같은 구매는 사는 사람에게 온전한 특권을 부여하지는 못하였으나 그런 과정의 실마리는 제공하였다. 사람들은 지위를 산 이후에 신분 간 완충지대로 작동하는 회색지역으로 점점 자신의 사회적 지위를 올렸다. 김용섭, 「조선후기에 있어서의 신분제의 동요와 농지소유」, 410~414쪽, 420~422쪽, 432~433쪽.

27) 정석종, 『조선후기 사회변동 연구』, 243~278쪽.

28) 조선시대 과거제에 대한 좀 더 상세한 논의는 다음 참조. Yi Sŏngmu, "The Influence of Neo-Confucianism on Education and the Civil Service Examination System in Fourteenth-and Fifteenth-Century." *국내 연구는 다음 참조. 이성무, 『조선초기 양반 연구』; 이성무, 『조선양반사회 연구』; 원창애 외, 『조선시대 과거제도 사전』.

29) 조선시대에 생원·진사시[小科]가 229회 열렸고 47,749명이 합격했다. 이 중 162회가 식년시였고, 67회가 증광시였다. 더욱이 34,159명은 식년시 합격자이고, 13,589명은 증광시 합격자이다. 744회 문과[大科] 중에서 163회가 식년시였다. 문과 급제자 총 14,620명 중에서 6,063명은 식년시 급제자였다. 송준호, 『이조 생원진사시의 연구』, 19쪽.

30) 우선, 생원시와 진사시 중에서 하나를 통과하고 왕립대학인 성균관에서 300일을 지내면 문과 응시자격이 생겼다. 이러한 응시요건은 증광문과增廣文科에서 처음으로 느슨해지기 시작했다. 점차 이러한 요건이 완화되면서 증광문과가 확대되었다. 송준호, 『이조 생원진사시의 연구』, 16~24쪽.

31) *관련 연구는 다음 참조. 이준구, 「유학과 그 지위」, 126~165쪽.

32) 송준호, 『이조 생원진사시의 연구』, 36~38쪽, 57쪽.

33) Wagner, "The Ladder of Sucess in Yi Dynasty Korea," p. 4. *해당 연구의 번역은 다음 참조. 에드워드 와그너(이훈상·손숙경 옮김), 『조선왕조 사회의 성취와 귀속』.

34) Wagner, "The Ladder of Sucess in Yi Dynasty Korea," p. 4.

35) *와그너는 '서북' 출신을 지칭했는데 저자는 '북부'라고 옮겼다.

36) *와그너는 '1755년'으로 적시했다.

37) Wagner, "The Ladder of Sucess in Yi Dynasty Korea," pp. 7~8.

38) 경상도 창녕 지역 연구에서는 향안鄕案의 향원鄕員이 성장하는 모습을 보여준다. 하지만 양반층 내 인구 증가로 거의 설명된다. Kawashima, "The Local Gentry Association in Mid-Yi Dynasty Korea: A Preliminary Study of the Ch'angnyŏng Hyangan, 1600-1838," pp. 130~134. *관련 국내 연구는 다음 참조. 장동표, 「조선후기 창녕지역의 향안 중수와 재지사족」, 1~32쪽.

39) 『영조실록』, 65:9b-10a. *영조 23년 2월 갑술(14일).

40) Wagner, "The Ladder of Sucess in Yi Dynasty Korea," pp. 6~7.

41) *실제로 정국이 경색되었을 때마다 왕실의 존호가상을 선두에서 청하는 이들은 바로 종신宗臣이며, 이를 이어서 의정대신과 문무백관이 뒤따르는 형국이 재현되었다. 김백철, 『두 얼굴의 영조』, 277~308쪽.

42) *서얼금고법은 법전에서 사용한 용어는 아니다. 『경국대전』「이전吏典」 '한품서용限品敍用'
에는 서얼은 부친의 관품에 비례하여 정3품부터 정8품까지 출사가 가능했고, 부친이 2품 이
상이면 사역원, 관상감, 내수사, 혜민서, 도화서, 산학, 율학 등에 진출할 수 있었다. 입법 당
시에는 고위관료에 대한 특전으로 실렸으나 사족사회가 정착되자 오히려 출사 제한으로 이
해되면서 실록 등에서 '서얼금고'로 표현한 사례가 등장하였다. 김백철, 『법치국가 조선의 탄
생』, 271~280쪽.

43) *영역은 'fuctionaries'이다. 명청대 연구에서는 관원[正官]과 구분되는 이전吏典[胥吏]에 주
로 사용하는 영어 표현이지만, 저자는 조선왕조의 고급 관료를 제외한 중급 또는 하급 관원에
도 이 표현을 사용했다. 여기서는 당대 사료상 용어로 바꾸었다.

44) *서얼 허통 전반은 다음 참조. 배재홍, 『조선후기의 서얼허통과 신분 지위의 변동』.

45) *실록에는 260여 명으로 되어 있으나 『승정원일기』는 273명이 실명으로 나온다. 김백철, 『조
선후기 영조의 탕평정치』, 241쪽 註135.

46) 『영조실록』, 2:53b-54b. *영조 즉위년 12월 병술(17일).

47) 『영조실록』, 52:6a-b. *영조 16년 7월 계유(5일).

48) 『영조실록』, 56:23b-24a. *영조 18년 10월 기해(14일).

49) *『영조실록』 권62, 영조 21년 7월 신사(11일).

50) 『영조실록』, 62:3b-4a. *영조 21년 7월 신사(11일).

51) 『영조실록』, 119:18a-b. '청관淸官'은 엄밀히 말하면 삼사 중 하나인 홍문관의 자리를 차지한
사람을 일컫지만, 양사兩司 역시 대체로 '청관'으로 불렸다. 이런 경우 삼사는 언관에 임명된
것이지 홍문관에 임명된 것은 아니었다. *영조 48년 8월 정축(15일). 관련 사건의 정치적 배
경은 다음 참조. 김백철, 『조선후기 영조의 탕평정치』, 239~244쪽; 김백철, 『두 얼굴의 영조』,
172쪽.

52) 예를 들면, 『영조실록』, 29:39a; 31:31b-32a. *영조 7년 6월 신축(10일); 영조 8년 6월 무진(13
일).

53) 『영조실록』, 3:30b. *영조 원년 정월 정사(18일). 악형 폐지는 다음 참조. 김백철, 『조선후기
영조의 탕평정치』, 157~162쪽.

54) 『영조실록』, 3:42a-43a. *영조 원년 2월 신사(13일). 단, 실록 원문은 "自今以後, 未正刑而身
死者, 勿爲追正典刑事, 永爲定式施行"으로 "지금 이후로 아직 정형하지 않았는데 죽은 사람
은 사후에 소급해 전형을 바로잡지 말 것을 영구히 정식으로 삼아서 시행하라"이다.

55) 『영조실록』, 31:33a. *영조 8년 6월 을해(20일).

56) 『영조실록』, 35:25b. *영조 9년 8월 경오(22일).

57) 『영조실록』, 51:21b. *영조 16년 5월 병오(7일).

58) 『영조실록』, 59:38b. *영조 20년 7월 신사(6일).

59) 『영조실록』, 115:2a-b. *미주는 '105:2a-b'이지만 바로잡았다. 영조 46년 6월 임진(18일).

60) *영역은 '군사 세금 제도'로 풀이했으나 사료에는 대개 '양역良役'으로 나와서 이를 채택했다.

61) 『효종실록』, 14:21b; 18:4b-5a; 21:6b-9b; 21:12a-b. *효종 6년 4월 계유(19일); 효종 8년 정월 병인(23일); 효종 10년 2월 기사(8일)·임신(11일)·경진(19일).

62) 부모가 70세 이상이면 아들 1명을 면역하고, 90세 이상이면 여러 아들을 모두 면역하였다. 『경국대전』, 2:123.

63) 『경국대전』, 2:123-124.

64) 이상백 외 편, 『한국사』, 3:218-219.

65) 갑사甲士는 무예가 뛰어난 관료들의 후손으로 구성했다. 이상백 외 편, 『한국사』, 3:221.

66) 『경국대전』, 2:125.

67) 1필은 직물 한 개를 뜻한다. 곧 베틀로 찢어지지 않도록 짠 옷감의 길이 단위이다. 추정컨대, 실제 옷감의 수량은 기간, 지역, 직물의 종류 등이 엄청나게 다양했을 것이다. 어쨌든, 여기서 1필은 면포를 가리키고 대략 세로 2피트ft×가로 40피트였다. 실제 세금은 면포로 걷지 않고 그에 상응하는 동전으로 거두었다.

68) 차문섭, 「임란 이후의 양역과 균역법의 성립(상)」, 117~119쪽. *균역법의 최근 연구동향은 다음 참조. 정연식, 「영조대의 양역정책과 균역법」.

69) 『성종실록』, 197:18a-b; 275:19a-20a; 차문섭, 「임란 이후의 양역과 균역법의 성립(상)」, 122쪽 참조. *성종 17년 11월 기사(28일); 성종 24년 3월 임진(27일).

70) 『중종실록』, 62:43b-45b; 차문섭, 「임란 이후의 양역과 균역법의 성립(상)」, 123쪽 참조. *중종 23년 8월 계축(14일).

71) 차문섭, 「임란 이후의 양역과 균역법의 성립(상)」, 125~129쪽.

72) 이상백 외 편, 『한국사』, 4:144.

73) 『선조실록』, 61:14a-15a. *선조 28년 3월 무자(15일).

74) 『속대전』, 258쪽.

75) *영역은 '총계청'으로 발음을 적시했으나 '총융청'으로 바로잡았다. 총융청은 주로 북한산성을 거점으로 방어하는 부대이다.

76) *영역은 '수어청'도 '왕실 성곽 방어부대'로 번역했는데, 병자호란 이후 남한산성 중심의 방어부대로 탄생하였기에 이런 방식으로 설명한 듯하다.

77) 이상백 외 편,『한국사』, 4:146-148.

78) *오군영의 발전 과정은 다음 참조. 이태진,『조선후기의 정치와 군영제 변천』.

79) 차문섭,「임란 이후의 양역과 균역법의 성립(하)」, 85~89쪽.

80) Shin, "Land Tenure and Agrarian Economy in Yi Dynasty Korea 1600-1800," pp. 99~105.

81) 토지 1무畝는 대략 0.2에이커acre[약 0.08헥타르ha]이다.

82) Shin, "Land Tenure and Agrarian Economy in Yi Dynasty Korea 1600-1800," pp. 44~80.

83) 기록된 조선의 인구는 대략 1450년[문종 즉위년]에 2,000,000명, 1666년[현종 7]에 5,018,644명, 1717년[숙종 43]에 6,828,881명, 1777년[정조 1]에 7,238,522명, 1807년[순조 7]에 7,561,403명이다. 경작 가능한 토지는 대략 1450년[문종 즉위년]에 1,619,257결, 1666년에 1,246,310결(평안도 제외), 1720년[숙종 46]에 1,395,333결, 1780년[정조 4]에 1,437,975결, 1801년[순조 1]에 1,456,592결이다. Shin, "Land Tenure and Agrarian Economy in Yi Dynasty Korea 1600-1800," p. 75. 1결은 조선 초기 가장 비옥한 땅을 기준으로 약 2.25에이커[0.9헥타르]에 해당한다.

84) 1769년[영조 45]에는 세금 징수가 가능한 토지는 단지 전체의 56.7%에 불과했다. 천관우,「한국토지제도사」, 2:1507.

85) 김용섭,「사궁장토의 전호경제와 그 성장」.

86) Shin, "Land Tenure and Agrarian Economy in Yi Dynasty Korea 1600-1800," p. 118.

87) 차문섭,「임란 이후의 양역과 균역법의 성립(하)」, 107~111쪽;『숙종실록』, 7:1b 참조. *숙종 4년 정월 무자(16일).

88) 『숙종실록』, 33:49a. *숙종 25년 11월 경술(16일).

89) 『효종실록』, 16:14b-15a. *효종 7년 2월 병자(27일).

90) 『효종실록』, 20:51b. *효종 9년 11월 기유(16일).

91) 『숙종실록』, 5:26b-27b; 6:28a. *숙종 2년 6월 병인(15일); 숙종 3년 5월 임진(17일).

92) 『숙종실록』, 6:63b-64a; 7:1a. *숙종 3년 12월 19일 신유(19일); 숙종 4년 정월 을해(3일).

93) 『숙종실록』, 11:31b-32b. *미주는 '31a'부터였으나 원문을 대조하여 바로잡았다. 숙종 7년 4월 병술(3일).

94) 『숙종실록』, 12:56a; 12:60a-62b; 12:65a. *숙종 7년 12월 기축(10일)·갑오(15일)·을사(26일).

95) 『숙종실록』, 13A:18a-b. *숙종 8년 3월 갑자(16일).

96) 이는 정부가 중앙 각 사에서 헐역歇役을 지는 10,358명을 적발했을 때이다. 영의정 류상운柳尙運의 주도로 시작된 사업이다.『숙종실록』, 33:33a; 33:49a. *숙종 25년 윤7월 신해(15일); 숙종 25년 11월 경술(16일).

97) 『숙종실록』, 33:49a; 56:29b-30b. ＊미주는 '56:29a-30b'이지만 원문을 확인하여 바로잡았다.
숙종 25년 11월 경술(16일); 숙종 41년 12월 갑자(2일)·병인(4일).

98) 1필은 대략 세로 2피트×가로 40피트에 해당한다. 『숙종실록』, 38A:2a-3b; 38A:8a-10a;
40:54a-59b. ＊숙종 29년 정월 병진(10일)·2월 계미(8일); 숙종 30년 12월 갑오(28일).

99) 『숙종실록』, 50B:12b-14a. ＊미주는 '50:12b-14a'이나 원문을 대조해서 보완했다. 숙종 37년
9월 경술(24일).

100) 『비변사등록』, 26:320-325; 26:554-57.

101) 『숙종실록』, 55:31a-32a. ＊숙종 40년 9월 계해(25일).

102) 『경종실록』, 4:20a. ＊경종 원년 8월 계해(5일).

103) 『경종실록』, 11:3a-b. ＊경종 3년 정월 기축(9일).

104) 『영조실록』, 10:10a-b; 14:3a-b. ＊영조 2년 8월 을해(16일); 영조 3년 11월 정사(5일).

105) 이 반란에 대한 논의는 이 책 4장 참조.

106) 『영조실록』, 37:11a-b. ＊영조 10년 정월 신묘(14일). 관련 배경설명은 다음 참조. 김백철, 『박
문수』, 77쪽; 김백철, 『두 얼굴의 영조』, 70쪽 註20.

107) 『영조실록』, 56:28b. ＊영조 18년 11월 기사(14일).

108) 영조가 암행어사를 파견한 표면적 이유는 그 지방의 형정刑政을 조사하기 위해서이다. 좀 더
직접적인 목적은 균역법을 백성들이 선호하는지 살피기 위해서였다. 『영조실록』, 61:3b-4b.
＊영조 21년 정월 병술(14일)·무자(16일).

109) 조현명 편, 『양역실총良役實摠』.

110) Shu-ching, Ⅱ:1:8; Legge, Chinese Classics, 3:1:35-37. ＊『서경』 「우서虞書」 '순전舜典' 편이다.

111) Spence, Emperor of China, p. 148. ＊다음 번역 참조. 조너선 스펜스(이준갑 옮김), 『강희제』.

112) Herold L. Kahn, "Politics of Filiality: Justification for Imperial Action in Eighteenth-Century
China."

113) 『숙종실록』, 51:10a; 『경종실록』, 4:28a-b. ＊숙종 38년 2월 을축(12일); 경종 원년 9월 갑오(6
일).

114) 예를 들면, 『영조실록』, 50:4a-b. ＊영조 15년 8월 갑오(20일).

115) 『영조실록』, 63:6a. ＊영조 22년 2월 신해(15일).

116) 『영조실록』, 99:19a-b. ＊영조 38년 5월 정사(24일).

117) 『영조실록』, 111:6a-b. ＊영조 44년 7월 갑진(19일).

118) 『영조실록』, 7:37a. ＊영조 원년 8월 임진(27일).

119) 『영조실록』, 52:20a. ＊영조 16년 9월 경오(2일).

120) 초굉焦竑은 1594년[萬曆 22] 만력제 장자長子의 사부가 되었을 때 이 책을 집필했다. 역사 속에서 도덕적 격언과 칭송받을 만한 행적을 모아서 삽화를 붙였다. 그가 책을 써서 황자에게 바쳤으나 그와 같이 본받게 할 수는 없었다. Ch'ien, "Chiao Hung and Revolt Against Ch'eng-Chu Orthodoxy," p. 278.

121) ＊공교롭게도 같은 해 영조는『여사제강』을 진강하고 있었는데, 고려 중기에 이미 궁궐에 백성을 불러들여 연회를 베푸는 기록이 다수 나타난다. 이 역시 휼민의 탄생과 연관지어 생각해 볼 필요가 있다.

122)『영조실록』, 70:5a-b. ＊영조 25년 8월 임오(6일).

123) ＊영역은 일반명사로 풀이했으나 고유명사로 수정했다.

124) ＊원문의 '王'을 영역은 'prince'로 풀었으나 문맥에 따라 수정하였다.

125) ＊실록 국역을 준용하여 수정하였다.

126)『승정원일기』, 57:646-647. ＊영역의 오역은 원문에 따라 수정하였다. 실록의 요약 기사는 다음 참조.『영조실록』권70, 영조 25년 8월 신묘(15일).

127) 영조실록』, 71:18b. ＊영조 26년 5월 병진(15일).

128) 승정원일기』, 58:86-91.

129) ＊원문에 따라 번역을 수정했다.『승정원일기』, 건륭 15년[영조26] 5월 19일(경신). 실록의 요약 기사는 다음 참조.『영조실록』권71, 영조 26년 5월 경신(19일).

130) 승정원일기』, 58:94-95.

131)『영조실록』, 71:20a-b. ＊영조 26년 5월 경신(19일).

132)『승정원일기』, 58:95-99.

133)『승정원일기』, 58:151-154.

134)『영조실록』, 71:18a. ＊영조 26년 5월 신해(10일). 주전론은 다음 참조. 김백철,『박문수』, 89~92쪽; 김백철,「17-18세기 대동·균역의 위상: 조선시대 재정개혁 모델의 모색」, 60~65쪽, 69~71쪽.

135)『승정원일기』, 58:162-166.

136)『승정원일기』, 58:168-174.

137)『승정원일기』, 58:190-194.

138)『영조실록』, 71:32b-33b. ＊영조 26년 7월 기유(9일)·신해(11일).

139)『승정원일기』, 58:190-194.

140)『승정원일기』, 58:253-255.

141) 왕좌王座[국왕]에서는 지방 군현[정부]을 감찰하려고 정기적으로 암행어사를 파견했다. 그들

이 다소 사려 깊게 파견되었다고 할지라도 그들의 왕래, 복명, 국왕 알현 등은『승정원일기』
에 적절하게 기록되었다. 그들은 왕의 개인적인 사자使者가 아니었다. 전봉덕,『한국 법제사
연구』, 21~186쪽.

142)『온행일기溫行日記』.

143) 홍계희는 이러한 대안의 강력한 지지자였다.『승정원일기』, 58:942.

144)『승정원일기』, 58:826-827.

145)『승정원일기』, 58:933-995.

146)『승정원일기』, 59:25-26.

147)『승정원일기』, 59:31-32.

148)『승정원일기』, 59:43-45.

149)『승정원일기』, 59:56-59.

150) 이 개혁의 부적절성이 꾸준히 증가하여 19세기를 지나면서 더욱 현저해졌다. 이러한 논의는
다음 참조. Palais, *Politics and Policy in Traditional Korea*, pp. 96~109. ＊번역본은 다음 참조. 제
임스 팔레(이훈상 옮김),『전통 한국의 정치와 정책』.

151) 이상백 외 편,『한국사』, 4:218-239; 차문섭,「임란 이후의 양역과 균역법의 성립(하)」,
139~143쪽.

152)『영조실록』, 74:11b-12a. ＊영조 27년 6월 병진(21일).

153) ＊사회적 타협 평가는 다음 참조. 김백철,『조선후기 영조의 탕평정치』, 237~239쪽.

154) 예를 들면,『영조실록』, 110:32a; 112:4a; 113:10b-11a; 118:32b; 118:33a; 120:13a-b; 120:21a-
b; 125:5b-6b. ＊영조 44년 5월 기유(22일); 영조 45년 정월 신묘(7일)·9월 계묘(24일); 영조
48년 5월 임술(28일)·6월 을축(1일); 영조 49년 윤3월 임술(3일)·5월 갑자(6일); 영조 51년 8
월 신축(26일). 순문은 다음 참조. 김백철,『두 얼굴의 영조』, 183~231쪽.

155) 예를 들면,『영조실록』, 112:4a-b; 113:10b-11a; 116:1a; 124:18b. ＊영조 45년 정월 신묘(7일);
영조 45년 9월 계묘(24일); 영조 47년 정월 계묘(1일); 영조 51년 6월 경자(24일).

156) 예를 들면,『영조실록』, 66:13a; 110:6b. ＊미주의 '61:3b'는 원문과 대조하여 바로잡았다. 영조
23년 9월 신묘(4일); 영조 44년 정월 기유(20일).

157) 예를 들면,『영조실록』, 102:15a; 113:11a. ＊영조 39년 8월 경술(26일); 영조 45년 9월 갑진(25
일).

158)『승정원일기』, 52:603-606.

159) 인원왕후의 회갑을 맞이하여 영조는 전국의 70세가 넘은 사람에게 선물을 하사했다.『승정원
일기』, 63:459.

160) 『영조실록』, 106:20b. *영조 41년 11월 기해(28일).

161) 『영조실록』, 120:16a; 123:1b; 124:18b. *영조 49년 4월 신묘(3일); 영조 50년 7월 을묘(4일); 영조 51년 6월 신축(25일).

162) 『영조실록』, 120:13a-b. *영조 49년 윤3월 임술(3일).

163) 영조는 재위 52주년의 시작을 기념해 농민의 감세를 명하고 관료들의 동의를 얻어냈다. 『승정원일기』, 76:881-883.

164) 『승정원일기』, 76:187; 『영조실록』, 125:15b. *영조 51년 11월 을해(2일).

165) 『영조실록』, 122:1a. *영조 50년 정월 병인(12일).

166) 『승정원일기』, 76:909-910.

4장

1) *영역 인용문과 표현이 약간 다르나 최근에 러시아어본을 토대로 국역한 판본을 따랐다. 도스토옙스키(이대우 옮김), 『까라마조프 씨네 형제들』상, 456쪽.

2) 이것은 기자箕子가 주周 무왕武王에게 전했다고 추정되는 규범[洪範]이다. 『십삼경주소十三經注疏』「서경書經」, 190b.

3) 이것은 통설이다. 예를 들면, 이상백 외 편, 『한국사』, 3:567-583; 이기백, 『한국사신론』, 252~256쪽; 성낙훈, 「한국당쟁사」, 282~288쪽.

4) 정만조, 「영조대 초반의 탕평책과 탕평파의 활동」; 최완기, 「영조탕평의 찬반론 검토」.

5) 『숙종실록』, 32:5a. *숙종 24년 정월 을미(19일).

6) 예컨대 조선의 학자들의 모범이었던 주희는 부패한 정부에서 관직을 얻는 데 깊은 의구심을 표하였다. Shirokauer, Conrad M. "Chu Hsi's Political Career."

7) 예컨대 조선초기 고위관료를 배출한 많은 가문은 조선중기로 갈수록 지방에 정착하여 조정과 연결고리가 점차 옅어졌다. 이러한 선택은 의도된 것인 듯하다. 『광산김씨명천고문서光山金氏鳴川古文書』; 『부안김씨우반고문서扶安金氏愚磻古文書』; 이수건 편, 『경북지방고문서집성慶北地方古文書集成』참조. 피터슨은 학문이 관직보다 우선하는 17세기 중국 학자들의 '새로운 인생관'에 관해서 다루었다. Peterson, Bitter Gourd. 비록 조선의 상황이 다소 유사하다고 할지라도 여전히 조사가 필요하다.

8) 유신儒臣의 문집文集에는 대체로 사직을 청하는 상소가 많은 분량을 차지한다. 비록 그것을 순전히 형식적인 행동으로 치부한다고 할지라도, 여전히 은퇴하는 삶을 보통 갈망했음을 알

수 있다.

9) 그에게 제공된 가장 높은 지위는 의정부 우의정이었다. 윤증은 숙종이 사직을 받아들이기 전에 14개월 동안 18번 사직소를 올렸다. 윤증尹拯, 『명재선생유고明齋先生遺稿』, 7:6a-22b.

10) 다음 책에서 인용하였다. 현상윤玄相允, 『조선유학사朝鮮儒學史』, 259쪽. *원문은 '儒林尊道德, 小子亦嘗欽, 平生不識面, 沒日恨彌深'인데, 이에 근거하여 번역을 수정했다. 실록에도 비슷한 문장이 전교傳敎로 소개되어 있다. 『숙종실록보궐정오肅宗實錄補闕正誤』 권55, 숙종 40년 정월 임신(30일).

11) 송시열, 『송자대전』, 부록, 「어록」, 15:22a; JaHyun Kim Haboush, A Heritage of Kings, pp. 41~42[이 책 69~71쪽].

12) 구양수歐陽修, 『구양영숙집歐陽永叔集』, 3:22-23. 구양수의 붕당론 논의는 다음 참조. Liu, Ou-yang Hsiu, pp. 52~64.

13) JaHyun Kim Haboush, A Heritage of Kings, pp. 40~61[이 책 68~96쪽].

14) JaHyun Kim Haboush, A Heritage of Kings, pp. 61~87[이 책 96~130쪽].

15) JaHyun Kim Haboush, A Heritage of Kings, pp. 90~91[이 책 133~135쪽].

16) JaHyun Kim Haboush, A Heritage of Kings, pp. 83~87[이 책 125~130쪽].

17) 알현[獨對]에서 무슨 일이 일어났는지 분명하지 않다. 노론대신 민진원은 이러한 이야기를 했다. 숙종은 경종의 통치능력에 심각하게 우려를 표했고 청 조정의 태자문제를 들어 암시했다. 강희제의 첫 번째 태자 윤잉胤礽에 관한 문제를 언급한 것이다. 하지만 이이명은 경종을 옹호하면서 대신들이 세자를 잘 보필할 것을 맹세했다. 민진원, 『단암만록』, 2:9a-10a. 윤잉 관련 문제는 다음 참조. Spence, Emperor of China, pp. 125~136. 차후에 대신들과 공개적인 회의에서 숙종은 경종에 관한 우려를 많이 표했다. 『숙종실록』, 60:5b-7b. *숙종 43년 7월 신미(19일).

18) 이건명은 유신儒臣의 전통적인 처형 방식인 사약을 받기보다 모욕적 방법인 교형絞刑으로 죽었다. 이이명이 묻힌 후 두 아들은 자결했다. 유숙기兪肅基, 『겸산집兼山集』, 14:30.

19) JaHyun Kim Haboush, A Heritage of Kings, pp. 91~104[이 책 135~150쪽].

20) 예를 들면, 영조가 당색이 다르면 혼인을 하지 않는 관행을 한탄한 것이다. 『영조실록』, 70:16b. *영조 25년 9월 무진(23일).

21) JaHyun Kim Haboush, A Heritage of Kings, p. 100[이 책 145~146쪽]; 『경종실록』, 6:18b-19b. *경종 2년 3월 갑인(29일).

22) JaHyun Kim Haboush, A Heritage of Kings, pp. 104~105[이 책 150~152쪽].

23) 관료들의 붕당에 대한 충성이 황제에 대한 그것보다 앞서게 될지도 모른다는 옹정제의 혐오

감에 관해서는 르벤슨의 논의를 참조. Levenson, *Confucian China and Its Modern Fate*, 2:69-73.

24) 관련 논의는 다음 참조. Dardess, *Confucianism and Autocracy*.

25) 중국에서 언로의 성쇠는 다음 참조. Hucker, "Confucianism and the Chinese Censorial System."

26) 대간은 사약을 받은 김창집과 이이명의 참시斬屍를 청했다. 『영조실록』 권1:18a-b. ＊영조 즉위년 9월 병인(26일).

27) ＊『영조실록』 권1, 영조 즉위년 9월 신유(21일).

28) 『영조실록』, 2:5b-6a. ＊영조 즉위년 11월 병오(6일).

29) 영조가 보낸 수많은 신호에도 불구하고 아무도 김일경의 처벌을 청하지 않았다. 『영조실록』 권2, 영조 즉위년 11월 기유(9일)·경술(10일)·신해(11일) ＊해당 사료는 이미 국왕의 하교로 처벌이 내려졌지만 제대로 집행되지 않는 문제를 지적한 내용이다.

30) 이의연의 추국은 다음 참조. 『의연추안義淵推案』. ＊추안推案 국역본은 다음 참조. 『추안급국안(국역본)』 전 90책.

31) 추문한 구절은 "대궐의 뜰에 유혈이 낭자하여 그것을 밟고 건널 정도였다(禁庭蹀血)"이다. ＊『자치통감自治通鑑』의 '蹀血禁庭'으로 당대 현무문玄武門의 변變을 지칭한다. 관련 상소는 다음 참조. 『영조실록』 권2, 영조 즉위년 11월 병오(6일)·무신(8일).

32) 『일경호룡등추안一鏡虎龍等推案』.

33) 영조가 경종의 능에서 환궁하던 중 이천해李天海가 이러한 혐의를 부르짖었다. 추국에서 시해 혐의는 심유현沈維賢에게서 생겨났음이 드러났다. 심유현은 경종비[端懿王后]의 동생인데, 경종 임종 시 자리하였다. 심유현은 경종이 심하게 토하였고 후에 시신도 매우 이상했다고 했다. 이것은 독살을 가리킨다. 이 소문은 널리 퍼져나갔다. 한 별제別提[方萬規]가 상소에서 그것을 언급했다가 근거 없는 소문을 확산시킨다는 죄목으로 처형당했다. 『영조실록』, 3:25b-29a; 3:11b-12b; 3:19b-30a. ＊영역은 환궁길로 표현하였으나 실록에는 출발할 때로 표현되어 있다. 영조 원년 정월 을묘(16일)·병진(17일)·정사(18일); 영조 원년 정월 정미(8일); 영조 원년 정월 경술(11일)·신해(12일)·임자(13일)·계축(14일)·을묘(16일)·병진(17일).

34) 영조는 복수는 포기했으며, 관작 복구는 해로울 것이라고 했다. 『영조실록』, 3:30a. ＊영조 원년 정월 정사(18일). 실록 기사는 노론 당론에 따른 소론 대신의 처벌을 금지한 내용이다.

35) 노론 4대신은 신원되었고, 송시열의 사원祠院[祭享]도 회복되었다. 『영조실록』, 4:2b-3a; 4:10a-b; 3:26a; 3:33a. ＊원문은 서원의 제향을 회복하고 치제致祭를 명한 조치이다. 영조 원년 3월 2일 경자(2일)·을사(7일); 영조 원년 정월 병진(17일)·임술(23일).

36) 경종 암살음모 혐의는 조작되었다고 공표하였다. 『영조실록』, 4:24a-30b. ＊영조 원년 3월 계해(25일).

37) 『영조실록』, 5:1a-3b. *영조 원년 4월 무진(1일).

38) 『영조실록』, 5:9a-b; 5:13a-b. *영조 원년 4월 병자(9일) · 정축(10일).

39) 『승정원일기』, 31:195-196.

40) 『영조실록』, 5:1a; 6:2a, 6:7a-b. *영조 원년 4월 무진(1일) · 5월 계묘(6일) · 경술(13일).

41) 그들 중 두 명[趙泰耆 · 崔錫恒]은 죽었고 세 명[柳鳳輝 · 李光佐 · 趙泰億]은 생존했다.

42) 살아 있는 소론 대신 세 명 중에서 한 명[柳鳳輝]은 유배당했고 두 명[李光佐 · 趙泰億]은 문외출송門外出送을 당했다. 『영조실록』, 7:3a-b. *영조 원년 7월 기해(4일).

43) *『영조실록』 권7, 영조 원년 7월 신축(6일).

44) 종묘에서 고유제는 1722년[경종 2] 옥사에 대한 판부를 번복하여 김일경과 그 일파의 끔찍한 죄상을 언급한 것이다. 『영조실록』, 7:27a-28a. *영조 원년 8월 병자(11일).

45) 『영조실록』, 8:2b. *영조 원년 10월 기사(5일).

46) *관직명은 원문을 따랐다.

47) *『서경』「상서商書」 '이훈伊訓'의 '與人不求備 檢身若不給(다른 사람을 대하는 데 완벽을 요구하지 않고 자신을 단속하는 데 부족한 존재처럼 여긴다)'을 인용한 것이다.

48) 우왕禑王(재위 1375~1388)과 그 아들 창왕昌王(재위 1388~1389). 조선왕조 개창자들은 우왕이 공민왕이 아니라 승려[辛旽]의 아들이라는 견해를 고수했다.

49) 광해군은 법통상 모후인 인목대비를 유폐했다. 이러한 불효한 행위는 1623년[인조 1] 광해군을 폐위하는 명분 중 하나가 되었다.

50) '흉인兇人'은 '살인범'을 지칭하는 중의적 표현이다.

51) *영역은 『승정원일기』의 '지점指點'을 '관리 임명'으로 풀이하였으나 인조대 대북의 자손이 등용된 적이 거의 없었으므로 본뜻인 '가리키다'로 고쳤다.

52) *김일경이 노론 4대신 김창집 · 이신명 · 이건명 · 조태채를 공척攻斥할 때 상소에 가담한 이들이다. 해당 인물은 박필몽朴弼夢, 이명의李明誼, 이진유李眞儒, 윤성시尹聖時, 정해鄭楷, 서종하徐宗廈 등 6인이며 초기 논의는 그중 1명을 제외한 것인데 해당 인물은 불확실하다. 『영조실록』 권83, 영조 31년 2월 신미(27일).

53) 『승정원일기』, 32:991. *영역은 의역이 많아서 『승정원일기』 원문에 따라 수정하였다. 또 실록에는 상당히 요약된 기사가 실려 있다. 다음 참조. 『영조실록』 권8, 영조 원년 10월 신사(17일).

54) 민진원의 연보는 다음 참조. 민병승閔丙承, 『단암선생연보丹巖先生年譜』.

55) 이만시李萬蓍의 상소는 다음 참조. 『영조실록』, 8:7b-8b. *영조 원년 10월 병자(12일) · 계미(19일).

56) 실록에는 의정부의 대신들이 6개월 동안 참석하지 않았다고 했다.『영조실록』, 11:20a. ＊영조 3년 3월 신축(14일).

57) ＊정부 부처의 교체로 영역하였으나 본래 '환국換局'은 '갑작스러운 국면전환'을 뜻한다.

58) 『영조실록』, 11:47b-49a. ＊영조 3년 6월 갑인(29일).

59) 『영조실록』, 12:12b. ＊영조 3년 7월 정묘(13일).

60) 『영조실록』, 12:4a-5a. ＊영조 3년 7월 무오(4일).

61) 『영조실록』, 12:23b-24a. ＊영조 3년 8월 갑신(1일).

62) 『영조실록』, 12:29a. ＊영조 3년 8월 갑오(11일).

63) 『영조실록』, 12:37a. ＊영조 3년 8월 신해(28일).

64) 『영조실록』, 13:30a-31b. ＊영조 3년 10월 무자(6일).

65) ＊20세기 이래 근대 역사서에는 '이인좌의 난'으로 표기하는 경우가 많다. 그러나 사료에는 '무신란'이 공식표현이며, 영역도 '1728년 반란'으로 직역했다. 현재 각종 연구에서도 이인좌 이외에 다양한 주도세력이 확인되고 있으므로 원사료의 용어를 채택했다.

66) 『영조실록』, 11:36b. ＊영조 3년 5월 경신(5일).

67) 『영조실록』, 13:39a. ＊영조 3년 10월 갑진(22일).

68) 송인명宋寅明 편,『감란록勘亂錄』, 1:1b.

69) 그 괘서에는 영조가 경종을 시해했다는 혐의가 담겨 있었을 것이다. 송인명 편,『감란록』, 2:38b-39b. 또 그들은 영조가 숙종의 아들이 아니라고 주장했을 것이다. 구수훈具樹勳,『이순록二旬錄』1:22a-b(『패림』, 9:417).

70) ＊원문은 '1642'로 되어 있으나 오기를 바로잡았다.

71) ＊『영조실록』권16, 영조 4년 3월 을축(15일).

72) ＊『영조실록』권16, 영조 4년 3월 갑자(14일).

73) 송인명 편,『감란록』, 1:1b-3a.

74) ＊『영조실록』권16, 영조 4년 3월 병인(16일).

75) ＊『영조실록』권16, 영조 4년 3월 병인(16일).

76) 『영조실록』, 16:9a-10a. ＊영조 4년 3월 병인(16일).

77) ＊『영조실록』권16, 영조 4년 3월 병인(16일).

78) ＊관직명은 실록 원문을 따름.

79) ＊『영조실록』권16, 영조 4년 3월 병인(16일).

80) 『영조실록』, 16:9b-12b; 16:14a-b. ＊영조 4년 3월 16일 병인(16일)·정묘(17일)·무진(18일).

81) ＊관직명은 실록 원문을 따름.

82) *『영조실록』권16, 영조 4년 3월 정묘(17일).

83) *관직명은 실록 원문을 따름.

84) 『영조실록』, 16:7b-8a. *영조 4년 3월 을축(15일).

85) 민진원, 『단암만록』, 2:66a-b.

86) 『영조실록』, 16:15a. *영조 4년 3월 기사(19일).

87) *『영조실록』권16, 영조 4년 3월 갑술(24일).

88) 『영조실록』, 16:19b; 16:22b-27b; 16:34a-40b; 17:1a-3b. *영조 4년 3월 경오(20일)·계유
(23일)·갑술(24일)·을해(25일)·병자(26일)·정축(27일)·무인(28일)·기묘(29일)·4월신사(1
일)·임오(2일).

89) 『무신역옥추안戊申逆獄推案』.

90) 『무신역옥추안』, 제1책, 3월 20일.

91) '십적十賊'으로 공포된 저들은 정치적 혹은 가문 간 연결로 서로 모두 가까웠다.

92) 『무신역옥추안』, 제1책, 3월 19일; 『무신역옥추안』, 제2책, 4월 5일·6일·7일.

93) 심유현은 경종의 처남[端懿王后의 동생]인데, 시해 혐의를 퍼뜨린 책임을 부인했다. 『무신역
옥추안』, 제2책, 3월 29일. 민익관閔翼觀은 자신이 그 구호를 작성했다고 자백했다. 김일경의
상소에 함께 참여했던 박필현朴弼顯에게서 전해 들었다고 하는 누군가에게서 소재를 얻었다
고 했다. 『무신역옥추안』, 제2책, 3월 28일.

94) *『영조실록』권12, 영조 3년 7월 을묘(1일).

95) *추안의 원문은 소론강경파[峻少]인데 실질적 내용은 영조의 즉위를 반대한 소론급진파[急
少]를 의미한다. 영역과 원사료를 따랐다.

96) 『무신역옥추안』, 제2책, 5월 1일. *영인본 기준으로 책수를 '제3책'에서 '제2책'으로 바로잡
았다.

97) 『무신역옥추안』, 제2책, 5월 1일.

98) 이건창李建昌, 『당의통략黨議通略』, 139쪽.

99) 『영조실록』, 16:30a-b; 17:28a-31a. *미주의 '7:28a-31a'는 원문을 대조하여 바로잡았다. 영
조 4년 3월 을해(25일)·4월 임인(22일).

100) 『영조실록』, 18:8a. *영조 4년 5월 정사(7일). 영역은 의역이 많아서 실록 국역본을 참고하였
고, 영역에서 표시 없이 생략한 곳은 말줄임표를 했다.

101) 송인명은 보통 온건한 처벌을 지지하였고, 왕이 이것을 반대하는 데 경고했다. 『영조실록』,
17:14b-15b. *영조 4년 4월 신묘(11일).

102) 예를 들면, 영조와 홍치중의 대화가 있다. 『영조실록』, 24:1a-3a. *영조 5년 9월 임신(1일).

103) 예를 들면, 영조의 하교나 이광좌를 인견한 경우이다.『영조실록』, 18:33a; 22:29b; 24:3a-7a.
＊영조 4년 7월 을묘(6일); 영조 5년 6월 정축(4일)·9월 계유(2일).

104) 이광좌,『운곡실기雲谷實紀』, 2:13a-b.

105) 이광좌,『운곡실기』, 2:18a-19b.

106) ＊실록에는 유생 신헌申鑢 등이 상소하여 교리 김성탁金聖鐸의 스승 이현일李玄逸을 공격하
자 교리 김성탁이 억울함을 호소한 사건으로 나온다. 따라서 신원을 요구한 주체가 유생이 아
니라 정반대이다.

107)『영조실록』, 44:6b-8b; 44:17b-21a; 45:1b-3b. ＊영조 13년 5월 기유(22일)·7월 신축(15일)·
갑진(18일)·병오(20일)·정미(21일)·기유(23일)·경술(24일)·신해(25일)·임자(26일)·계축
(27일)·갑인(28일)·을묘(29일)·병진(30일)·8월 신유(5일)·임술(6일)·계해(7일)·갑자(8
일).

108) ＊처음 감선減膳으로 시작하였다가 실제 각선却膳으로 이어져서 물 한 모금 먹지 않았다.
『영조실록』권45, 영조 13년 8월 정묘(11일).

109) ＊실록 국역본의 풀이를 준용했다.『영조실록』권45, 영조 13년 8월 갑자(8일).

110) ＊『영조실록』권45, 영조 13년 8월 을축(9일).

111) ＊『영조실록』권45, 영조 13년 8월 병인(10일).

112) ＊『영조실록』권45, 영조 13년 8월 병인(10일).

113)『영조실록』, 45:3b-10b. ＊영조 13년 8월 갑자(8일)·을축(9일)·병인(10일)·정묘(11일)·무진
(12일)·기사(13일)·경오(14일).

114) 예를 들면,『영조실록』, 39:10b; 42:6b-7a; 64:21b-22a. ＊영조 10년 10월 을묘(13일); 영조 12
년 7월 기유(17일); 영조 22년 11월 경술(19일).

115)『영조실록』, 24:1a-3a. ＊영조 5년 9월 임신(1일).

116) 이것[蕩平의 主人]은 영조가 자신을 가리킨 것이다.『영조실록』, 42:28b. ＊영조 12년 11월 정
유(8일).

117)『죄인황소추안罪人黃熽推案』.

118)『영조실록』, 21:43b. ＊영조 5년 3월 임신(28일).

119)『추안급국안推案及鞫案』, 제146책~제151책.

120)『영조실록』, 32:25a-26b; 33:3b; 33:18a. ＊영조 8년 11월 계묘(20일)·12월 병진(3일)·신유(8
일)·계해(10일); 영조 9년 정월 을미(13일)·2월 을축(13일).

121)『추안급국안』, 제163책~제168책.

122)『추안급국안』, 제172책~제173책.

123) 『영조실록』, 50:10b. *영조 15년 9월 계해(19일).

124) 『영조실록』, 40:10a-b; 40:25a-26a. *영조 11년 2월 기유(8일)·4월 을축(25일).

125) 『영조실록』, 51:27a. *영조 16년 5월 을축(26일).

126) 영조, 『어제대훈御製大訓』.

127) 『영조실록』, 54:29b-30a. *영조 17년 10월 임진(1일).

128) *이러한 인식은 '민국民國'이나 '군민상의君民相依' 연구에서 확인된다. 김백철, 『조선후기 영조의 탕평정치』, 267~296쪽; 김백철, 『두 얼굴의 영조』, 219~231쪽.

129) 『영조실록』, 59:1b-2a; 61:7b; 61:10a. *영조 20년 정월 임오(4일); 영조 21년 정월 갑오(22일)·2월 갑인(12일).

130) 『영조실록』, 52:22b-23a; 53:24a-b. *영조 16년 9월 을유(17일)·병술(18일); 영조 17년 4월 병진(22일).

131) 예를 들면, 『영조실록』, 52:30b; 54:38a-b; 64:11b-12a. *영조 16년 10월 경신(23일); 영조 17년 11월 27일 무자(17일); 영조 22년 9월 무술(5일).

132) 『영조실록』, 53:25b-26a. *영조 17년 4월 정사(23일).

133) 『영조실록』, 53:27b-28a. *영조 17년 5월 갑자(1일).

134) 18세기 후반에 단지 18개 서원만이 새로이 설립되었다. Palais, *Politics and Policy in Traditional Korea*, p. 116.

135) 『영조실록』, 53:21a; 53:23b; 53:29a-b; 53:37a-b; 53:42a; 54:1b-2a. *영조 17년 4월 갑인(20일)·임인(8일)·5월 계미(20일)·6월 을사(12일)·임자(19일)·7월 병인(4일).

136) *『영조실록』 권57, 영조 19년 정월 갑자(9일).

137) *원서에 '영조 20년'으로 되어 있으나 바로잡았다.

138) *『장자莊子』 권167, 외편, 재유在宥 중 '桁陽者相推也(차꼬를 찬 사람은 서로 밀친다)'에서 유래한 말이다.

139) *대개 '질桎'은 발에 차는 차꼬, '곡梏'은 손에 차는 수갑을 뜻한다. 단, 중국과 조선, 시기별 차이가 있다.

140) *원문은 '祉木'인데 영역은 낱개 글자로 풀었으나 실록 국역본을 따랐다.

141) 『영조실록』, 58:32b. *영조 19년 11월 정미(28일). 영역은 의역이 많아서 실록 국역본을 주로 참고했으나 문장의 구두는 영역처럼 짧게 끊었다.

142) 하지만 조중회는 오래전에 복직시켰다.

143) 『영조실록』, 58:33b-35a. *영조 19년 11월 무신(29일)·12월 신해(2일)·임자(3일)·계축(4일)·갑인(5일)·을묘(6일)·병진(7일)·정사(8일)·무오(9일).

144) 『영조실록』, 31:1b. *영조 8년 정월 갑자(6일).

145) 영조 재위 첫 10년 동안, 나는 그가 실제 이성을 잃을 만큼 화가 난 경우는 단지 두 번만 확인할 수 있었다. 첫 번째는 노론에서 소론으로 정권을 교체하기 바로 직전이었다. 『영조실록』, 12:12a-b. 두 번째는 박문수가 대신大臣이 종신宗臣보다 우위에 있다고 주장했을 때이다. 『영조실록』, 36:9b-11a. *영조 3년 7월 병인(12일); 영조 9년 11월 임오(5일)·갑신(7일).

146) 『영조실록』, 48:2b-3b. *영조 15년 정월 무오(11일).

147) 『영조실록』, 51:26a-27a. *영조 16년 5월 갑자(25일)·을축(26일).

148) 『영조실록』, 55:6b-9a. *영조 18년 정월 을유(25일).

149) 『추안급국안』, 제190책.

150) 조현명趙顯命, 『귀록집歸鹿集』, 제190책.

151) *실록에는 정사를 중단하고 '대유大諭'를 내린 것으로 서술되었다.

152) 『영조실록』, 55:17a-18b. *영조 18년 3월 계유(14일)·을해(16일)·정축(18일).

153) 예를 들면, 『영조실록』, 42:33a-34b; 42:4b. *영조 12년 11월 갑인(25일); 영조 12년 7월 정미(15일)·기유(17일).

154) *원저자는 소론 탕평파의 성향을 설명하면서 소론이 최대한 노론에 양보한 마지막 절충점을 영조 17년 『대훈』 체제로 표현한 것이다.

155) *영조 31년 을해옥사 당시 소론의 마지막 명분까지 붕괴되었고 곧이어 『천의소감闡義昭鑑』이 편찬되었는데, 여기에서 노론 명분이 온전히 회복되었고 신축·임인옥사, 게장독살설 등에 대한 국왕의 변론이 상세히 실렸다.

156) 『영조실록』, 45:27b. *영조 13년 윤9월 경신(5일).

157) 『영조실록』, 33:11a-b. *영조 9년 정월 정미(25일).

158) 예를 들면, 『영조실록』, 36:9b-11a; 60:42b. *영조 9년 11월 임오(5일); 영조 20년 11월 무술(25일); 박문수 연구는 다음 참조. 김백철, 『박문수』.

159) *실록 원문은 박민수朴民秀를 불러놓고 박문수朴文秀에 대해 '그대의 아우[爾弟]'라고 칭한 기사로 본문 설명은 오독誤讀이다.

160) 『영조실록』, 58:10b. *영조 19년 7월 갑신(4일).

161) 조현명 편, 『양역실총良役實摠』.

162) 『영조실록』, 54:20b-27b *영조 17년 9월 병자(14일)·을유(23일)·병술(24일)·정해(25일)·무자(26일)·기축(27일). 『대훈』은 다음 참조. 정만조, 「영조대 중반의 정국과 탕평책의 재정립」; 이근호, 「영조대 중반 어제훈서의 간행 양상과 의의: 『어제대훈』과 『어제상훈』을 중심으로」.

163) 『영조실록』, 62:16a; 62:17a-63:8a. *추국 기록만 뽑으면 다음과 같다. 영조 21년 9월 을미
    (26일)·10월 병오(8일)·무신(10일)·신해(13일)·갑인(16일)·병인(28일)·11월 기사(2일)·
    경오(3일)·을해(8일)·정축(10일)·기묘(12일)·경진(13일)·신사(14일)·임오(15일)·갑신(17
    일)·을유(18일)·병술(19일)·기축(22일)·경인(23일)·신묘(24일)·임진(25일)·계사(26일)·
    갑오(27일)·28일 을미(28일)·12월 경자(3일)·신축(4일)·임인(5일)·갑진(7일)·을사(8일)·
    정미(10일)·무신(11일)·기유(12일)·경술(13일)·신해(14일)·임자(15일)·갑인(17일)·병진
    (19일)·정사(20일)·경신(23일)·임술(25일); 영조 22년 정월 계유(6일)·무인(11일)·기묘(12
    일)·3월 무인(12일)·경진(14일).

164) 『영조실록』, 63:2a-b. *영조 22년 정월 기묘(12일).

165) 사직 상소는 다음 참조. 『영조실록』, 63:1a; 63:11a-b. *영조 22년 정월 임신(5일)·3월 임진
    (26일)·윤3월 무술(2일).

166) 박필주의 연보는 다음 참조. 박수원朴綬源, 『여호선생연보黎湖先生年譜』.

167) *『영조실록』 권63, 영조 22년 윤3월 임인(6일).

168) 그 수서手書는 다음 참조. 『승정원일기』, 54:456, 54:762-763.

169) 『영조실록』, 63:21b-24a. *영조 22년 5월 기미(24일).

170) 『영조실록』, 63:26b-27a; 63:28b; 63:29a-30a. *영조 22년 5월 임술(27일)·6월 병인(2일)·정
    묘(3일)·무진(4일). 박필주와 박문수 논쟁은 다음 참조. 김백철, 『박문수』, 69~70쪽; 김백철,
    『두 얼굴의 영조』, 101~104쪽.

171) 여기서 '위예違豫'를 쓴 것은 매우 애매하다. 영조는 숙청에 대한 경종의 책임을 없애려고 이
    러한 판부를 내렸다고 했다. 『영조실록』, 63:28b-29a. *영조 22년 6월 정묘(3일). 위예는 다
    음 참조. 김백철, 『조선후기 영조의 탕평정치』, 84쪽 註226.

172) 하지만 이광좌는 제외되었다. 『영조실록』, 64:6b-7a; 64:8a-10a; 64:11a-12a. *영조 22년 8월
    을유(22일)·9월 을미(2일)·병신(3일)·정유(4일)·무술(5일). 영조와 이광좌의 특수한 관계는
    다음 참조. 김백철, 『두 얼굴의 영조』, 94쪽 註20, 95쪽 註25.

173) 『영조실록』, 64:13a. *영조 22년 9월 기해(6일).

174) 『영조실록』, 64:14b. *영조 22년 9월 무오(25일).

175) 『영조실록』, 65:16b-17a. *영조 23년 3월 갑진(14일).

176) 『영조실록』, 64:22b. *영조 22년 11월 갑인(23일).

177) 『영조실록』, 65:31b-32a. *영조 23년 6월 신사(22일).

178) 『영조실록』, 65:32b-33a. *영조 23년 6월 계미(24일).

179) 『영조실록』, 66:2a-b. *영조 23년 8월 갑자(6일).

180) *『영조실록』 권67, 영조 24년 4월 임술(9일).

181) 국청에서 혐의가 드러날 가능성은 거의 없었다. 『영조실록』, 67:24a-b. *영조 24년 4월 무오 (5일).

182) 창덕궁은 실제 영조의 법궁이었다. 때때로 그는 또한 경덕궁[慶熙宮]에도 머물렀다. 『승정원 일기』, 56:780-782.

183) *본래 '1949'로 표기되었는데 바로잡았다.

184) 『영조실록』, 69:5b-6a. *영조 25년 정월 신미(22일).

185) 『영조실록』, 69:6a-b. *영조 25년 정월 임신(23일).

5장

1) *국역은 최신 번역본을 따랐다. 이상섭 옮김, 『셰익스피어 전집』, 178쪽.

2) *사도세자의 대리청정은 실제로는 영조 25~35년경까지 지속되었다. 『승정원일기』에 수록 된 문서식에는 왕세자가 직접 결재한 내용이 약 10년간만 나타난다. 물론 세초 가능성도 없지 않다. 김백철, 『두 얼굴의 영조』, 238쪽 註21.

3) *『영조실록』 권99, 영조 38년 윤 5월 을해(13일).

4) *영역은 'heir apparent'인데, '세자'의 의미로 사용했다. 이외에도 'crown prince'나 'prince'도 같은 의미로 혼용하고 있다. 문맥에 따라 '왕세자', '세자', '동궁' 등으로 적절히 번역했다.

5) 예컨대 『대천록待闡錄』 1책, 박종겸朴宗謙의 『현고기玄皐記』 1책 및 『현구기사玄駒記事』. *국 역은 다음 참조. 김용흠 외 옮김, 『사도세자의 죽음과 그 후의 기억: 현고기 번역 주해』.

6) *무속에서 '뒤주대왕신'으로 모시는 현상을 가리킨다.

7) 성낙훈, 「한국당쟁사」, 2:378-380.

8) 김용숙, 「사도세자의 비극과 그의 정신분석학적 고찰: 한중록 연구」.

9) 『영조실록』, 127:14b-15a. *영조 52년 2월 병오(4일).

10) 예컨대 영조는 사관을 시켜 화재로 불탄 『승정원일기』 1623년[인조 1]~1721년[경종 1] 부 분을 복구하게 하였다. 1746년[영조 22] 7월에서 1748년[영조 24] 2월까지 불과 1년에서 1년 반 동안 작업하였음을 고려해보면, 엄청난 인력을 활용한 것이다. 中村榮孝, 「朝鮮英祖の承政 院日記 改修事業」, 658~651쪽. *실록 기사는 다음 참조. 『영조실록』 권63, 영조 22년 5월 신 해(16일); 『영조실록』 권66, 영조 23년 11월 갑진(18일); 이근호, 「영조대 승정원일기 개수과 정 검토」, 143~173쪽.

11) 정조는 세손에 책봉된 이후 매일 일상을 반성하는『일성록日省錄』[1760/영조 36]을 썼다. 정
조 치세 동안 그 관행을 지속하였다. 이러한 관례는 후대에도 유지되어『일성록』은 정사正史
가 되었다. 정조는 또한 규장각으로 불리는 특별 도서관을 설립했다. 초기에는 어제御製 수집
을 목적으로 하였으나, 많은 글[도서]을 간행하여 방대한 문서와 함께 수장하였다. 1894년[고
종 31] 규장각이 폐지된 이후에도 수장품은 잠시 정부 기록보관소에 유지되었다. 종국에는
서울대학교에 이관되어 현재까지 보전되고 있다.

12) *「이광현일기李光鉉日記」를 지칭한다.

13) *영역은 여기에서 '40척尺'으로 표기하였고 후반부에 다시 '4피트ft'와 '3척 반'으로 각각 기
록했다. 1피트와 1척은 유사하므로 '4척'으로 수정했다.

14) 『영조실록』, 40:4a. *영조 11년 정월 임진(21일).

15) *『영조실록』권40, 영조 11년 정월 병신(25일).

16) *『영조실록』권40, 영조 11년 정월 을미(24일).

17) *영역은 '이진명'으로 되어 있으나 실록에 근거하여 고쳤다.『영조실록』권40, 영조 11년 7
월 임술(25일).

18) 『경모궁보양청일기景慕宮輔養廳日記』, 을묘 7월 25일·7월 26일 참조.

19) *『영조실록』권41, 영조 12년 3월 기유(15일)

20) 좀 더 일반적인 관행은 약 8세에 세자로 책봉하는 것이다. 3세에 세자로 책봉된 경종과 사도
세자는 이례적인 경우이다. Haboush, "The Education of Yi Crown Prince," pp. 177~178.

21) *인원편제는 다음 참조.『대전회통大典會通』, 이전吏典, 내명부內命婦, 세자궁世子宮.

22) *인원편제는 다음 참조.『대전회통』, 이전, 내시부內侍府.

23) *이 장의 영역은 모두 'tutor'이나 원문의 '春坊官'을 따랐다. 인원편제는 다음 참조.『대전회
통』, 이전, 경관직京官職, 정삼품아문正三品衙門, 세자시강원世子侍講院.

24) Haboush, "The Education of Yi Crown Prince," p. 188, p. 204.

25) *『영조실록』권59, 영조 19년 3월 신미(17일).

26) *『영조실록』권59, 영조 19년 8월 계축(3일).

27) *『영조실록』권59, 영조 20년 정월 정해(9일).

28) 『영조실록』, 59:2a-b. *영조 20년 정월 기축(1일).

29) *『영조실록』권59, 영조 20년 정월 기축(1일).

30) 『장조헌경후가례도감의궤莊祖獻敬后嘉禮都監儀軌』.

31) 혜경궁 홍씨,『한듕록』, 121쪽.

32) 예컨대 조현명의 사도세자에 대한 고별告別 알현 참조.『영조실록』, 75:3b-4a. *영조 28년 정

월 정묘(5일).

33) 『영조실록』, 40:4b. *영조 11년 정월 임진(21일).

34) *실록에 따라 전각명을 부기하였다.

35) *실록 원문은 '眞天人'인데 영역은 '하늘의 자손'으로 하였다. 여기서는 실록 국역본을 준용하였다.

36) 『영조실록』, 40:29a. *영조 11년 윤4월 기해(30일).

37) 『영조실록』, 43:15a. *영조 13년 2월 임신(14일).

38) *영역에는 '육각형'으로 표현되어 있으나 실록 원문을 따라서 '팔괘'로 옮겼다. 정조의 「장헌자대왕지문莊獻子大王誌文」에도 실려 있다. 『영조실록』권45, 영조 13년 8월 정묘(11일); 『정조실록』권28, 정조 13년 10월 기미(7일).

39) 『영조실록』, 45:9b. *영조 13년 8월 정묘(11일).

40) 예컨대 1747년[영조 23] 11월 어느 날, 영조는 김재로에게 부모가 자식에게 당습을 버리도록 하는 유일한 방법은 먼저 그 속에서 벗어나게 하는 것이라고 말했다. 『영조실록』, 66:22b, *영조 23년 10월 임술(5일). 실제로는 김재로가 영조에게 올린 차자箚子의 내용이다.

41) 『승정원일기』, 54:43. *실록은 다음 참조. 『영조실록』권63, 영조 22년 4월 26일(신묘).

42) 예컨대 1746년[영조 22] 7월 2일 사도세자는 박필주가 영조를 알현하는 자리에 참석했다. 박필주는 『대훈』을 소론강경파의 악행을 드러내는 것이라고 주장했고, 영조는 박필주의 발언에 매우 기뻐했다(『영조실록』, 63:21b-24a). 반면에 공식적인 자료에는 영조가 사도세자로 하여금 자신의 정통성을 입증하려고 한 사실이 명확하게 나타나 있지 않고, 몇몇 야사에서 영조가 공개적으로 이러한 자신의 바람을 가까운 대신에게 표현했다고 주장한다. 『대천록』1책; 박종겸의 『현고기』1책 참조. *영조 22년 5월 기미(24일).

43) 『영조실록』, 52:30a; 55:6a-b; 53:19b-20a; 59:14b; 61:34a. *영조 16년 10월 정사(20일); 영조 18년 정월 을유(25일); 영조 17년 4월 기해(5일); 영조 20년 3월 을유(7일); 영조 21년 6월 을묘(14일).

44) *영역은 'tutor'로 되어 있으나 실록 원문을 따라서 관직을 표기하였다.

45) 『영조실록』, 58:25b. *영조 19년 9월 정유(18일).

46) 『영조실록』, 63:4a-b. *영조 22년 2월 정유(1일).

47) 『영조실록』, 63:10a. *영조 22년 3월 정해(21일).

48) 『영조실록』, 64:7b-8a. *영조 22년 9월 갑오(1일).

49) 『영조실록』, 68:28a. *실록 원문의 '春桂坊'에 따랐다. 영조 24년 11월 정사(7일).

50) 『영조실록』, 66:17a. *영조 23년 9월 기유(22일).

51) 『영조실록』, 66:9a-b. *영조 23년 8월 기묘(21일).

52) 『영조실록』, 68:33a-34b. *영조 24년 11월 계유(23일).

53) *왕세자 교육의 변화도 개연성이 있으나 당시 상황은 박필주의 강경론을 버리고 대리청정 정국으로 넘어가는 과정이었다. 박필주는 당시 동궁의 스승으로만 조정에 출사한 것이 아니라 산림으로 강경론을 설파한 인물이고 당시 재정개혁을 추진하던 박문수와 대립하였다. 박필주의 세자교육론도 좀 더 잘해야 한다는 것이지 무용하다고 단정적으로 말하지 않았다. 사직소의 일반적인 문투에서 나타나는 겸양의 표현을 그대로 받아들이기는 어렵다. 소론 조현명의 조인은 노론 김재로 등과 함께 올린 것으로 각 붕당의 탕평대신이 새로운 정국을 대비한 성격에 가깝지 않을까 한다. 김백철, 『박문수』, 67~71쪽.

54) *영역은 선의왕후를 '미망인'으로 표현하였으나 국역에 부적합하여 당대 사료의 용어로 옮겼다. 이하 동일하다.

55) 혜경궁 홍씨, 『한듕록』, 97~107쪽.

56) *실제로 사도세자는 정성왕후에게 입적되었다. 후궁 소생은 모두 정비 소생이 된다. 주석이 없어서 무엇에 근거하였는지 확인되지 않는다.

57) *이것은 전통적인 시각에 해당한다. 그러나 영조 초반 집권세력은 준소와 완소이다. 특히 완소는 왕세제의 동궁속료였다. 완소와 준소가 연대하여 급소를 물리치고 영조의 왕위계승을 성사시켰고, 무신란에서 직접 영조를 위해서 나가 싸운 이들은 모두 완소였다. 이에 영조 초반 공신 역시 대부분 소론이었고, 첫 번째 세자빈 역시 소론 조문명의 여식이었다. 두 번째 세자빈이 노론 홍봉한으로 바뀐 것은 오히려 노소 탕평정국의 변화 속에서 이루어졌다. 이 때문에 홍봉한은 노론 당론을 주장하기보다 소론을 부양하는 정책을 지속적으로 취하였다. 따라서 당시 정국 상황을 온전히 파악하기 어려웠던 혜경궁의 시각이 반드시 타당하다고 보기는 어렵다. 심지어 부친[홍봉한]보다 혜경궁의 시각이 더 노론에 가깝다.

58) 예를 들면, 『대천록』 1책, 박종겸의 『현고기』 1책 및 『현구기사』.

59) *영역은 'attendant'인데 실록 원문의 '宮人內臣'을 취하였다.

60) 『영조실록』, 52:28a-b. *영조 16년 10월 계축(16일).

61) *영문은 'price'이지만 문맥상 'prince'로 고쳤고 '왕자' 신분과 다르므로 '세자'로 고쳐서 번역하였다.

62) 혜경궁 홍씨, 『한듕록』, 107~113쪽.

63) *실록 원문에는 '迂闊'로 되어 있으나 영역을 따른다.

64) 『영조실록』, 66:30a-31b. *영조 23년 11월 정유(11일).

65) 이 대리청정의 합의는 다음 참조. JaHyun Kim Haboush, *A Heritage of Kings*, pp. 83~86[이 책

125~129쪽]. *『영조실록』권69, 영조 25년 정월 임신(23일).

66) *영역의 'regent'는 대리청정을 맡은 세자를 지칭하며 실록 및『한중록』의 '소조小朝'를 번역
어로 취했다.

67) *『영조실록』권69, 영조 25년 정월 병자(27일).

68) 『승정원일기』, 27:194;『영조실록』, 66:17b. *영조 23년 9월 임자(25일). 미주의 '66:30a-31b'
에서는 내용과 부합하는 기사를 찾지 못하여 수정했다.

69) *『영조실록』권69, 영조 25년 정월 병자(27일).

70) 영조, 『어제정훈御製政訓』참조.

71) *『영조실록』권69, 영조 25년 정월 갑술(25일).

72) *영역은 'minsters'로 표현하였는데, 원서에는 '대신大臣'[1품], '재신宰臣'[2품], '고위관료高
位官僚', '신료臣僚들' 등의 의미로 범칭해서 사용했다.

73) 『영조실록』, 69:10a-11a. *영조 25년 정월 병자(27일).

74) 『영조실록』, 69:17b. *영조 25년 2월 무술(20일).

75) 『영조실록』, 69:40b. *영조 25년 6월 을유(9일).

76) *『영조실록』권70, 영조 25년 7월 기사(23일).

77) 『영조실록』, 69:39b; 70:2b-3a; 70:13a. *영조 25년 6월 경진(4일)·7월 병인(20일)·9월 정미(2
일).

78) 『영조실록』, 69:39a; 69:39b; 70:3a; 70:14a; 70:15a-b. *'69:38a'는 '69:39a'로 바로잡았다. 영
조 25년 5월 경오(23일)·병자(29일)·7월 기사(23일)·9월 정사(12일)·갑자(19일).

79) *'his'는 문장상 주어인 'He[영조]'를 가리키지만, 문맥상 다음 어구의 사도세자를 의미하여
수정하였다.

80) 그들 중에는 영조가 세자였을 때 섬겼던 내관 몇 명이 포함되었다. 『영조실록』, 73:1013a;
74:12a-13b. *영조 27년 3월 기해(2일)·6월 무오(23일).

81) 『영조실록』, 73:10a-13a; 74:12a-13b. *영조 27년 3월 기해(2일)·6월 무오(23일).

82) 『영조실록』, 73:14b. *영조 27년 7월 기사(5일).

83) 『영조실록』, 78:6a-7a. *영조 28년 11월 기미(2일).

84) 『영조실록』, 73:13b. *영조 27년 3월 경자(3일).

85) 『영조실록』, 78:5b; 78:7a-b. *영조 28년 10월 병진(29일)·11월 신유(4일).

86) 『영조실록』, 77:7a-b. *영조 28년 7월 경신(2일).

87) 『영조실록』, 74:10b. *영조 27년 6월 정미(12일).

88) *『영조실록』권78, 영조 28년 12월 을미(9일)·무술(12일).

89) 병으로 화협옹주和協翁主가 졸했다. 영조는 화협옹주가 앓고 있던 때와 졸한 후 사저를 방문했다. 『영조실록』, 78:9a-10a. *영조 28년 11월 임오(25일)·갑신(27일).

90) 『영조실록』, 78:10a. *영조 28년 12월 신묘(5일).

91) *이하의 내용은 실록의 서로 다른 날짜의 여러 기록을 재구성한 것으로 시간 순서가 원사료와 다르다. 전거는 별도로 조사하여 옮긴이 주로 부기하였다.

92) *『영조실록』 권78, 영조 28년 12월 무술(12일).

93) *『영조실록』 권78, 영조 28년 12월 갑오(8일).

94) *『영조실록』 권78, 영조 28년 12월 갑오(8일).

95) *영역은 인원왕후를 '미망인'으로 표현하였으나 국역에 부적합하여 당대 사료의 용어로 대체하였다. 이하 동일하다.

96) 『영조실록』, 78:10b-12b. *영조 28년 12월 갑오(8일).

97) *『영조실록』 권78, 영조 28년 12월 을미(9일).

98) *『영조실록』 권78, 영조 28년 12월 무술(12일).

99) 『모시毛詩』의 제202수로서 소아小雅 중 하나이다[본래 웨일리Waley의 영역을 소개했으나 여기서는 성백효의 국역을 참고하였다].

길고 긴 아름다운 쑥이라 여겼더니
아름다운 쑥이 아니라 저 나쁜 쑥이로다.
슬프고 슬프다, 부모여
나를 낳으시느라 몹시 수고하셨도다.

길고 큰 아름다운 쑥이라 여겼더니
아름다운 쑥이 아니라 저 제비쑥이로다.
슬프고 슬프다, 부모여
나를 낳으시느라 몹시 수고롭고 병드셨도다.

작은 병이 텅 빔이여
큰 병의 수치로다.
과약寡弱한 백성의 삶이여
죽음만 같지 못한 지가 오래되었도다.
아버지가 없으면 누구를 믿으며

어머니가 없으면 누구를 믿을꼬.

나가면 근심을 품고

들어오면 이를 곳이 없노라.

아버지여 나를 낳으시고

어머니여 나를 길러주시니.

나를 어루만지고 나를 길러주시며

나를 자라게 하고 나를 키워주시며,

나를 돌아보고 나를 다시 돌아보시며

출입할 때에 나를 가슴속에 두시니.

그 은덕恩德을 갚고자 할진댄

하늘처럼 다함이 없도다.

남산南山은 높고 크거늘

표풍飄風은 빠르고 빠르도다.

남들은 좋지 않은 이가 없거늘

나만이 홀로 어찌 해를 당하는고.

남산은 높고 크거늘

표풍은 빠르고 빠르도다.

남들은 좋지 않은 이가 없거늘

나만이 홀로 끝마치지 못하노라.

-성백효 옮김, 『시경집전』 하, 96~100쪽.

100) *『영조실록』 권78, 영조 28년 12월 무술(12일).

101) *『영조실록』 권78, 영조 28년 12월 경자(14일).

102) *『영조실록』 권78, 영조 28년 12월 경자(14일).

103) *『영조실록』 권78, 영조 28년 12월 신축(15일)·임인(16일).

104) *실록 원문이 '萬萬'으로 되어 있어 영역은 '만 번 십만 번'으로 번역하였다. 여기서는 실록 국역본을 준용하였다.

105) *실록 원문에는 해당 어구가 '齧今之時'인데 앞 문장에 붙어 있으나 영역 과정에서 위치가

뒷문장으로 옮겨졌다.

106) *실록 원문은 '聖籌'인데 영역은 '성상의 통치'로 보았고, 실록 국역은 '성상의 계책'으로 풀이하였다. 그러나 실록의 여러 용례를 살펴보면 모두 '왕의 나이'를 가리키므로 수정하였다. 구체적인 예는 다음 참조. 『영조실록』 권116, 영조 47년 5월 무진(28일).

107) *대체로 실록 원문을 기준으로 일치하는 부분만 영역본으로 번역하였다. 『영조실록』 권78, 영조 28년 12월 신축(15일).

108) 이것은 전통적인 난방 방법이다. 바닥은 복잡한 연통을 통해 아래에서 데운다.

109) *같은 날 실록의 기록에는 세자가 온 것을 알고 영조가 건물 밖으로 나왔다고 설명하였다.

110) *실록 원문에 따라 번역을 수정하였다. 『영조실록』 권78, 영조 28년 12월 계묘(17일).

111) *실록 원문은 '子'인데 영역할 때 후손으로 풀이하였고, 실록 국역본은 자식으로 보았다. 여기서는 아비와 자식의 대구로 보아서 국역본을 따랐다.

112) *실록 원문에 따라 번역을 수정하였다. 『영조실록』 권78, 영조 28년 12월 계묘(17일).

113) *『영조실록』 권78, 영조 28년 12월 임인(16일)·계묘(17일).

114) *『영조실록』 권78, 영조 28년 12월 계묘(17일).

115) *'prince'는 실록 원문을 따라 '동궁'으로 옮겼다.

116) 『영조실록』, 78:10b-20a. *영조 28년 12월 을사(19일).

117) *영역은 모두 'filifal piety'로 사용했으나 실록에는 부자관계에서 '효孝', 형제관계에서 '제悌'를 구분하되, 통상 사료에는 '효제孝悌'로 병칭해서 언급되는 경우가 많다. 여기서는 경종과 관계를 나타낼 때는 '효제'로 하고, 부자관계에 한정될 때 '효'로 번역하였다.

118) 예를 들면 『승정원일기』, 61:326; 61:422; 61:457; 『영조실록』, 81:28b 등이다. 또한 영조의 『어제회갑모년서시원량御製回甲暮年書示元良』에 보인다. *실록은 다음 참조. 영조 30년 5월 을유(7일).

119) 사도세자는 이러한 좌절을 춘방관원에게 표현했다. 조정세趙靖世, 『서연강의書筵講義』, 계묘 9월 21일 참조.

120) 문묘 배향은 1756년[영조 32]에 이루어졌다.

121) 이 기간에 사도세자의 대답은 다음 참조. 사도세자, 『능허관만고凌虛關漫稿』.

122) 채제공蔡濟恭과 박필균朴弼均의 상소 참조. 『영조실록』, 79:21a-b; 81:17a-18a. *영조 29년 4월 을미(10일); 영조 30년 4월 임오(3일).

123) 『영조실록』, 81:51. *영조 30년 정월 신미(21일).

124) 예를 들면 『영조실록』, 82:24a-b. *영조 30년 10월 을해(30일). 원문은 '汝何不解衣衣之乎'인데, 실록 국역은 '너는 어찌하여 은혜를 베풀지 않는가'로 풀었다. 영역은 이것을 질책으로 이

해했으나 문맥상 영조가 옷을 하사도록 되물렸고, 세자가 표리表裏 1습을 상으로 내렸으므로 국역이 옳다.

125) 이천보는 강제로 여자를 취하고 남편을 죽였다는 혐의를 받았다. 『영조실록』, 82:31b-37b. *영조 30년 11월 을미(20일).

126) 『영조실록』, 82:31b-37b. *영조 30년 12월 을사(1일).

127) *실록 원문의 표현을 살렸다.

128) 『영조실록』, 79:10b-11a. *영조 29년 2월 경자(14일). 실록 원문의 표현을 살렸다.

129) 『영조실록』, 82:14b-15a. *영조 30년 8월 을축(18일). 해당 전거는 꿈에 관한 기사이다. 영조가 술에 취한 기사는 다음 참조. 『영조실록』권84, 영조 31년 4월 경신(17일)·5월 기묘(6일).

130) 『영조실록』, 82:24b. *영조 30년 10월 을해(30일).

131) *을해옥사 전반은 다음 참조. 김백철, 『두 얼굴의 영조』, 89~141쪽.

132) 국청은 『추안급국안』191~192책 참조. *『영조실록』권83, 영조 31년 2월 갑자(20일)·을축(21일)·정묘(23일).

133) *『영조실록』권83, 영조 31년 3월 무인(5일).

134) 『영조실록』, 83:18a-21b. *영조 31년 3월 을해(2일)·병자(3일).

135) *『영조실록』권84, 영조 31년 4월 신유(18일).

136) 『영조실록』, 84:5a. *영조 31년 5월 기묘(6일).

137) *『영조실록』권84, 영조 31년 5월 을해(2일).

138) 『영조실록』, 81:11a. *영조 30년 2월 을미(15일).

139) 국청은 『추안급국안』193~194책 참조. *심정연 사건은 다음 참조. 『영조실록』권84, 영조 31년 5월 을해(2일)·병자(3일)·정축(4일).

140) *실록 원문을 따라 고쳤다.

141) *『영조실록』권84, 영조 31년 5월 기묘(6일).

142) 『영조실록』, 84:12b-13a. *영조 31년 5월 기묘(6일).

143) *『영조실록』권86, 영조 31년 10월 기유(9일).

144) 『천의소감闡義昭鑑』.

145) 『천의소감언해闡義昭鑑諺解』.

146) 영조는 죽이는 것을 좋아하지 않는다는 평을 들었다. 『영조실록』, 84:10b-11a. *영조 31년 5월 갑술(1일).

147) 예를 들면, 『영조실록』, 84:25a; 84:26b-27a; 85:18b-20a. *영조 31년 5월 병신(23일)·무술(25일)·9월 을유(14일).

148) *실제 명단을 살펴보면 소론도 포함되어 있다. 김백철,『두 얼굴의 영조』, 121쪽 註145.

149) 『영조실록』, 85:22b-24b. *영조 31년 9월 임진(21일)·계사(22일). 이 시기 노론의 상소가 많이 올라온 것은 사실이지만, 소론의 상소가 적은 데 불만을 표했다는 사료를 찾기는 어렵다. 소론은 옥사 초반에 70여 명이 상소했고, 노론은 옥사 후반에 70여 명이 상소했을 뿐 모두 당습을 하지 않겠다는 서약을 했다. 김백철,『두 얼굴의 영조』, 106쪽, 121쪽.

150) *『영조실록』 권86, 영조 31년 11월 을미(26일).

151) *『영조실록』 권87, 영조 32년 2월 기해(1일).

152) *『영조실록』 권86, 영조 31년 12월 계묘(4일).

153) 『영조실록』, 84:5a-b. *영조 31년 4월 경신(17일).

154) 영조의 염려를 표현한 사례는 다음 참조. 『영조실록』, 85:22b-23a. *영조 31년 9월 임진(21일).

155) 『영조실록』, 85:7b-8a; 85:9b. *영조 31년 7월 계유(1일)·기묘(7일). 앞의 기사는 정언의 상서이고 후자가 유생의 상서이다.

156) 『영조실록』, 87:4b-5b. *영조 32년 2월 기해(1일). 미주의 '87:11a-b'는 전거가 맞지 않아서 수정했다. 한편, 양송의 문묘종사는 영조가 즉위한 이래 30여 년간 일관되게 불허해온 사안이다. 따라서 이것을 영조의 숙원사업이었고 동궁이 눈치채지 못했다고 평가하는 것은 적합하지 않은 듯하다.

157) *『영조실록』 권87, 영조 32년 2월 갑인(16일).

158) 사도세자의 서연 중 성과는 다음 자료가 상세하다. 『장헌세자동궁일기莊獻世子東宮日記』.

159) 혜경궁 홍씨, 『한듕록』, 165~169쪽.

160) 『영조실록』, 90:1b. *영조 33년 7월 갑오(4일).

161) *실록에는 영조의 전교에 대응해서 왕세자의 하령下令 형식의 글로 나타난다.

162) *『영조실록』 권90, 영조 33년 11월 기해(11일).

163) 영조와 사도세자 모두 상중이었는데 최복을 입었다.

164) *『영조실록』 권90, 영조 33년 11월 기해(11일).

165) *영역은 '서울의 판사'로 되어 있으나 실록 원문의 '判府事'를 따랐다. 판부사는 '중추부판사'나 '판중추부사'를 지칭한다.

166) *『영조실록』 권90, 영조 33년 11월 기해(11일).

167) 『영조실록』, 90:26b-29a. *영조 33년 11월 정유(9일)·기해(11일).

168) 조현명, 「자저기년自著紀年」 참조. 조현명, 『귀록집』, 20:1a.

169) 사도세자, 『능허관만고』, 7:1b. *「정성왕후홍릉지貞聖王后弘陵誌」, 「정성왕후진향제문貞聖王

后進香祭文」,「휘녕전별다례제문徽寧殿別茶禮祭文」,「홍릉정자각첨수고유문弘陵丁字閣添修告由文」,「휘녕전별전다례제문徽寧殿別奠茶禮祭文」,「빈전상건수개고유문殯殿床巾修改告由文」,「수여포전일고유문輪輿布展日告由文」,「홍릉노제소제문弘陵路祭所祭文」등을 가리킨다.

170) 이천보李天輔,『진암집晉菴集』, 5:16b.

171) *원문은 '講對'로 경연의 종류인 법강法講과 이대二對를 의미한다. 영역에서는 "사도세자와 함께 진강하는 것[對講]"으로 풀이하였으나 실제로는 "자신의 경연을 다시 열겠다[予當復行講對矣]"는 뜻이다. 이후 여러 기사에서도 국왕의 경연과 세자의 서연을 구분하여 언급하였다.

172) *영역에서는 부자가 경연을 함께하는 것으로 번역했기 때문에 감동받았다고 보았다. 그러나 실록 원문에는 세자의 학문에 대한 태만함을 질책한 것으로 되어 있다. 이 때문에 세자는 용서를 빌려고 석고대죄를 하였다. 그러므로 문맥을 전혀 달리 본 것이다.

173)『영조실록』, 92:12a-b. *영조 34년 8월 계미(30일).

174)『장헌세자동궁일기』 25~27책.

175) *『영조실록』권96, 영조 36년 7월 경술(8일).

176) 영조는 후궁 4명에게서 자식 14명을 얻었는데, 2명은 아들이고 12명은 딸이었다. 아들은 효장세자(1728년[영조 4] 홍서)와 사도세자이다. 딸 12명 중 7명은 성년까지 생존했다. 화평옹주, 화협옹주, 화완옹주, 사도세자는 모두 영빈 이씨 소생이다.『선원세계』. *원서는 '화원'으로 읽었으나 바로잡았다.

177) *'criminal trial'은 '삼복三覆'을 의미하는 듯하다. 사형수 심리는 국왕을 대신해서 대리청정 중인 세자가 백성의 생사여탈권을 가름하는 중요한 일이다. 이러한 시각은『한중록』의 결과론적 해석에 과도하게 무게를 두어 왕세자의 정치적 지위를 간과한 측면이 크다. 김백철,『조선후기 영조의 탕평정치』, 180~186쪽.

178) 숙의 문씨는 자기 아들로 사도세자 대신 동궁을 세우려 한다는 의심을 샀다. 어쨌든 세자빈 홍씨는 숙의 문씨의 야심을 의심했다. 혜경궁 홍씨,『한듕록』, 177~179쪽. 이후 숙의 문씨는 정조의 왕위계승을 방해한 혐의로 처형되었다. 다른 이들도 같은 혐의로 처형되었다. 김치인金致仁 등 편,『명의록明義錄』.

179) 혜경궁 홍씨,『한듕록』, 121~215쪽.

180)『온궁사실溫宮事實』, 계묘 7월 10일.

181)『온궁사실』제2책.

182)『영조실록』, 96:5a. *영조 36년 8월 임신(1일).

183)『영조실록』, 96:8b. *영조 36년 8월 신사(10일).

184) 혜경궁 홍씨,『한듕록』, 223쪽.

185) 이것은 세자의 장자가 후사를 계승하는 조선의 관습이다. ＊『승정원일기』에서 사도세자의 대
리청정 문서가 더 이상 확인되지 않는 시점에 왕세손이 책봉된 것도 의미심장하다. 김백철,
『두 얼굴의 영조』, 238쪽 註21.

186) 『영조실록』, 97:2b. ＊영조 37년 정월 을사(5일).

187) 혜경궁 홍씨, 『한듕록』, 219~221쪽.

188) ＊『영조실록』 권97, 영조 37년 정월 을사(5일).

189) ＊『영조실록』 권97, 영조 37년 2월 을유(15일).

190) ＊『영조실록』 권97, 영조 37년 3월 계묘(4일).

191) 실록에는 단지 삼정승이 졸했다고만 언급했다. 황경원黃景源이 쓴 이천보李天輔의 비문에는
죽음의 원인이 소략하게 나와 있다. 황경원의 『강한집江漢集』 참조. 그러나 황경원이 이천보
의 문집에 붙인 서문에는 이천보가 극심한 우울증으로 죽음에 이르렀다고 애매하게 언급했
다. 유척기俞拓基는 「의정부우의정민공시장議政府右議政閔公諡狀」에서 민백상이 자결했다
고 주장했다. 유척기, 『지수재집知守齋集』, 14:22a. 『대천록待闡錄』에는 다음과 같이 언급되어
있다. "뜰에는 효종이 심은 소나무 세 그루가 나란히 있었다. 세 재상의 소나무라고 명명하였
다. 혹자가 말하기를, 세자가 그것을 베었고, 그러고 나서 곧장 세 재상이 죽었다." 『대천록』 1
책. ＊삼정승 자살설은 박광용의 『영조와 정조의 나라』에도 보인다.

192) 이광현李光鉉 외 편, 『임오일기壬吾日記』.

193) 혜경궁 홍씨, 『한듕록』, 225~227쪽.

194) ＊『영조실록』 권97, 영조 37년 4월 22일 신묘(22일).

195) 예를 들면 서명응徐命膺과 윤재겸尹在謙의 상소. 『영조실록』, 97:21b-22a. ＊영조 37년 5월
병오(8일)·계축(15일).

196) ＊『영조실록』 권97, 영조 37년 5월 계축(15일).

197) ＊『영조실록』 권97, 영조 37년 5월 을묘(17일).

198) 『장헌세자동궁일기』 28책, 신사 5월 14일~6월 10일.

199) ＊『영조실록』 권98, 영조 37년 9월 병진(21일)·정사(22일)·기미(24일).

200) 혜경궁 홍씨, 『한듕록』, 231쪽.

201) ＊『영조실록』 권98, 영조 37년 9월 무오(23일).

202) ＊『영조실록』 권98, 영조 37년 10월 신미(6일).

203) ＊『영조실록』 권98, 영조 37년 10월 갑술(9일).

204) ＊『한중록』 원문을 따랐다.

205) 혜경궁 홍씨, 『한듕록』, 235쪽.

206) *『영조실록』권99, 영조 38년 5월 신축(8일).

207) 권정침權正忱,『평암선생문집平菴先生文集』, 3:3b-5a. *『영조실록』권99, 영조 38년 5월 계묘(10일).

208) 예를 들면 사도세자,『능허관만고』, 6:6a.

209) 부소는 진시황제의 장자이다. 부소가 아버지의 냉대를 받는 동안 어린 동생이 그를 죽였다. 일반적인 생각으로는 부소가 살아남았다면 진나라를 보존했을 것이다.

210) 양진은 후한대 안제를 비판한 학자이다. 그는 모함을 당했고 결국 황제가 사약을 내렸다.

211) 권정침,『평암선생문집』, 3:3b-30a. 특히 14b-16b.

212) *『영조실록』권99, 영조 38년 5월 을묘(22일).

213) *영역은 '上乃命閉城門, 及下闕諸門'에서 '下'를 동사로 풀어서 '낮추다'로 해석했고, 국역본은 특별히 해석하지 않았다. 그런데 실록 원문이나『한중록』에는 영조가 있던 대궐을 '상궐上闕'이나 '윗대궐'로 표기했으므로 '하궐下闕'은 대구對句로서 세자가 머물던 궁궐이다.『영조실록』권99, 영조 38년 5월 을묘(22일).

214) *영역은 '結帶'를 '관복의 휘장'으로 번역했으나 여기서는 국역본의 취지를 따랐다.

215) *영역은 우물에 빠진 지경을 실제 세자의 행동 중 하나로 번역했고, 실록 국역은 비유로 번역하였다. 앞서 세자가 우물에 빠지는 시늉을 한 적이 있으므로 영역을 취하였다.『영조실록』권99, 영조 38년 5월 을묘(22일).

216) *영역은 "발광하는 것이 낫겠는가? 극복하려고 노력하지 않는가?"로 풀었으나, 실록 원문의 '寧爲發狂則豈不反勝乎'는 관용구에 해당하므로 국역을 따랐다.『영조실록』권99, 영조 38년 5월 을묘(22일).

217)『영조실록』, 99:17b-18b. *영조 38년 5월 을묘(22일).

218)『영조실록』, 99:18a-19a. *영조 38년 5월 을묘(22일).

219) *『영조실록』권99, 영조 38년 5월 정사(24일).

220) *『영조실록』권99, 영조 38년 윤 5월 을해(13일).

221)『영조실록』, 99:19a-b. *영조 38년 5월 정사(24일).

222)『영조실록』, 99:21a. *영조 38년 윤5월 병인(4일).

223)『영조실록』, 99:21b. *영조 38년 윤5월 무진(6일).

224)『영조실록』, 99:20a. *영조 38년 5월 신유(28일).

225) *『영조실록』권99, 영조 38년 윤 5월 갑자(2일).

226)『영조실록』, 99:22a. *영조 38년 윤 5월 임신(10일). 무신년 난적을 토벌할 때 이보혁李普爀이 이정필李廷弼의 군공軍功을 빼앗았기 때문에 이정필의 아들[李儁徽]이 아비를 위해 격고

하여 억울함을 호소한 사건을 지칭한다.

227) ＊『영조실록』권99, 영조 38년 윤 5월 을해(13일).

228) ＊'삼조三朝'는 하루 세 차례 문안인사를 뜻한다. 영역은 '3개 조정'으로 번역했으나 국역본을 따른다.『영조실록』권99, 영조 38년 윤 5월 을해(13일).

229) 『영조실록』, 99:22a-b. ＊영조 38년 윤 5월 을해(13일).

230) ＊『영조실록』권99, 영조 38년 윤 5월 을해(13일).

231) 혜경궁 홍씨,『한듕록』, 255~257쪽.

232) 혜경궁 홍씨,『한듕록』, 231쪽.

233) 정조正祖,『홍재전서弘齋全書』,「현륭원지顯隆園誌」, 16:1a-26a, 특히 21a-b.

234) 혜경궁 홍씨,『한듕록』, 107쪽, 249쪽.

235) 곧 영조의 거처는 경희궁이었다. 여기서는 사도세자가 영조를 죽이려고 부왕의 거처로 들어가려고 했다는 것을 암시한다.

236) 혜경궁 홍씨,『한듕록』, 253~257쪽.

237) ＊원문은 '국왕'인데 문맥상 '부왕'으로 의역했다.

238) 영조는 1721년[경종 1] 왕세제였을 때 소론강경파가 해치려고 해서 도망쳐야만 했고, 인원왕후의 보호를 청했다.『경종실록』, 5:36a-b. ＊경종 원년 12월 기묘(23일).

239) 조재호趙載浩는 초기 탕평정책 지지자인 조문명趙文明의 아들이다. 그는 실학과 서학에 관심을 보였다. 조재호,『손재선생문집損齋先生文集』, 특히 2:5b-11b, 12:11b-26b 참조.

240) 『봉교엄변록奉教嚴辨錄』참조.

241) 실록의 사료적 논의는 이 책 부록 4 참조.

242) 조선 왕실 선조의 사당이다. 영조의 의례는 세자를 죽이겠다는 결정을 선조에게 고한 것이다.

243) 정성왕후 사당이다. 창덕궁 내 진전이다.

244) 사도세자는 훙서한 모후[정성왕후]의 명복을 비는 의례를 행하도록 요구받았다.

245) ＊실록 원문에는 사서[정6품]로 되어 있는데 네 번째 지위로 영역되어 있다. 후반부에도 두 번째 스승 이만회, 세 번째 스승 변득양, 네 번째 스승 임성·권정침 등이 나온다. 법전에서 세자시강원의 사[정1품], 부[정1품], 이사[종1품], 좌우빈객[정2품], 좌우부빈객[종2품]은 모두 재신 이상이 예겸하므로 이를 제외하고 정3품 찬석, 보덕, 겸보덕 등을 첫 번째 지위로, 정4품 진선, 필선, 겸필선을 두 번째, 정5품 문학, 겸문학을 세 번째, 정6품 사서, 겸사서를 네 번째, 정7품 설서, 겸설서, 자의를 다섯 번째로 각각 그 지위를 번역한 것이다.

246) 『영조실록』, 99:22b-23a. ＊영조 38년 윤 5월 을해(13일).

247) 『한중록』에 대한 사료상 평가는 이 책 부록4 참조. ＊번역 시 저자가 사용한 김동욱·이병기

교주校注,『한듕록』[민중서관, 1961] 이외에 정은임 교주,『한중록』[이회, 2008] 판본을 교차 검토하였다. 이하 국역은 영역본[의역]을 기준으로 하되 원사료를 참고하여 조정하였다.

248) *원문은 "무슨 전좌를 나오려 하시고 경현당 관광청에 계시니"인데, 영역은 전좌를 임금의 의좌뿐 아니라 조회로 두 번 해석했다. 여기서는 영역이 자연스러워서 이를 취했다.

249) *원문은 '割慈忍情'으로 모정을 참아 끊어내는 것이다. 여기서는 영역의 표현이 풍부하여 이를 따랐다.

250) *'minister'는 원문에 '大臣'으로 되어 있다.

251) *영역은 '天道'로 풀이했으나 원문은 '하늘이여'로 되어 있다.

252) *영역은 '兵器'로 풀이했으나 원문을 따랐다.

253) *영역은 'messenger'를 주어로 넣어서 문장을 만들었으나 '승전색承傳色[내관]'인지 '선전관 宣傳官[무반관료]'인지 불분명하여 『한중록』 원문을 따라 생략하였다.

254) *원문은 '지경에 이르다'인데 영역이 더 적합하여 취하였다.

255) *원문을 참고하여 영역을 번안하였다.

256) *원문은 '사외하는 것을 써 무엇할꼬'인데 영역이 자연스러워 이를 따른다.

257) *영역은 '세자 거처의 대기실'이고 원문은 '왕자 재실'이다. 원문을 따른다.

258) *원문은 '내 그때 정경이야 고금 천지간에 없으니'인데 영역을 살렸다.

259) *원문의 표현을 준용했다.

260) *원문의 표현을 준용했다.

261) *영역은 '담'이지만 원문을 따랐다.

262) *영역에서 추가된 주어이다.

263) 청연淸衍공주는 사도세자와 세자빈 홍씨의 딸이다. 그들은 또 다른 딸 청선淸璿공주가 있었다.

264) 혜경궁 홍씨,『한듕록』, 255~267쪽, 271~273쪽.

265) 「이광현일기」의 사료에 대한 평가는 이 책 부록 4 참조. *본래 원사료에는 문단 구분이 없으나, 이하 영역을 기준으로 그대로 따랐다.

266) 이광현은 승정원에 1762년 윤 5월 12일과 13일 이틀 동안 근무했다.『승정원일기』, 67:580-581. *『승정원일기』에는 윤 5월 10일에 가주서假注書로 임명된 기록이 나온다.

267) *영역은 '박사납'으로 읽었으나 '박사눌'이다.

268) *영역은 '두 번째 스승'으로 풀이했으나 원문을 따랐다.

269) *영역은 '네 번째 스승'으로 풀이했으나 원문을 따랐다.

270) *한광조는 세자를 모시는 약방 부제조를 맡았다. 대리청정하는 소조의 신하는 분주서, 분제조 등으로 구분하였다.『정조실록正祖實錄』 권28, 정조 13년 8월 신사(28일).

271) 진전眞殿은 선원전의 다른 이름이며, 조선 왕실의 선조를 모시는 사당이다.

272) *영역은 '세 번째 스승'으로 풀이했으나 원문을 따랐다.

273) 3척 반은 약 4피트ft 1인치inch에 해당한다. *앞의 기록에는 '40척'과 '4피트ft'가 나왔는데, 약 '4척' 또는 '4피트' 규모로 보인다.

274) 실제로 육진이다. 조선의 극변極邊인 두만강 유역에 있던 요새 여섯 곳을 가리킨다.

275) 영조는 연산군이 폐위되어 강화도 교동에 유폐된 것을 언급한 것이다.

276) 「김이곤전金履坤傳」에 따르면 그는 대궐호위를 밀치고 나갔고, 어떻게든 '할퀴어서' 10개 손가락이 피가 나도록 상처를 입었다. 심낙수沈樂洙, 『은파산고恩坡散稿』, 8:28b-29b. 사도세자의 죽음에 대한 슬픔은 홍낙순洪樂純의 「김후재지문金厚材誌文」(김이곤金履坤, 『봉록집鳳麓集』)에도 보인다.

277) 실록에도 그들의 유배가 기록되어 있다. 『영조실록』, 99:23a. *영조 38년 윤 5월 병자(14일).

278) 이광현 외 편, 『임오일기』, 「이광현일기」, 1a-6b.

279) *영역은 '4피트ft'로 되어 있다.

280) 『영조실록』, 103:8a. *영조 40년 2월 임오(20일).

281) 『영조실록』, 99:24b. 사도세자는 왕실에서 지위가 회복되어 장례가 세자의 예로 치러졌다. 『사도세자상장등록思悼世子喪葬謄錄』. *실록의 일자는 영조 38년 윤 5월 계미(21일). 영역은 의역이 많으나 실록의 원문을 따랐다.

282) *『영조실록』 권104, 영조 40년 9월 임자(3일).

283) 영조, 『어제표의록御製表義錄』.

284) *『영조실록』 권104, 영조 40년 9월 을해(26일).

285) 예를 들면, 김상로金尙魯는 사후에 관작을 추탈하고 그 아들은 유배를 당했다. 『정조실록』, 1:11a-b. 홍계희와 그 자손도 동일한 처분을 받았다. 『정조실록』, 4:33b. *정조 즉위년 3월 신축(30일); 정조 원년 8월 병진(23일).

286) 심낙수, 『은파산고』, 8:16a-20a.

287) 김성근金聲根, 『권공정침시장權公正忱諡狀』.

288) 『영조실록』, 109:21a. *영조 48년 8월 임오(20일). 미주에는 '109:36a'가 추가되어 있으나 해당 면이 존재하지 않아 삭제했다. 동색금혼령의 사건 배경은 다음 참조. 김백철, 『두 얼굴의 영조』, 142~179쪽.

289) 『영조실록』, 112:6b. *영조 45년 정월 을사(21일). 미주의 '102:6b'는 바로잡았다. 1755년[영조 31] 을해옥사 당시 『어제첨간대훈御製添刊大訓』이 편찬되어 1차로 국시國是의 수정이 이루어졌으며, 1769[영조 45] 2차로 개정본이 나왔다. 1차 수정 과정은 다음 참조. 이근호, 「영

조대 중반 어제훈서의 간행과 의의」, 79~84쪽.

290) 『정조실록』, 1:2b. *정조 즉위년 3월 신사(10일). 영역은 의역이 추가되어 있으나 실록 원문을 기준으로 조정했다.

291) 예를 들면 정조가 즉위한 지 10여 일 뒤 사도세자에게 '장헌莊獻'의 존호를 올렸다. 하지만 이보다 앞서 이미 효장세자에게 '진종眞宗'의 묘호를 올렸다. 『정조실록』, 1:5a-b. 효장세자가 받은 칭호는 사왕嗣王의 부친에게 적합한 것이었다. 정조는 결코 사도세자에게 이러한 칭호를 올릴 수 없었다. *정조 즉위년 3월 경인(19일).

292) 혜경궁 홍씨, 『한듕록』, 519~523쪽.

부록

1) 1575년[선조 8] 율곡 이이가 왕의 학문에 도움이 되도록 명확하게 지어서 선조에게 바쳤다. 영조는 1759년[영조 35]에 어제서문을 붙여서 간행하였다.

2) 이 책의 다른 이름은 『증수부주자치통감절요속편增修附註資治通鑑節要續編』이다. 유섬劉剡이 편찬하였고 명대 장광계張光啓가 정정訂定했다.

3) 이 책은 1771년[영조 47] 영조의 왕명으로 최종 형태가 확정되어 간행된 이후에 비로소 조선 조정에서 유통되었다. 1368년[洪武帝]에서 1627년[天啓帝]까지를 다룬다.

4) 이 책은 명대 종성鍾惺이 쓰고 청대 왕여남王汝南이 보정補定했다.

5) 이것은 단군조선에서부터 고려 왕조까지 다룬 한국 통사다. 1484년[성종 15] 서거정徐居正이 편찬했다.

6) 범조우范祖禹가 썼다. 그의 사평史評은 충분한 가치가 있다.

7) 송시열이 『주자대전朱子大全』에서 중요한 글을 뽑아서 편찬한 것이다.

8) 8세기 당대 명재상 육지陸贄의 글을 모은 것이다.

9) 남송 고종대 재상 이강李綱의 글을 모은 것이다. 그는 금조金朝에 대한 강력한 주전론자였다.

10) 1417년[永樂 15] 명 영락제 때 황회黃淮와 양사기楊士奇가 편찬했다.

11) 당 태종의 명으로 오긍吳兢이 편찬했다. 유교적 정부에 대해 주요한 40문門으로 구성되어 있다.

12) 이것은 처음 주희가 편찬했고 송대 이형李衡이 교정했다. 명대 장채張采가 비평을 덧붙였다.

13) 이것은 명대 황제의 명으로 상로商輅가 편찬한 것이다.

14) 이것은 명대 구준丘濬이 편찬한 것이다.

15) 1667년[현종 8] 조선의 유계兪棨가 썼다.

16) 이것은 명 경제[景泰帝]가 편찬한 것이다.

17) 이것은 조선왕조의 연대기이다. 편찬은 15세기에 시작하여 1909년[고종 46]에 끝났다.

18) 이것은 송대 살았던 인물로 생각되는 진백陳栢이 편찬한 것이다. 조선의 노수신盧守愼이 주
해註解를 단 판본이다. 1746년[영조 22] 영조가 어제서문을 붙였다. *'No Ujin'은 '盧守愼'
으로 바로잡았다. 『宣祖修正實錄』 권2, 선조 원년 12월 을해(1일).

부록 4

1) *실록은 왕대별로 사후 종묘에서 사용하는 칭호[묘호+(존호)+시호+대왕]에다가 '실록'을
추가하여 이름을 붙인다. 예컨대 '세종장헌대왕실록'이나 '태종공정대왕실록' 등이 그것이다.
따라서 엄밀한 의미에서 '조선왕조실록'이라는 명칭은 존재하지 않는다. 조선 망국 후 일제가
'이조실록'으로 명명하여 영인본을 제작한 이래로 이러한 이름으로 불리다가 1960년대 후반
부터 일제의 식민사관 극복운동의 일환으로 '조선왕조' 명칭이 회복되었고, 국사편찬위원회
가 영인본을 보급하면서 비로소 '조선왕조실록'이라는 명칭으로 굳어졌다.

2) G. M. McCune은 30명 정도라고 말했다. G. M. McCune, "The Yi Dynasty Annal of Korea,"
Transactions of the Korea Branch of the Royal Asiatic Society, vol. 29, 1939, p. 66. 하지만 보통 30
명 이상이 포함되었다.

3) *의궤에는 도청낭청都廳郎廳, 각방낭청各房郎廳, 등록낭청謄錄郎廳, 분판낭청粉板郎廳, 원
역員役, 공장工匠, 별공작공장別工作工匠, 별단別單 등으로 추가로 분류하였다. 『영조대왕실
록청의궤英祖大王實錄廳儀軌』, 1:176-191.

4) 『영조대왕실록청의궤』.

5) G. M. McCune, "The Yi Dynasty Annal of Korea," pp. 57~58.

6) 『선조실록』.

7) 『선조수정실록』.

8) 『현종실록』.

9) 『현종개수실록』.

10) 『숙종실록』.

11) 『경종실록』.

12) 『경종수정실록』.

13) 『영조실록』.

14) 『경종실록』, 5:13a-16ba. *경종 원년 10월 갑술(17일); 경종 원년 10월 갑술(17일).

15) 『경종실록』, 5:13a-16ba. *경종 원년 10월 갑술(17일).

16) 『경종수정실록景宗修正實錄』, 2:28a-b. *경종 원년 10월 갑술(17일). 원문은 임금이 병이 있음을 알고 있고 동궁을 세웠으니 대리청정을 청해야 충신이라는 논지이다.

17) 『숙종실록』, 55:1b. *숙종 40년 정월 임신(30일).

18) 『숙종실록보궐정오肅宗實錄補闕正誤』, 55A:1a. *숙종 40년 정월 임신(30일).

19) 『영조실록』, 51:27a-b. *영조 16년 5월 을축(26일).

20) 『승정원일기』, 67:572.

21) 『승정원일기』, 67:580-581.

22) 『승정원일기』, 67:581.

참고문헌

1. 사료

(1) 원사료

金昌集, 『夢窩集』 5책, 규장각본.

金致仁 편, 『明義錄』, 1777, 장서각본.

金履坤, 『鳳麓集』 2책, 1778, 규장각본.

金聲根, 『權公正忱諡狀』, 1899~1906, 장서각본.

金陽澤, 「誌文」(『元陵誌』)[장서각본].

『高宗加上尊號玉册文』, 1890, 장서각본.

『國朝五禮儀』, 1475, 규장각본.

『國朝譜牒』, 1475, 규장각본.

『國朝續五禮儀』, 1744, 규장각본.

權正忱, 『平菴先生文集』 4책, 규장각본.

『景宗東宮日記』 16책, 1690~1720, 규장각본.

『景宗大王國恤謄錄』, 1724, 장서각본.

『景慕宮輔養廳日記』, 1735, 규장각본.

閔鎭遠, 『丹巖漫錄』 2책, 1724~1776, 규장각본.

閔翼洙, 『驪興閔氏家乘記略』 6책, 1744, 장서각본.

閔丙承, 『丹巖先生年譜』 5책, 1937, 장서각본.

『某年記事』, 국사편찬위원회본.

『文祖翼皇帝追上尊號玉册文』, 1883, 장서각본.

『戊申逆獄推案』 10책, 1728~1729, 규장각본.

『溫宮事實』 3책, 1759, 규장각본.

『溫行日記』, 1750, 규장각본.

『溫幸膽錄』, 1717, 장서각본.

朴宗謙, 『玄皐記』 2책, 규장각본.

朴宗謙, 『玄駒記事』, 규장각본.

朴文秀 편, 『度支定例』 12책(제5·7·12책 零本), 1749, 규장각본.

朴綏源, 『黎湖先生年譜』 2책, 1809~1906, 장서각본.

朴永世, 『夢窩先生實記』, 규장각본.

『奉教嚴辨錄』, 1762, 규장각본.

思悼世子, 『凌虛關漫稿』 3책, 1762, 장서각본.

『思悼世子喪葬膽錄』, 1762, 장서각본.

沈樂洙, 『恩坡散稿』, 규장각본.

宋寅明 편, 『戡亂錄』 4책, 1729, 규장각본.

宋時烈, 『獨對說話』, 1659, 규장각본.

徐命膺, 「行狀」(『元陵誌』)〔장서각본〕.

『宣懿王后國恤膽錄』, 1730, 장서각본.

『璿源世系』, 1900, 규장각본.

『淑嬪首陽崔氏墓誌』, 1718, 장서각본.

『待闡錄』 10책, 1776~1800, 장서각본.

『義淵推案』(『推案及鞫案』 제132책)〔규장각본〕.

『王子嘉禮膽錄』, 1703~1712, 장서각본.

『王世孫嘉禮膽錄』, 1752~1766, 장서각본.

元景夏, 『蒼霞集』 5책, 규장각본.

『元陵誌』, 1910, 장서각본.

『兩朝弘倫錄』 4책, 장서각본.

李天輔, 『晉菴集』 4책, 1762, 규장각본.

李頤命, 『疎齋集』 7책, 규장각본.

李光鉉 외 편,『壬吾日記』, 장서각본.

李光鉉,『李光鉉日記』(『壬吾日記』)[장서각본].

李民宬,『柵中日記』2책(『紫巖集』), 규장각본.

李德壽,『景廟行狀』, 1732, 장서각본.

『列聖朝繼講冊子次第』, 장서각본.

英祖,『御製自省編』2책, 1746, 장서각본.

英祖,『御製政訓』, 1749, 장서각본.

英祖,『御製回甲暮年示元良』, 1754, 규장각본.

英祖,『御製古今年代龜鑑』, 1757, 장서각본.

英祖,『御製警世問答』, 1762, 장서각본.

英祖,『御製警世問答續錄』, 1763, 장서각본.

英祖,『御製警世編』, 1762, 장서각본.

英祖,『御製百行源』, 1765, 장서각본.

英祖,『御製表義錄』, 1764, 장서각본.

英祖,『御製大訓』, 1755, 규장각본.

英祖,『永世追慕錄』, 1764, 장서각본.

英祖,『永世續追慕錄』, 1770, 장서각본.

『英祖追上玉冊文』, 1784, 장서각본.

『英祖東宮日記』5책, 1721~1724, 규장각본.

『英宗大王實錄廳儀軌』2책, 1776, 규장각본.

『英廟故事』, 국립중앙도서관본.

兪拓基,『知守齋集』8책, 1787, 규장각본.

兪彦鎬,『燕石』13책, 1775, 규장각본.

兪肅基,『兼山集』10책, 1775, 규장각본.

『毓祥宮上冊印儀』, 1753, 장서각본.

尹光紹,『明齋先生年譜』3책, 1749, 규장각본.

『一鏡虎龍等推案』(『推案及鞫案』제133책)[규장각본].

『引接說話』, 1721, 규장각본.

『仁元王后七尊號尊崇都監儀軌』, 1751, 규장각본.

『仁元王后追上尊號玉册文』, 1890, 장서각본.

『仁元王后國恤草謄錄』, 1757, 장서각본.

『仁元王后五尊號尊崇都監儀軌』, 1740, 규장각본.

『仁元王后六尊號尊崇都監儀軌』, 1747, 규장각본.

蔡濟恭, 『樊巖先生集』27책, 1824, 규장장본.

『莊獻世子東宮日記』30책, 1738~1762, 규장각본.

『莊祖獻敬后嘉禮都監儀軌』, 1744, 규장각본.

焦竑, 『養正圖解』(英祖御製序文), 1749, 장서각본.

趙載浩, 『損齋先生文集』2책, 국립(중앙)도서관본.

趙靖世, 『書筵講義』, 1789, 규장각본.

趙顯命, 『歸鹿集』20책, 규장각본.

趙顯命 편, 『良役實總』20책(제1·3·10책 零本), 1748, 규장각본.

趙泰采, 『二憂堂集』3책, 규장각본.

趙泰億, 『謙齋集』20책, 규장각본.

『罪人黃熽推案』(『推案及鞫案』 제144책), 규장각본.

正祖, 『顯隆園誌』(『弘齋全書』 제100책), 1814, 규장각본.

『宗廟儀軌』, 1706, 장서각본.

『闡義昭鑑』3책, 1755, 규장각본.

『천의소감언해』, 1755, 규장각본

『推案及鞫案』331책, 규장각본.

洪啓禧, 『均役事實』, 1752, 규장각본.

『和敬徽德安純淑嬪加上諡號稱賀帖』, 1724~1776, 장서각본.

黃景源, 『江漢集』15책, 1790, 규장각본.

『皇明通紀』24책, 1771, 장서각본.

『皇華集』25책, 1773, 장서각본.

『徽號帖』, 1777~1800, 장서각본.

『孝宗加上諡號都監儀軌』, 1740, 규장각본.

(2) 영인본과 역주본

『朝鮮王朝實錄』 48책, 국사편찬위원회, 1955~1963.

『太祖實錄』 36권(『조선왕조실록』 제1책).

『太宗實錄』 36권(『조선왕조실록』 제1~2책).

『世宗實錄』 163권(『조선왕조실록』 제2~6책).

『成宗實錄』 297권(『조선왕조실록』 제8~12책).

『中宗實錄』 150권(『조선왕조실록』 제14~19책).

『宣祖實錄』 221권(『조선왕조실록』 제21~25책).

『宣祖修正實錄』 42권(『조선왕조실록』 제25책).

『光海君日記』 187권(태백산본, 『조선왕조실록』 제26~31책).

『仁祖實錄』 50권(『조선왕조실록』 제33~35책).

『孝宗實錄』 21권(『조선왕조실록』 제35~36책).

『顯宗改修實錄』 23권(『조선왕조실록』 제37~38책).

『顯宗實錄』 22권(『조선왕조실록』 제36~37책).

『肅宗實錄』 16권(『조선왕조실록』 제38~41책).

『景宗實錄』 15권(『조선왕조실록』 제41책).

『英祖實錄』 127권(『조선왕조실록』 제41~44책).

『正祖實錄』 54권(『조선왕조실록』 제44~47책).

『承政院日記』 115책, 국사편찬위원회, 1961~1970.

鄭道傳,『三峰集』, 국사편찬위원회, 1971.

鄭道傳,『朝鮮經國典』(『三峰集』).

鄭道傳,『經濟文鑑』(『三峰集』).

鄭齊斗,『霞谷集』, 민족문화추진회, 1972.

丁若鏞,『丁茶山全書』 3책, 문헌편찬위원회, 1960.

朱熹, 『晦菴先生朱文公文集』, 京都: 中文出版社, 1977.

『增補文獻備考』 3책, 고전간행회, 1959.

范祖禹, 『范太史集』, 上海: 商務印書舘, 1935. ＊'Commerical'은 'Commercial'의 오기이다.

洪大容, 『湛軒書』 2책, 경인문화사, 1969.

惠慶宮洪氏, 『한듕록』, 김동욱·이병기 校注, 민중서관, 1961.

阮元 編, 『十三經注疏』 2책, 臺北: 啓明書局, 1959.

『孟子』 14권(阮元 편, 『十三經注疏』 2책, 臺北: 啓明書局, 1959).

『書經』 20권(阮元 편, 『十三經注疏』 2책, 臺北: 啓明書局, 1959).

具樹勳, 『二旬錄』(『稗林』第9冊, 402~479쪽).

『光山金氏鳴川古文書』, 한국정신문화연구원, 1982.

『經國大典』 2책, 법제처, 1962.

歐陽修, 『歐陽永叔集』 3책, 上海: 商務印書館, 1958.

『稗林』 10책, 탐구당, 1969~1970.

朴趾源, 『燕巖集』, 경희대학교출판부, 1966.

『備邊司謄錄』 28책, 국사편찬위원회, 1959~1960.

『扶安金氏愚磻古文書』, 한국정신문화연구원, 1983.

『續大典』, 법제처, 1965.

宋時烈, 『宋子大全』, 7책, 기문학회, 1971.

司馬遷, 『史記』 10책, 홍콩: 中華書局, 1969.

『東國輿地備考』, 서울특별시 시사편찬위원회, 1956.

『通文館志』, 東京: 韓國珍書刊行會, 1907.

安鍾和 편, 『國朝人物志』, 1909.

王崇武, 『明本紀校注』, 上海: 國立中央研究院歷史言語研究所, 1945.

李縡, 『三官記』(『稗林』第9冊, 331~401쪽).

李建昌, 『黨議通略』, 이민수 역, 을유문화사, 1971.

李光佐, 『雲谷實紀』, 청구문화사, 1972.

李聞政, 『隨聞錄』(『稗林』제9책, 206~330쪽).

李珥, 『栗谷全書』 2책, 성균관대학교 동아시아연구원, 1961.

李珥, 『聖學輯要』(『栗谷全書』).

李珥, 『洞湖問答』(『栗谷全書』).

『列聖御製』, 명문당, 1983.

柳馨遠, 『磻溪隧錄』, 동국문화사, 1958.

尹拯, 『明齋先生遺稿』 2책, 경인문화사, 1973.

尹鑴, 『白湖全書』 3책, 경북대학교출판부, 1974.

Lee, Peter H., *Songs of Flying Dragons*, Cambridge: Havard University Press, 1974.

Legge, James. *The Chinese Classics*. 7 vols. Oxford: Clarendon Press, 1895.

Meskillm, John, *Ch'oe Pu's Diary: A Record of Drifting Across the Sea*, Tuscon: University of Arizona Press, 1965.

Waley, Arthur, tr. *The Book of Songs*, New York: Grove Press, 1960.

2. 논저

(1) 국내 연구

고려대학교 민족문화연구소 편, 『한국문화사대계』 7책, 고려대학교출판부, 1964~1972.

김석희·박용숙, 「18세기 농촌의 사회구조」, 『부대사학』 3, 1979, 25~60쪽.

김동욱, 『이조전기 복식 연구』, 한국연구원, 1963.

김동욱, 「이조중기의 여복구조」, 『아세아여성연구』 3, 1964, 85~121쪽.

김용덕, 「규장각고」, 『중앙대학교논문집』 2, 1957, 223~238쪽.

김용섭, 『조선후기 농업사 연구』, 일조각, 1970.

김용섭, 「조선후기에 있어서의 신분제의 동요와 농지소유」, 『조선후기 농업사 연구』, 일조각, 1970, 394~444쪽.

김용섭, 「사궁장토의 전호경제와 그 성장」, 『조선후기 농업사 연구』, 일조각, 1970, 155~164쪽.

김용섭, 「양안의 연구」, 『조선후기 농업사 연구』, 일조각, 1970, 135~155쪽.

김용숙, 「사도세자의 비극과 그의 정신분석학적 고찰」, 『국어국문학』 19, 1958, 3~52쪽.

김용숙, 「이조궁중 풍속의 연구」, 『이조여류문학 및 궁중풍속의 연구』, 숙명여자대학교출판부, 1970, 279~499쪽.

문화재관리국 편,『조선왕조의 제사』, 문화재관리국, 1967.

송준호,「한국에 있어서의 가계기록의 역사와 그 이해」,『역사학보』 87, 1980, 99~143쪽.

송준호,『이조 생원진사시의 연구』, 대한민국 국회도서관, 1970.

성낙훈,「한국당쟁사」,『한국문화사대계』 2, 219~388쪽.

이춘희,『李朝書院文庫考』, 대한민국 국회도서관, 1969.

이기백,『한국사신론』, 일조각, 1972.

이광규,「조선왕조시대의 재산상속」,『한국학보』 2-2, 1976, 58~91쪽.

이범직,「조선전기의 校生신분」,『한국사론』 3, 1976, 321~357쪽.

이병휴,『조선전기 기호사림파 연구』, 일조각, 1984.

이상백 외,『한국사』 7책, 진단학회, 1959~1965.

이성무,『조선초기 양반 연구』, 일조각, 1980.

이수건 편,『慶北地方古文書集成』, 영남대학교출판부, 1981.

이수건,『영남사림파의 형성』, 영남대학교출판부, 1979.

이태진,「서얼차대고」,『역사학보』 27, 1965, 65~104쪽.

이을호,『다산경학사상연구』, 을유문화사, 1966.

이우성,「이조후기 근기학파에 있어서의 정통론의 전개」,『역사학보』 31, 1966, 174~179쪽.

윤장섭,『한국건축사』, 동명사, 1984.

장서각 편,『藏書閣韓國版總目錄』, 장서각, 1972.

전봉덕,『한국법제사연구』, 서울대학교출판부, 1968.

정구복,「반계 유형원의 사회개혁 사상」,『역사학보』 45, 1970, 1~50쪽.

정만조,「영조대초반의 탕평책과 탕평파의 활동」,『진단학보』 56, 1983, 27~66쪽.

정석종,『조선후기 사회변동 연구』, 일조각, 1983.

차문섭,「임란이후의 양역과 균역법의 성립(상)」,『사학연구』 10, 1961, 115~130쪽.

차문섭,「임란이후의 양역과 균역법의 성립(하)」,『사학연구』 11, 1961, 83~146쪽.

최재석,『한국가족제도사연구』, 일조각, 1983.

최승희,『조선초기 언관언론연구』, 서울대학교출판부, 1976.

최완기,「영조탕평의 찬반론 검토」,『진단학보』 56, 1983, 67~96쪽.

천관우, 「한국토지제도사」, 『한국문화사대계』 2, 1381~1561쪽.

한영우, 『조선전기 사회경제 연구』, 을유문화사, 1983.

황원구, 「실학파의 역사이론」, 『연세논총』 7, 1970, 181~232쪽.

현상윤, 『조선유학사』, 민중서관, 1954.

(2) 해외연구

Bendix, Reinhard, *Kings or People*, Bekeley and Los Angeles: University of California Press, 1978.

Ch'ien, Edward T., "Chiao Hung and Revolt Against Ch'eng-Chu Orthodoxy." In de Bary and Conference on Seventeenth-Century Chinese Thought, eds, *The Upfolding of Neo-Confucianism*, New York, Columbia University Press, 1975, pp. 271~303.

Chung Chai-sik, "Chŏng Tojŏn: 'Architect' of Yi Dynasty Government and Ideology." In de Bary and Haboush, eds., *The Rise of Neo-Confucianism in Korea*, New York: Columbia University, 1985, pp. 59~88.

Crawford, Robert, "Eunuch Power in the Ming Dynasty," *T'oung Pao*, vol. 49-3, 1961, pp. 115~148.

Dardess, John D., *Confucianism and Autocracy*, Berkeley and Los Angeles: University of California Press, 1983.

de Bary, Wm. Theodore, "A Reappraisal of Neo-Confucianism." In Arthur F. Wright, ed., *Studies in Chinese Thought*, Chicago: University of Chicago Press, 1953, pp. 81~111.

de Bary, Wm. Theodore, "Chinese Despotism and the Confucian Ideal." In Arthur F. Wright, ed., *Studies in Chinese Thought*, Chicago: University of Chicago Press, 1953, pp. 163~203.

de Bary, Wm. Theodore, *Neo-Confucian orthodoxy and Learning of the Mind-and-Heart*, New York: Columbia University, 1981.

Demiévillem Paul, "Chuang Hsueh-ch'eng and His Historiography." In W. G. Beasley and E. G. Pulleybank, ed., *Historians of China and Japan*, pp. 167~185.

Deuchler, Martina, "Neo-Confucianism: the Impulse for Social Action in Early Yi Korea." *The Journal of Korean Studies*, vol. 2, 1980, pp. 71~111.

Deuchler, Martina, "Reject the False and Uphold the Straight: Attitudes Toward Heterodox Thought in Early Yi Korea." In de Bary and Haboush, eds., *The Rise of Neo-Confucianism in Korea*, New York: Columbia University, 1985, pp. 375~410.

Deuchler, Martina, "The Yradition: Women During the Yi Dynasty." In Sandra Mattielli, ed., *Virtues in Conflict*, Seoul: Royal Asiatic Society, Korea Branch, 1977, pp. 1~47.

Fisher, Carney T., "The Great Ritual Controversy in Age of Ming Shih-tsung." *Society for the Study of Chinese Religions Bulletin*, vol. 7, 1979, pp. 71~87.

Fung Yulan, *A Study Chinese Philosophy*, 2 vols. Trans Derk Bodde, Princeton: Princeton University Press, 1952.

Haboush, Jahyun Kim, "Confucian Rhetoric and Ritual as Techniques of Political Dominance: Yŏngo's Use of the Royal Lecture." *The Journal of Korean Studies*, vol. 5, 1985, pp. 39~62.

Haboush, Jahyun Kim, "The Education of Yi Crown Prince: A Study in Confucian Pedagogy." In de Bary and Haboush, eds., *The Rise of Neo-Confucianism in Korea*, New York: Columbia University, 1985, pp. 166~222.

Haboush, Jahyun Kim, "A Heritage of Kings: One Man's Monarchy in the Confucian World." Ph. D. diss. Columbia University, 1978.

Haboush, Jahyun Kim, "The Sirhak Movement of the Late Yi Dynasty." *Korean Culture*, vol. 8-2, 1987, pp. 22~27.

Han Yŏung Woo, "Kija Worship in the Koryŏ and Early Yi Dynasties: A Cultural Symbol in the Relationship Between Korea and China." In de Bary and Haboush, eds., *The Rise of Neo-Confucianism in Korea*, New York: Columbia University, 1985, pp. 349~374.

Ho, Ping-ti, *The Ladder of Success in Imperial China*, New York: Columbia University Press, 1962.

Hucker, Charles O., "Confucianism and the Chinese Censorial System." In David S. Nivision and Arthur F. Wright, eds., *Confucianism in Action*, Stanford: Standford University Press, 1959, pp. 182~208.

Kahn, Herold L., *Monarchy in Emperor' Eyes*, Cambrige: Havard University Press, 1971.

Kang, Hi-woong, *The Development of the Korean Ruling Class from Late Silla to Early Koryŏ*, Ann Arbor, Mich.: University Microfilms, 1974.

Kawashima, Fujiya, "The Local Gentry Association in Mid-Yi Dynasty Korea: A Preliminary Study of the Ch'angnyŏng Hyangan, 1600-1838," *The Journal of Korean Studies*, vol. 2, 1980, pp. 113~137.

Kwon Yon-Ung, "The Royal Lecture of Early Yi Korea(1)," *Journal of Social Sciences and Humanities*, vol. 50. 1979, pp. 62~107.

Led Yard, Gari, "Korean Travellers in China Over Four Hundred years, 1488-1877," *Occasional Papers on Korea*, vol. 2, 1974, pp. 1~42.

Levenson, Joseph R., *Confucian China and Its Modern Fate: A Trilogy*, 3 vols, Berkeley and Los Angeles: University of California Press, 1968.

Liu, James, T. C., "How did a Neo-Confucian School Become the State Orthodoxy?" *Philosophy East and West*, vol. 23-4, 1973, pp. 484~505.

Liu, James, T. C., *Ou-yang Hsiu*, Stanford: Stanford University Press, 1967.

Maruyama Masao, *Studies in the Intellectual History of Tokwgawa Japan*, Princeton: Princeton University Press, 1974.

McCune, G. M. "The Yi Dynasty Annal of Korea," *Transactions of the Korea Branch of the Royal Asiatic Society*, vol. 29, 1939, pp. 57~82.

Munro, Donald, *The Concept of Man in Early China*, Stanford: Stanford University Press, 1969.

Nivison, David S., "Hoshen and His Accusers." In Nivison and Wright, eds., *Confucianism in Action*, pp. 209~243.

Palais, James, B., *Politics and Policy in Traditional Korea*, Cambridge: Havard University Press, 1975.

Peterson, Mark, "Womean without Sons." In Laurel Kendall and Mark Peterson, eds., *Korean Women*, New Haven: East Rock Press, 1983, pp. 33~44.

Peterson, Willard J., *Bitter Gourd*, New Haven: Yale University, 1979.

Sakai Tadao, "Yi Yulgok and Community Compact." In de Bary and Haboush, eds., *The Rise of Neo-Confucianism in Korea*, New York: Columbia University, 1985, pp. 323~348.

Shin, Susan, "Land Tenure and Agrarian Economy in Yi Dynasty Korea 1600-1800," Ph. D. diss, Havard University, 1973.

Shin, Susan, "The Social Structure of Kŭmhwa County in the Late Seventeenth Century," *Occasional Papers on Korea*, vol. 1, 1974, pp. 9~35.

Shin, Susan, "Some Aspects Landlord-Tenant Relations in Yi Dynasty Korea," *Occasional Papers on Korea*, vol. 3, 1975, pp. 49~88.

Shirokauer, Conrad M., "Chu Hsi's Political Career: A Study in Ambivalence." In Arthur F. Wright and Denis Twichett, eds., *Confucian Personalities*, Stanford: Stanford University Press, pp. 162~188.

Shryock, John K., *the Origin and Development of the State Cult of Confucius: An Introductory Study*, New York and London: The Century Co., 1932.

Sohn, Pow-key, *Social History of the Early Yi Dynasty 1392-1592: With Emphasis on the Functional Aspects of Governmental Structure*, Ann Arbor, Mich.: University Microfilms, 1963.

Spence, Jonathan, D., *Emperor of China*, New York: Knopf, 1974.

Struve, Lynn A., *The Southern Ming, 1644-1662*, Mew Haven: Yale University Press, 1984.

Wagner, Edward W., "The Ladder of Sucess in Yi Dynasty Korea," *Occasional Papers on Korea*, vol. 1, 1974, pp. 1~8.

Wagner, Edward W., *The Litterati Purges: Political Conflict in Early Yi Korea*, Cambridge: Havard University Press, 1974.

Wagner, Edward W., "Social Stratification in Seventeenth-Century Korea: Some Observations from a 1663 Seoul Census Register," *Occasional Papers on Korea*, vol. 1, 1974, pp. 39~54.

Wechsler, Howard J., *Offerings of Jade and Silk: Ritual and Symbol in Legitimation of T'ang Dynasty*, New Haven: Yale University Press, 1985.

Wills, John, E. Jr., "Maritime China from Wang Chih to Shih Lang." In Jonathan D. Spence and John E. Wills., Jr, eds., *From Ming to Ching*, New Haven: Yale University Press, 1979, pp. 203~238.

Wright, Arthur F., "Sui Legitimation: Formal Procedures," at the Conference on Legitimation in Chinese Regimes, June 15-24, 1975, Asilomar, Calif. mimeograph.

Wright, Marry C., *The last Stand of Chinese Conservatism*, New York: Atheneum, 1966.

Wu, Silas H. L., *Communication and Imperial Control in China: Evolution of the Palace Memorial System, 1696-1735*, Cambridge: Havard University Press, 1970.

Yang Lien-sheng, "Historical Notes on the Chinese World Order.", in John K. Fairbank, ed., *The chinese World Order: Traditional China's Foreign Relations*, Cambridge: Havard University Press, 1968, pp. 20~33.

Yi Sŏngmu, "The Influence of Neo-Confucianism on Education and the Civil Service Examination System in Fourteenth-and Fifteenth-Century." In de Bary and Haboush, eds., *The Rise of Neo-Confucianism in Korea*, New York: Columbia University, 1985, pp. 323~348.

稲葉岩吉,『光海君時代の滿鮮關係』, 서울: 大阪屋號書店, 1933.

中村榮孝,「朝鮮英祖の'承政院日記'改修事業」,『日鮮關係史の研究』下, 東京: 吉川弘文館, 1969, 648~651쪽.

布目潮渢,「明朝の諸王政策とその影響(上)」,『史學雜誌』55-3, 東京: 105~136쪽.

布目潮渢,「明朝の諸王政策とその影響(中)」,『史學雜誌』55-4, 東京: 274~311쪽.

布目潮渢,「明朝の諸王政策とその影響(下)」『史學雜誌』55-5, 東京: 367~417쪽.

酒井忠夫,『中國善書の研究』, 東京: 國書刊行會, 1972.

四方博,「李朝人口に關する身分階級別的觀察」,『李朝經濟の研究』3, 서울: 京城帝國大

學 法學會, 1938.

多賀秋五郎, 『中國敎育史』, 東京: 岩崎書店, 1955.

高橋亨, 「李朝儒學史における主理派主氣派の發達」, 『朝鮮支那の硏究』, 서울: 京城帝國
    大學 法文學會, 1929, 141~281쪽.

柳洪烈, 「朝鮮における書院の成立」, 『靑丘學叢』 30, 63~116쪽.

3. 역자 추가문헌

(1) 영인 · 해제

『列聖御製』 1-15, 서울대학교 규장각, 2002~2004.

『英祖御製訓書』 1-4, 서울대학교 규장각, 2003.

『英祖莊祖文集』, 한국정신문화연구원, 1997.

김상환 외, 『영조어제해제』 1-10 · 목록, 한국학중앙연구원출판부, 2011~2014.

장서각 편, 『숙빈최씨자료집』 1-4, 한국학중앙연구원출판부, 2009.

장서각 편, 『영조대왕자료집』 1-6, 한국학중앙연구원출판부, 2012~2013.

장서각 편, 『영조자손자료집』 1-4, 한국학중앙연구원출판부, 2012.

장서각 편, 『경종대왕자료집』 1-2, 한국학중앙연구원출판부, 2016.

장서각 국학조사실 편, 『영조대왕』, 한국학중앙연구원, 2011.

원창애 외, 『조선시대 과거제도 사전』, 한국학중앙연구원출판부, 2014.

(2) 역서

『용비어천가』 1 · 2, 솔, 이윤석 역, 1997.

『역주 용비어천가』 상 · 하, 박창희 역, 한국학중앙연구원, 2015.

『사도세자의 죽음과 그 후의 기억: 현고기 번역 주해』, 김용흠 외 역, 서울대학교출판문화원,
    2015.

『사직서의궤』, 오세옥 · 김기빈 공역, 한국고전번역원, 2012.

『추안급국안(국역본)』, 1-90, 흐름출판사, 2014.

도스토옙스키, 『까라마조프 씨네 형제들』 상 · 중 · 하, 이대우 역, 열린책들, 2000.

미야자키 이치사다, 『옹정제』, 차혜원 역, 이산, 2001.

마크 C. 엘리엇, 『건륭제』, 양휘웅 역, 천지인, 2011.

서명응 편, 『역주원릉지』, 김근호 역, 한국학중앙연구원출판부, 2016.

셰익스피어, 『셰익스피어 전집』, 이상섭 역, 문학과지성사, 2016.

英祖, 『역주 어제경세문답(언해)』, 조항범 외 공역, 역락, 2006.

英祖, 『역주 어제경세문답속록(언해)』, 조항범 외 공역, 역락, 2006.

英祖, 『역주 어제(언해)·경세조훈(언해)』, 조항범 외 공역, 역락, 2006.

英祖, 『역주 어제자성편(언해)』, 조항범 외 공역, 역락, 2006.

英祖, 『역주 어제속자성편(언해)』, 조항범 외 공역, 역락, 2006.

英祖, 『영조의 말』, 강현규 편/박승원 역, 소울메이트, 2014.

에드워드 와그너, 『조선왕조 사회의 성취와 귀속』, 이훈상·손숙경 공역, 일조각, 2007.

웨슬러 J. 호워드, 『비단 같고 주옥같은 정치』, 임대희 역, 고즈윈, 2005.

윌리엄 버틀러 예이츠, 『1916년 부활절』, 황동규 역, 솔, 1995.

李珥, 『국역 栗谷全書』IV, 한국정신문화연구원, 1985.

李珥, 『동호문답』, 정재훈 역해, 아카넷, 2014.

장자오청·왕리건, 『강희제 평전』, 이은자 역, 민음사, 2010.

제임스 팔레, 『전통 한국의 정치와 정책』, 이훈상 역, 신원문화사, 2001.

조너선 스펜스, 『강희제』, 이준갑 역, 이산, 2001.

朱熹, 『詩經集傳』 상·하, 성백효 역, 전통문화연구회, 1993.

최부, 『崔溥漂海錄譯註』, 박원호 역, 고려대학교출판부, 2006.

피터 H. 리, 『용비어천가의 비평적 해석』, 김성언 역, 태학사, 1998.

혜경궁 홍씨, 『한중록』, 정은임 교주, 이회, 2008.

(3) 연구논저

권연웅, 『경연과 임금 길들이기』, 지식산업사, 2015.

김백철, 『조선후기 영조의 탕평정치: 『속대전』의 편찬과 백성의 재인식』, 태학사, 2010.

김백철, 『영조: 민국을 꿈꾼 탕평군주』, 태학사, 2011.

김백철,『두 얼굴의 영조: 18세기 탕평군주상의 재검토』, 태학사, 2014.

김백철,『박문수: 18세기 탕평관료의 이상과 현실』, 한국학중앙연구원출판부, 2014.

김백철,「17-18세기 대동·균역의 위상: 조선시대 재정개혁 모델의 모색」,『국학연구』28, 한국국학진흥원, 2015.

김백철,『법치국가 조선의 탄생: 조선전기 국법체계 형성사』, 이학사, 2016.

김백철,『탕평시대 법치주의 유산: 조선후기 국법체계 재구축사』, 경인문화사, 2016.

김지영,「조선후기 관왕묘 향유의 두 양상」,『규장각』49, 2016.

김지영,『길 위의 조정: 조선시대 국왕 행차와 정치적 문화』, 민속원, 2017.

박광용,『조선후기 '탕평' 연구』, 서울대학교 국사학과 박사논문, 1994.

박광용,『영조와 정조의 나라』, 푸른역사, 1998.

배재홍,『조선후기의 서얼허통과 신분지위의 변동』, 경북대학교 사학과 박사논문, 1995.

서한교,『조선후기 납속제도의 운영과 납속인의 실태』, 경북대학교 사학과 박사논문, 1995.

이근호,「영조대 중반 어제훈서의 간행 양상과 의의:『어제대훈』과『어제상훈』을 중심으로」,『장서각』26, 한국학중앙연구원, 2011.

이근호,「영조대 승정원일기 개수과정 검토」,『조선시대사학보』31, 조선시대사학회, 2004.

이근호,『조선후기 탕평파와 국정운영』, 민속원, 2016.

이미령,「清 康熙帝의 皇太子 결정과 그 位相」,『명청사연구』33, 명청사학회, 2010.

윤 욱,「청말 奏摺의 전달방식의 변천」,『역사학보』, 역사학회, 209, 2011.

이성무,『조선 양반사회 연구』, 일조각, 1995.

이준갑,「乾隆49年(1784)~51年(1786)의 教案과 乾隆帝」,『東洋史學硏究』121, 동양사학회, 2012.

이준구,「유학과 그 지위」,『조선후기 신분직역변동 연구』, 일조각, 1993.

이태진,『조선후기의 정치와 군영제 변천』, 한국연구원, 1985.

이태진,「조선후기 양반사회의 변화: 신분제와 향촌사회 운영구조에 대한 연구를 중심으로」,『한국사회발전사론』, 일조각, 1992.

이태진·김백철 공편,『조선후기 탕평정치의 재조명』상·하, 태학사, 2011.

장동표,「조선후기 창녕지역의 향안 중수와 재지사족」,『한국민족문화』40, 부산대학교 한국민족문화연구소, 2011.

정만조,「영조대 중반의 정국과 탕평책의 재정립」,『역사학보』111, 역사학회, 1986.

정만조 외, 『영조의 국가정책과 정치이념』, 한국학중앙연구원출판부, 2012.

정병설, 『권력과 인간: 사도세자의 죽음과 조선 왕실』, 문학동네, 2012.

정연식, 『영조대의 양역정책과 균역법』, 한국학중앙연구원출판부, 2015.

조영애, 「雍正朝(1723~1735)의 奏摺政治」, 이화여자대학교 사학과 석사논문, 1990.

차혜원, 「18세기 淸朝의 言論통제와 관료사회: 言官 謝濟世사건의 의미」, 『동방학지』 125, 연세대학교 국학연구원, 2004.

최성환, 『조선후기 탕평정국의 군신의리 연구』, 서울대학교 국사학과 박사논문, 2009.

최주희, 「18세기 중반『度支定例』類 간행의 재정적 특성과 정치적 의도」, 『역사와 현실』 81, 2011.

역자 발문跋文

김자현金滋炫/JaHyun Kim Haboush 교수를 추모하며

　김자현 교수의 저서는 원래 1978년『왕이라는 유산: 유교세계의 한 사람의 군주*A Heritage of Kings: One Man's Monarchy in the Confucian World*』로 쓴 컬럼비아대학교 박사학위논문이다. 1988년 같은 제목으로 컬럼비아대학교 출판부에서 양장본으로 출간되었고, 2001년『한국의 유교적 군주상: 영조와 요순정치*The Confucian Kingship in Korea: Yŏngjo and the Politics of Sagacity*』로 제목을 바꾸어 보급판이 재출간되었다. 보급판에는 출간 후 대학원 수업 중 토론 내용이 서문으로 추가되었는데 한국사 전반에 대한 통찰이 돋보인다.

　이 역작을 처음 접한 것은 2004년 석사학위 논문 구술시험이 한창일 때였다. 부끄럽게도 탕평을 주제로 학위논문을 준비하면서 당시까지 이 책의 존재를 미처 알지 못했다. 더욱이 내가 쓴 요순정치론 중 일부 장절의 논지가 해당 저서와 중첩될 개연성이 있다는 이태진 선생님의 지적을 받았다. 지도교수의 서가에 꽂힌 책을 빌려서 3일 동안 밤낮으로 비슷한 문장이 있는지 대조하느라 얼마나 식은땀을 흘렸는지 모른다. 숙종대 정치구조에 대한 평가나 요순정치론에 대한 기술에서 놀랍도록 유사한 부분을 발견할 때면 전율을 느꼈다.

치기어린 마음에 내 연구가 국내 연구 분위기와 다소 다른 관점을 제시했다고 자부했던 터라 해외에서 유사한 논지가 이미 오래전에 나왔다는 사실이 놀랍기도 했고, 학자의 길 초업에서부터 연구사 정리가 부실했다는 자책도 들었다. 조금이라도 겹치는 일부 장절은 대거 삭제하고 각주에서 전거를 밝히는 형태로 마무리했다. 심사 이후에도 혹 누가 될지 몰라서 김자현 교수에게 전자우편으로 논문을 보내드리기도 했다. 훗날 대면할 기회가 생겼을 때 당신께서 직접 다른 관점이라고 생각한다고 답변해주셔서 비로소 안도할 수 있었다. 웃으시면서 유행이 지난 기법이라는 평도 해주셨다. 당신의 연구가 워낙에 앞서셨기 때문이다.

2006년 서울대학교 규장각한국학연구원 출범을 기념하는 국제학술회의에서 직접 만나뵙게 되었다. 처음 저서를 읽을 때만큼이나 첫 대면도 놀라움의 연속이었다. 이미 오래전에 일리노이대학교 교수를 거쳐서 2002년부터 컬럼비아대학교에서 교수로 계실 때라서 당시는 60대의 연로한 학자였다. 그런데 예상을 깨고 형광색 계열의 밝은 붉은색 바지에 빨갛게 염색한 머리로 너무나 활력 넘치는 모습으로 나타나셨다. 마치 자유분방한 학문적 상상력을 대변하는 듯했다.

이후 식사나 다른 발표회 등으로 만나뵐 기회가 몇 차례 더 있었으나 그분의 열정은 젊은 학자가 가히 따라잡을 수 없을 정도였다. 특히 독특한 시각과 치밀한 사료고증을 접할 때면 참으로 즐겁기 그지없었다. 번역만 시작하지 않았더라면 그 기쁨만 고스란히 간직할 수 있었을 것이라 후회도 수없이 해보았다. 몇 년 뒤 규장각한국학연구원 초청으로 임진왜란 당시 「문자전쟁文子戰爭」을 발표하셨는데, 그때도 너무나 신선하기만 했다. 이 내용은 두 번째 저서에 실렸다. 2016년에 임진왜란과 병자호란을 다룬 책이 『동아시아 대전쟁과 한국 국민국가의 탄생The Great East Asian War and the Birth of the Korean Nation』(컬럼비아대학교출판부, 2016 양장본)으로 출간되었다.

선생의 이력은 상당히 독특하다. 이화여자고등학교와 이화여자대학교 영문학부를 졸업했고 미시건대학교에서 중국문학 전공으로 석사과정을 마쳤다. 문학을 사랑하여 당신의 문체도 매우 유려한 문학적 표현을 즐겨 사용하여 영어문장을 우리말로 어떻게 옮겨야 어세語勢를 살릴 수 있을지 여러모로 고민하지 않을 수 없었다. 문학적 소질을 바탕으로 현대 한국인이 읽기에도 까다로운 『한중록閑中錄』을 The Memoirs of Lady Hyegyong: The Autobiographical Writings of a Crown Princess of Eighteenth-Century Korea(캘리포니아대학교출판부, 1996 양장본; 2013 보급판)로 번역하여 1997년 문예진흥원에서 제3회 한국문학번역상을 수상하기도 했다. 또 임진왜란 당시 포로였던 강항姜沆의 『간양록看羊錄』도 A Korean War Captive in Japan, 1597-1600: The Writings of Kang Hang(컬럼비아대학교출판부, 2013 양장본; 2016 보급판)으로 공동번역하였다. 이외에도 공동저서가 다수 있다.

안타깝게도 몇 해 전 뉴스에서 미국 컬럼비아대학교 한국총동창회 부고訃告를 접하였다. 선생님은 2011년 1월 30일에 향년 만 69세로 별세하셨다. 여기에는 흥미로운 사실도 부기되어 있었는데, 미스코리아 한국일보로 선발되신 이력까지 나왔다. 아마도 붉은색 의상과 염색도 당신의 젊은 시절 배경이 작용하지 않았나 싶다.

이 책의 연구사적 위치

　국내 탕평정치 소논문 발표가 1980년대 초에 비로소 본격화되기 시작하였는데 이미 1978년 미국 컬럼비아대학교에서 탕평정치를 다룬 두꺼운 박사학위논문이 산출되었다. 국내에서는 탕평을 다룬 박사학위논문이 1990년대 중반에 이르러 비로소 나타났다. 또 국내 연구에 비해 다룬 자료의 대상과 범위도 무차별적이다. 한국에서는 2000년대 이후 주목받거나 발굴된 규장각이나 장서각의 다양한 왕실 자료를 이미 1970~1980년대에 거의 완벽한 수준으로 활용하였다. 오늘날 영인본이나 현재 국사편찬위원회, 국립중앙도서관, 서울대학교 규장각한국학연구원, 한국학중앙연구원 장서각, 한국고전번역원 등 한국학 연구기관에서 온라인 데이터베이스를 구축하기도 훨씬 전에 모두 수작업으로 대조를 완료한 것이다. 현재 해외 한국학의 전통시대 연구 상황은 2000년대 이후 역전되어 국내학계와 비교되지 않을 만큼 열악하다. 한문 해독력의 미비나 자료접근도의 한계, 국내 연구성과의 보급부족 등이 이유로 제시되고 있다. 오히려 전산화가 잘된 현재에도 뛰어난 전통시대 연구자를 만나기는 어려우며, 담론 수준이나 피상적인 비교를 넘어서지 못하고 있는 실정이다. 그런데 이미 1970년대에 미국에서 2000년대 한국 연구자를 뛰어넘는 수준의 연구성과가 산출되었다는 점은 놀랍기 그지없다.

　그동안 국내에는 존 던컨John B. Duncan의 14세기 여말선초 연구, 마르티나 도이힐러Martina Deuchler의 16~17세기 사족사회 변동, 제임스 팔레James B. Palais의 17세기 유형원과 19세기 흥선대원군 연구, 에드워드 와그너Edward W. Wagner의 과거제 연구 등 조선시대를 다룬 해외 한국학계의 주요 연구성과가 대체로 번역을 통해 소개되었다. 해외에서 조선시대사 입문서 중 아직 제대로 검토되지 않은 자료가 바로 조선의 18세기를 다루는 김자현 교수의 저서 정도에 불과하다. 더욱이 이 책은 미국에서는 전통시대 한국학 연구의 입문서로 알려져 있고 한국학 연구서로는 드물게 보급판까지 재간행되었다.

그런데도 그동안 번역서가 출간되지 못한 데는 단순히 영어만으로 해독이 안 되는 부분이 적지 않았기 때문이다. 책 내용 중 절대 다수는 18세기 원사료를 영역한 것이다. 아울러 문장도 일반적인 논문투에서 벗어나 유려한 만연체의 문학적 표현을 구사하고 단어도 고난도 어휘를 사용했다. 저자의 학부전공이 영문학이고 석사과정이 중국문학이며 박사과정이 한국학이므로 세 가지 자료에 대한 전문적 지식이 필요하다. 그야말로 난독難讀이라 하지 않을 수 없다. 해외학계에서 조선시대를 다루는 주요 연구서 대부분이 이미 국내에 완역된 상황에서도 유독 번역이 지연된 이유가 바로 이 때문이다. 따라서 이 책의 번역이 완료되면 해외학계의 조선시대사 연구시각의 대강이 모두 밝혀지게 된다.

이 책의 주요 성과를 살펴보면 다음과 같다. 첫째, 사료의 발굴과 활용이다. 이 책에는 성격이 다양한 자료가 혼용되어 있다. ① 중국과 조선의 경학 자료와 국내 문집자료를 능수능란하게 사용하고 있다. 유교 경전에 대한 이해도가 매우 높다. ② 연대기 자료를 종합적으로 이해하고 있다. 전산화되지 않은 상황에서『조선왕조실록』의 거의 전 범위,『승정원일기』의 영조 연간 기록을 완전히 꿰뚫어 활용하고 있다. 실록의 조선 초기, 중기, 후기 등 각 사료를 넘나들면서 인용하고 있다. 더욱이 1980년대 탕평을 다룬 국내 연구가 고작 10년 내지 20년 단위의 왕대를 다루는 것까지가 한계였고, 심지어 2000년대 초반까지도 영조 전반기까지를 다루던 상황과 비교하면 놀라울 정도이다. 실록 번역본이나 『승정원일기』 전자 DB를 활용할 수 없는 상황에서 1970년대에 이 정도 규모의 연대기를 활용하기는 결코 쉬운 일이 아니었다. 비상한 노력에 대해서 찬사를 보내지 않을 수 없다. ③ 왕실자료의 사용이 돋보인다. 규장각과 장서각 자료가 영인되거나 전산화되기 훨씬 이전에 각종 자료를 발굴하여 활용하였다. 국내에서는 2000년대 이후에 비로소 의궤儀軌, 어제御製, 추안推案 등이 적극 활용되고 있는데, 그보다 수십 년 전에 원자료를 하나하나 대조하여 논리를 구성한 점은 일정한 평가가 필요하다. ④ 특히 희귀사료 발굴이 돋보인다. 국내에는 2000년대에 알려진 장서각 소장 「이광현일기」가 이미 이 책에는 거의 전문이 번역 수록되어 있다. 대체로 주요 정치사 기록은 『조선 당쟁관계 자료집』(이이화 편, 여강출판사, 1987)에 수록되었으나 여기에도 누락된 사료이다. 특히, 임오화변 당시 사도세자가 뒤주에 갇혀 죽는 과정 전체가 묘사되어 있어 최근 주목받은 자료이다. ⑤ 이밖에 1970년대 학위논문을 1980년대에 출판하면서 그 사이에 새로이 산출된 국내 연구성과도 보완하였다.

　둘째, 비교사적 시각이다. ① 중국과 조선의 공시비교를 주요한 논점으로 삼고 있다. 중국의 천자가 하늘에 대한 다양한 권한을 가진 데 비해 제후국 조선의 상황을 비교하는 방식이다. 대개 미국에서는 중국과 다른 지역의 차이점에 대해 관심을 가지는 수요가 많기 때문이다. ② 한국사의 통시비교도 적지 않다. 고대사부터 고려 그리고 조선왕조의 특성과 차이점을 설명하고 있다. ③ 조선왕조 내의 시기구분도 제시하고 있다. 숙종과 영조의 통치방식 차이도 여러 곳에서 비교해 서술하였으며, 왕의 재위기간을 세분하여 영조 초반과 중후반의 다른 특징도 설명하였다. 미시적 연구는 국내에서도 비교적 최근에야 가능해진 방식이다. 이는 최신 연구성과와 비교해도 전혀 손색이 없다.

셋째, 종합사의 추구이다. 국내 조선시대 연구는 정치, 사상, 경제, 문화 등 다방면을 개별 연구자가 전공 분야에 따라 각각 연구하고 있으나 이 책은 요순정치론, 탕평정치, 균역법, 사도세자 문제 등을 종합적으로 다루고 있다. 게다가 융합적 연구를 시도하면서도 분야별 전문성은 2000년대 이후 국내 연구수준과 비교해도 거의 대등하거나 오히려 탁월한 편이다. 특히, 연구사적으로 18세기 '요순정치론'을 최초로 제기하였다. 또 조선의 '탕평군주'라는 용어도 서양의 '절대군주'에 대비해 이 책에서 처음으로 대칭적으로 사용한 것으로 보인다.

공동번역을 마치며

자료의 궁금증 해소 차원에서 부족한 외국어를 공부해나갔을 뿐 어학에 별다른 소질이 없는 편인지라 처음부터 직접 번역에 나설 생각은 거의 하지 못했다. 2000년대 이후 해외한국학의 주요 연구성과가 대부분 번역되는 상황에서 조금만 기다리면 되지 않을까 생각했으나 무엇 때문인지 십수 년이 지나도 아무도 나서는 사람이 없었다. 미국에서 학술서적이 보급판까지 나오고 한국학 입문서로 제법 유명한 책인데도 국내에는 별로 알려지지 못했다.

　물론 문장, 어휘, 내용 중 어느 하나도 쉽지 않았던 점이 가장 큰 이유일 것이다. 특히 인용하는 사료들은 대체로 해당 분야 전공자가 아니면 이해하기가 어려웠다. 다루는 분야 역시 문학, 중국사, 조선시대사를 정교하게 논하는 데다가 국내에서 전문분야사가 일반적이어서 정치사에서 경제사를 다루지 않고 사상사에서 사회사를 언급하지 않는다. 그런데 이 책에서는 전 분야를 망라하였으며 수준 역시 개설적이지 않고 각 분야의 최신 연구와 대등하다. 그것이 지금까지 번역되지 않은 실제 이유라고 생각한다. 남들이 하지 않았을 때는 다 이유가 있다는 학형들의 말씀이 절실한 순간이었다.

　아무리 기다려도 번역서는 나오지 않았다. 인천에서 서울로 향하는 전철에서 통근할 때면 자주 이 책을 읽곤 하였는데 3~4회 정독을 마쳤을 때쯤 번역해보는 것이 어떨까 하는 생각이 서서히 들었다. 현재 영조시대를 다룬 연구서는 점차 늘어나고 있다. 그러나 국왕 영조를 주제로 한 전문 연구서는 아직 국내외를 통틀어 세 책이 있을 뿐이다. 그중 두 책은 내가 썼고 나머지 한 책은 김자현 교수의 저서이다. 영어문제가 아니라 책에서 다룬 특수자료를 읽을 수 있는 사람이 한정되었기에 영조 연구를 일단락하기 위해서라도 이 책을 번역해야 한다는 의무감이 밀려왔다. 우연찮게 박사과정 중 영국과 캐나다에서 연수할 기회가 있었고 박사학위 이후 얼

마간 통번역과정도 이수한 상황이었다. 그리고 무엇보다도 함께 번역해
줄 인재를 찾는 데 성공했다.

공동번역은 책의 서두와 본문 절반의 초벌번역을 김기연이 맡아서 수
고했고, 본문의 나머지 부분과 부록, 미주, 참고문헌의 초벌과 전체 재벌
번역, 역주譯註 등은 내가 맡아서 진행했다. 찾을 수 있는 한 원사료를 모
두 대조했다. 교열 시 번역어의 최종 선택은 본인이 맡았으므로 오역이
있을 경우 전적으로 나의 책임이다.

번역과정에서 가장 우선에 둔 원칙은 책의 생명력을 확장하는 일이다.
후학이 계속해서 이용할 수 있는 형태로 번역하고자 노력했다. 이를 위해
서는 단순히 영문을 직역하는 것이 아니라 현재 연구자가 활용할 수 있는
형태로 탈바꿈해야 했다.

첫째, 원사료를 정확하게 옮기는 일이다. 대부분 한문 사료를 영어로
소개하였는데 이 과정에서 축약과 의역이 많이 이루어졌다. 그동안 한국
학 번역서의 사료 인용문은 한문 → 영어 → 국어로 번역해서 중역重譯이
많았다. 예컨대 『대학』의 '국가'를 영어로 'imperial'로 옮기는데, 이를 '제
국(의)'으로 번역한 식이다. 경서를 인용하면서 제국이란 단어로 표현하는
게 한국어로는 적합하지 않다. 아울러 'clan'을 '씨족'으로 옮긴 경우가 많
은데, 조선시대 연구에서는 '성씨姓氏'나 '가문家門'이 일반적인 표현이다.
이 책에서 'step-mother'나 'dowager'는 '계모'나 '미망인'으로 옮기면 어색
해서 원문 사료에 따라 '모후母后'로 풀이하였다. 'Lady'는 모두 궁호宮號를
찾아서 표기하였다. 물론 문맥상 영어 표현이 나오면 그대로 따랐다.

둘째, 오역誤譯의 수정이다. 예컨대 실록에서 영조가 박문수에게 '너의

아우[爾弟]라고 했는데 인용한 부분에서는 '나의 형제'라고 오독한 경우도 보인다. 오독이나 오역으로 보일 경우 별도 인용문은 한문사료에 따라 수정하였고, 저자 주장이 담긴 본문 문장은 틀리다고 생각되더라도 그대로 번역했다. 다만, 양자 모두 역주를 달아서 표시했다.

셋째, 현재 학계 성과를 반영했다. 'Yi'는 모두 '조선'으로, 'factionalism' 등은 '붕당朋黨' 내지 '당습黨習'으로 바꾸었다. 이 책의 저본은 1978년 컬럼비아대학교 박사학위논문으로, '조선'을 거의 'Yi'로 표기하였다. 한국학계에서도 1970년대에 이르러 비로소 '이조李朝'를 '조선'으로 바꾸는 운동을 전개하였고 1980년대에 당쟁사관 극복운동을 벌였으므로, 당시 기준으로 원서의 표기법은 문제가 없으나 현재 학계에서 사용하지 않으므로 변경하였다. 아울러 미주에 최신 연구성과를 부기하였다. 이 책에서 인용한 연구성과의 하한은 양장본의 출간시기인 1980년대까지이다. 이에 이후 나온 관련 연구도 필요할 경우 역주로 부기하여 연구자의 편의를 도모하였다.

넷째, 원사료 고증이다. 이 책은 1970년대에 저본이 만들어져 영인본을 기준으로 실록 제작 당시 원본 면수가 표시되어 있다. 물론 현재 국사편찬위원회의 조선왕조실록 사이트에 접속해도 부기되어 있긴 하다. 그러나 원본 쪽수로는 검색하거나 해당 기사를 찾을 수 없다. 사료를 확인하려면 옛날 연구자처럼 거질의 영인본 한 질을 서가에 비치해야 한다. 이러한 불편함을 해소하려고 미주에 모든 실록 면수에 날짜를 찾아서 부기했다. 이 과정에서 오류도 더러 바로잡았다. 아울러 본문에도 왕력과 음력 일자를 병기했다. 원저자는 영미권 독자를 위해서 원사료의 음력을 다시 모두 양력으로 환산하는 공을 들였다. 다만, 그렇게 되면 환산표를 가지고 있지 않는 한 국내 독자가 원사료에서 일자를 찾기가 어렵다. 이에 연구자의 편의를 위해 추가했다.

다섯째, 한국어 어법을 기준으로 번역하고자 노력했다. 영어 원문은 주어의 수식구가 매우 길어서 직역을 피하고 우리말 어순에 맞추어 번역했다. 아울러, '~들'처럼 우리말에서 군더더기에 해당하는 복수형 표기는 꼭 필요한 경우를 제외하고 우리말에 맞추어 삭제하였다. 또 한자음이 잘못된 경우에 현대음으로 바로잡았다(익호→시호, 박사납→박사눌 등). 다만 외래어를 가급적 사용하지 않고자 했으나 '카리스마', '프로이드', '이미지' 등 사회과학 분야의 용어로 정착된 경우 적합한 우리말을 찾지 못하여 그대로 사용했다.

다만, 역서의 전체 제목은 일본어 직역투로 오해될 여지가 없지 않으나, 초판의 제목을 원용하되 영조가 과거 유교전통의 유산을 계승하고 새로운 군주상을 창출하여 미래 조선왕조의 유산으로 남겼다는 중층적 의미를 살리고자 출판사의 수정안을 받아들였다. 부제는 책 전체의 핵심어를 살려서 반영하였다. 그리고 저자의 보충역은 괄호로 살려두었으나 역자의 경우는 출판사와 협의하여 번역문 내에서 풀었다.

감사의 인사

　끝으로 출판사에 처음 이 책의 번역을 제안했을 때 일면식도 없는 상황인데도 흔쾌히 응해준 이재민 대표에게 감사의 말씀을 전하고 싶다. 그리고 수년간 번역을 함께해준 김기연에게도 고마움을 표한다. 미진한 부분은 강호제현江湖諸賢의 질정質正을 기다린다.

2017년 7월
옮긴이를 대표하여
김백철

찾아보기